佴攀 ＼ 著

汉代神兽图像研究

文物出版社

图书在版编目（CIP）数据

汉代神兽图像研究／潘攀著．—北京：文物出版
社，2019.1（2021.9重印）
（考古新视野）
ISBN 978 – 7 – 5010 – 5822 – 8

Ⅰ.①汉…　Ⅱ.①潘…　Ⅲ.①图腾－研究－中国－汉
代　Ⅳ.B933

中国版本图书馆 CIP 数据核字（2018）第 256569 号

汉代神兽图像研究

著　　者：潘　攀

责任编辑：张朔婷
装帧设计：肖　晓
封面绘制：郭锐颖
责任校对：李　薇
责任印制：陈　杰

出版发行：文物出版社
社　　址：北京市东城区东直门内北小街 2 号楼
邮　　编：100007
网　　址：www. wenwu. com
经　　销：新华书店
印　　刷：宝蕾元仁浩（天津）印刷有限公司
开　　本：710mm × 1000mm　1/16
印　　张：24
版　　次：2019 年 1 月第 1 版
印　　次：2021 年 9 月第 3 次印刷
书　　号：ISBN 978 – 7 – 5010 – 5822 – 8
定　　价：96.00 元

内容提要

人与动物的互动关系一直伴随着人类历史的演进。从古代遗留的图像资料来看，除写实地出现在人类的日常生活场景中的动物外，更值得推敲的是一类经由人类主观赋予其特殊外形与寓意的神秘动物图像。而汉代，正是我国古代神秘动物图像在内容、形态、寓意等方面均产生重大变革的关键阶段。本书即以"汉代神兽图像"为研究对象，广泛收集了目前所见的相关考古材料，在此基础上展开以考古学方法为主、美术史方法为辅的系统研究。

本书首先对八十余种汉代典型神兽母题进行了分类与形态研究，发现汉代神兽图像形态与意义的产生方式主要为：对传统的继承和改造、新创与剔除三种，其基础均为汉人特有的精神信仰与审美需求；总体来看，汉代神兽图像形态的主要特征是：主体形态写实，但细节或图像背景被丰富、改造出更多神异化特征，如翼、角、云气，或符瑞化明显的多足、多角、多头、连体、半人半兽等；且诸神兽图像母题并非同步出现与演进，在两汉间出现过四次关键时间点，与当时的社会发展、政治变动、主流思想信仰的演变等密切关联。其次对由神兽母题组成的汉代典型图像场景进行分类解读，归纳出天文、神仙信仰、辟邪、谶纬祥瑞四大神兽图像系统。最终从历史发展的宏观纵向视角出发，梳理了神兽图像从原始社会至汉代的发展脉络，以此发现汉代各类神兽母题及图像系统的时代特征；同时，以汉代社会信仰为背景，横向总结出汉代四大神兽图像系统之关系、及它们与汉代社会信仰间的互动关联。

作者简介

　　潘攀，1986 年 7 月出生于江苏徐州。2008 年于中国传媒大学广播电视编导（电视编辑方向）获学士学位；2012、2016 年分别于北京大学考古文博学院获硕士、博士学位，导师为赵化成教授。主要学术研究方向为汉唐考古与美术史。曾发表学术论文《苏鲁豫皖邻近地区汉代石椁墓的分区与分期研究》《东魏北齐壁画墓的发现与研究述评》《汉代有角神兽研究》等。

专家推荐意见（一）

在中国古代社会信仰体系中，以龙、凤为代表的各类神兽（禽）题材不仅数量多、种类丰，而且占有非常突出的位置。汉代神兽除了广泛见之于文献记载外，还由于壁画、画像石、画像砖乃至帛画、铜器画、陶器画、漆器画、玉雕、石雕等的广为流行，更留下了极为丰富的神兽美术图像资料。这些神兽美术图像资料，是我们研究汉代社会、了解汉代思想信仰的重要素材。而以往有关这类美术图像资料的整理与研究尽管成果丰富，但还存在诸多问题与不足，一是多为单个或几个神兽母题的研究，尚缺乏全面、系统的梳理与整合；二是对神兽图像的认知多是粗线条的，缺乏精细化分析；三是有关神兽图像所涉及的汉代丧葬文化、社会信仰等问题的总体把握及深层次探讨不够。

潘攀的博士学位论文《汉代神兽图像研究》在总结和吸取前人研究成果的基础上，对汉代壁画、帛画、画像石、画像砖等各类载体的神兽美术图像资料进行了全面、系统的收集和整理，并运用考古类型学方法对多达 80 余种汉代神兽图像母题进行了细致的分类与形态学研究，并结合文献记载，考证其名物、来源、时代、流变等，对某些未能辨识或存在争议的神兽图像进行了深度辨析。例如，有关龙的图像，根据其形态特征，将其分为 4 大类 11 小类，这种分类与文献描述的各类龙的称谓大致吻合。通过这种细致的分类与分析，从而发现不同形态的龙具有特定的功能、内涵及时代特征。论文有关龙图像的分析与考察就多达 5 万余字，其精细程度可见一斑。这种精细化的分析与考释并非可有可无，有了这一基础，再进一步考察神兽母题的图像组合与场景表现，以及与墓葬空间结构的关系及配置规律等，便能够有新的发现及新的认识。论文将汉代神兽母题归纳为天文类、神仙类、辟邪类、祥瑞谶纬类四大系统，并结合文献记载，探讨了神兽图像与汉代丧葬文化、社会信仰的关系。

这里需要强调的是，汉代神兽种类及图像资料与夏商周三代相比，不仅更为庞杂，而且多有文献记载。也就是说，汉代神兽图像的研究需要与古典文献乃至出土文字资料紧密结合起来，论文在这方面下了很大功夫，应当说基本梳理到位。

总之，这篇论文将考古学方法、艺术史方法以及文献考据学结合起来，首次对汉代神兽图像资料进行了全面、系统的梳理与研究，在诸多方面取得创新性的学术成果，答辩委员会给出优秀博士学位论文的评价。

该论文图文并茂，可读性强，可供考古学、美术史学者研究参考，也适宜对中国古代美术感兴趣的一般读者阅读。

赵化成

2017 年 8 月 14 日

专家推荐意见（二）

动物形象伴随着人类的发展而以艺术的形式不断地被再现、改造与神化，渗透到古人生活的方方面面，可说是与人类关系最为"亲近"的艺术形象。汉代是中国古代制度、礼仪与信仰大集成、大整合的时代，上承史前文化之悠长，下启二千年物质与精神文化之先河，至今绵延不绝。

汉代的墓葬与图像中留下了数量可观的动物形象，其中相当一部分通过改造与神化而被赋予了神秘性与神圣性，学界常以"神兽"之名称之。对这些神兽的全面整理和系统解读是观察汉代艺术、信仰与社会的一扇窗户，也是对以往碎片化图像解读的一种反思。这是一项非常艰巨但意义重大的任务，所幸作者不惧艰难、细细爬梳，用数年之功成此力作。所涉汉代神兽80余种，最大程度地收集了目前所见汉代神兽图像的考古材料，在此基础上进行了以考古学方法为主、美术史方法为辅的综合研究，是迄今关于汉代神兽图像题材最全面、最系统的研究成果。

本书的特色价值有三：一是资料建设之功，对数量巨大而庞杂的神兽图像进行了合理的分类与归纳，宛如一部汉代神兽图像的资料库，对未来汉代考古与艺术史的研究必将大有裨益；二是从时间的维度解释了典型神兽母题的演变与成因，认为两汉时期神兽母题经过了四次关键转变，这是符合汉代政治、社会与信仰发展的大趋势的；三是注重神兽图像的场景表现，将典型图像归纳为天文、神仙信仰、辟邪、谶纬祥瑞四大神兽图像系统，有效地避免了碎片化图像研究带来的误读。

本书不仅是考古学与艺术史研究的专业成果展现，同时亦具趣味性与普及性，神兽类图像已深深扎根于中华文化，有些图像至今仍存在于公众视野，本书以图像展示与知识阐述结合的论述方式亦具普及历史文化知识的价值。

有鉴于此，我郑重推荐本书的出版！

李梅田

2017 年 8 月 6 日

目 录

第一章　绪论

一　研究对象释义与研究范围界定

"神"字语义，如《说文·示部》曰："神，天神，引出万物者也。"又《玉篇·示部》："神，神祇。"《汉书·艺文志》："神仙者，所以保性命之真，而游于其外者也。"

"兽"，广义可从《周礼·冬官考工记》："天下之大兽五：脂者、膏者、臝者、羽者、鳞者。"① 至于"神兽"一词，较早如《说文·鬼部》载："魖：神兽也。"《抱朴子·内篇·祛惑》曰："又见昆仑山上……又有神兽，名狮子辟邪、三鹿焦羊、铜头铁额、长牙凿齿之属，三十六种，尽知其名，则天下恶鬼恶兽，不敢犯人也。"② 可见"神兽"泛指神异的动物，并无特指，也没有明确定名与释义。

《说文》释"图"曰"画计难也"，狭义上指绘画。而"像"古同"象"③，有"按图想象此物之形状"之义。狭义的"图像"即指图绘的形象，广义上也可解释为所有具有视觉效果的画面。故本文所论之"图像"范围，除了指壁画、画像砖石、绢帛画、棺椁画等平面绘画外，也包括各种形状的器物装饰、立体雕塑、俑、瓦当等。

---

① ［东汉］郑玄注，［唐］贾公彦疏：《周礼注疏》，载李学勤主编：《十三经注疏》，北京：北京大学出版社，1999 年：第 1135～1136 页。

② ［东晋］葛洪：《抱朴子》，上海：上海古籍出版社，1990 年：第 157 页。

③ 《说文》注曰："然韩非以前或只有象字。无像字。韩非以后小篆既作像。"

本文研究对象为考古发现的汉代遗存中常见的一类特殊动物图像。所谓"特殊动物",其内涵有二:一是自然界中不存在,由人类想象出来并赋予其特定神性的动物;二是现实动物,但人们在一定的思想语境下主观认为其带有神性。综合上文词义分析,认为称此类动物为"神兽"较为妥帖。

布里克利曾提出,动物常出现在人类的三层经验之中。一是人类的生物经验,即人类生活中出现的真实的、自然的动物;二是人类的心理经验,即文化与想象;三是人类的概念经验,主要指动物作为象征符号出现于文献书写和意识思想中①。神兽的出现与发展轨迹亦大致如此:其雏形最早可追溯到早期人类基于自身生产、生活经验而产生的动物崇拜和动物图腾文化;后随"神明""神仙"等观念的产生和神话传说的流行,人们认为神的世界应也与人类世界一样,有动物与之共存,一系列"神兽"便作为神仙系统的配套体系被主观创造出来,其形象、内涵、功能等亦在其产生之时便被烙上深深的时代痕迹;随着历史发展,人们的思想观念、精神信仰等一边沉淀、一边变化,成为一个动态演进过程,并最终凝结成被宏观文明整体所接纳的定式而被记录与传承。

这其中至关重要的第二层心理经验,约发生于商周秦汉时期。在经历东周时本土思想文化大变革后,终在两汉得以全面继承与迸发创新,使得神兽主题无论在思想还是艺术层面都达到顶峰,多数中华文明传承至今的神兽母题皆萌生或繁荣于汉时,实为一个承上启下的关键历史阶段。同时,得益于汉代丰实的文献资料与考古发现,使得以两汉为时空范围的综合研究成为可能。本文的写作动机与目的,即要理清汉代神兽图像的发展过程,其如何从早期生物经验中找到原型,又如何因汉人独特的心理经验而在汉代成熟并流行。

从早期文献和口头流传的神话传说中可以获得关于神兽的点滴信息,但古代遗留的图像资料却能更直观、生动地展示神兽的具体形象和存在环境;如将考古发掘的图像资料与语言文字信息相结合,就可以进一步搜索、对应神兽的名称、内涵、功能寓意等;再经用考古学等研究方法进行系统梳理分析,则可弄清神兽图像的源流、地域特征、与当时人的思想信仰之关系等问题。

---

① Alan Bleakley, *The Animalizing Imagination: Totemism, Textuality and Ecocriticism*. New York: St. Martin's Press. 2000.

汉代考古学的基本对象是公元前202年至公元220年间西汉、王莽、东汉三代的人类活动遗存。墓葬考古是汉代考古学的重要课题，目前所见绝大多数汉代考古资料均出自墓葬；汉时虽已有不少文献资料积累，但关于汉代政治、经济、文化、科技、社会生活等各类研究资料仍多来自汉墓的考古发掘；汉墓的发现数量庞大，所保存信息的完整性和丰富性也大大强于地面遗址，且包含从帝陵到平民墓葬的各等级信息，几乎可说是汉代社会之镜像。本文所使用的汉代神兽图像资料即大多来自汉代墓葬的考古发掘，图像载体主要包括一般意义上的绘画材料，如墓葬壁画、葬具装饰、绢帛画，平面雕刻装饰的画像石、画像砖，漆木、陶、铜、玉等随葬器物纹饰及丝织品图案等；以及广义上的图像，如随葬的造型类器物、俑等立体物像；地面遗存则主要涉及汉代祠堂、汉阙石刻、动物类石雕像及建筑构件装饰等。

二 考古发现与研究史略

（一）汉代神兽图像的考古发现①

葬具装饰：

战国楚墓出土一种彩绘漆棺，上多绘有奇形各异的神兽或神人图像，充满神秘色彩，如湖北随州曾侯乙墓彩绘漆棺、包山2号墓漆棺等；这种楚式风格一直影响入汉，如马王堆汉墓漆套棺（第二、三层棺有彩绘画像）、砂子塘1号墓漆棺等。

约自战国晚期起出现一种画像石椁，与彩绘装饰漆木棺椁的目的一样，只是替换了葬具材质。画像石椁于西汉早期在苏鲁豫皖邻近地区最先出现，随后盛行于此地，四川地区东汉时也流行一种画像石棺和崖棺，这些雕刻画像的石质棺椁直至东汉末年都有发现，其上多见各类神兽图像。

墓葬装饰：

汉代经历了一次墓葬形制上的重大变革，传统的竖穴木椁墓向横穴室墓转变。具体表现是：西汉椁墓先是吸收了商周大型墓中的斜坡墓道，以此突显墓主身份，墓的封口部位也因此开始由上端转为侧面，最终导致代表椁墓的重要指数（墓道底部和墓圹底部的落差）缩小乃至消失，以往重视和追求隔绝密闭性的传统箱型椁墓

---

① 此处所列资料都将在下文章节中详细介绍，故不一一标明出处。

走向解体①；经由各种过渡形制，最终发展为横穴室墓；随之而来的是墓室空间的急剧增长、空间利用率的变化以及各种丧葬礼俗文化对其的适应性修改。变化后的墓葬内壁面，成为装饰图像的重要载体，如壁画、画像砖、画像石等。

较早时在漆木棺椁上的绘画、或在石质棺椁上的雕刻，是汉墓壁画、画像砖、画像石的主要艺术来源，而绘画载体与艺术形态变化的主要原因，正是墓葬结构由竖穴向横穴的变化，装饰区域由葬具扩大转移至壁面。

汉代壁画、画像石、画像砖等载体上的动物题材颇为常见，有表现现实生活场景的，亦多见神兽题材，后者为本文主要研究对象。

器物装饰：

* 青铜器

约自春秋晚期起，青铜器纹饰发生了明显变化，商周时期流行的各类幻想动物纹被简化到几乎只剩下重叠相交甚繁的蟠螭纹。战国时，青铜器分铸焊接法成熟，失蜡、错嵌、鎏金、细线刻等工艺出现，使得更复杂精美器物的制造成为可能；但纹饰却反而变得更加简单，基本以现实感和生活化的主题纹饰为主，有些甚至为素面，仅蟠螭纹、蟠虺纹和一些单体 S 型龙纹尚存。典型器物出自如春秋时的南方楚墓及北方新郑李家楼、固始侯古堆、辉县琉璃阁等墓；战国时的随州曾侯乙墓、洛阳金村墓、偃师李家村墓、江苏涟水三里墩等墓。

汉代青铜器由礼器向实用器转化，汉墓多出土铜制车马器、兵器、酒食器及灯、镜、镇、熏炉、带钩、带扣牌饰等生活用器，也有专用于丧葬的明器与立体的动物造型器等；纹饰整体趋于简化，神兽图像中容易辨别的有龙、凤、虎等。西汉代表性的如满城汉墓、定县北庄墓出土青铜器。东汉时，许多器类均已不见，仅铜镜一类仍较为突出，另在西部甘肃等地出土了一些鎏金铜兽或装饰有神兽图像的铜尊。

两汉铜镜种类较多，动物图像丰富且具有明显的时代特征。西汉早期延续战国风格流行蟠螭纹、蟠虺纹、简化龙纹和各类兽钮；西汉中晚期流行固定样式的兽带纹、四象神兽和其他鸟兽类装饰；东汉以后盛行大量浅浮雕、表现仙界或神话传说的神兽天禽镜，也有夔凤、双头龙凤、龙虎、蟠龙等装饰铜镜。

---

① 黄晓芬：《汉墓形制的变革——试析竖穴式椁墓向横穴式室墓的演变过程》，《考古与文物》1996 年第 1 期。

值得注意的是，东周尤其是战国时，青铜器的地域特征明显。至汉统一后，仅西南、北方草原等地还存有风格独特的器物。如四川多出土摇钱树和棺前铜牌饰，上常装饰龙、虎、凤、蟾蜍、兔等神兽图像，或盘踞仙山、或围绕西王母，多表现仙境景象；北方地区游牧民族聚居地多见各种造型别致的动物牌饰和立体造像，多为写实风格的草原动物，但也不乏一些怪兽图像，有些还带有异域文化特色。

* 陶器

战国至两汉流行一种彩绘陶器，即在灰、红或黑陶地上施红、白、紫、黑等彩绘。另有一种在陶器外施釉的釉陶器，其上多浮雕。各类神兽图像常绘制或雕刻于装饰性的云气或山林环境之中。

战国楚地多见木制或陶制镇墓兽。秦汉则流行随葬各类陶灯、陶俑和陶制模型，其中动物形象占很大比例，东汉还常见动物造型的器座。

* 玉器

周代尚礼，东周时在"君子无故，玉不离身""君子以德比玉"等观念推动下，"用玉"行为甚至关联到哲学、宗教、个人道德与信仰、政治爵位等因素，因而东周墓葬随葬品中常见各类作为礼器或佩饰的玉器。春秋晚期起，各种 S 型龙、虎、凤形玉佩最为常见，装饰繁缛、雕刻细腻；战国流行镂雕和圆雕，玉佩、玉璧、玉璜、玉带钩等器物上常装饰夔龙、夔凤、蟠螭纹和变形兽纹、兽首，典型器物是龙形佩和出廓镂雕蟠龙玉璧；艺术风格上一改之前的庄重神秘，富于写实性与造型活力。典型器物如春秋河南淅川下寺楚墓，战国洛阳金村墓、曾侯乙墓、平山中山王墓出土玉器等。

西汉早期玉器装饰延续战国风格，常见的仍是龙、凤纹，并流行一种蜷曲的螭虎造型；西汉中期以后凿通西域，大量优秀玉料引进，玉器制造技术也有提高，如圆雕、汉八刀工艺都精湛无比，主体纹样仍以龙、凤、螭虎等为主，并出现一类有翼神兽造型；东汉玉雕技术更为进步，出现一种游丝雕，使得纹饰更为精美，仍流行螭虎，也常与龙、熊、兽面纹组成组合动物纹。典型器物出土于如西汉南越王墓、定县北庄墓、满城墓及东汉中山穆王墓等。

* 漆木器

自战国起漆器才得以较大发展，楚墓和南方汉墓的保存环境较好，出土最多。

战国常见龙、凤、虎等禽兽纹和蟠螭纹，及蛇、鹿、龙、凤等动物造型和各类形象怪异的镇墓兽；秦与西汉常见龙、凤纹，东汉增加在神仙、谶纬思想影响下流行的各类神怪、祥瑞、羽人等题材。

另有一类木板画或木质屏风画，也多见神兽图像。

*帛画（书）等其他绘画形式

帛画（书）主要出土于战国中后期楚墓和西汉墓，至今发掘出土近30幅。如湖南长沙战国楚墓的"人物御龙""人物龙凤"帛画，长沙子弹库帛书，甘肃磨咀子汉墓的日月图帛画，马王堆汉墓的13幅帛画、山东临沂金雀山汉墓帛画等，其上多见各类神兽图像。西北干旱地区的东汉墓葬内曾出土一些绢棉画，也有中原常见的神兽题材。

*其他

如东周时期开始流行的金银器，入汉后常见鎏金、掐丝等高级工艺，单体动物或动物组合均有，尤多饰于带钩或带扣牌饰之上，或作饰片和立体造型。另有一种金玉混作器物，如曾侯乙墓金缕玉璜、信阳楚墓错金玉带钩、洛阳金村墓金链玉佩等。

战国楚墓及西北、南方地区的汉墓由于保存条件较好，也出土丝织品，常见动物纹样。其中楚国丝织品常以龙、凤、虎、三头鸟为主体纹样，如湖北江陵马山一号楚墓丝织品。两汉时除龙、凤、虎外，还加入麒麟、天禄、辟邪、鹿、人骑兽等具有时代特征的新的神兽图样。

地面遗存：

地面城址或建筑遗址的考古发掘中常见各类瓦当。战国时各国瓦当纹样各具特色，如燕国流行饕餮纹瓦当、齐国常见树木双兽纹等。入汉后样式趋于统一，多见兽面、神兽或四神等。

秦咸阳宫遗址还发现一些大型龙、凤纹空心砖，应为皇家建筑专用。

目前发现的汉代地面石雕中最具代表性的是霍去病墓前石雕，其冢象祁连，上立石人石兽，但一般认为这些石刻动物均为象征其战功或是展现匈奴风情的现实动物。东汉时，在陕西、河南、四川等地发现一些大型石兽，一般认为和守墓的天禄、辟邪有关，但其俗真正流行实在汉后。

还有一类常与汉墓配套建造的地上画像石祠堂和画像石阙，前者多见于苏鲁地区，后者则多流行于川豫等地。其总体风格与同时代的画像砖石基本一致，也多见各类神兽图像。

（二）汉代神兽图像的研究回顾

张彦远在《历代名画记·述古之秘画珍图》中曾记载汉代绘画存有"《云汉图》《星宿图》《妖怪图》《祥瑞图》等"几种。近现代学者对于汉代神兽图像的宏观认识可参考陈师曾先生在《中国绘画史》中的描述："甘泉宫中画天地太一诸鬼神，鲁灵光殿图写天地品类、群生杂物、奇怪神灵等。……其他郡府厅室壁间、郡尉之府舍，皆施雕饰，山海神灵、奇禽异兽，及其炫耀。"陈文还直接记录过善画神兽的画师，如"张衡，南阳西鄂人，善画神兽。"并提出汉代这类图像的特点是"大抵为人伦之补助、政教之方便、或为建筑之装饰，艺术尚未脱束缚。"①

"神兽图像"是根据研究对象的基本属性和特征而采用的指代性名称，先前未见使用此名称的专题研究。相关性较强的研究多涉及汉代遗存中的动物图像，一般会区分现实动物与非现实动物，且多是关于某地区或某类遗存、某种母题的个案研究。现将已有研究按其内容大体分为四类介绍如下。

一是开展较早的从古代宗教、神话、民俗或文学角度出发的研究，其中有涉及汉代神兽的内容，但鲜有考古学研究方法的介入。如闻一多的《神话与诗》、茅盾的《中国神话研究初探》等。

二是通过分析考古材料，综合探讨古代思想信仰、物质文化等问题，其中部分涉及汉代神兽图像内容，多使用考古学、美术史学等研究方法。如练春海的《器物图像与汉代信仰》、王爱文与李胜军的《中国古代墓葬吉祥文化研究》等。

三是针对某一特定神兽图像母题的研究。如李零的《有翼神兽研究》、陈器文的《玄武神话、传说与信仰》、程万里的《汉画四神图像》等。

四是外国学者的相关研究，与本国学者之研究视角、方法、目的皆有别，故单列一类。他们普遍选用宏观视角，关注人与动物的关系，并试图将对神兽的研究放入整个社会政治、文化、观念等背景中进行深层分析。可以看出，中外学者间存在

① 陈师曾：《中国绘画史》，北京：中华书局，2010 年。

着相互影响与互补助益，国内学者对国外之研究方法有所借鉴，国外学者则主要依靠国内的考古材料。

综合来看，第一类研究主要由人类学家、民俗学家或宗教学者、文化学者完成，后几类研究的参与者则主要是考古学者、人类学家、美术史学者与历史学者。现将四类相关学者的著名研究成果简述如下。

第一类研究起步较早，成果多集中于对个别神兽母题的考释上，相关论著丰杂。

闻一多是神话学早期研究者之一。他的《伏羲考》结合文献、民俗与考古材料，解释了伏羲、女娲、龙、蛇等神话中神人、神兽的母题来源和内涵意义等；《龙凤》《说鱼》等文又分别介绍了这些动物母题的表现指代和象征意义①。

茅盾在《中国神话研究初探》中解答了关于我国神话学的几个根本问题，并以西王母、自然神（羲和、玉兔、河伯、牛女等）为例展开对其演化轨迹及内涵的分析，其中引用了大量文献及部分考古材料②。

《孙作云文集》中包括《楚辞研究》《诗经研究》《中国古代神话传说研究》与《美术考古与民俗研究》③。其主要用文献学与民俗学研究方法分析了《诗经》《楚辞》这两部早期民间文学作品，并从中提取出古代神话传说内容，在此基础上讨论了我国古代器物上的一些动物纹样（如龙、凤）和铺首的发展演变，并对楚墓帛画与镇墓兽、马王堆汉墓出土器物图像以及汉代几座壁画墓中的一系列神兽图像进行了考释。

陈怀宇研究了动物与中古时期政治宗教秩序的关系，其研究对象主要是魏晋南北朝及隋唐时代与动物有关的艺术、文献、考古、碑刻铭文、田野调查等各类材料，主要使用民俗学、人类学等研究方法④。他认为动物与人存在一定意义下的转化关系和教化关系，人将动物作为客体在人类文化背景下创造出各式各样的文化意义。虽其讨论时代是中古时期，但魏晋隋唐物质文化中许多因素的源头都可以追溯至两汉时期或更早，因而此书中对于诸如十二生肖、龙、虎、狮等带有"神性"与宗教色

---

① 闻一多：《神话与诗》，北京：北京联合出版公司，2014 年。
② 茅盾：《中国神话研究初探》，南京：江苏文艺出版社，2009 年。
③ 孙作云：《孙作云文集》，开封：河南大学出版社，2003 年。
④ 陈怀宇：《动物与中古宗教秩序》，上海：上海古籍出版社，2012 年。

彩动物的考察，对研究它们在汉代的情况有重要指导作用。

朱大可对上古神话的研究与上述诸传统学术研究不同。他的《华夏上古神系》分析了我国上古时期神话系统的源流，并对部分神话动物原型进行了剖析，如龙、蛇、伏羲、女娲、肥遗等，最后认为我国古代很多神话素材、思想体系及作为神话故事主角的人或动物神都可能有着外来文化血统①。但其研究过程是以文献梳理为主，民俗学、语言学等为辅，虽部分结论颇具独创性，但缺乏更令人信服的客观证据支持。值得注意的是其全球性跨文化的大视野及对我国神话体系中"来源"问题的重视。

第二类研究伴随相关考古发现的增多与考古资料的积累逐渐开展。

代表学者如孙机先生与杨泓先生。孙机先生在研究汉代器物纹饰时，多涉及神兽内容，如云虡纹、五灵纹，动物造型的汉镇、铜灯，带动物纹饰的铜镜、漆器等，也有对三足乌、猎豹、犀牛、貘、驴、麒麟等单个动物母题的考证等；杨泓先生曾讨论汉代博山炉、玉器、瓦当等器物上装饰的动物图像，以及古滇族的动物造型，羊、马、骆驼等单体动物母题等，同时也是美术考古学的倡导者之一，对我国古代美术类遗物、遗迹较为关注，其中包含很多关于神兽图像的内容②。

刘敦愿先生对古代动物图像关注较多，如对枭、鹿、虎、蛙、猪等现实动物和夔、魍魉、龙、凤等神话动物图像都进行过分析考证③。他曾解读《考工记·梓人为笋虡》中关于动物纹造型装饰的内容，并通过与考古资料结合，辨析出青铜器、漆

①　朱大可：《华夏上古神系》，北京：东方出版社，2014 年。

②　孙机、杨泓：《文物丛谈》，北京：文物出版社，1991 年。杨泓、孙机：《寻常的精致》，沈阳：辽宁教育出版社，1996 年。孙机：a.《几种汉代的图案纹饰》，《文物》1982 年第 3 期；b.《长颈鹿和麒麟》，《化石》1984 年第 2 期；c.《猎豹》，《收藏家》1998 年第 1 期；d.《关于汉代漆器的几个问题》，《文物》2004 年第 12 期等。杨泓：a.《文物与美术》，北京：东方出版社，1997 年；b.《汉唐美术考古与佛教艺术》，北京：科学出版社，2000 年；c.《大吉动物中羊的艺术造型二三事》，《收藏家》2003 年第 2 期；d.《逝去的风韵——杨泓谈文物》，北京：中华书局，2007 年等。

③　刘敦愿：a.《从夔典乐到夔蝄蜽——中国古代神话研究片段》，《文史哲》1980 年第 6 期；b.《中国古俗所见关于虎的崇拜》，《民俗研究》1986 年第 1 期；c.《〈考工记·梓人为笋虡〉篇今译及所见雕刻装饰理论》《马王堆西汉帛画中的若干神话问题》《论马王堆一号汉墓黑地彩绘棺图像》《西汉动物画中的杰作——定县金错狩猎纹铜车饰画像分析》《中国古代动物画艺术中的细节表现》，以上载《刘敦愿文集》（上卷），北京：科学出版社，2012 年。

器等纹饰上的相关动物图像，认为古代装饰雕刻艺术中所用动物都是经过反复研究和筛选的，且工匠们在实际操作中可能进行了部分艺术概括和夸张，从而出现一些介于英雄与神祇、人与动物之间的神物；他从马王堆帛画中考释出烛龙、蛇、地母、鸱鸮、龟等神兽图像，并认为此帛画是招魂的魂幡，主要描绘了以地母神话为主体的地府场景；他提出马王堆一号汉墓黑地彩绘漆棺画像上的鸟兽神怪为中国最早的"戏画"①，且这种艺术风格来源于战国楚地"喜用动物间的对话方式为譬喻"的文化传统；对定县出土的错金满布动物纹的铜车饰进行了图像考证，从中提取现实动物 15 种近 50 个、带翼神话动物 5 个、神龟 1 只和半人半兽羽人 6 个；也从艺术表现方面分析过中国古代的动物画，认为其往往注重细节，而正是细节决定了它们的属性。

　　李零先生以有翼神兽为例分析了中国早期艺术中的外来影响，并认为考古材料和文献中所见的天禄、辟邪、麒麟、狮子等有翼神兽原本是西亚地区流行的艺术主题，后逐渐在中国流行并附上中国特色；它们有禽首、兽首之分，前者多见于器物纹饰，后者除器物纹饰外也见于石刻，且这类石刻约在东汉时就被某些大臣墓使用，六朝时流行建造于陵墓神道之侧；其他如大象、犀牛、骆驼、马、羊、鸵鸟等动物图像也多与外来影响有关，且最迟在汉代都已出现；他还研究了东周到隋唐的镇墓兽、古代艺术中的"飞廉"图像及战国至汉代南方墓葬出土器物中的一类"神物"图像，提出"太一辟兵图"说②。

　　邢义田先生通过收集汉代壁画、画像砖石等图像材料，探讨了汉代的道德、神仙信仰、汉代石工的格套化工艺等问题，其中多有神兽图像相关内容；较有意思的是其关于一些图像表现出的特殊谐音意向的考释，如辨识出"射爵射猴"及对马、猴等特殊现实动物母题的考释③。

---

① "戏画"是指以动物形象来模拟人类社会生活的图画，意义较暧昧难明，出现于埃及法老陵墓的纸草画和两河流域苏美尔文明的箱画上。最初由日本学者介绍于《世界美术全集》。

② 李零：a. 《有翼神兽研究》《早期艺术中的神物图像》，载《入山与出塞》，北京：文物出版社，2004年；b. 《关于中国早期雕刻传统的思考——考古艺术史笔记》，载范景中等主编：《考古与艺术史的交汇——中国美术学院国际学术研讨会论文集》，杭州：中国美术学院出版社，2009 年。

③ 邢义田：a. 《画为心声》，北京：中华书局，2011 年；b. 《立体的历史：从图像看古代中国与域外文化》，北京：生活·读书·新知三联书店，2014 年。

巫鸿先生曾对山东嘉祥武梁祠进行了复原研究，并结合文献资料讨论了祠堂屋顶画像的征兆图像（祥瑞图谶）和上层山墙画像的神仙世界（神人异兽），认为征兆图谶中如麒麟、白虎等祥瑞出现是要求王者多行仁义，玉马、比翼鸟、比目鱼、白马朱鬣及赤罴等则要求王者近贤远佞，泽马、六足兽、比肩兽要求王者关心百姓等；在《礼仪中的美术》中，他从"刻意营造的礼仪空间"角度讨论了马王堆帛画与漆棺画，分析了三盘山出土车饰上的纹饰并非"狩猎纹"或"动物纹"，而是祥瑞图像，并认为在汉代，无论是日常用品、地上建筑还是地下陵墓，都普遍装饰祥瑞图像，甚至有"发瑞"行为[1]；且从汉赋里也能看到汉代许多所谓"狩猎活动"的对象多为奇珍异兽，实际是为了满足狩猎者置身祥瑞仙境世界的愿望；汉代狩猎纹上的人兽主题也已从早期表现激烈冲突演变为人与动物的和谐相处，如"人龙关系"等[2]。

郑岩先生对永城柿园汉墓早期壁画、霍去病墓石刻、战国秦汉漆器等之动物图像进行过详细讨论，也有对马、蛇等单体动物图像母题的研究[3]。

王爱文、李胜军在《中国古代墓葬吉祥文化研究》中谈及墓葬"装饰吉祥"，认为古人把一些含有吉祥寓意的内容以随葬品装饰纹饰或墓室壁画、画像砖、画像石等形式反映出来，以表达某种趋吉避凶思想；秦汉时期是这种行为发展史上最重要的承上启下时期，继承三代传统却脱离其天命神学转向世俗化；随后他们将汉墓吉祥装饰图像分为建筑装饰和器物装饰两类，其中与动物有关的题材又分为祥禽瑞兽和动物吉祥两类；从功能上又分为寓意吉祥、镇墓辟邪、憧憬生活、祈祷太平、求财升迁、长寿升仙等[4]。其研究主题与思路颇具创新性，但用"吉祥"一词解释以上所有装饰图像的内涵与功能似乎过于笼统，有些分类亦有重复与不准确，且未使用

---

[1] "发瑞"指汉人在日常用品或衣服上描绘祥瑞图像，并认为可以引出祥瑞出现的行为。如《史记·孝武本纪》载汉武帝曾用白鹿皮造皮币，还为了与神明对话建造"云气车"；《汉书》也载"武帝造麟趾金以发瑞"等。

[2] 巫鸿：a.《礼仪中的美术》，北京：生活·读书·新知三联书店，2005年；b.《武梁祠：中国古代画像艺术的思想性》，北京：生活·读书·新知三联书店，2006年；c.《引魂灵璧》，载巫鸿、郑岩主编：《古代墓葬美术研究》第一辑，北京：文物出版社，2011年；d.《马王堆一号汉墓中的龙、璧图像》，《文物》2015年第1期。

[3] 郑岩：a.《逝者的面具：汉唐墓葬艺术研究》，北京：北京大学出版社，2012年；b.《从考古学到美术史——郑岩自选集》，上海：上海人民出版社，2012年。

[4] 王爱文、李胜军：《冥土安魂——中国古代墓葬吉祥文化研究》，郑州：中州古籍出版社，2011年。

较科学客观之研究方法。

类似研究还有张道一的《吉祥文化论》，涉及我国古代谶纬符瑞文化内容，将汉画像石中的祥瑞图像材料与《宋书·符瑞志》所记之 49 种祥瑞动物进行了一一照应，还特别讨论了羊、鸡、蝙蝠、鹿等动物在古代的吉祥涵义①。

练春海从庞杂的墓葬考古材料中有意识地选择博山炉、天梯、铜镜、铺首、玉璧、兵器、神鼎、玉胜八种汉代器物图像作为个案研究对象，分别进行器物图像与信仰的关系研究②。他首先区分出"物""像""场"三个基本逻辑依据：认为"物"是基础，要从文献中找寻各器物图像的名实关系，且器物图像的命名和分类有"自名"与"他名"之分，前者是当时当事的名称，后者是后人根据自己的认知和判断进行的主观命名，而前者才是研究器物图像及内涵的关键前提；"像"是"物"的图绘呈现，是"物"的有机组成部分；而"场"是"物"与"像"在墓葬中独特的配位原则和组合关系，是行为人主动设计的结果，必然包含了特定的观念与信仰内涵；"物""像""场"三者按逻辑兼顾考察，才能找到解读图像内涵的正确通道。

除以上代表性专著外，也有一些学术论文零散涉及到汉代神兽图像内容，研究对象主要为汉代画像砖石上的神兽或动物图像。

汪小洋分析了江苏汉画像石中龙、凤、鸟、麒麟、朱雀、三足乌等神兽母题并对其构图组合图像进行了统计与分类，认为它们表达了特定的宗教意识，一定程度上应属于原始宗教艺术范畴③。

王涛全面收集了汉画像石墓中的祥瑞图像，并记录了其在墓葬结构中的具体位置，随后讨论了汉代画像石中"祥瑞"图像的意义及演变，认为汉代"祥瑞"图像一是表达吉祥寓意，二是用以驱邪避害，且经历了从西汉晚期到东汉末年从无到有、逐渐发展兴盛、最终又急速衰落乃至消亡的过程，其衰落可能与东汉末年儒消道长和汉画像石的整体衰落有关④。

缪哲对《鲁灵光殿赋》中的"图画天地、品类群生、杂物奇怪、山海神灵"几

---

① 张道一：《吉祥文化论》，重庆：重庆大学出版社，2011 年。

② 练春海：《器物图像与汉代信仰》，北京：生活·读书·新知三联书店，2014 年。

③ 汪小洋：《江苏汉画像石动物图像的宗教意识思考》，《江苏大学学报（社会科学版）》第 4 卷第 4 期，2002 年 12 月。

④ 王涛：《汉代画像石墓中的"祥瑞"研究》，吉林大学硕士学位论文，2004 年。

句记载进行了详细的文献与图像结合的考证，提出"天""地"概念并考释了表现天象的神兽、祥瑞、山上或海中的自然神话动物等神兽图像内涵，最后提出西汉中期及以后流行"天—地—人"思想，从汉代图像上可看到汉人的宇宙意识①。

韩炜炜对河南地区汉画像砖石中的虎、龙、凤鸟、瑞兽、怪兽等神话类图像运用考古学方法进行了分析研究，并讨论了这些神话类图像在墓葬中的配置特点、辟邪驱魔类图像、四灵及铺首衔环等相关问题②。

受篇幅所限，其他相关文章暂不详举③。

对于帛画、壁画、漆画、丝织品等平面装饰图像的研究，相对汉画像砖石而言，涉及到神兽图像的内容更为庞杂零散，此处仅以"楚汉帛画（书）"一例为示。

至今所见战国中期到东汉墓葬出土的帛画（包括带图像的帛书）近三十幅。从1944年蔡季襄的《晚周缯书考证》至今，有关帛画研究的论著已有近500篇（部），参与讨论的中外学者近百人④。有关帛画神兽图像的主要研究资料是湖南长沙出土的战国"人物御龙""人物龙凤"帛画，子弹库战国帛书及马王堆一、三号墓西汉帛画、山东临沂金雀山九号墓西汉帛画等。其中，"人物龙凤"帛画出现最早⑤，起初学者们多致力于对帛画性质和名称的考证上，之后遂对其图像和表达思想展开分析，

---

① 缪哲：《释"图画天地品类群生杂物奇怪山海神灵"》，载范景中等主编：《考古与艺术史的交汇——中国美术学院国际学术研讨会论文集》，杭州：中国美术学院出版社，2009年。

② 韩炜炜：《河南汉画像石和画像砖墓神话类形象解析》，郑州大学硕士学位论文，2012年。

③ 如钰金等：《浅论汉画中的升仙工具》，《南都学坛》1990年第5期；黄雅峰：《南阳汉画像砖石动物题材的艺术构成》，《美术研究》1994年第2期；孙周勇：《陕北汉代画像石神话题材》，《考古与文物》1999年第5期；王良田：《商丘汉画像石中的祥禽瑞兽图像》，载朱青生主编：《中国汉画学会第九届年会论文集》，北京：中国社会出版社，2004年；任义玲：《略论汉画中神异动物产生的思想渊源和在升仙中的作用》，载顾森等主编：《大汉雄风——中国汉画学会第十届年会论文集》，北京：高等教育出版社，2008年；黄剑华：《秦汉"仙话"与汉代画像中的升仙题材》，《长江文明》2009年第1期；丁峰等：《浅析汉画像石中的祥瑞装饰图案》，《美术大观》2011年第9期；颜碧夏：《画像石、画像砖神仙信仰题材研究》，广西师范大学硕士学位论文，2012年等。

④ 刘晓路：《中国帛画研究50年》，《中国文化研究》1993年冬之卷（总第10期），文中提到，在所见帛画研究论文中，马王堆一号汉墓的一幅占80%，马王堆三号汉墓的十二幅占5%，楚帛画四幅占12%，其他汉墓帛画占2%，综合研究占1%；王海燕：《中国帛画研究述评》，《艺术探索》2009年第23卷第4期。

⑤ 于1949年2月被盗出，出土情况不详。

有女娲、巫术、辟邪、引魂升天、丰隆鸾鸟迎宓、龙凤争斗等说①。"人物御龙"帛画则被认为表达了战国盛行的升仙思想②。子弹库帛书的相关研究多是对其上文字的考释，对所附图像属性的辨析建立在此基础上，从发现至今，国内外对其付诸研究论著已近百篇（部），对帛书的性质有巫术、天文星占、祭祀告神等说，其上图像则有阴阳五行、四时、四方、十二时、十二月名等解释③。关于马王堆一号汉墓帛画，

---

① 郭沫若：a.《关于晚周帛画的考察》，《人民文学》1953 年第 11 期；b.《关于晚周帛画的补充说明》，《人民文学》1953 年第 12 期；c.《桃都、女娲、加陵》，《文物》1973 年第 1 期；孙作云：《长沙战国时代楚墓出土帛画考》，《人文杂志》1960 年第 4 期；王仁湘：《研究长沙战国楚墓的一幅帛画》，《江汉论坛》1980 年第 3 期；熊传薪：《对照新旧摹本谈楚国人物龙凤帛画》，《江汉考古》1981 年第 1 期；刘敦愿：《引魂之舟——楚帛画新解》，《湖南考古辑刊》第 2 辑，1983 年；熊永松：《魂兮归来，君无上天邪——长沙陈家大山楚墓帛画再研究》，《西藏大学学报》（汉文版）1998 年第 3 期等。

② 湖南省博物馆：《新发现的长沙战国楚墓帛画》，《文物》1973 年第 7 期；王建勇：《人物御龙帛画略考》，《中原文物》2014 年第 6 期等。

③ 参考著作：蔡季襄：《晚周缯书考证》，台北：艺文印书馆，1944 年；饶宗颐：《长沙出土战国缯书新释》，香港：义友昌记印务公司，1958 年；Noel Barnard, *The twelve Peripheral Figures of the Chu Slik Manucsript*，载中国文字编辑委员会：《中国文字》新十二期，台北：艺文印书馆，1988 年 7 月，第 453 ~ 513 页；李零：《长沙子弹库战国楚帛书研究》，北京：中华书局，1985 年；饶宗颐、曾宪通：《楚帛书》，北京：中华书局，1985 年；陈茂仁：《楚帛书研究》，国立中正大学中国文学研究所硕士论文，1996 年；陈久金：《帛书及古代天文史料注析与研究》，台北：万卷楼图书公司，2001 年；徐在国：《楚帛书诂林》，合肥：安徽大学出版社，2010 年等。参考论文：饶宗颐：《长沙楚墓时占神物图卷考释》，《东方文化》第一卷第一期，1954 年 1 月；[日]泽存昭次：《长沙楚墓时占神物图卷》，日本河出书房《定本书道全集》第一卷，1956 年；饶宗颐：《楚缯书十二月名核论》，《大陆杂志》第三十卷第一期，1965 年 11 月；[日]林巳奈夫：《长沙出土战国楚帛书十二神的由来》，《东方学报》第 42 册，1967 年；饶宗颐：《楚缯书之摹本籍图像——三首神、肥遗与印度古神话之比较》，《故宫月刊》第三卷第二期，1968 年 10 月；李学勤：《楚帛书中的古史与宇宙观》，《楚史论业》初集，1984 年 10 月；连劭名：《长沙楚帛书与中国古代的宇宙论》，《文物》1991 年第 2 期；李零：《楚帛书与"式图"》，《江汉考古》1991 年第 1 期；刘信芳：《最早的物候历月名——楚帛书月名及神祇研究》，载《中华文史论业》第五十三辑，上海：上海古籍出版社，1994 年；院文清：《楚帛书中的神话传说与楚先祖谱系略证》，载王光镐：《文物考古文集》，武汉：武汉大学出版社，1997 年；杨宽：《楚帛书的四季神像及其创世神话》，《文学遗产》1997 年第 4 期；曾宪通：《楚帛书神话系统试论》，载《曾宪通学术论文集》，汕头：汕头大学出版社，2002 年；何新：《宇宙的起源——长沙楚帛书新考》，载《何新古经新解系列》第一辑第七卷，北京：时事出版社，2002 年；陈斯鹏：《楚帛书甲篇的神话构成、性质及其神话学意义》，《文史哲》2006 年第 6 期；高莉芬：《神圣的秩序——楚帛书·甲篇中的传世神话及其宇宙观》，《中国文哲研究集刊》第 30 期，台北：中央研究院中国文哲研究所，2007 年等。

学者们探讨了其上日月、星象、人首蛇身像、豹、龙、蛇、下部力士及其他奇异动物形象等，帛画主题普遍认为是在表达灵魂升仙①。三号墓帛画亦见神兽图像，如"神祇图"（又名"社神图"或"辟兵图"）②、T 型帛画③等。山东临沂金雀山九号墓帛画风格与马王堆帛画一致，只是略作简化，研究一般认为其功能、寓意与马王堆帛画相似④。

---

① 参考著作：湖南省博物馆编：《长沙马王堆一号汉墓》，北京：文物出版社，1973 年；湖南省博物馆编：《马王堆汉墓》，长沙：湖南人民出版社，1979 年；何介钧等：《马王堆汉墓》，北京：文物出版社，1982 年等。参考论文：俞伟超：《座谈长沙马王堆一号汉墓》，《文物》1972 年第 9 期；安志敏：《长沙新发现的西汉帛画试探》，《考古》1973 年第 1 期；孙作云：《长沙马王堆一号汉墓出土画幡考释》，《考古》1973 年第 1 期；韩自强：《马王堆汉墓出土帛画与屈原招魂》，《江淮论坛》1979 年第 1 期；钟敬文：《马王堆汉墓帛画的神话史意义》，《中华文史论丛》1979 年第 2 辑，上海：上海古籍出版社；周士琦：《马王堆汉墓帛画日月神话起源考》，《中华文史论丛》1979 年第 2 辑，上海：上海古籍出版社；萧兵：《马王堆帛画与楚辞》，《考古》1979 年第 2 期；马鸿增：《论汉初帛画的人首蛇身像及天界图》，《南京艺术学院学报》1980 年第 2 期；萧兵：《羽人·相鸟·观风鸟——马王堆帛画与楚辞一则》，《兰州大学学报（社会科学版）》，1980 年第 2 期；Jerome Silbergeld, *Mawangdui, Excavated Materials, and Transmitted Texts: A Cautionary Note*, Early China 8, 1982 – 1983；俞伟超：《马王堆一号汉墓帛画内容考》，载《先秦两汉考古学论集》，北京：文物出版社，1985 年；林河等：《马王堆汉墓飞衣帛画与楚辞神话南方神话比较研究》，《民间文学论坛》1985 年第 3 期；林河：《一幅消失了的原始神话图卷——马王堆汉墓彩绘与楚越神话和丧葬习俗的比较研究》，《民间文学论坛》1986 年第 4 期；彭景元：《马王堆一号汉墓帛画新释》，《江汉考古》1987 年第 1 期；Wu Hung, *Art in A Ritual Context: Rethinking Mawangdui*, Early China 17, 1992；李建毛：《马王堆一号汉墓帛画新解》，《南方文物》1992 年第 3 期；郭学仁：《马王堆一号汉墓帛画内容新探》，《美术研究》1993 年第 2 期；傅举有：《马王堆缯画研究》，《中原文物》1993 年第 3 期；刘宗意：《马王堆画中的"八个小圆"是苍龙星象》，《东南文化》1997 年第 3 期；郑曙斌：《马王堆帛画研究二题》，《湖南省博物馆馆刊》第一期，2004 年；田镇：《马王堆 T 型非衣帛画图像文化研究》，湖南工业大学硕士学位论文，2007 年；邢萍：《马王堆非衣九阳、二足金乌考》，《美术界》2010 年第 1 期等。

② 周世荣：《马王堆汉墓的"神祇图"帛画》，《考古》1990 年第 10 期；李零：《马王堆汉墓"神祇图"应属辟兵图》，《考古》1991 年第 10 期；陈松长：a.《马王堆汉墓帛画"太一将行"图浅论》，《美术史论》1992 年第 3 期；b.《马王堆汉墓帛画"神祇图"辩证》，《江汉考古》1993 年第 1 期；李家浩：《论太一避兵图》，《国学研究》第一卷，北京：北京大学出版社，1993 年。

③ 游振群：《马王堆三号汉墓帛画》，《东南文化》2000 年第 4 期。

④ 刘家骥等：《金雀山西汉帛画临摹后感》，《文物》1977 年第 11 期；刘晓路：《临沂帛画文化氛围初探》，《中原文物》1993 年第 2 期；杨修红等：《汉墓帛画的地域延续与差异性比较研究——马王堆与金雀山帛画比较》，《文教资料》2013 年第 33 期。

另有对楚汉帛画（绘画）的综合论著，也常涉及到部分关于神兽图像的考释①。

第三类：对特定神兽母题的研究。

如牛天伟、金爱秀在《汉画神灵图像考述》中大量运用文献与出土图像材料，分析了二十多种汉画神灵母题的形象及内涵，但他们的研究对象"神灵"既包括神兽，也包括神人，且以后者为主，所涉神兽仅獬豸、熊、虎、凤凰、麒麟等几类②。

综合来看，最被学者关注的神兽母题为龙、凤（鸟）、虎三类；其次是汉代常见的几类幻想动物（如麒麟、有翼神兽、四象神兽等）和带特殊涵义的现实动物（如鹿、狮、羊等）。因涉及内容极为庞杂，现仅以"有翼神兽"研究为示例。

关于有翼神兽的讨论多集中于其来源、类别名称与功能意义等问题。

来源方面有外来说与本土说。支持外来说的如梁思成、朱偰、姚迁、李学勤、姜伯勤、李零、霍巍等③；支持本土说的有朱希祖、林树中、龚良、杨泓、陈少丰、沈俐、顾问、卜友常等④；也有部分学者认为不同类别可以分为外来与传统两种样式。

---

① 如刘晓路：《中国帛画与楚汉文化》，长春：吉林教育出版社，1994年；胡智勇：《楚及西汉旌幡帛画辨析》，《湖北大学学报（社科版）》1998年第4期；贺西林：《战国墓葬绘画的风格与图像》，《四川文物》2002年第2期；陈鍠：《古代帛画》，北京：文物出版社，2005年；胡智勇：《是"引魂升天"还是"招魂入墓"——楚汉旌幡帛画再探》，《美术》2008年第9期；杜林渊：《论楚汉帛画的功能与主题》，《江汉考古》2011年第3期等。

② 牛天伟、金爱秀：《汉画神灵图像考述》，郑州：河南大学出版社，2009年。

③ 梁思成：《中国雕塑史》，天津：百花文化出版社，1998年；朱偰：《建康兰陵六朝陵墓图考》，上海：商务印书馆，1936年；姚迁等：《南朝陵墓雕刻》，北京：文物出版社，1981年；李学勤：《虎噬鹿器与有翼神兽》，载《比较考古学随笔》，桂林：广西师范大学出版社，1997年；姜伯勤：《中国祆教艺术史研究》，北京：生活·读书·新知三联书店，2004年；李零：a.《论中国的有翼神兽》，《中国学术》2001年第1期；b.《有翼神兽研究》，载《入山与出塞》；霍巍：《神兽西来——重庆忠县新发现石辟邪及其意义初探》，《长江文明》2008年第1期。

④ 朱希祖：《天禄、辟邪考》，载《六朝陵墓调查报告》，北京：中央古物保管委员会，1935年；林树中：《南朝陵墓石刻》，北京：人民美术出版社，1984年；龚良：《陵墓有翼神兽石刻的发展及其艺术源流》，《华夏考古》1994年第1期；杨泓：《丹阳南朝陵墓石刻》，载《寻常的精致》，沈阳：辽宁教育出版社，1996年；陈少丰：《中国雕塑艺术史》，广州：岭南美术出版社，1998年；沈俐：《中国有翼神兽渊源问题探讨》，《美术史研究》2007年第4期；顾问等：《中国早期有翼神兽问题研究四则》，《殷都学刊》2005年第3期；卜友常：《鲁迅藏汉代有翼神兽画像探析》，《设计艺术（山东工艺美术学院学报）》，2010年第2期。

关于有翼神兽的类别有天禄、辟邪、飞廉、龙爵、麒麟、天马、符拔、排拔、狮子、格里芬等说，且多认为它们出现在汉代艺术品上是为了表达升仙愿望①。与其关系密切的有一类北方草原地区特有的有翼神兽造型器物，研究者多认为它们受中亚、西亚、甚至波斯与希腊殖民体系下的艺术风格影响，又直接影响了汉代神兽图像②。

第四类是外国学者的相关代表性研究，因其与本国学者之研究视角、方法、目的等多有异，故单陈为类。

较早关注汉代图像及其所反映出的文化史、观念史的研究可追溯至二十世纪初的 Berthold Laufer。他率先提出汉画内容多来自中国的历史或神话传说，亦开展关于某类具体母题图像的个案研究，其研究方法是在理清母题演变轨迹的基础上综合图

---

① 如孙作云：《飞廉考——中国古代鸟氏族之研究》，载《孙作云文集·中国古代神话传说研究》，开封：河南大学出版社，2003 年；罗宗真：《六朝陵墓及其石刻》，《南京博物院集刊》第一辑，1979 年；孙机：《几种汉代的图案纹饰》，《文物》1982 年第 3 期；孙机：《七驼纹银盘与飞廉纹银盘》，载《中国圣火——中国古文物与东西文化交流中的若干问题》，沈阳：辽宁教育出版社，1996 年；林梅村：《天禄辟邪与古代中西文化交流》，载《汉唐西域与中国文明》，北京：文物出版社，1998 年；张平一：《飞廉与双翼神兽》，《文物春秋》2000 年第 1 期；马今洪等：《翼兽形盉与格里芬》，《上海文博论丛》2002 年第 2 期；［日］曾布川宽：《六朝帝陵——以石兽和砖画为中心》，南京：南京出版社，2004 年；杨晓春：《关于南朝陵墓神道石兽的名称问题》，《东南文化》2009 年第 3 期；宋震昊：《天禄辟邪新考——从角数规律看南朝帝陵石兽的名称》，《东南文化》2009 年第 3 期；杨洁：《浅析青铜错银双翼神兽》，《文物世界》2010 年第 1 期；林通雁：《从长安铜飞廉到洛阳石翼兽——对中国古代有翼神兽问题的一个讨论》，《美术研究》2010 年第 3 期；宫万琳：《东汉帝陵神道石象与刻铭"天禄""辟邪"》，《美术学刊》2011 年第 2 期等。

② 如乌恩：《略论怪异动物纹样及相关问题》，《故宫博物院院刊》1994 年第 3 期；吴妍春：a.《古代亚欧大陆游牧文化中的动物纹艺术》，《新疆大学学报》1995 年第 4 期；b.《草原动物纹艺术产生的思想根源和文化背景》，《新疆艺术》1998 年第 1 期；徐英：《中国北方游牧民族造型艺术研究》，中央民族大学博士学位论文，2006 年；沈福伟：《中西文化交流史》，上海：上海人民出版社，2006 年，此书提出"斯基泰—西伯利亚野兽纹和阿尔泰艺术在春秋晚期和战国时期被中国北方动物纹造型艺术吸收，表现出某些题材的重复和模仿，如屈足鹿、鹰头兽、躯体扭转兽和双兽格斗纹"；晁舸：《动物纹艺术与欧亚草原之路》，《丝绸之路》2009 年第 22 期；刘汉兴：《匈奴、鲜卑牌饰的初步研究》，郑州大学硕士学位论文，2011 年；祝佳：《春秋至南北朝——公元前 7 世纪至公元 6 世纪——中国有翼神兽类型及演变研究》，浙江大学硕士学位论文，2013 年，此文将有翼神兽分为龙、鸟兽、狮虎、有角神兽、食草和其他六类；张樵鹤：《草原游牧地区有翼神兽的造型探讨》，《湖南科技学院学报》第 35 卷第 8 期，2014 年 8 月，文中认为草原游牧民族神兽类型主要分"猛兽狮虎造型""食草动物羊造型"和"鹰首鹿造型"，都是草原文明下的神兽崇拜文化等。

像与文献材料，与类似形象展开对比观察，最终提取其属性特点，对本文神兽母题图像的研究具有借鉴意义①。

英国考古学家、汉学家罗森（Jessica Rawson）对中国古代器物纹饰进行过深入研究，提出关于龙、凤、神鹿等中国古代常用装饰图像的使用特点，即它们多被用在人们认为需要它们的神力来庇护的情况下；她还将满城汉墓与战国楚墓的部分出土器物进行对比，认为它们的形制、工艺、纹饰、色彩等很多方面的因素都来源于楚文化，尤其是楚漆器，如错综复杂的龙凤纹、鸟兽形器物底座、小型动物造型的器物附件和雕像等；最终认为汉代器类直接继承了战国传统而只是变得世俗化，尤其以楚文化影响最深，可能和淮南王刘安提倡楚辞和楚俗有关②。

美国艺术史学者包华石（Martin Powers）曾尝试将艺术作品融入当时的政治背景中进行考察，详尽探讨了汉画像石艺术所表现出的政治寓意，认为汉画艺术多是用艺术作为政治表达的工具，其代表的是一整个利益集团（如儒家）的意见，画像石图像本身即是此利益集团政治表达和政治批评的媒介；同时，社会风尚与普遍趣味也影响着艺术家的风格和作品的内容③。

美国汉学家艾兰（Sarah Allan）提出：相同母题会在不同时代重复，并在同一个结构上发生关系，但其具体内容体系会在历史语境中被重释；她创造性地使用了一种"倒叙"的研究方法：即假设一个早期观念在何处流传和被谁如何使用等因素将可能会在后世衍生出不止一种传统，由此将后世史料和早期材料对比并从中复原真正的早期宗教思想特征④。如她通过分析周到汉时关于扶桑、十日、三足乌及龟、饕餮、龙、蛇、鸮、蝉等动物纹饰的考古材料与文献，认为它们的原型都能在商代找

① Berthold Laufer, a. *Chinese Grave Sculptures of the Han Period*, London: E. L. Morice, E. C. Steshert and E. Leronx, 1911; b. *History of the Rhinoceros. Chinese Clay Figures. Part 1: Prolegomena on the History of Defensive Armor*. Chicago: Field Museum of Natural History, 1914: p. 89 – 101.

② ［英］罗森：《说龙凤》《荷与龙——中国古代纹饰的来源》《楚文化对汉代青铜器发展的影响》，载《中国古代的艺术文化》，北京：北京大学出版社，2000 年。关于刘安推动楚文化的相关内容，见 David Hawkes, *The Songs of the South: An Anthology of Ancient Chinese Poems by Qu Yuan and other Poets*, Harmondsworth: Penguin Classics, 1985.

③ Martin J. Powers, *Art and Political Expression in Early China*, New Haven: Yale University Press, 1992.

④ Sarah Allan, *The Shape of Turtle: Myth, Art and Cosmos in Early China*, Albany: State University of New York, 1991.

到传统上的线索并可以对其图画意义进行诠释，但这些内涵与意义已在历史发展中逐渐失去其完整性。此研究方法具有借鉴意义，尤其适用于两汉与先汉时期神兽内涵的对比分析。

2006 年美国哥伦比亚大学出版了一本论文集，讨论宗教传统中的动物，诸多学者参与了这次学术讨论①。如安德森（E. N. Anderson）与拉菲尔斯（Lisa Raphals）探讨了动物与道教的关系，指出动物常在道教文献中出现并被用来比喻说明一些教义，这些动物有普通与想象动物之分，也有些普通动物获得道德、精神和萨满式的能力，六朝后期的道士也常常被描绘成与动物有特殊关系的人物；罗德尼（Rodney Taylor）论述了儒家与动物的关系，认为因儒家更关心人与世界的道德秩序，故动物常被排除在儒家的关注之外，但会教导人们与人类之外的生命的相处之道；等等。

法吉（Erica Fudge）总结了三类关于动物的研究，一是思想史层面，即动物在人类文化中的意义；二是动物的物质性，即动物在人类物质社会中的存在；三是所谓的整体史（holistic history②）研究，即关注人类与其他物种关系，认为人类只有在认识、书写，并与其他物种发生联系时才能界定自身身份，并获得存在的意义③。

日本的林巳奈夫曾梳理从新石器时期到汉代的兽面纹发展演变情况，他认为装饰大型兽面的青铜器在春秋战国时就完全消失了，代替的是装饰在把手或提手环上的小兽面；到汉代，虎、象等危险动物减少，鹿、熊增多，镇墓兽流行，东汉墓上还出现石狮子，而两汉墓葬中常见的几种兽面图像，则可能是社神、太一神、蠃、川蜷、畏兽或是组合兽面；同时他还整理了汉代画像石中反映出的诸多神人、神兽图像材料，从更宏观的社会史视角入手，深入探讨汉代的鬼神信仰④。

曾布川宽将汉代壁画、帛画、棺画等不同图像载体上的类似图像进行了综合比

---

① Paul Waldau and Kimberley Patton, eds., *A Communion of Subjects*: *Animals in Religion*, *Science*, *and Ethics*, New York: Columbia University Press, 2006.

② Refer to: Harriet Ritvo, *The Animal Estate*: *The English and Other Creatures in the Victorian Age*, London: Penguin, 1990; Kathleen Kete, *The Beast in the Boudoir*: *Petkeeping in Nineteenth-Century Paris*, Berkeley and Los Angeles: University of California Press, 1994.

③ Erica Fudge, A Left-handed Blow: Writing the History of Animals, in Nigel Rothfels ed., *Representing Animals*, Bloomington: Indiana University Press, 2002.

④ ［日］林巳奈夫：a.《神与兽的纹样学——中国古代诸神》，北京：生活·读书·新知三联书店，2009 年；b. 汉代的神神，京都：临川书店，1989 年。

对研究，分析了如西王母及昆仑山仙境、升仙等汉代典型的图像题材，并认为它们均与楚文化有密切关系；他还进一步以汉画中的"升仙图"为个案，对其进行了谱系与差异性考察①。此研究方法是针对某一特定题材的汉画图像研究可加以借鉴的。

肥田路美继续林巳奈夫关于云气纹的研究，进一步认为云气纹与神人、神兽一同出现，带有神仙、升天、生气盎然、时空流转等象征意义，且这种装饰手法亦从商周延续至汉唐②。

长广敏雄综合收集了当时国外学者关于汉代各类图像材料的研究成果③，其多样的研究视角对如今对汉画材料的运用思路及方法颇有助益。

纽约大学的曾蓝莹教授借用考古材料探讨了古代图像中的吉祥符号（auspicious omens），其中不乏动物形象，如麒麟（独角兽 unicorn）、凤凰、四神等，它们被统治者及其属意的臣子、学者宣扬成一种"天命神授"的神符，继而以教化的名义推行其主张；同时她也讨论了汉人通过丧葬文化图像展示他们心中的"升仙之路"与宇宙观，分析了一些战国、汉代墓葬出土的各类图像材料上与"升仙之路"、时人宇宙观相关的动物图像，认为它们可以被视作一种标志性记号，带有特定的功能与意义，墓葬建造者往往通过安排其在墓葬中的位置和所处环境来达到目的；她还特别讨论过汉镜上以马为中心的纹饰，认为在汉镜的三个发展阶段中，马首先以瑞兽形式出现，继而成为仙人坐骑，最后成为仙车的驾车者进入西王母的仙境世界，在东汉之后，随着西王母图像而销声匿迹④。

剑桥大学汉学教授胡司德（Roel Sterckx）考察了早期中国的动物与灵异神兽情况，重点对战国及两汉的相关历史文献进行了收集与解读，总结出早期中国关于动物的文化理念，及动物观与人类的自我认识、思想观念、政治概念等联系；

---

① ［日］曾布川宽：a.《汉·三国佛教遗物的图象学——西王母和佛》，《东南文化》1995 年第 2 期；b.《汉代画像石中的升仙图系谱》，《东方学报》65 册，1993 年。

② ［日］肥田美路：《云气纹的进化与意义》，载石守谦等主编：《艺术史中的汉晋唐宋之变》，台北：石头出版股份有限公司，2014 年，第 169～192 页。

③ ［日］长广敏雄主编：《汉代画像の研究》，东京：中央公论美术出版，1965 年。

④ Lillian Lan-ying Tseng, *Picturing Heaven in Early China*, Boston：Harvard University Press, 2011；曾蓝莹：《仙马、天马与车马——汉镜纹饰流变拾遗》，载石守谦等主编：《艺术史中的汉晋与唐宋之变》，台北：石头出版股份有限公司，2014 年。

最后指出：古代中国的世界观并未执意为动物、人类和鬼神等其他生灵勾画清晰的类别界线或本体界线，而是把动物安放在一个有机整体和诸多物种的相互关系中，动物们既有自然的一面，又有文化的一面，彼此互相影响，互相依赖，浑然一体①。

三　研究动机与目的

自人类出现以后，人与动物的互动就一直伴随历史的演进，动物以人类的伙伴、敌人、赖以生存的物质或思想来源等身份，出现在人类创造的几乎全部文明中。古代遗留的图像是最能直观、生动地审视人与动物关系的重要资料。因此，对古代动物类图像的整理与分析是了解古代人类社会发展不可缺少的重要辅助研究。

从古代遗留的图像资料上看，除了展现动物在人类日常生产生活中的场景之外，更值得关注与推敲的是那些经由人类主观赋予神秘性与特殊功能意义的动物图像。对后者而言，绝非简单观察就可以认清其内涵与表现意义，它们更像是古人留下的谜团，需要经过科学的整理与缜密的研究考证才可破解。

从当前考古发现与研究情况来看，原始社会至商周时期的动物类图像，尤其是神秘的幻想动物图像资料，较汉代数量少且种类简单，可参考比对的文字资料也十分匮乏，但相关研究却相对丰富，学者们拥有更自由的空间去理解和诠释这些神秘动物的内涵及与人类社会的关系；这些研究对象的年限往往止步于秦汉，而却正是在战国至汉代之际，我国古代神秘想象动物的题材、内容、表现形式等均发生了重大变革。

本文选择以神兽图像为研究对象、以汉代为研究范围，主要基于如下考虑：

一是汉墓考古发掘体量庞大，汉代也是我国古代丧葬文化及图像艺术发展的一个关键时期；从考古学角度看，由丧葬文化和墓葬结构空间变化直接引发了墓葬装饰空间和技术的进化，自此，我国古代图像艺术不再仅局限于器物（包括葬具）装

---

① Roel Sterckx, *The Animal and the Daemon in Early China*, Albany: State University of New York Press, 2002. 中译本：［英］胡司德著、蓝旭译：《古代中国的动物与灵异》，南京：江苏人民出版社，2016 年。

饰，开始大规模地出现于更大面积的墓葬空间及墓葬附属的地面建筑之中，图像材料整体体量变得丰富；

二是汉代的图像材料中，涉及到神兽主题的种类和数量都十分可观，是任何其他历史时期都不曾出现的情况，神兽是汉画体系中一个值得关注的重要题材；

三是面对庞大的汉画材料，为全面了解其体系及反映出的时代思想、物质生活、艺术表现等特征，研究工作必须选择一个合适的切入点，由特殊到一般的有计划地开展，以独具时代特征、又资料丰富的神兽图像入手，或可达到窥一斑知全豹的效果；

四是由于图像的内容与表现形式主要来源于人的思想和信仰，神兽图像也是当时普遍流行的社会思想信仰与文化观念的综合反映；汉代处于一个承上启下的重要历史阶段，对汉代情况的梳理与掌握，对观察整个中国古代社会思想信仰文化的发展脉络、思考古代人与动物的关系演进、审视我国古代早期图像艺术的表达方式及其与人类思想的关系等问题都将有所裨益；

最后，考虑到汉代及其前后临近时期文字资料的相对丰富，可与图像材料进行更有效的对照补证，研究结果的准确性相对有所保障。

尽管已拥有较充足的研究资料，研究具有可行性，但目前已有关于汉代神兽图像的研究少且零散，资料又极为零乱庞杂，研究工作面临较大挑战。

四　研究方法

本文研究对象为古代遗留的图像材料，广义上属美术（艺术）考古学研究范畴。

"美术考古学"最早于 1929 年由郭沫若先生译著《美术考古学发展史》时引入[①]；岑家梧先生留日学习考古学与人类学期间写成《图腾艺术史》与《史前艺术史》[②]。之后，由于中国考古学的发展实践中越来越多地涉及到一些美术材料，部分

① 郭沫若：《美术考古学发现史》，上海：乐群书店，1929 年。
② 岑家梧：a.《图腾艺术史》，上海：商务印书馆，1937 年；b.《史前艺术史》，上海：商务印书馆，1938 年。

考古与美术史学者逐渐参与到相关研究讨论中来。

1986 年出版的《中国大百科全书·考古学》虽未将"美术考古学"单列条目，但其编撰者夏鼐、王仲舒等却已在概述中指出："考古学和古代美术史，往往有共同的资料……考古学上的类型学和年代学等方法，也适用于古代美术史的研究。"他们随即提出"美术考古学"概念，认为它是考古学理论和实践发展到一定阶段必然产生的"特殊考古学"①。《中国大百科全书·美术》中则始开"美术考古学"条目，并对其做了详细定义②。始刊于 1984 年的《中国考古学年鉴》中也增加了"美术考古"，随后又不断对其内容进行修正和增益，有古代雕塑、石窟寺、古代建筑、古代绘画、古代书法、陶瓷器与窑址、佛教美术等类别。

此后，不断有考古学、历史学、美术史等学者尝试进行此"交叉学科"在方法论和实践上的探索研究。

探讨学科理论的代表作有刘凤君《美术考古学导论》③、杨泓《美术考古半世纪——中国美术考古学发现史》④、阮荣春主编《中国美术考古学史纲》⑤、孙长初

---

① 中国大百科全书总编辑委员会：《中国大百科全书·考古学》，北京：中国大百科全书出版社，1986年；书中对"美术考古学"的定义是："从历史科学的立场出发，把各种美术品作为实物标本，研究的目标在于复原古代的社会文化。"但未深入表述美术考古学具体的研究对象、方法、目的及意义等。

② 中国大百科全书总编辑委员会：《中国大百科全书·美术》，北京：中国大百科全书出版社，1990年；美术考古学之定义："考古学的分支学科，以田野考古发掘和调查所得的美术遗迹和遗物为研究对象。从历史科学的立场出发，依据层位学、类型学等考古学研究方法，结合古代文献以及传世的有关遗物，阐明美术的产生、发展过程以及与物质文化发展的联系，为人类文化史研究提供准确可靠的实物例证。"并详细界定了美术考古学研究的年代范围、主要内容（分为建筑、绘画、雕塑、工艺美术、宗教美术五类）等。

③ 刘凤君：《美术考古学导论》，济南：山东大学出版社，1995年；上篇首次介绍了西方美术考古的产生与发展情况，下篇将美术考古学研究对象分为雕塑、佛教造像、画像石与画像砖、绘画、建筑、陶瓷、玉器、铜器、石碑和墓志、其他工艺美术；在研究方法中，提出"基础研究法"和"深入综合研究法"，前者是"运用考古学对遗迹、遗物整理研究中的区系划分法、层位法和类型排比法"，后者是指"历史研究法和借鉴美术史的艺术分析研究法"。

④ 杨泓：《美术考古半世纪——中国美术考古发现史》，北京：文物出版社，1997年；其中上篇对中国美术考古进行分期研究，分史前、青铜时代、秦汉、魏晋南北朝、隋唐五期。

⑤ 阮荣春主编：《中国美术考古学史纲》，天津：天津人民艺术出版社，2004年；上篇介绍美术考古学的定位及中西方的发展研究情况，下篇对中国美术考古学做了详细的分期研究，并将下限延伸至宋元明清时期。

《中国艺术考古学初探》①、杨泓与郑岩合著的《中国美术考古学概论》②、汤池的
《中国美术考古研究》③ 等。

　　另有数量可观的美术考古研究论集，内容涉及史前至明清考古发掘所见的各类美术遗
迹、遗物材料，参与学者来自中外考古界、美术史界与历史学界等众多学科领域。代表作
如《汉唐美术考古和佛教艺术》④、《汉唐之间的艺术与考古》论文集三卷⑤、《孙作云文
集·美术考古与民俗研究》⑥、《美术考古与古代文明》⑦、《考古与艺术史的交汇》⑧、《古
代墓葬美术研究》⑨、《中国史新论——美术考古分册》⑩、《常任侠艺术考古论文选集》⑪、

---

① 孙长初：《中国艺术考古学初探》，北京：文物出版社，2004 年；提出中国的"艺术考古学"是建立
　　在中国近代田野考古理论和实践发展基础上的，既是考古学的一个特殊分支，又与艺术学科的发展密
　　切相关，是一门横跨考古学与艺术学两大学科的交叉或边缘学科；其研究对象是田野考古调查和发掘
　　得到的、具有审美艺术特征的古代艺术品，可分类为"艺术遗迹"（岩画、壁画、雕塑）和"艺术遗
　　物"（绘画、雕塑、碑刻书法、工艺美术品等）；研究方法主要来源于对考古地层学、类型学、文化人
　　类学、图像学等研究成果和方法的借鉴，以及对中国古代文献资料的运用；研究目的和意义是为探究
　　创造中国古代精神文化的源泉和动力，探究艺术的起源和造物艺术的发展规律；需要考古学、古代艺
　　术史、民族学、宗教学、民艺学等学科的积极参与。
② 杨泓、郑岩：《中国美术考古学概论》，北京：中国社会科学出版社，2008 年；认为美术考古学是中国
　　考古学分支，研究对象是田野考古工作中获得的遗迹、遗物中与美术有关的科学标本；时间上起旧石
　　器时代，下至各历史时代；基本研究方法是考古学方法，基础是考古层位学和考古类型学，同时必须
　　与中国古代文献的分析研究相结合；近期目标是为田野考古工作提供确定编年标准等方面的帮助，最
　　终目标是从历史科学的立场出发复原古代社会文化等。
③ 汤池：《轨迹——中国美术考古研究》，西安：陕西出版传媒集团、陕西人民美术出版社，2014 年。
④ 杨泓：《汉唐美术考古和佛教艺术》，北京：科学出版社，2000 年。
⑤ 巫鸿主编：《第一卷·汉唐之间的宗教艺术与考古》，2000 年；《第二卷·汉唐之间的文化互动与交
　　融》，2001 年；《第三卷·汉唐之间的视觉文化与物质文化》，2003 年，北京：文物出版社；此论文集
　　是对"汉唐之间艺术与考古"三次国际学术会议的论文汇编，每卷收入来自不同国家和机构的 20 余
　　篇论文，主题分别涉及宗教艺术与考古、考古材料中体现出的区域间的文化与艺术互动、"世俗"艺
　　术与物质文化之间的关系等。
⑥ 孙作云：《孙作云文集·美术考古与民俗研究》，开封：河南大学出版社，2003 年。
⑦ 刘敦愿：《美术考古与古代文明》，北京：人民美术出版社，2007 年。
⑧ 范景中等主编：《考古与艺术史的交汇——中国美术学院国际学术研讨会论文集》，杭州：中国美术学
　　院出版社，2009 年。
⑨ 巫鸿、郑岩主编：《古代墓葬美术研究》（第一辑），北京：文物出版社，2011 年。
⑩ 颜娟英主编：《中国史新论：美术考古分册》，台北：联经出版事业股份有限公司，2011 年。
⑪ 常任侠：《常任侠艺术考古论文选集》，北京：文物出版社，1984 年。

《美术与考古》①、《美术考古与美术史研究文集》②、《赖非美术考古文集》③ 等。

综合美术（艺术）考古学几十年来的理论探索与实践经验，可总结其基本要旨：以考古发掘的艺术性实物资料为研究对象，主要使用考古地层学、类型学等研究方法，结合美术史、图像学、风格学、历史学、地理学、民俗学等相关学科，同时借鉴文献记载，对研究对象进行系统梳理与分析，从而解决相关学术问题；其特点是针对艺术类古代遗迹、遗物的特殊性，在进行考古学研究过程中适当借鉴美术史等研究方法，但本质上仍属考古学范畴，只作为其中一个分支；其意义一是从理论层面理清考古学与美术史多年混淆的研究状况、在研究中分清主次并始终以考古发掘材料和考古学方法为基础，二则隶从考古学科证经补史、疏通知远的最终目的。

本书第二部分将系统整理考古发现的汉代各类图像载体中的神兽图像材料，对不同神兽母题（motif）进行分类与图像形态分析。

在对神兽母题进行分类、定名、内涵描述与形态分析时，主要借用西方图像学理论中关于图像志（Iconography）的第一性或自然意义（primary or natural meaning）、第二性或程式意义（secondary or conventional meaning）等概念④，按图像的表现形态

---

① 邢义田等主编：《美术与考古》，北京：中国大百科全书出版社，2005 年。

② 倪志云：《美术考古与美术史研究文集》，济南：齐鲁书社，2006 年。

③ 赖非：《赖非美术考古文集》，济南：齐鲁书社，2014 年。

④ Erwin Panofsky, *Studies in Iconology*：*Humanistic Themes In the Art of the Renaissance*，Boulder：Westview Press，1972. 潘诺夫斯基在书中率先提出 Iconology（图像学）与 Iconography（图像志）的区别，认为前者重在"解释图像"，后者侧重"描述图像"；而图像学研究具备三个层次：一是属于"图像志描述"的观察作品的自然意义（primary or natural meaning）；二是属于"图像志分析"的对作品背后的图像故事和预言世界等原典知识进行解释（secondary or conventional meaning）；三是属于"图像学解释"，即对作品象征世界的内在意义和观念的解读（intrinsic meaning or content）；其中第一层指"将某些视觉形式与自身实际经验结合而领悟出的一层含义和心理反应，因而是'较低级'的意义解读。所谓的'motifs'（母题）描述和'pre‐iconographical description'（前图像志）描述指的就是这层意义。""当第一层意义被有意识地和传达它的实际动作相结合，并在了解某种文明或文化的基础上对其再次进行'intelligible'（可理解的）的读解时，就会上升到'secondary or conventional meaning'（第二性或程式意义），这时，'motifs'（母题）也进化为'images'（图像）。"可以说自潘氏起，"Iconography"才重新以"图像志"的独立概念、作为一个独立学科被区分开来，并被认为"是关于研究艺术中运用的形象极其渊源的学科，对视觉艺术的象征、题材、故事进行鉴别、描述和解释，是为"图像学"做准备的学科。"概括来说，图像志就是对形象的描绘和分类，是一种辅助性研究，旨在提供"一种特定题材在什么时间、什么地点、通过什么样的特定母题被表现出来"之类的相关信息。

直观区分不同母题，并结合相关文献资料，描述、解释其内涵与风格，最后根据图像的相对年代，分析其形态演化的过程与规律。实践证明，这一基础的图像志分析方法在针对汉代神兽图像这一具体课题时较为适用，这一方面源自大多汉画图像的写实主义风格，另一方面也取决于汉时文献资料及目前对汉代社会综合研究成果的相对丰富。

然而，由于不同神兽母题的图像资料在数量、复杂性等研究条件上存在差异，在具体研究中，也将根据不同情况择选更有效的研究方法。如对于龙、凤、虎这类在汉代图像材料中出现频率较高、数量众多、形态与种类繁杂的神兽母题，就将借用考古类型学方法进行研究。

但由于图像材料本身的特殊性，在使用类型学方法时，也面临着对若干实际问题的深入思考与灵活应用。

如文中在对汉龙的图像形态进行分类时，除依据其外形表现特征，如角、爪、翼等差异之外，有时也会以龙与其他形象（人物，或璧、环等几何纹样）的固定组合造型作为划分依据①，这不免在分类依据上略显混乱，但考虑到这种组合关系在释图过程中的不可分割及龙在组合关系中的主体地位，原则上仍以龙的外形差异作为区分各大型的主要依据，而龙与其他形象的组合关系则可被区分为某类亚型，组合中的属性主体——龙，仍符合其大型的主要特征、并与其他亚型反映出关联性。

另外，由于类型学的基本作用是用来断定遗迹、遗物（物质的、有形的）的相对年代，而本文研究对象均为图像，其内容与表现形式主要来源于人的思想信仰（意识的、无形的），后者又依赖于当时社会而带有明显的时代印记，同时牵连礼仪制度、艺术审美、工艺技法、工匠个体等复杂影响因素。但从本质上看，类型学分类的基本依据都为研究对象之"直观形态特征"，图像的来源虽是无形的思想意识，但一旦被固现为图，便已转变为"物化"的实物，至于其物化过程中可能出现的种种影响因素，虽看上去较如陶器、青铜器等更复杂且变化频率更快、更不可控，但

① 这种做法主要考虑到龙与其他形象之组合关系的密不可分，在图像表现、内涵寓意上都是一体的。如人物御龙与双龙穿璧，如将人、璧与龙拆开单解，就很难做出相对准确的内涵意义判定；且也能看出，在这类组合关系中，龙才是图像内涵的主要表现角色，图像组合的属性内涵主要依附于龙的属性内涵而存在，因而将这种组合关系整合并划分至龙图像体系之下是较为合理的方式。

通过本文对龙、凤、虎图像的类型学研究实践来看，它们仍会呈现出在一定时期内基本特征上的相对稳定性以及随时间发展的绝对变化性，亦能找出其中相对较早及较晚的一环；且通过类型学对庞杂图像材料的归类与划分，这种稳定性、变化性与关键时间点均得以有效显现。

因此从实践结果来看，类型学在图像材料的研究中是行之有效的。正如俞伟超先生所论："人类制造的物品，只要有一定的形体，都可以用类型学方法来探索其形态变化过程。"① 古代遗留的图像，也是由人类创造的带有具体形态的研究对象。至于误差，则即使在对典型物质性器物的分类中，目前也尚无有效的方法避免。

总之，类型学的本质是一种考古学编年方法，实际上是在理清某种对象产生、发展和衰落的过程，找出其内在演化规律，旨在为日后的田野考古工作提供确定编年标准等方面的帮助，同时也将对了解这一对象的文化传承与交流过程有所帮助，其最终目的是复原古代社会文化，所以只要根据具体的研究对象做出具体方法上的适当灵活调整，并在后续研究中结合历史文献、新出材料等其他证据加以验证修整。类型学仍是目前最为行之有效的考古学科学研究方法，只是不可一以贯之，完全依赖类型学处理所有材料、解决所有问题。同时，类型学的研究结果也是其他深入研究顺利开展的基础，这也是本书在二、三两部分理清基本材料的基础上，进一步通过图像探讨当时社会信仰的必要前提。思想信仰是图像的主要来源，反之，通过其图像表现、回溯其思想信仰来源，应也是较为有效的研究方法。

本书第三部分将对由神兽母题组成的汉代典型图像场景进行分类与归纳解读，主要借用图像学第三层"图像学解释"方法，对图像组合场景展示出的内涵、功能意义等进行辨析，最终总结出汉代典型的几类神兽图像系统。同时，由于整个汉代神兽图像体系的复杂性，研究过程中也会以带有示范意义的个案研究为辅，将综合研究与个案研究结合，重在对研究方法、理论及思路的示范性呈现，以求在有限的篇幅中，以点的突破辅助宏观研究的顺利展开。

同时，实践发现，经对神兽母题的充分理解，可以有效指导对由母题组成的图像场景与系统的综合辨识。如通过对汉代龙、虎图像多种形态和属性寓意的细致区

① 俞伟超：《关于"考古类型学"的问题》，载《考古学是什么——俞伟超考古学理论文选》，北京：中国社会科学出版社，1996 年，第 63 页。

分，会有助于对出现在不同场景中的龙、虎形象首先进行个体基本内涵的判断，其所在场景的整体寓意自然与个体图像密切相关，这就会为判定其所属的图像系统提供有效指导，对整幅图像的内涵释读也会更易深入且相对准确。

如一旦确定了一幅图像中苍龙、白虎的个体属性，就能很快对应联想到这幅图像一定是在表现与四象神兽相关的内容。再如，一旦通过形态就已辨识出龙的某种具体种属，就能和文献或神话故事中的某些记载相对应；如山东某石椁画像上就曾出现过独角兽身龙、戴笠人物、多足兽身神怪等形象，通过首先辨识出独角神龙为应龙，就很容易联系出整幅图像可能是在表现"应龙、黄帝女魃与蚩尤大战"的神话故事场景，也便于进一步对应辨识场景中的其他形象。

在二、三两部分处理基本图像材料的过程中，难免会牵扯到地域问题，从考古学角度看，即为"区"的问题。笔者在前期收集材料时，发现汉代神兽图像材料涉及的地域范围极广，汉代又是中国第一个真正意义上的大一统王朝，各地区文化呈现出动态演进性的交流、融合、由纷乱多样到趋于统一的过程，故在具体研究中，一是很难做到面面俱到，二是也不易明确划分。综合考量以上因素，本文主要以两汉时期中原地区墓葬出土的带有典型汉文化特征的图像材料为对象，其他相关材料为辅助。

通过本文实践来看，在汉代这一时空范畴内，神兽图像的地域差异问题虽存在，但"神兽图像"这一研究对象本身即带有典型汉文化的普遍特征，是汉代主流思想信仰下的产物，其产生、发展、传播的主要地域范围多在以中原为主的地区；而在汉文化发展成熟阶段，如四川、甘肃、新疆、浙江等地也逐渐受到波及，虽从相对年代上看较中原地区略晚，但成熟状态下的总体文化特征已与典型汉文化基本无异；其他更偏远地区所见的与动物有关的图像，则多来源、内涵复杂，需区别对待，多数已不属于、或难以判定是否属于本文所定义的神兽图像范畴，如北方草原地区、云南等地的动物图像。故本文对于地域性问题的处理原则是，只有在某些特殊地区的出土材料与主体材料间显示出较重要的关联性时，才会有所侧重的讨论。

除图像的母题、组合场景外，图像与其载体的配置关系问题亦会或多或少的影响到对图像整体内涵属性的理解。通过笔者前期处理材料时观察，发现神兽图像在器物（包括生器与明器）、墓葬、葬具、地面建筑等装饰载体中的具体位置，与其表达出的内涵属性之间的关联性并不甚强，或者说并不能准确总结出行之有效的识别规律。

如对于较常见的龙、虎、凤、龟等，就并非可以简单通过具体装饰位置判断出其属性寓意（如是否为四象神兽），更重要的应是对其所在图像场景做出整体诠释。如河南永城柿园墓墓顶绘有龙、虎、神鸟、鱼、云气图像，之前就多被解读为四神图，但它与西安交通大学墓墓顶壁画天文星象图中的龙、虎、朱雀等表现意义不同，后者只因在较为精确的天文图像场景中才能被准确辨识为四象，而柿园墓壁画更可能是早期表现仙境的图式而非天象四神图，故无法仅凭"有龙、虎、神鸟、龟蛇组合出现在墓顶"的特殊配置就判断此为四象图。

但配置上的规律性有时也会存在，且带有地域特征，如陕北地区就流行固定在墓门处装饰龙、虎、玄武、朱雀、兕等形象。综合来看，这种带有明显辨识规律的情况相对较少，或许与目前所见材料依然有限有关。

同时，各地、甚至每座墓葬、每种器物，根据建造者或使用者的不同喜好，都会呈现出各具特色的表现方式，这也正是研究汉代神兽图像的有趣之处，通过这种特殊性，可深入审视社会文化、思想信仰等问题。

如巫鸿先生虽已对山东嘉祥武梁祠的整体结构和图像内容进行了细致的考察研究，但武梁祠的图像配置与内容选择模式，仍无法照搬到其他具有类似图像场景的研究之中，但这种个案研究仍要比堆叠材料、比较配置规律等研究更为有趣且富有意义。

本书第三部分以社会信仰对物质表现的影响角度，总结出汉代四大典型神兽图像系统，在对汉代神兽图像的辨识层面，会比带有极为复杂的地域差异与例外的"图像配置规律"研究更具实用价值。因此，在本书针对"汉代神兽图像"这一具体课题的研究中，暂不涉及图像配置问题。

还要特别提出的是，由于汉代各类神兽图像母题、组合场景均反映出复杂性与差异性，在具体研究中会略显研究方法和体量上的区别与详略侧重。本书原则上会根据具体情况，以最有效、简洁明了的研究方法与叙述方式，将研究过程与成果加以呈现。

第四部分将从宏观视角梳理原始社会至汉代神兽图像的发展脉络，以此总结出在这一动态发展过程中各类神兽母题及图像组合被延续、改造、舍弃等过程，借此辨识汉代神兽图像特有的时代特征与演化轨迹，以求对整个汉画系统的释解问题有所启迪。同时，以汉代社会信仰的演变为研究背景，进一步探讨几类神兽图像系统的形成、演变及相互关系。最终试以"神兽图像"为切入点，依据其在汉代的有序发展状况，审视其与整个汉代社会信仰间的互动关系，也是对已有的汉代社会信仰学术体系的一次重新审视与补证。

最后要指出，神兽图像尽管只是庞大的汉画系统中的一个具体内容，但其触及到的问题复杂繁多。本书首先力求全面、系统地收集并理清汉代神兽母题及典型图像场景的基本材料与内涵寓意，以供未来相关研究更便捷、深入地展开；同时，将基础研究成果与汉代独具时代特征与重要历史过渡意义的社会信仰问题进行关联对应，探索实践了用考古发现的图像材料证经补史的可行性与有效性。然而，研究本身仍存在侧重、取舍与不足，期待未来的指正与扩展。

第二章　神兽图像母题的分类与形态研究

一　引言

两汉时期的神兽图像材料多出自汉墓的考古发掘，种类丰富且数量庞大，如雕刻画像（画像砖、画像石、画像棺椁、画像石阙、画像祠堂、立体石雕像等）、传统绘画材料（墓室壁画、帛画、木板画等）以及各类器物装饰纹样（铜器、陶器、金银器、漆器、玉器、丝织品、瓦当等）。以往研究或仅讨论某类母题、或仅分析某种图像载体，未有包揽两汉各类神兽母题及图像载体的全面综合研究，因而至今仍无法形成对汉代神兽图像的宏观认知。

洪适在《隶续》中就录有汉代碑刻画像上的神兽图像，如《汉麒麟碑》《汉山阳麟凤碑》《李翕五瑞碑图》等①（图2.1）。

相关文字记载多是关于现已无存的地面建筑上的神兽图像。如王逸论《楚辞·天问》曰："屈原放逐，忧心憔悴，彷徨山泽，经历陵陆，嗟号旻昊，仰天叹息。见楚先王之庙及公卿祠堂，图画天地山川神灵，琦玮谲诡，及古贤圣怪物行事。"王延寿在《鲁灵光殿赋》中记载了汉景帝时鲁恭王所建的灵光殿壁上"图画天地，品类群生，杂物奇怪、山海神灵……"。又《后汉书·南蛮西南夷列传》载："是时，郡尉府舍皆有雕饰，尽山海神灵、奇禽异兽，以炫耀之。"可见战国两汉时期，一些高等级庙殿府宅建筑中已普遍装饰有神兽类图像，除了艺术装饰效果，也当有"神之营之，瑞我汉室，

---

① 洪适：《隶释·隶续》，北京：中华书局，1985年，第347~348、352页。

图 2.1　《隶续》所录汉代石刻神兽图像
（左至右：《汉麒麟碑》《汉山阳麟凤碑》《李翕五瑞碑图》）

永不朽兮"等吉祥寓意。汉人主张"事死如事生"，将生前所用所享竭尽搬入地下墓穴，墓内装饰亦仿造地面建筑，众多丰富的图像材料才得以遗留下来。

本部分对考古材料中所见的汉代神兽图像按不同母题进行分类，再结合文献资料与出土信息（如年代、地域、榜题等），尝试解读各母题的名称、图像形态、内涵及演变过程，最终总结出汉代神兽母题的发展演化规律与时代特征。

如绪论所言，由于不同神兽母题图像的数量、复杂性等存在明显差异，故将根据各自情况择选更行之有效的研究方法。反映在具体研究中，会略显研究方法和体量的区别与详略侧重。

二　神兽母题的分类及形态演变

（一）龙

龙是一种现实中不存在的幻想动物，千年间已演化成为中华民族的象征符号。

关于中国龙的起源，主要有图腾说和气候星象说，即源于原始人类对自然界中神奇、凶猛动物或雷电星辰等天象的观察、崇拜和想象[1]。考古发现的先秦文物，如

---

[1]　如王东：《中国龙的新发现》，北京：北京大学出版社，2000 年；汪田明：《中国龙的形象研究》，中国艺术研究院博士学位论文，2008 年；杨俊伟：《龙崇拜的起源与发展》，《新乡学院学报（社会科学版）》第 26 卷第 1 期，2012 年 2 月；冯时：《龙的来源——一个古老文化现象的考古学观察》，《濮阳职业技术学院学报》第 24 卷第 5 期，2011 年 10 月。

新石器时代彩陶上的盘蛇形动物图案、C型或蜷曲动物状玉器、商周青铜器和玉器上长身蜷曲或带角爪的神异动物纹饰、濮阳西水坡墓内龙形蚌塑、曾侯乙墓漆盒上的青龙图像等，都曾被定性为龙属。这种认知多源自对现代龙形象及其强大神性先入为主的推演，时代越早，这种定性就越是无从证实①。

如参照原型理论②，则可将这些早期的"疑似龙形象"统称为"原龙"，其带有符号性、历史性和社会性③，必须还原到当时的社会历史环境中深入解读。

为确认龙之属性或可咨求于文字资料。商周甲骨文与金文中就有象形的龙字，主要特征是方头有脚长尾、身体蜷曲似虫（图2.2）④。

图2.2　商周甲骨文与金文中的"龙"字
（图片摘自段勇《商周青铜器幻想动物纹研究》）

---

① 刘庆柱先生曾尝试解决关于早期龙形象问题的纠纷，他分析了考古发现与龙相关的各类遗存并归纳总结了古代中国龙应具备的三个条件：一是要从"星象"中寻找；二应具备"降雨"功能，与"雨水"密不可分；三是其"降雨"和与"水"的管控功能决定了它的活动空间是在需要"降雨"的农业地区，即认为只有证实带有与天象、雨水有关的功能才可称之为龙。见刘庆柱：《关于考古发现的"龙"之界定问题——濮阳西水坡遗址出土"龙"的意义》，《濮阳职业技术学院学报》2012年第2期。

② 瑞士心理学家荣格对原型概念作过如下说明："指心理中明确形式的存在，又总是到处寻求表现，神话学研究中称之为'母题'。" C. G. Jung, The Concept of the Collective Unconscious, *The Collected Works of C. G. Jung*, Vol. 9, Part 1, Princeton：Princeton University Press, 1969.

③ 原型的符号性、历史性、社会性由鲍特金（M. Bodkin）、费德莱尔（L. A. Fiedler）等文学批评家提出。

④ 段勇：《商周青铜器幻想动物纹研究》，上海：上海古籍出版社，2003年，第100页。

先秦两汉文献中常见关于龙的记载。古本《竹书纪年·五帝纪》曰："三苗将亡，天雨血，夏有冰，地坼及泉，青龙生于庙，日夜出，昼日不出。"[1]《山海经》中也常有人面龙身、龙首蛇身、人首蛇身等怪物的记载，也有"乘两龙""珥两龙"等描述。又《管子·水地篇》曰："龙生于水，被五色而游，故神。欲小则化入蚕蠋，欲大则藏于天下，欲尚则凌于云气，欲下则入于神泉。变化无日，上下无时。"[2]《韩非子·说难》则云："夫龙之为虫也，柔可狎而骑也，然其喉下有逆鳞径尺，若人有婴之者则必杀人。"[3] 这是关于龙形象细节的较早描述。

汉代文献中逐渐多了对龙具体形象的描述和种类区分，龙的品类、形态变得多样，神性也更为强大。如《说文·龙部》载："龙，鳞虫之长，能幽能明，能细能巨，能短能长，春分而登天，秋分而潜渊。"[4]《说苑·辨物》云："神龙能为高，能为下，能为大，能为小，能为幽，能为明，能为短，能为长。昭乎其高也，渊乎其下也，薄乎天光也，高乎其著也。"[5] 王充《论衡·龙虚篇》曰："然则龙之所以为神者，以能屈伸其体，存亡其形。"[6] 这些文献中都记载了龙拥有随意改变自己形体的神力，体现了汉人对龙的基本看法。对比出土的汉代龙图像，也是极为繁多杂乱，需要对其形态进行系统的分类梳理。

1. 汉代龙图像的形态分析

西汉较早时期的龙形象多延续战国遗风，常见于高等级墓葬出土的铜器、玉器、金银器、漆器等纹样。广州南越王墓出土龙形玉佩龙身弯曲呈 S 型，满饰涡纹、卷云纹，龙头有平行曲线状角，口张开，鳍状足[7]（图 2.3.1），其造型与战国龙形玉佩相似[8]（图 2.3.2 ~ 2.3.4）。同墓出土玉璧在好部镂雕 S 型龙纹，亦是延续战国风

① 方诗铭、王修龄：《古本竹书纪年辑证》，上海：上海古籍出版社，1981 年，第 65 页。

② 赵守正：《管子注译》（下册），南宁：广西人民出版社，1987 年，第 29 页。

③ 韩非著，陈奇猷校注：《韩非子新校注》，上海：上海古籍出版社，2000 年，第 269 页。

④ 段玉裁：《说文解字注》，扬州：江苏广陵古籍刻印社，1998 年，第 582 页。

⑤ 刘向撰，向宗鲁校证：《说苑校证》，北京：中华书局，1987 年，第 457 页。

⑥ 黄晖：《论衡校释》，北京：中华书局，1990 年，第 292 页。

⑦ 广州市文物管理委员会等：《西汉南越王墓》，北京：文物出版社，1991 年，第 191 页。

⑧ 参考杨建芳：《战国玉龙佩分期研究——兼论随县曾侯乙墓年代》，《江汉考古》1985 年第 2 期；文中总结了战国中晚期玉龙佩的特征为：龙身弯曲且弯曲的两侧渐成对称姿势，龙角、龙脚均饰平型曲线，纹饰常见分布均匀的涡纹或卷云纹。

格，在细节上略有变化，龙头瘦长、龙形更为飘逸，边饰云气纹，似在营造浮游云间的艺术效果①（图2.3.5~2.3.7）。满城汉墓、南越王墓还出土一种在肉部线刻牛角长须分体龙纹的玉璧②（图2.3.8、2.3.9），这类分体龙纹在商周青铜器上尤为常见，被称为"夔龙纹"（图2.3.10）。

为理清繁杂的汉龙图像，遂借用考古类型学方法，根据龙身特征及造型划分型式。

A型，蛇身龙。蛇身长而蜷曲，头部扁长；角、翼、鳞、毛、爪足等其他身体特征略有差别。根据具体造型再分成五亚型。

Aa型，有翼或围绕云气纹，龙身呈飞腾状。

河南永城柿园墓主室墓顶绘有巨幅壁画，画面主体是一只细长蛇身、马头、双角、长耳、大口、獠牙、长须、有鳞、四爪足、双翼、尾端花蕾状的S型巨龙，龙四周环绕神兽，画面空白处绘卷草纹与云气纹③（图2.4.1）。这只龙与《五杂俎·物部一》中东汉王符提到"世俗画龙"时的"三停九似"特征极为相符："自首至膊，膊至腰，腰至尾，皆相停也。九似者，角似鹿，头似驰（驼），眼似鬼（兔），项似蛇，腹似蜃，鳞似鱼，爪似醒惆，掌似虎，耳似牛……"④ 柿园墓壁画虽是迄今发现中国最早的一幅完整墓葬壁画，但依据其绘画技巧成熟、画面布置与造型合理美观等特征，推测当时可能已有可供参考的图式粉本。

同时代墓葬出土的其他绘画类图像上，也可找到支持粉本说的有力证据。

马王堆M1出土帛画上部的龙与柿园墓壁画上的龙如出一辙，龙姿与表情、头、爪足、尾等细节均相似⑤（图2.4.2）。类似的龙像还能在马王堆M1朱地彩绘漆棺侧板及木屏风⑥、长沙砂子塘墓外层彩绘漆棺⑦、山东诸城杨家庄墓木棺底板⑧上看到，

①　广州市文物管理委员会等：《西汉南越王墓》，第192页。

②　a. 中国社会科学院考古研究所等：《满城汉墓发掘报告》，北京：文物出版社，1980年，第136页；
　　b. 广州市文物管理委员会等：《西汉南越王墓》，第182页。

③　河南省商丘市文物管理委员会等：《芒砀山西汉梁王墓地》，北京：文物出版社，2001年；彩版一。

④　谢肇淛：《五杂俎》，北京：中华书局，1959年，第238页。

⑤　湖南省博物馆等：《长沙马王堆一号汉墓》，北京：文物出版社，1973年，第40页。

⑥　湖南省博物馆等：《长沙马王堆一号汉墓》，第94、163页。

⑦　湖南省博物馆：《长沙砂子塘西汉墓发掘简报》，《文物》1963年第2期。

⑧　诸城县博物馆：《山东诸城县西汉木椁墓》，《考古》1987年第9期。

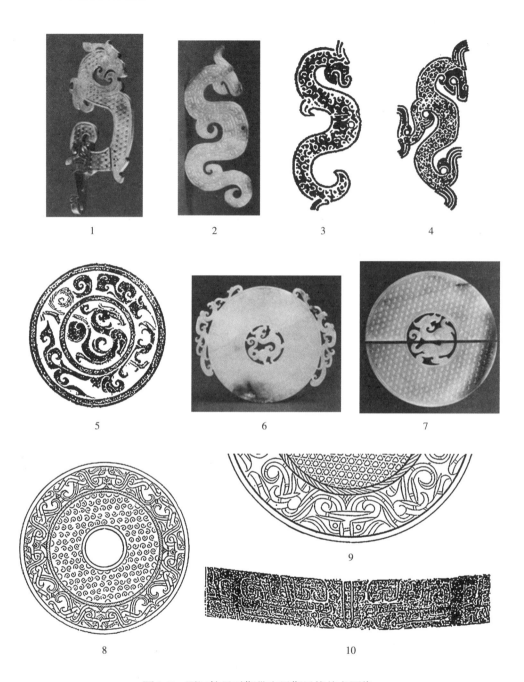

图 2.3　西汉较早时期带有早期风格的龙图像

1–4. 龙形玉佩（1. 西汉中期，广州南越王墓玉龙金带钩；2. 战国，故宫藏；3、4. 战国中期偏晚，山东曲阜鲁故城 M58）；5–9. 玉璧（5. 西汉中期，广州南越王墓；6. 战国，故宫藏；7. 战国晚期，故宫藏；8、9. 西汉中期，河北满城汉墓）；10. 西周，德鼎纹饰。

且都附加装饰了卷云或几何云纹（图2.4.3～2.4.5）。陕西郝滩壁画墓西壁下层也绘有类似的龙，只是丰富了龙所处的环境，加入了更多的艺术想象细节，龙仍占据画面主体，形态延续早期风格，或可能使用了早期龙的图像粉本①。

器物装饰上也有这类龙形，其造型根据器物的不同材质或形状有着更为灵活的设计。如满城汉墓铜当卢与铜壶②、汉武帝时制造的"白金三品"之龙币③、扬州姚庄M101出土的贴银箔漆砂砚④等（图2.4.6～2.4.8）。

Ab型，蛇身无翼，周围无云气纹。可能是特地为淡化龙"飞"的特质而突出其它方面的能力，或仅是对Aa型龙基于艺术造型需要而进行的简化或形态变换。

广西贵县罗泊湾M1出土铜盆上有细长的龙纹，旁饰鱼纹和水波纹⑤（图2.5.1）；马王堆M1漆勺⑥、滕州山头村出土石椁侧板⑦都饰蛇身无翼龙，显示出蛇身、兽身的过渡状态（图2.5.2、2.5.3）；郑州南关外M5模印空心砖⑧、江苏盱眙王莽墓木棺盖板⑨的龙纹旁还装饰"星点"，或旨在表明其与天象相关的特殊属性（图2.5.4、2.5.5）。

Ac型，单体龙形象接近Aa型，只是新加入了人物等图像元素，表现出人物骑龙、乘龙、搏龙、驯龙或龙驾车等造型。

约西汉中晚期至王莽时期，河南洛阳、郑州等地出现并流行一种平脊斜坡顶空心砖墓，砖面多绘彩画，支撑墓顶的山墙两侧空心砖上常彩绘或镂雕此类龙纹。如现藏加拿大安大略博物馆的北邙山汉墓山墙空心砖彩绘龙纹⑩、洛阳M61山墙壁画

---

① a. 陕西省考古研究所等：《陕西定边县郝滩发现东汉壁画墓》，《考古与文物》2004年第5期；b. 吕智荣：《郝滩东汉壁画墓升天图考释》，《中原文物》2014年第2期。

② 中国社会科学院考古研究所等：《满城汉墓发掘报告》，第47、329页。

③ 龙币直径6厘米，厚约0.55厘米，重137.131克，颜色发白，圆形面凸起，其上之龙长嘴、独角、长脖、似奔腾于云雾之中，背面凹陷且有一圈类似希腊文的铭文及方形戳记"少"字。有学者认为龙币的铸造有"发祥瑞"之意图，类似于"麟趾金"。可参考西安钱币学会课题组：《"白金三品"新探》，载西安钱币学会编：《西安钱币学会成立十周年纪念文集：十年历程》，2004年。

④ 扬州博物馆：《江苏邗江姚庄101号西汉墓》，《文物》1988年第2期。

⑤ 广西壮族自治区博物馆：《广西贵县罗泊湾汉墓》，北京：文物出版社，1988年，第41页。

⑥ 湖南省博物馆等：《长沙马王堆一号汉墓》，第82页。

⑦ 燕燕燕等：《山东滕州市山头村汉代画像石墓》，《考古》2012年第4期。

⑧ 郑州市文物考古研究所：《郑州市南关外汉代画像空心砖》，《中原文物》1997年第3期。

⑨ 南京博物院：《江苏盱眙东阳汉墓》，《考古》1979年第5期。

⑩ 苏健：《美国波士顿美术馆藏洛阳汉墓壁画考略》，《中原文物》1984年第2期。

图 2.4　Aa 型龙

1. 西汉早期，河南永城柿园墓墓顶壁画；2－4. 西汉早期，马王堆 M1 帛画、朱地彩绘漆棺、木屏风；5. 西汉中期，山东诸城杨家庄墓西木棺底板；6、7. 西汉中期，满城汉墓铜当卢、鸟篆文铜壶盖；8. 汉武帝时期，白金三品之龙币，宝鸡出土，西安金泉钱币博物馆藏。

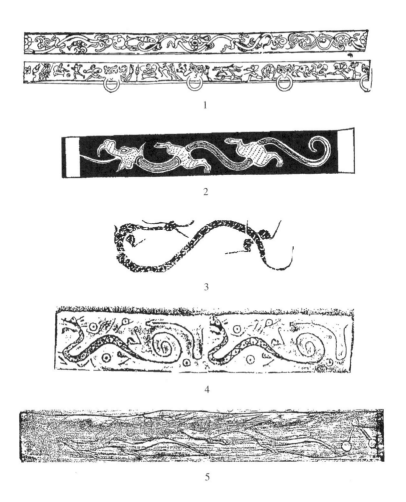

图 2.5　Ab 型龙

1. 西汉早期，广西贵县罗泊湾 M1 铜盆；2. 西汉早期，马王堆 M1 漆勺；3. 西汉晚期至王莽时期，山东滕
　州山头村 M2 石椁侧板；4. 西汉中晚期，河南郑州空心画像砖；5. 王莽时期，江苏盱眙东阳 M1 木棺盖板。

上龙纹①，龙背部都绘有人物，或持剑盾、或戴笠持棒，似在驯龙（图 2.6.1、2.6.2）。
也有将龙绘于墓室顶部的，如洛阳浅井头壁画墓顶脊上绘二龙，右龙背立一乘龙羽人，
二龙呈嬉斗状，周布云气纹②。陕西靖边墓后室壁绘有双龙驾云车，云车上有一人抄手
执笏端坐，前方二赤龙牵引，龙口衔辔、双角长须双翼短足，作飞奔状③（图 2.6.3）。

---

① 河南省文化局文物工作队：《洛阳西汉壁画墓发掘报告》，《考古学报》1964 年第 2 期。

② 洛阳市第二文物工作队：《洛阳浅井头西汉壁画墓发掘简报》，《文物》1993 年第 5 期。

③ 陕西省考古研究院等：《陕西靖边东汉壁画墓》，《文物》2009 年第 2 期。

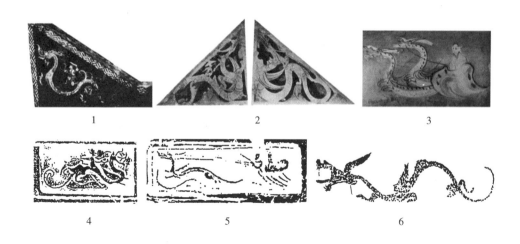

图 2.6　Ac 型龙
1. 西汉中晚期，洛阳北邙山墓壁画，藏加拿大安大略博物馆；2. 西汉晚期，洛阳 M61 壁画；3. 东汉早期，陕西靖边壁画墓后室西壁壁画；4. 西汉中晚期，郑州南关外 M4 画像砖；5. 西汉晚期，郑州新通桥墓画像砖；6. 王莽时期至东汉初期，南阳唐河针织厂 M2 前室门楣画像石。

　　郑州地区西汉中晚期空心砖上常模印人物骑龙或飞龙驾车图像，似是当时流行纹样。如南关外北二街 M4[①] 与向阳肥料社 M2[②] 画像砖上龙像几乎一致（图 2.6.4）；新通桥墓砖上龙形也类似，只是由坐骑变成驾车[③]（图 2.6.5）。

　　河南南阳一带王莽至东汉初的画像石墓中，常见羽人御龙或驯龙图，一般装饰于墓室过梁或门楣等高处，地方特色明显，可能有通用粉本并表达了相似思想。如南阳唐河针织厂 M2 门楣及前室横梁[④]、方城城关镇墓门楣画像[⑤]等（图 2.6.6）。

　　Ad 型，蛇身盘龙。多见于器物装饰，由多龙盘聚成纹。如河北望都二号墓[⑥]、河南安阳宋耿洛墓出土石器[⑦]（图 2.7.2、2.7.3）。这种设计风格可追溯至西汉，如江苏涟水三里墩墓出土的错金银铜器盖装饰[⑧]（图 2.7.1）。

---

① 郑州市文物考古研究所：《郑州市南关外汉代画像空心砖》，《中原文物》1997 年第 3 期。

② 河南省文物研究所：《郑州市向阳肥料社汉代画像砖墓》，《中原文物》1986 年第 4 期。

③ 郑州市博物馆：《郑州新通桥汉代画象空心砖墓》，《文物》1972 年第 10 期。

④ 南阳地区文物工作队等：《唐河县针织厂二号汉画像石墓》，《中原文物》1985 年第 3 期。

⑤ 南阳地区文物工作队等：《河南方城县城关镇汉画像石墓》，《文物》1984 年第 3 期。

⑥ 河北省文化局文物工作队：《望都二号汉墓》，北京：文物出版社，1959 年，第 31 页。

⑦ 安阳地区文管会等：《南乐宋耿洛一号汉墓发掘简报》，《中原文物》1981 年第 2 期。

⑧ 南京博物院：《江苏涟水三里墩西汉墓》，《考古》1973 年第 2 期。

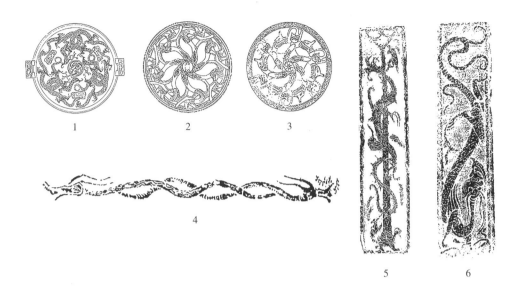

图 2.7　Ad、Ae 型龙

1 - 3. Ad 型（1. 西汉中期，江苏涟水三里墩墓错金银铜鼎盖；2. 东汉晚期，河北望都 M2 盘龙石器盖；3. 东汉晚期，河南安阳南乐宋耿洛墓盘龙石砚）；4 - 6. Ae 型（4. 东汉晚期即 172 年，四川长宁七个洞崖墓 M1 门楣画像石；5. 东汉晚期，浙江海宁墓门框画像石；6. 东汉晚期，河南南阳十里铺中室门柱画像石）。

　　Ae 型，为 A 型龙形态发展到晚期的特殊变体，多根据具体图像载体的形状差异而对龙形进行艺术变化。如四川长宁七个洞崖墓中细长蛇身相对交错的龙[①]；浙江海宁墓各门框龙纹，龙身细长并依凭龟驮立柱盘旋而上，上下还有猴子与之追逐[②]；南阳十里铺墓门柱上的龙，龙身细长，须、翼、毛、尾一起向上飘扬，富有动态美[③]（图 2.7.4～2.7.6）。

　　B 型，兽身龙。主要特征是兽足明显、龙多呈爬行姿态。按有无翼可分两亚型。

　　Ba 型，兽身翼龙。按双角、独角之别再分两式。

　　I 式，双角兽身翼龙。

　　西汉时多见于器物装饰，如满城汉墓铜博山炉与铜器座上都有兽身四足龙，双角后弯、有羽翼[④]（图 2.8.1、2.8.2）；海昏侯墓出土有双角翼龙铜器座，龙呈蹲坐

① 四川大学考古专业七八级实习队等：《四川长宁"七个洞"东汉纪年画像崖墓》，《考古与文物》1985 年第 5 期。

② 嘉兴地区文管会等：《浙江海宁东汉画像石墓发掘简报》，《文物》1983 年第 5 期。

③ 南阳地区文物工作队等：《河南南阳县十里铺画像石墓》，《文物》1986 年第 4 期。

④ 中国社会科学院考古研究所等：《满城汉墓发掘报告》，第 257 页、图版五六（LVI）。

图 2.8　BaI 型龙

1、2. 西汉中期，满城汉墓铜博山炉、铜器座；3 西汉中晚期，江西南昌海昏侯墓铜器座；4. 西汉晚期，扬州邗江墓漆面罩；5. 西汉晚期至王莽时期，焦作白庄 M121 彩绘陶楼；6. 东汉，新疆罗布泊高台墓地 M2 "延年益寿" 织锦；7. 东汉，1913 年斯坦因在楼兰发现织锦；8. 叙利亚帕尔米拉地区出土织物；9. 王莽时期，南阳八一路 M49 过梁画像石；10. 东汉中期，陕西绥德王德元墓门框画像石；11、12. 东汉晚期，山东沂南北寨墓前室中心柱、墓壁乐舞百戏图画像石。

状，额下有明显逆鳞①（图 2.8.3）；江苏邗江墓漆面罩上也饰有兽身双翼双角龙②（图 2.8.4）；河南焦作 M121 出土一件二层彩绘陶楼模型，其上层一面绘有紫色的双角兽身翼龙，周饰云气纹，可能因为画面形状的原因，龙身稍稍被横向拉长③（图 2.8.5）；西部地区出土的丝织品纹样上也多见此类龙，应来自中原影响（图

---

① 此墓暂未发布正式报告或简报，图片来自庄蕙芷博士现场拍摄。

② 扬州博物馆：《江苏邗江姚庄 101 号西汉墓》，《文物》1988 年第 2 期。

③ 焦作市文物工作队：《河南焦作白庄汉墓 M121、M122 发掘简报》，《中原文物》2010 年第 6 期。

2.8.6～2.8.8）。

王莽时期至东汉时，河南、陕西等地画像石上常见此类龙，在造型细节及装饰位置上略有差异。如南阳八一路 M49 的龙，兽身细长，旁有云气纹，饰于过梁[1]（图2.8.9）；绥德王德元墓的龙则饰于墓门两侧门框[2]（图2.8.10）。

东汉晚期此类龙主要流行于山东地区，如沂南北寨墓中心柱上大量雕刻此龙，龙身有鳞和短翼，姿态多变；其墓壁上另有一种双角兽身翼龙，龙头方圆，或拉车、或作坐骑，为乐舞百戏中的龙形象；将这两种龙图像进行对比，可看出乐舞百戏中的假龙形象应是人们对当时流行的神龙或祥瑞龙形态的模仿[3]（图2.8.11、2.8.12）。

Ⅱ式，独角兽身翼龙。西汉中期至东汉晚期，主要见于山东、河南、陕西、安徽等地的画像石上，龙身边常装饰云气纹或羽人等形象。

山东临沂散存石椁头档上有龙、鱼、凤鸟等[4]（图2.9.1）。南阳陈棚墓过梁上刻龙图，周围饰云气纹与羽人[5]，与南阳英庄 M4 墓顶龙造型相似[6]（图2.9.2、2.9.3）。咸阳 M36 空心砖上的龙[7]与神木柳巷村墓后室壁下端龙图[8]似继承了当地早期风格，在陕西咸阳宫秦代空心砖上可见到此造型之母本，尤其是背部靠后部位有锯齿状的龙鳍较有特色，只是龙角数量偶有变化（图2.9.4～2.9.6）。安徽定远壔王庄墓门额上也有类似的龙图像，为独角[9]（图2.9.7）。

Bb 型，兽身无翼；独角或双角。

这种龙形在西汉较早时期先是出现在玉器、金银器、丝织品等纹饰上，常附饰水波或云气纹。如满城汉墓一件出廓玉璧上饰对称龙纹，兽身向上弯曲，独角与兽足明显，龙口张大；同墓错金银器、鎏金案栏铜饰上也饰有相似的兽身四足龙，围

[1]　南阳市文物考古研究所：《河南南阳市八一路汉代画像石墓》，《考古》2012 年第 6 期。

[2]　绥德汉画像石展览馆编：《绥德汉代画像石》，西安：陕西人民美术出版社，2000 年，第 86～87 页。

[3]　南京博物院等：《沂南古画象石墓发掘报告》，北京：文化部文物管理局，1956 年，图版 42、43、98、92。

[4]　高文：《中国画像石棺全集》，太原：山西出版传媒集团、三晋出版社，2011 年，第 10 页。

[5]　蒋宏杰等：《河南南阳陈棚汉代彩绘画像石墓》，《考古学报》2007 年第 2 期。

[6]　陈长山，魏仁华：《河南南阳英庄汉画像石墓》，《中原文物》1983 年第 3 期。

[7]　咸阳市文管会等：《咸阳市空心砖汉墓清理简报》，《考古》1982 年第 3 期。

[8]　吴兰等：《陕西神木柳巷村汉画像石墓》，《中原文物》1986 年第 1 期。

[9]　安徽省文物管理委员会：《定远县壔王庄古画象石墓》，《文物》1959 年第 12 期。

图 2.9　BaⅡ型龙

1. 西汉中晚期，山东临沂石椁头档；2. 王莽时期至东汉初期，南阳陈棚墓门楣画像石；3. 东汉早期，南阳英庄 M4 墓顶画像石；4. 秦，陕西咸阳出土画像砖；5. 王莽时期，咸阳 M36 空心砖；6. 东汉早期，陕西神木柳巷村墓后室壁；7. 东汉晚期，安徽定远壩王庄墓门额。

绕水波纹，有独角、双角之分①（图 2.10.1～2.10.4）。河北阳原三汾沟墓地出土有中心饰此龙形的刺绣残片，可能是包裹铜镜的镜套，龙四周饰云气纹与凤、牛、虎、雁等吉祥动物②（图 2.10.5）。汉代一种带扣上也常见这种龙，多环绕水波纹，旁边常饰若干小龙咬住大龙③；其出土地域广、材质多样，除中原地区，在云南、新疆、甚至朝鲜都有发现，如新疆焉耆博格达沁古城墓地出土金带扣④、洛阳夹马营路墓出土玉带扣⑤等（图 2.10.6、2.10.7）。

约西汉晚期起，这类龙开始在山东地区的石椁画像上出现并流行。如山东邹城北宿石椁侧板上有二龙相戏或龙顶破桥面的图像⑥；稍晚，临近的滕州山头村 M2 石椁侧板上也饰有造型相似的龙，做龙鼎或龙鱼之像⑦；这些龙均独角、兽身、无翼，

---

① 中国社会科学院考古研究所等：《满城汉墓发掘报告》，第 135、299、304、305 页。

② 河北省文物研究所等：《河北阳原三汾沟汉墓群发掘报告》，《文物》1990 年第 1 期。

③ 褚馨：《汉晋时期的金玉带扣》，《东南文化》2011 年第 5 期。

④ 韩翔：《焉耆国都、焉耆都督府治所与焉耆镇城——博格达沁古城调查》，《文物》1982 年第 4 期。

⑤ 洛阳市文物工作队：《洛阳东关夹马营路东汉墓》，《中原文物》1982 年第 3 期。

⑥ 高文：《中国画像石棺全集》，第 60～65 页。

⑦ 燕燕燕等：《山东滕州市山头村汉代画像石墓》，《考古》2012 年第 4 期。

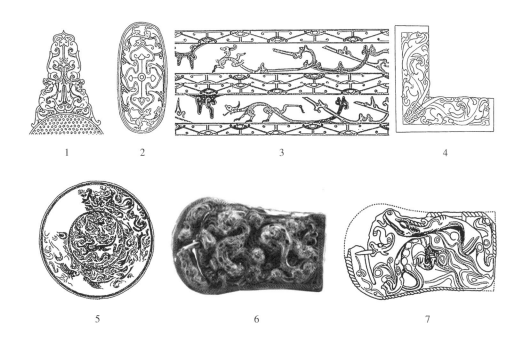

图 2.10　Bb 型龙（器物）

1－4. 西汉中期，满城汉墓玉璧、错金银饰、错金银漆奁、鎏金铜案栏；5. 西汉晚期，河北阳原三汾沟
　　M9 刺绣；6. 汉，新疆焉耆博格达沁古城出土金带扣；7. 东汉晚期，洛阳夹马营路墓出土玉带扣。

身有鳞甲，或顶破桥面、或与鱼相戏、或捞鼎等构图，暗示了此龙与水的密切关系
（图 2.11.1、2.11.2）。山东邹城卧虎山 M2 石椁侧板刻有一幅疑似描绘蚩尤、风伯、
雨师的"故事画"，右下角也有这样一只独角兽身龙①（图 2.11.3）。

　　东汉后期这种龙在山东地区继续流行，也向西、南影响至河南、陕西、皖北、苏北地
区等。如南阳麒麟岗墓墓壁及墓内立柱上多刻此龙，龙姿变化多样、龙体弯曲、有飘逸的
鬃毛及长尾②（图 2.11.4）。东汉中期后常见于墓门装饰，如河南邓县长冢店墓主室门
楣③、河南襄城茨沟纪年墓左前室门楣④、陕西绥德四十里铺墓门扉⑤、安徽萧县破
阁 M61 中室北壁门楣⑥等（图 2.11.5、2.11.6）。东汉晚期主要流行于鲁南、苏北及

①　邹城市文物管理局：《山东邹城市卧虎山汉画像石墓》，《考古》1999 年第 6 期。

②　黄雅峰等：《南阳麒麟岗汉画像石墓》，西安：三秦出版社，2008 年。

③　《南阳汉画像石》编委会：《邓县长冢店汉画像石墓》，《中原文物》1982 年第 1 期。

④　贾峨等：《河南襄城茨沟汉画象石墓》，《考古学报》1964 年第 1 期。

⑤　榆林地区文管会等：《陕西绥德县四十里铺画像石墓调查报告》，《考古与文物》2002 年第 2 期。

⑥　周水利：《安徽萧县新出土的汉代画像石》，《文物》2010 年第 6 期。

皖北等画像石技术最为成熟的地区，尤其流行一类极具动势的群龙造型，又以徐州地区最为精美，如徐州睢宁墓山 M1 画像石①、徐州茅村纪年墓各室壁群龙图②（图2.11.7、2.11.8）；山东与安徽地区还有骑龙、驯龙等造型（图2.11.9、2.11.10）。

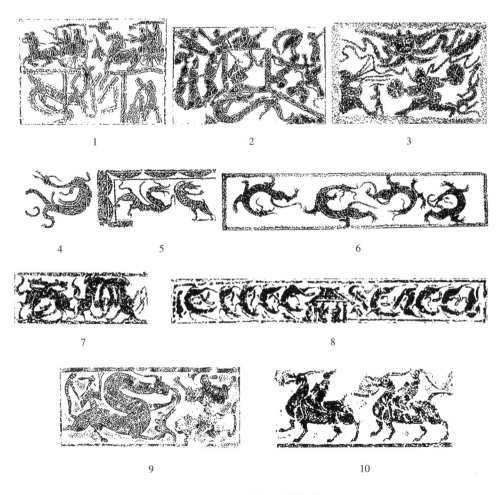

1　　　　　　　　　　2　　　　　　　　　　3

4　　　　　　　5　　　　　　　　6

7　　　　　　　　　　　　8

9　　　　　　　　　　10

图2.11　Bb 型龙（画像石）

1. 西汉晚期，山东北宿石椁侧板；2. 西汉晚期至王莽时期，山东滕州山头村 M2 石椁侧板；3. 西汉晚期至东汉初期，山东邹城卧虎山 M2 石椁侧板；4. 东汉早中期，南阳麒麟岗墓前室壁画像石；5. 东汉中期，河南襄城茨沟墓左前室门楣画像石；6. 东汉中期，陕西绥德四十里铺墓门扉画像石；7. 东汉中晚期，江苏徐州睢宁墓山 M1 画像石；8. 东汉晚期，江苏徐州茅村墓墓壁画像石；9、10. 东汉晚期，山东滕州龙阳店、微山两城镇散存画像石。

① 仝泽荣：《江苏睢宁墓山汉画像石墓》，《文物》1997 年第 9 期。

② 王献唐：《徐州市区的茅村汉墓群》，《文物参考资料》1953 年第 1 期。

C 型，龙与璧（环）组合或结龙。

Ca 型，龙身穿璧或穿环。

西汉早期的帛画、漆棺画和一些器物装饰上常见，单体龙形多为 Aa 型龙，组合造型相似，似有粉本。如马王堆 M1、M3①，与临沂金雀山 M4②的三幅帛画中下部都有类似的双龙穿璧图像，马王堆 M1 第三层红底彩绘漆棺尾档也有类似图像③（图2.12.1～2.12.4）。这种绘画类图像还与湖北荆州谢家桥一号墓一件木翣造型相似④，甚至画面上方都有相似的双翼神兽，只是后者的双龙并未穿过中间的套璧而是紧贴其两边并双尾相交，体现了艺术上的过渡；这件木翣上下都有可用来悬挂的系带，可能与非衣帛画有着共同的用途，亦能看出当时器物艺术装饰风格之间的交流（图2.12.5）。穿璧龙在西汉晚期至王莽时期的壁画墓上也有出现，如洛阳浅井头墓顶脊壁画上就有二龙穿璧形象，龙似蛇形⑤，也可能本就是另外一种神兽"黄蛇"（图2.12.6）；河南淅川夏湾墓墓顶空心砖也饰有简化版的龙身穿环（环为简化璧纹）⑥（图2.12.7）。

西汉中期起，鲁南地区的画像石墓门楣上出现双龙穿环，如山东滕州染山墓门楣图像⑦（图2.12.8）。王莽时期至东汉晚期，这种二龙穿璧或穿环的形象先后传播至河南、皖北、苏北等地，主要装饰在画像石墓的门楣、门额与模印画像砖上，如南阳唐河冯孺人墓⑧、禹州新峰墓地 M16 门楣⑨、永城保安山 M1 门楣⑩、安徽萧县破阁 M61⑪、徐州十里铺门额及立柱⑫等（图2.12.9～2.12.15）。

Cb 型，龙身自行缠绕成环。

① a. 湖南省博物馆等：《长沙马王堆一号汉墓》，第 40 页；b. 湖南省博物馆等：《长沙马王堆一、三号汉墓发掘简报》，《文物》1974 年第 7 期：图版五。

② 金雀山考古发掘队：《临沂金雀山 1997 年发现的四座西汉墓》，《文物》1998 年第 12 期。

③ 湖南省博物馆等：《长沙马王堆一号汉墓》，第 163 页。

④ 荆州博物馆：《湖北荆州谢家桥一号汉墓发掘简报》，《文物》2009 年第 4 期。

⑤ 洛阳市第二文物工作队：《洛阳浅井头西汉壁画墓发掘简报》，《文物》1993 年第 5 期。

⑥ 南阳地区文物研究所等：《河南淅川汉画像砖墓发掘报告》，《华夏考古》1994 年第 4 期。

⑦ 滕州市汉画像石馆：《山东滕州市染山西汉画像石墓》，《考古》2012 年第 1 期。

⑧ 南阳地区文物队等：《唐河汉郁平大尹冯君孺人画像石墓》，《考古学报》1980 年第 2 期。

⑨ 河南省文物考古研究所等：《河南禹州新峰墓地东汉画像石墓发掘简报》，《华夏考古》2013 年第 3 期。

⑩ 永城市文物局等：《河南永城保安山汉画像石墓》，《文物》2008 年第 7 期。

⑪ 周水利：《安徽萧县新出土的汉代画像石》，《文物》2010 年第 6 期。

⑫ 江苏省文物管理委员会等：《江苏徐州十里铺汉画象石墓》，《考古》1966 年第 2 期。

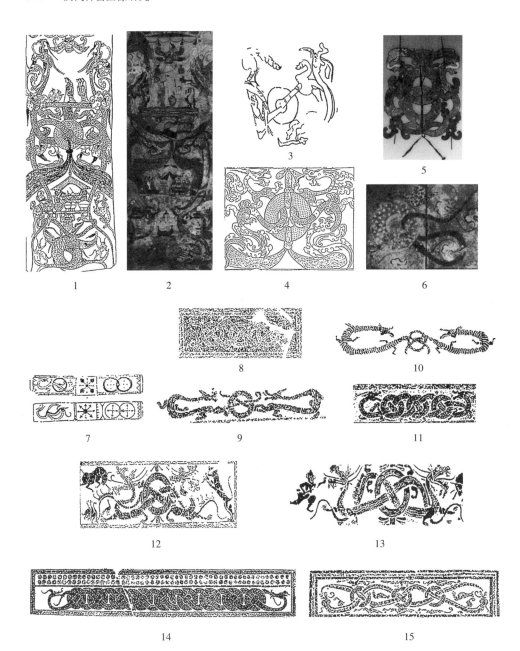

图 2.12　Ca 型龙

1、2、4. 西汉早期，马王堆 M1、M3 帛画，M1 漆棺足档；3. 西汉早期，山东临沂金雀山 M4 帛画；5. 西汉早期，湖北荆州谢家桥 M1 彩绘木椁；6. 西汉晚期至王莽时期，洛阳浅井头墓顶脊壁画；7. 王莽时期，河南淅川夏湾 M1 墓顶空心砖；8. 西汉中期，山东滕州染山墓门楣画像石；9. 王莽时期，南阳唐河冯孺人墓门楣画像石；10. 王莽时期至东汉初，河南禹州新峰墓地 M16 门楣画像石；11. 东汉早期，河南永城保安山 M1 门楣画像石；12、13. 东汉，河南新野散存画像砖；14. 东汉中晚期，安徽萧县破阁 M61 耳室门楣画像石；15. 东汉晚期，江苏徐州十里铺墓横额画像石。

这种形态最早出现在西汉晚期至王莽时期河南地区的模印空心砖上，当时的龙身已有蜷曲缠绕之形，却未完全交叠成环（图2.13.1）。王莽时期至东汉初期起，河南地区的画像石墓门楣处出现了尾部交叠成环的龙，也常与Ca型共出，可能是其变体，如南阳唐河电厂墓门楣①（图2.13.2）。东汉中晚期鲁南地区画像石墓中此种龙纹极为盛行，龙身交叠成复杂环状，且环数越来越多，常饰于立柱或门楣处，如莒县沈刘庄墓②、安丘董家庄墓立柱③、鲁南地区门楣图像④（图2.13.3、2.13.4），还见于鲁南祠堂画像中，亦常见如双龙缠绕成西王母坐骑的造型，似是对此类龙图的创造性诠释（图2.13.5）。

图2.13 Cb型龙

1. 西汉晚期至王莽时期，洛阳散存画像砖；2. 王莽时期，河南唐河冯孺人墓门楣画像石；3. 东汉晚期，山东安丘董家庄墓后室柱画像石；4. 东汉，山东微山两城乡黄山村散存后室门楣画像石；5. 东汉晚期，山东滕州桑村镇祠堂右壁散存画像石。

---

① 《南阳汉画像石》编委会：《唐河县电厂汉画像石墓》，《中原文物》1982年第1期。

② 苏兆庆等：《山东莒县沈刘庄汉画像石墓》，《考古》1988年第9期。

③ a. 山东省博物馆：《山东安丘画像石墓发掘报告》，《文物》1964年第4期；b. 安丘县文化局等：《安丘董家庄汉画像石墓》，济南：济南出版社，1992年。

④ 微山县文物管理所：《山东微山县出土的汉画像石》，《文物》2000年第10期。

　　Cc 型，飞龙穿（十字）环。常见于西汉中晚期鲁南地区的石椁画像上，单体龙近 Aa 型，如山东平阴新屯 M1、M2 石椁侧板画像，龙身细长，飞向由若干环或十字穿环组成的区域①（图2.14.1）；柿园墓壁画四边也用穿璧纹环绕，因而石椁上飞龙飞向的区域可能也代表仙境。

　　Cd 型，双龙捧璧或衔璧。常见于咸阳地区空心砖上，如咸阳王莽 M36 空心砖②（图2.14.2）；同时期洛阳金谷园墓藻井壁画上有相似的双龙"咬"璧图③。四川东汉画像石棺上也常有双龙或龙虎衔璧，其图式可能来自中原，如四川郫县画像石棺④；有些单体龙形象较有地方特色，如宜宾长宁缪家林 M5 画像石棺侧板⑤、长宁七个洞崖墓 M1 崖壁画像，后者璧旁还有"神玉"题榜⑥（图2.14.4、2.14.5）。

　　另有一些较典型的特殊形态的龙，虽在汉龙图像系统中所占比例较小，但内涵独特重要，亦未与其他各型式的龙表现出在内涵、形态或时间上的明显关联性，故将它们分归为 D、E、F、G 四个特殊类型。

　　D 型，虹形龙，龙身弯曲似虹。

　　广西贵县罗泊湾墓出土龙首玉杖头与安徽出土战国晚期双龙首玉璜不仅造型一致，龙首细节也十分相似，如龙口张开、龙眼、涡纹龙角、弯曲的龙鬃、吼下逆鳞等⑦（图2.15.1、2.15.2）。河北定县 M40 龙形玉环的龙头细节与它们近似，同是早期传统的延续，只是变换了龙身造型⑧（图2.15.3）。

　　画像石上的虹形龙常处于一个较复杂的图像环境中。如南阳散存画像石上的单头虹龙口中吐水；江苏邳州占城果园祠堂顶部画像石上刻两条双头虹龙，龙上有人首蛇身神与凤鸟、龙下三条鱼拉的云气车上载仙人，虹龙可能代表"天桥"；山东滕州官桥镇散存祠堂顶石上有金乌负日、龙身缠月、旁饰伏羲女娲、鸟及云气纹等，

① 济南市文化局文物处等：《山东平阴新屯汉画像石墓》，《考古》1988 年第 11 期。
② 咸阳市文管会等：《咸阳市空心砖汉墓清理简报》，《考古》1982 年第 3 期。
③ 洛阳博物馆：《洛阳金谷园王莽时期壁画墓》，《文物资料丛刊》第九辑，1985 年。
④ 四川省博物馆等：《四川郫县东汉砖墓的石棺画象》，《考古》1979 年第 6 期。
⑤ 四川省文物考古研究院等：《四川长宁县缪家林东汉崖墓群 M5 发掘简报》，《四川文物》2015 年第 5 期。
⑥ 罗二虎：《长宁七个洞崖墓群汉画像研究》，《考古学报》2005 年第 3 期。
⑦ 广西壮族自治区博物馆：《广西贵县罗泊湾汉墓》，北京：文物出版社，1988 年，第 110 页、图版五七。
⑧ 刘来成：《河北定县 40 号汉墓发掘简报》，《文物》1981 年第 8 期。

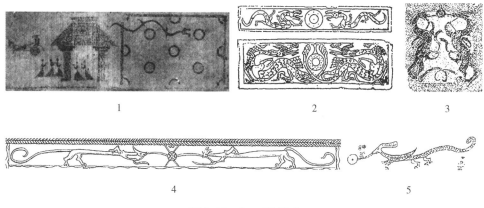

图 2.14　Cc、Cd 型龙

1. Cc 型西汉晚期，山东平阴新屯 M2 石椁侧板画像；2–5. Cd 型（2. 王莽时期，咸阳 M36 空心画像砖；3. 东汉，四川郫县 M2 石棺头档画像石；4. 东汉晚期，四川宜宾长宁缪家林 M5 崖墓石棺画像；5 东汉晚期，长宁七个洞 M1 崖壁画像）。

龙内涵似又与天象有关；山东嘉祥散存画像石上有人物于虹龙下跪拜，旁有云气、仙人，似在"求雨"；山东沂水韩曲散存圜顶画像石上刻双头虹龙，两龙头口中吐水，下各有一人头顶盆接水，似也有"求雨""雨神"的意味（图 2.15.4～2.15.7）。

　　E 型，龙首造型。夸张的巨大龙首在汉代较早时期多用于器物造型，是对汉以前传统器物装饰工艺的继承；后在画像石墓中的建造构件上也可见到，可能是对地面建筑的模仿，亦能看出汉代不同艺术门类之间的互动与影响。

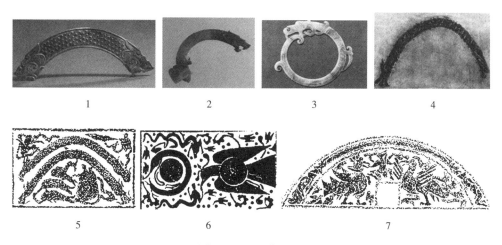

图 2.15　D 型虹形龙

1. 战国晚期，安徽长丰杨公乡墓双龙首玉璜；2. 西汉早期，广西贵县罗泊湾 M2 玉龙首杖头；3. 西汉晚期，河北定县 M40 龙形玉环；4. 南阳散存画像石；5. 东汉，江苏邳县占城果园散存祠堂顶画像石；6. 东汉晚期，山东滕州官桥镇散存祠堂顶画像石；7. 东汉，山东沂水韩曲散存画像石。

满城汉墓出土龙首造型的铜车马器①；江苏邗江 M2 的鎏金铜器柄龙首造型与之相似，细节更生动②；河北定县 M43 的掐丝金龙则更为精细，显示出工艺上的进步③（图 2.16.2 ～ 2.16.4）。这种龙首造型并不是汉代首创，甚至可以追溯到三星堆的龙首铜饰，尤其是巨眼、大口及龙耳处细节处理十分相似（图 2.16.1）。汉代龙首也有细节变化，体现了时代特色，如由扁长蛇首变为汉式方首龙、并添加了突出的双龙角等，龙的整体感觉更为凶猛生动。

王莽时期至东汉早中期，南阳地区画像石墓中常将龙首雕刻于墓室横梁或门楣处。可能是墓内装饰对地上建筑装饰的模仿，反映出器物与建筑装饰间的互动。从南阳中建七局机械厂墓④、陈棚墓⑤、麒麟岗墓⑥的龙首造型可以看出它们在此时期、此地区内的一脉相承，龙首除了具有与器物造型相似的大眼、大口、粗角、额下逆鳞等细节外，还突出了角下鬃毛、羽翼、兽爪足等新特点（图 2.16.5 ～ 2.16.7）。这种造型后来影响甚广，如东汉晚期山东地区画像石墓中常见这种大型龙首造型作为墓室过梁或立柱装饰，如沂南北寨墓过梁及立柱龙首造型可看出龙首形态的多样化与地方特色⑦（图 2.16.8）。

F 型，建筑上的龙。多有两条蛇身龙或双龙头饰于建筑上层或阙的两侧，常见于鲁南、苏北、豫东等地两汉时期的石质画像上，带有区域特色（图 2.17.1 ～ 2.17.5)⑧。

G 型，蛇头龙。湖南长沙陈家大山楚墓出土的“人物龙凤”帛画、湖北江陵马山一号楚墓丝织品纹饰上都有较似蜥蜴或壁虎的蛇头龙形象（图 2.17.6、2.17.7）。汉代这种蛇头龙较少见。河南洛阳散存空心砖上模印一种蛇头兽身龙，与战国时的蛇头龙又有不同，更像恐龙，且下面配以虎图像，似欲表达苍龙内涵（图 2.17.8）。陕西平利与四川安康散存的画像砖上也有类似的蛇头兽身四脚龙，背部有鳍，也像

---

① 中国社会科学院考古研究所等：《满城汉墓发掘报告》，第 188、198 页。
② 南京博物院：《江苏邗江甘泉二号汉墓》，《文物》1981 年第 11 期。
③ 定县博物馆：《河北定县 43 号汉墓发掘简报》，《文物》1973 年第 11 期。
④ 南阳市文物研究所：《南阳中建七局机械厂汉画像石墓》，《中原文物》1997 年第 4 期。
⑤ 蒋宏杰等：《河南南阳陈棚汉代彩绘画像石墓》，《考古学报》2007 年第 2 期。
⑥ 黄雅峰等：《南阳麒麟岗汉画像石墓》，西安：三秦出版社，2008 年。
⑦ 南京博物院等：《沂南古画像石墓发掘报告》，图版 61 ～ 64。
⑧ 为比照方便，对部分图像方向进行了水平或垂直翻转调整。

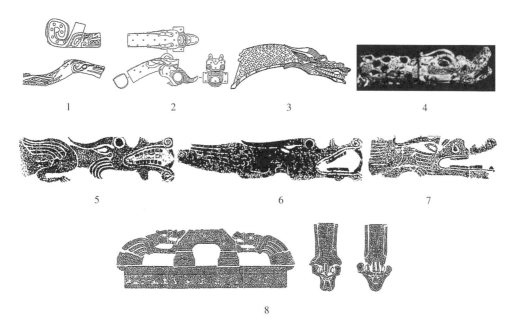

图 2.16　E 型龙首造型

1. 商，四川三星堆铜饰；2. 西汉中期，满城汉墓铜车马器；3. 东汉早期，江苏扬州邗江 M2 鎏金铜器柄；4. 东汉晚期，河北定县 M43 掐丝金龙；5. 王莽时期，河南南阳中建七局机械厂墓过梁画像石；6. 王莽时期至东汉初，河南南阳陈棚墓前室过梁画像石；7. 东汉早期，南阳麒麟岗墓北主室门楣画像石；8. 东汉晚期，山东沂南北寨墓过梁及立柱雕刻。

恐龙，与汉代中原地区常见的龙形象差别较大（图 2.17.9、2.17.10）。

　2. 各类型龙的形态与内涵

　　龙作为复合化的想象动物，从起源阶段起，它的种类和内涵就是复杂的。《楚辞》中已有"虬、飞龙、蛟龙、螭龙、应龙、苍龙、神龙"等龙名；《广雅·释鱼》曰："有鳞曰蛟龙，有翼曰应龙，有角曰虬龙，无角曰螭龙。"① 《淮南子·地形训》中对这几类龙有更深层的内涵表述："羽嘉生飞龙，飞龙生凤凰，凤凰生鸾鸟，鸾鸟生庶鸟，凡羽者生于庶鸟。毛犊生应龙，应龙生建马，建马生麒麟，麒麟生庶兽，凡毛者，生于庶兽。介鳞生蛟龙，蛟龙生鲲鲠，鲲鲠生建邪，建邪生庶鱼，凡鳞者生于庶鱼。介潭生先龙，先龙生玄鼋，玄鼋生灵龟，灵龟生庶龟，凡介者生于庶龟。"② 总结来看，飞龙的特征是有羽翼会飞，近鸟属；应龙有翼与鬃毛，近兽属；

① 王念孙：《广雅疏证》，上海：上海古籍出版社，1983 年。

② 刘安等编著，高诱注：《淮南子》，上海：上海古籍出版社，1989 年，第 46～47 页。

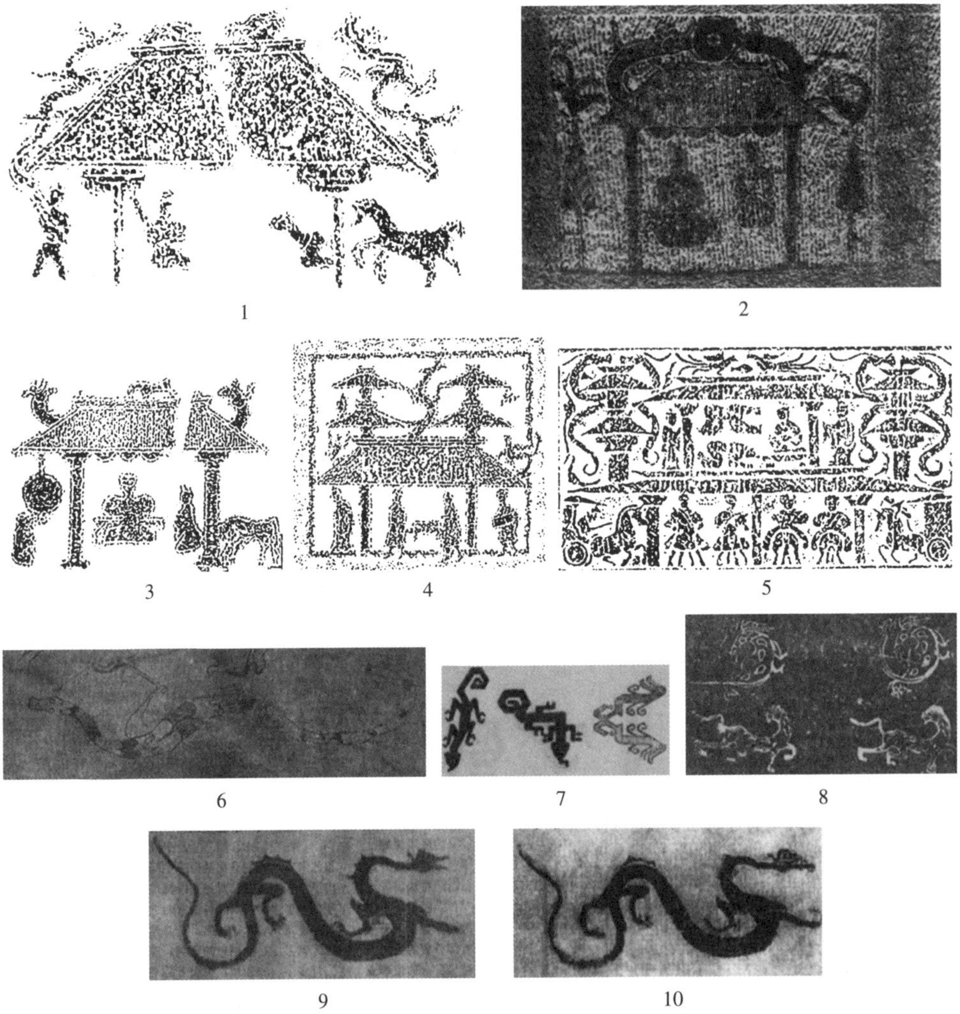

图2.17　F、G型龙

1－5. F型（建筑上的龙）1. 西汉中晚期，山东滕州善庄石椁，现藏滕州汉画像石馆；2. 西汉晚期，山东济宁肖王庄一号石椁，现藏济宁市任城王墓管理所；3. 西汉晚期，山东济宁师专石椁侧板，现藏济宁市博物馆；4. 山东滕州城头村散存石椁画像；5. 东汉，山东邹城大闫庄散存祠堂画像石。

6－10. G型（蛇头龙）6. 战国，湖南长沙陈家大山楚墓“人物龙凤”帛画；7. 战国，湖北马山一号楚墓丝织品；8. 散存画像空心砖，现藏河南省博物院；9. 陕西平利散存画像砖；10. 四川安康散存画像砖。

蛟龙有鳞，近鱼属；先龙则是近龟类两栖动物。

《宋书·符瑞志》记有“黄龙”：“四龙之长也。不漉池而渔，德至渊泉，则黄龙游于池。能高能下，能细能大，能幽能冥，能短能长，乍存乍亡。”① 可见黄龙具

① 沈约：《宋书》，北京：中华书局，2000年，第796页。

备汉龙的基本特征并增加了谶纬祥瑞色彩。山东嘉祥武梁祠上就刻有与《符瑞志》内容类似的榜题和黄龙图像（图2.18）。

图2.18　山东嘉祥武梁祠石刻黄龙图像

通过大致的文献梳理，可以基本弄清汉代人思想中各类龙的主要特征及功能，亦能看出人们在有意识地分配龙与"天—地—水"的关系（图2.19）。

苍龙为四象中的东宫神兽，又可代表春天或东方，或被用作祭祀求雨的对象①；飞龙有羽翼，可借助云气飞腾上天②；应龙有翼、毛、角等，也可以"乘云而举"③；但应龙外形更近兽类，飞龙则近鸟类。这三种龙主要活动在天地之间，都有强大神性，可被乘驾并带人升仙，具有吉祥寓意④。

蛟龙有鳞，多在水中⑤；虬龙有有角、无角两说，多言其为青色⑥，也有虬龙为

---

① 如《史记·天官书》："东宫苍龙，房、心。"《鹖冠子·天权》："四时求象，春用苍龙。"《淮南子·天文训》："东方……其兽苍龙……"

② 如《慎子》："飞龙乘云。"《汉书·礼乐志》："飞龙秋，游上天……驾飞龙，羽旄纷。"

③ 如《淮南子·主术训》："夫腾蛇游雾而动，应龙乘云而举。"

④ 如《淮南子·时则训》："天子衣青衣，乘苍龙。"《史记·赵世家》："王梦衣偏裻之衣，乘飞龙上天，不至而坠……有气而无实也。"《淮南子·览冥训》："乘雷车，服驾应龙。"

⑤ 如《楚辞》王逸注云："以蛟龙为桥，承以渡水，似穆王之越海。"《管子·形势解》："蛟龙，水虫之神者也，乘于水，则神立，失于水，则神废。"《说文·虫部》："蛟：龙之属也。池鱼满三千六百，蛟来为之长，能率鱼飞。"

⑥ 如《广雅》："有角曰虬龙。"《说文·虫部》："虬，龙子有角者。"王逸注《楚辞·天问》却言："有角曰龙，无角曰虬。"

图 2.19 根据文献对汉龙的分类

蛟龙子说①；螭龙无角，可游于水、被乘驾、或被用于建筑装饰②；盘龙或蟠龙指未升天之龙，多呈弯曲盘绕状。这几类龙主要活动在地与水之间，多也可被驾乘③，人们或认为可以借助它们渡海成仙。

"天—地系"与"地—水系"的龙分别表达了人们希望借助不同龙属的不同神力，达到"飞升"或"渡海"成仙的美好愿望。

黄龙与五方之"中央色黄"有关，"黄"为土为中，《宋书·符瑞志》称其为"四龙之长"，它应是综合了各类龙的特性与功能，是可以上天入水、带有强大神性的神龙，后成为重要的谶纬符号之一。

根据文献进行的分类是理想化的，文献本身也未对每种龙的形象和内涵有过详细界定，还常有矛盾混乱的情况。但在初步梳理了文献的基础上再审视图像，则可得到相对更准确的判断与辨识。

根据上文对图像形态的分类来看，A 型龙的主要特征是长而蜷曲的蛇身。

其中，Aa 型龙在所有汉式龙里最为复杂精致，其典型特征是对龙的羽翼、毛、爪足等的生动刻画及周围大量云气纹的装饰，突出了此龙"飞腾"的神力，与文献

---

① 如《抱朴子》云："母龙曰蛟，子曰虬，其状鱼身如蛇尾，皮有珠。"

② 如《楚辞·大招》："螭龙并流。"《后汉书·张衡列传》："亘螭龙之飞梁。"

③ 如《楚辞》有"乘六蛟兮蜿蝉，逐驰骋兮开云""驾青虬兮骖白螭"等句。

中"飞龙"的内涵最为接近。

Ac 型单体龙形最接近 Aa，差别是增加了人物，与龙组合成骑龙、乘龙、搏龙、驯龙或龙驾车等造型。文献中是有"乘飞龙上天"之语的，《左传·昭公二十九年》里也有董父、刘累分别为舜和孔甲养龙的记载。故 Ac 型龙的原型应该也是神性强大的飞龙，只是通过人物的加入，龙的形象更为鲜活，正合了《庄子·内篇·逍遥游》中"乘云气，御飞龙，而游乎四海之外"的意趣。

Ab 型龙与 Aa、Ac 的主要区别是简化了龙身的部分构造，更为图案化，多是为了配合所饰图像载体的形状，可能是飞龙形象的简化变体。其另一种形态是用水波、星点等纹样代替云气纹稍作装饰，似为突出龙在其它方面的属性或能力。

Ae 型龙与 Ab 型情况类似，但是出现时间最晚，约在东汉晚期，虽仍是 A 型蛇身龙，但龙的姿态、造型相对多样，可能是飞龙形象发展到晚期的多种变体。

Ad 型蛇身龙作盘绕纠缠状，多作器物纹饰，单体龙的造型为蛇头独角，与其他蛇身龙形象差别较大。参照《淮南子·本经训》中描绘的"大钟鼎，美重器，华虫疏镂，以相缪绗，寝蟠龙连组，焜昱错眩，照耀辉煌，偓蹇寥纠，曲成文章。"[1] 推测其表现的可能是"未升天"的蟠（盘）龙。

B 型龙的主要特征是兽身、兽足明显，龙身多有鳞。

Ba 型有翼，又有 I 式双角和 II 式独角之分。BaI 型双角兽身翼龙的主要形象特征是有角、毛、翼等结构，作兽形，常奔腾于云间或被乘骑、驾车等，与文献中"应龙"的内涵最为接近。Ba II 与 Ba I 的造型除了角的数量外几乎完全一致，可能是应龙的变幻或仅是刻画时的角度视差。

Bb 型兽身无翼龙多为独角，双角较少，作为器物纹饰时常饰以水波纹或云气纹。从西汉晚期开始装饰于石材上的 Bb 型龙则带有独特的造型风格，如山东滕州山头村西汉晚期至王莽时期的 M2 石椁侧板上有一幅龙于桥下顶破桥面的图像（图 2.11.2），可能描绘的是《水经注·渭水》中记载的"蛟龙救燕太子故事"[2]，那么画面中"顶破桥面，破坏机关"的应该就是蛟龙。此外，《抱朴子》还载"母龙曰

---

① 刘安等编著，高诱注：《淮南子》，第 83 页。

② 其文曰："燕太子丹质于秦，秦王遇之无礼，乃求归。秦王为机发之桥，欲以陷丹，丹过之，桥不为发。又一说，交（蛟）龙扶举而机不发。"

蛟，子曰虬，其状鱼身如蛇尾，皮有珠。"与画像中的 Bb 型龙形象似乎很贴合，那些熙熙攘攘在画面中蜿蜒乱舞的也可能是更为小巧的"蛟龙之子"虬龙。总体看来，Bb 型龙较符合《楚辞》中"形蛟虬而透蛇（迤）"的蛟龙、虬龙之姿。

C 型龙的特点是龙身穿璧、穿环、捧璧或纠缠成结，单体龙多为身体较长的 A 型蛇身龙，少数为兽身龙双尾缠璧或龙虎衔璧等造型。西汉最先流行 Ca 型穿璧龙，后在各类石质画像上出现了图案化的"龙穿璧"或简化版的穿环，并一直流行至东汉晚期。Cc 型飞龙穿（十字）环仅见于西汉中晚期鲁南地区的石椁画像上，是 Ca 型的变体，表达了龙飞升天之意，十字穿环区域带有"天界"象征。

C 型各亚型龙图像无疑都在强调一种"龙璧关系"。汉人对"龙璧组合"有着极高的热情，其原因有三：一是源于传统信仰，璧为六瑞之一，有"礼天"之用，常被作为"天"的象征而成为祭祀礼器或吉祥符号，汉代还保留着先秦对璧的这种崇拜与信仰，故常将它与被认为可以登天的龙形象结合，表达对天的向往及希望借龙升天的愿望，也间接证明了 C 型龙的属性应该是与天有关的苍龙、飞龙、应龙等；二是来自传统装饰习惯，将璧串联悬挂是地上建筑和墓葬空间或葬具上的常用装饰手法，代表一种等级象征和吉祥的寓意，穿璧造型时而会被图案化为十字穿环纹，而加入龙的形象可使画面更具华丽隆重的装饰美感，体现出汉代龙信仰的流行与汉代艺术的灵活性与创造力；三是"璧"谐音为"辟"，与汉人的丧葬辟邪观念贴合，故"龙璧"在墓葬图像中的大量出现应是为了表达"神龙辟邪"寓意。这种辟邪意图在 Cb 型自行缠绕成环的龙图像上表达的更为明显。这种形态最早约出现在西汉晚期河南地区的模印空心砖上，可能是对 Ca 型穿璧穿环龙的图案化变体，后一直流行至东汉晚期。山东苍山城前村元嘉元年画像石题记中有"中直柱，隻（双）结龙，主守中？辟邪央（殃）"等文字①，此型龙或可称之为"结龙"。这种结龙及其原型穿璧穿环龙所要表达的辟邪意味显而易见，而"璧"数量的不断增多也显示出这种"辟邪"愿望的加强。

D 型虹形龙和 E 型龙首源于早期器物造型，可看出器物装饰对墓葬空间装饰的影响。虹形龙的造型灵感可能源自雨后彩虹，表现了龙在汉人心中与"雨水"的密切关系。推测虹形龙主要表达"天桥""雨神"或"求雨"等意。《楚辞·九怀》里

---

① a. 山东省博物馆等：《山东苍山元嘉元年画象石墓》，《考古》1975 年第 2 期；b. 李发林：《山东苍山元嘉元年画像石墓题记试释》，《中原文物》1985 年第 1 期。

有"乘虹骖霓兮，载云变化"之句，有将天象之"霓"拟龙化的意味；《说文·虫部》里说："霓，寒蜩也。"似为虫属，而龙又为灵虫之长，那么用虹霓拟龙似乎也是合理的。又据《山海经·海外东经》载："虹虹在其北，各有两首。"那么如图2.15中的这种两首似虹的神兽很可能就是"虹虹"，只是因为与雨水的关系而利用了龙首形象。

E型龙首常作器物或石质建筑构件造型。班固《西都赋》中有"因瓌材而究奇，抗应龙之虹梁"之句，《文选》李善注曰："应龙虹梁，梁形似龙而曲如虹也。"① 可见地面高等级建筑常用龙首做构件，墓葬仿造地面建筑，龙首造型表现的应该也是与雨水、虹等有关的应龙，除装饰性及表现等级礼仪外，或有防水、防火之意。

F型建筑上的龙形多见于山东地区，具有地方特色。《论衡·龙虚篇》载："雷电击折树木，发坏屋室，则龙见于外。龙见，雷取以升天。"② 这些图像可能就表达了"龙破屋升天"之意，后固化成一种升天祥瑞图示。

G型蛇头龙形态特别，可能是对现实动物的"龙化"，如壁虎、蜥蜴、鳄鱼、穿山甲等，甚至有学者提过"恐龙化石说"③。其来源目前尚难考实。

黄龙如前所述，是汉代才出现的一种拥有至上神性的龙概念，是重要的谶纬符号，其符号化的"所指"在黄龙符谶流行期间，可以以任何"能指"范围内的龙属形态出现，需要在特定的图像环境中进行识别。

总结汉代各类型龙的形态及内涵特点，可参考表2.1：

表 2.1　汉代各类龙的形态及内涵

类型		属性	主要图像形态特征	流行时间
A 型蛇身龙	Aa Ac	飞龙	蛇身，多有角、翼、爪足，飞腾状，饰云气纹；可被驯养或乘驾。	西汉早期至东汉初期
	Ab	蛟龙或苍龙	蛇身，简化，有的饰水波或星点。	西汉早期至王莽时期
	Ab Ae	飞龙变体	形态多样，多配合所饰载体形状。	东汉晚期
	Ad	蟠（盘）龙	蛇头独角，长蛇身蜷曲盘绕。	西汉中期至东汉晚期

① 龚克昌等：《两汉赋评注》，济南：山东大学出版社，2011年，第466、481页。

② 黄晖：《论衡校释》，北京：中华书局，1990年，第282页。

③ 王东：《中国龙的新发现》，北京：北京大学出版社，2000年。

（续表）

类型		属性	主要图像形态特征	流行时间
B 型 兽身龙	Ba I Ba II	应龙	双角或独角的兽身翼龙，多饰云气纹，或被乘骑或驾车。	西汉中期至东汉晚期
	Bb	蛟龙或虬龙	有角兽身无翼蛇尾，身有鳞（皮有珠），或饰水波、云气，或聚集。	西汉中期至东汉晚期
C 型 龙璧或 结龙	Ca Cb Cc Cd	与天有关的苍龙、飞龙、应龙等	龙穿璧、穿环、捧璧或自结成环。表达升天愿望或辟邪意图。	两汉
其他特 殊形态 的龙	D 虹形龙	蚩蚩	龙身弯曲似虹，单头或双头。与天象、雨水有关。	两汉
	E 龙首	抗梁应龙	龙首，器物或墓内石构件造型。	两汉
	F 建筑上龙	破屋升天之龙	蛇身龙，饰于建筑屋顶或阙两侧。	西汉中期至东汉晚期
	G 蛇头龙	模拟现实动物的龙	形态各异，多模拟现实动物，是现实动物的"拟龙化"。	两汉零散出现

3. 龙图像的时代与地域特征

通过形态分析并结合出土年代、地域信息，可以对龙图像的形态按时段、地区进行排列，以便观察汉代龙图像的演化发展情况。经综合考量，可分为西汉早中期，西汉晚期至东汉初，东汉早中期，东汉晚期四个时段；地区方面，可分为两汉京畿地区（陕西、河南），近中原地区及其他较偏远地区（表2.2）。

第一期：西汉早中期。

有 Aa、Ab、Ad 型蛇身龙，BaI 型双角兽身翼龙，Bb 型器物上的无翼兽身龙，Ca 型穿璧或穿环龙、D 型虹形龙及 E 型龙首造型，即龙的种属有飞龙及其变体、应龙、蟠龙、蛟龙、虬龙及苍龙。图像载体涉及壁画、帛画、漆棺画、画像石及漆木器、金银器、铜器、玉器等。一类具有早期龙纹遗风、又在两汉时期较少见到的器物，应该与工匠及工艺在西汉较早时期的传承有关，或是身份较高墓主的收藏品，死后用以随葬[1]。各类图像载体上的龙及其组合造型规整且相似，可能跟当时使用龙的等

---

[1] 古方曾分析过南越王墓出土玉器，认为它们并不能作为西汉中期玉器的典型代表，而多带有战国风格，更有可能的是其制造年代亦在战国；并简析了西汉较早时期高等级随葬品使用库存战国玉器的习俗及其原因。古方：《关于南越王墓玉器的几个问题》，中国社会科学院考古研究所编：《汉唐边疆考古研究》第一辑，北京：科学出版社，1994年。

级限制有关，会有龙图像的固定粉本以供工匠使用；或是丧葬礼仪中所谓的"东园武士执事下明器"。还应注意到帛画、漆棺画、漆木器、铜器、玉器等传统器物纹饰对新出现的壁画、画像石载体的影响，这一方面涉及到西汉早中期墓葬形制和丧葬制度的变化，一方面也能看出当时工匠在艺术创造上的触类旁通。

表 2.2　汉代龙图像的时代与地域分布

地区	类型	西汉早中期	西汉晚期	王莽时期、东汉初期	东汉早中期	东汉晚期
陕西	Aa		——→	→		
	Ac				→	
	Ba I				——→	
	Ba II				→	
	Bb				→	
	Cd		——→			
河南	Aa	→				
	Ab		→			
	Ac		——→	→		
	Ad					→
	Ae					→
	Ba I	——————→		→		
	Ba II	——————————→				
	Bb	——————————————→				
	Ca		——————→		→	
	Cb	——————→		→		
	Cd			→		
	E		——————————→			
山东、江苏、浙江、河北、安徽等近中原地区	Aa		——→			
	Ab		——————→			
	Ad	→				→
	Ba I				——————→	
	Ba II		——————————→			
	Bb		——————————→			
	Ca		——————————→			
	Cb					→
	Cc		——————→			
	D					→
	E					→
	F				——————→	
两湖、甘肃、四川、云南、两广、新疆等较偏远地区	Aa	→				
	Ab	→				
	Ae				——————→	
	Ba I				——————→	
	Bb				——————→	
	Ca	→				
	Cd				——————→	
	D	→				

所有装饰龙纹均出自较高等级墓葬，墓主为诸侯王、列侯级别或贵族高官及其家属①。推测在西汉较早阶段，装饰性龙图像的使用带有阶级限制与身份象征意味。《后汉书·礼仪志》载："大驾……旗之制，长三仞，十有二游，曳地，画日、月、升龙……自王、主、贵人以下至佐史……载饰以盖，龙首鱼尾，华布墙，繡上周，交络前后，云气画帷裳……千石以下，缁布盖墙，鱼龙首尾而已。"虽天子之制至今不能见到实物，但从马王堆、金雀山等较高等级墓葬出土的帛画上也能看到这种"日、月、升龙"及"龙首鱼尾"图像，这种帛画可能就是文献中提到的"旗"，同时也可进一步证实当时使用龙图像在丧葬制度方面的规定与限制。

此时期的龙图像多出自较高身份墓主的所封或所居之地，龙形相似规整，地域特征不明显。

第二期：西汉晚期至东汉初期。

此期是龙形态最为复杂的一期。有 Aa、Ab、Ac 各型蛇身龙，BaI、Ba Ⅱ 型有角兽身翼龙，Bb 型无翼兽身龙，Ca、Cb、Cc、Cd 型穿璧或穿环龙、D 型虹形龙、E 型龙首造型及 F 型建筑上的龙；即龙属包括飞龙及其变体、应龙、蛟龙、虬龙、苍龙及其他特殊形态及功能的龙。图像载体涉及壁画、画像石及各类器物。出土龙图像的墓葬不再仅限于高等级墓，可以看出龙图像或者说是龙信仰从西汉中期以降，从上层社会向民间普及的趋势。

值得注意的是此期与第一期相比的变化：

Aa 型造型精美规整的飞龙在其他地区西汉中期后就很少见了，唯独在西汉京畿地区一直存有至东汉初年，也间接反映了 Aa 型飞龙比其他型的龙等级要高。

增多了 Ac 型人物乘龙、驯龙或龙驾车的造型，这一方面反映了汉代艺术造型的

---

① 西汉早期：长沙马王堆三座墓，墓主为长沙国丞相利苍家族；河南永城柿园壁画墓，墓主为西汉初期某代梁王；湖北荆州谢家桥墓，墓主据出土竹简、竹牍文字推测为高等级贵族（墓主四子皆有爵位）；广西贵县罗泊湾两墓，墓主推测为南越国派遣驻当地的王侯级官吏及其配偶；长沙砂子塘墓，墓主推测为长沙靖王吴著；山东临沂金雀山汉墓群，墓主为周氏家族成员（当地望族）；山东诸城杨家庄墓，墓主推测为东武古城琅琊郡的统治者或其亲属。西汉中期：广州南越王墓，墓主为第二代南越王赵眜（胡）；河北满城两墓，墓主为中山靖王刘胜夫妇；山东染山汉墓，墓主推测为鲁共王之子郁郎侯刘骄；江西南昌墓，墓主为海昏侯刘贺（做过皇帝）；江苏涟水三里墩墓，墓主推测为贵族鳣侯应或其亲属。

创造性进步，另一方面也能看出这时的龙在汉人心中已不再只是触不可及的神灵，带有了一定的普世意义，被用作逐渐盛行的升仙思想的辅助而进入墓葬空间，以满足人们希望死后借龙升仙的愿望。

兽身翼龙除双角外也常见独角，经上文分析，龙属都为应龙，角的差别或许只是源于艺术创作视差、或是人们主观认为独角会比双角显得稍低一级，因而更适宜在民间使用。

Bb 型有角无翼兽身的蛟龙或虬龙从这一时期开始广为流行，这两类龙的情况可能与独角应龙一样，被认为神性较为柔和，同时也兼有渡人升仙的神力，因而更为亲民。

除龙穿璧或穿环造型外，创造出了结龙、龙衔（捧）璧及建筑上的龙造型，反映了艺术上的创新及人们心中对龙神力的放大，龙除了助人登天外，其祥瑞、辟邪、符谶功能也逐渐被强化。

这时期的龙图像在河南、山东两地的墓葬装饰中最为流行，且各具特色。如河南地区流行乘龙、驯龙和龙驾车等与升仙相关的画面，表达了强烈的升仙愿望；而山东地区流行兽身应龙、蛟龙、虬龙等，龙常出现于表现神话传说或历史故事的画面中，其吉祥象征及儒家教化色彩更为浓重。

第三期：东汉早中期。

有 Ac 型，BaⅠ、BaⅡ型有角兽身翼龙，Bb 型无翼兽身龙，Ca、Cb 型穿璧、穿环龙和结龙，E 型龙首造型及 F 型建筑上的龙；即龙属包括驾车的飞龙、应龙、蛟龙、虬龙、苍龙及特殊形态的龙。图像载体主要是画像砖石及各类器物。

入东汉后，A 型龙仅在少数地区还能见到乘骑或驾车造型，最盛行的是兽身的蛟龙、虬龙和穿璧、穿环及结龙，体现出龙图像及龙信仰在民间的进一步传播发展，其祥瑞及辟邪功能也逐渐盖过了原有的辅助升仙功能，这应与东汉盛行的谶纬信仰有关。

龙图像主要装饰于墓葬内的砖石类载体上，主要流行区域也在东汉京畿、苏鲁豫皖交界及四川等各种石质画像盛行的区域。东汉早中期各地出现了一些带有典型地方特色的龙造型，后经传播也影响到其他区域。尤其是河南地区画像砖石墓内的各类龙造型，如龙首、生动的虬龙造型及对穿璧、穿环及结龙的艺术改造等，都在之后的时间传播影响到其他地区。

第四期：东汉晚期。

有 Ad、Ae 型变体蛇身龙，BaⅠ、BaⅡ型有角兽身翼龙，Bb 型无翼兽身龙，Ca、Cb、Cd 型穿璧、穿环、衔璧龙和结龙及各特殊型；即包括飞龙的各种变体、蟠龙、应龙、蛟龙、虬龙、苍龙及其他各类特殊形态的龙。

这时期的龙图像主要流行于苏鲁豫皖交界地区的石质画像上，河南、陕西等地的龙图像变得少见，唯四川地区还流行一种和早期道教有关的青龙白虎、龙璧或龙鼎图样。苏鲁豫皖交界地区的石质画像上尤其盛行 B、C 型龙，常大量出现，反映出此地人们对其祥瑞符谶、镇墓辟邪功能的强烈诉求。同时，龙形象也出现了多样化的艺术变体，体现出装饰功能的增强。

综上，可总结出汉代龙图像的基本发展轨迹：

汉代的龙图像先是在西汉早中期的丧葬制度及活动中作为较高等级身份的象征，其造型精美且有一定规制，可能是统一制造后分赐的，如《后汉书·礼仪志》中所说“东园武士执事下明器”“诸侯王、贵人、公主、公、将军、特进皆赐器，官中二十四物”。能看出早期流行的帛画、漆画、器物装饰等图像载体对随后出现的画像砖石及壁画上龙形态的直接影响。

约从西汉晚期起，龙图像表现出由上至下的普及传播趋势，厚葬、孝悌、升仙、阴阳五行等思想观念的逐步深入人心，引导着人们在丧葬活动的各个方面都表现出对上层社会的模仿；但也因为受限于等级观念，普通人始终不敢僭越使用最高等级的飞龙形态，而转而倾向龙属中似乎等级略低、“神性”与造型都更为亲民的应龙、蛟龙、虬龙等形象，同时赋予它们更具想象力与创意的艺术造型；未变的是使用龙图像的意图，无论上层社会还是普通大众，都表达出希望借助龙的神力而得以死后升仙的愿望；这时期的龙图像在河南、山东两地尤为流行，一方面与两地墓葬形制及墓葬装饰材料及位置的改变有关，另一方面也分别突显了两地升仙思想的盛行及儒家的教化色彩。

自西汉末入东汉后，随谶纬思想的逐步渗透，龙被归为祥瑞符谶之列，其兆吉与镇墓辟邪寓意愈发突显，即其实用性神力被放大，甚至超过了早期被崇信的助人升仙功能，最终顺利由上层社会植入民间，成为东汉乃至之后两千年来民间信仰中最重要的神兽；这时期全国各地都有各式龙图像被发现，尤其在石质墓葬装饰流行区域最畅，且地方特色逐渐鲜明，能基本辨识出苏鲁豫皖邻近地区、陕北、四川等几个大的分区，且能看出，大部分龙的造型都是由河南和山东地区向周边辐射影响的。

东汉晚期龙图像的主要特点是在个体墓葬中大量出现且造型多样，渐被固化为一类流行的祥瑞符讖图式，除了展现当时工匠高超的艺术造诣，也能看出民间对龙的祥瑞及辟邪功能的强烈心理寄托；在四川等早期道教盛行地区及甘肃、内蒙古、陕晋冀、东北等相对偏远地区，也有一些以中原龙形态为参考而又融入地方特色的龙图像，它们在东汉末年中原地区丧葬习俗产生重大变革之后，携带着汉式龙的部分特质进入魏晋南北朝，成为衔接与延续墓葬龙图像的关键一环。

4. 汉龙形象渊源

西汉较早时期的传统龙图像大都出自高等级墓葬，带有等级象征意义。金银器、铜器等珍贵器物上的龙纹饰，在壁画、帛画、漆画等绘画类载体中也能见到，形态大体相似，能看出一定的规制性，推测当时行业内或工匠间可能存在通用的图像粉本。通过对比河南永城柿园墓壁画上的飞龙与马王堆汉墓出土漆棺和帛画上的飞龙、龙璧图像来看，其造型优美、技法成熟、形态相似，不太可能是两墓工匠各自的独创，必定是在更早时期有着共同的图像源头。

古人很早就对天象四宫、二十八宿等概念有了较为深刻的理解。考古材料中的图像证据有河南濮阳西水坡 M45 仰韶文化墓葬中的龙虎蚌塑[1]和湖北战国早期曾侯乙墓漆箱上的龙虎星图[2]（图 2.20）。西水坡龙形蚌塑的龙头扁长、兽身并带有尖利的爪、长尾、尾端绽开如花形；曾侯乙漆棺上的龙形为蛇身，有鳞，四脚细长带爪、卷云状长尾、葫芦形龙头并有龙耳、龙须等细节。研究者多认为这类早期龙造型来源于天象[3]，它们是汉式龙可追溯到的与之最具亲缘的龙形象，源于早期人们对于东宫苍龙星象的动物化想象。

---

[1]　濮阳市文物管理委员会等：《河南濮阳西水坡遗址发掘简报》，《文物》1988 年第 3 期。

[2]　湖北省博物馆：《曾侯乙墓》，北京：文物出版社，1989 年。

[3]　"龙虎蚌塑"可参考冯时：《河南濮阳西水坡 45 号墓的天文学研究》，《文物》1990 年第 3 期等。"龙虎星图"可参考王健民等：《曾侯乙墓出土的二十八宿青龙白虎图象》，《文物》1979 年第 7 期；武家璧：《曾侯乙墓漆箱房星图考》，《自然科学史研究》2001 年第 1 期；钟守华：《曾侯乙墓漆箱岁星纹符和年代考》，《考古与文物》2005 年第 6 期等。

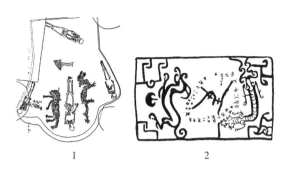

图 2.20　早期与天象有关的龙形象
1. 仰韶文化时期，河南濮阳西水坡 M45 龙形蚌塑；2. 战国早期，湖北曾侯乙墓漆箱画像。

先秦文献中并未发现对龙形象的具体描述。战国时期，楚地尚鬼神，《楚辞》中常有驾龙、乘龙等辞，燕齐等地又流行方士求仙行为和神仙说，这些逐渐深入人心的迷信思想一经融合，难免引发人们更无边的扩展性想象，驾龙、乘龙可以升天成仙的想法应运而生。

图像证据是湖南长沙子弹库楚墓出土的"人物御龙"帛画[①]。帛画中的蛇身龙弯曲成舟形（上有华盖）、四爪足、有毛须及艺术化的龙角、龙口张开露牙，额下有逆鳞，龙头处似有缰绳握在立于龙身的男子手中，乘驾姿势明显；龙身作飞腾之姿，下端一足似呈水波或划水状，旁有一鱼，龙尾处立一鸟，整个画面似欲表现此龙上可飞天、下可入水的强大神性。尤其值得注意的是，龙身姿态、尾端立鸟、下足一鱼等细节，若与柿园墓壁画和马王堆 M1 帛画上的龙形象比较，能看出包括头、爪足、尾、鸟、鱼等多处相似，带有明显的承袭关系（图 2.21）。

秦宫建筑遗址出土的空心砖上亦多有龙纹，龙形大致可分两类：一为蛇身有鳞，或龙头四足，或蛇头无足，多线刻，接近 A 型蛇身龙（图 2.22.1、2.22.2）；另一类为兽身四足双角有翼，多模印，接近 B 型兽身龙（图 2.22.3、2.22.4）。

空心砖作为秦宫殿的大型建材，使用龙形象应有高等级象征、吉祥寓意或防水防雷意图，龙形态的不同或许与空心砖在建筑中的具体安放位置有关。汉代的 A、B 两型龙应该分别继承了秦式龙的两种形态，又加入了更多的细节变化和艺术创造，汉式 C 型穿璧、穿环或结龙应该也是在秦空心砖上得到的造型启发。

---

①　湖南省博物馆：《新发现的长沙战国楚墓帛画》，《文物》1973 年第 7 期。

图 2.21　长沙子弹库楚墓帛画与柿园墓顶壁画、马王堆 M1 帛画对比图

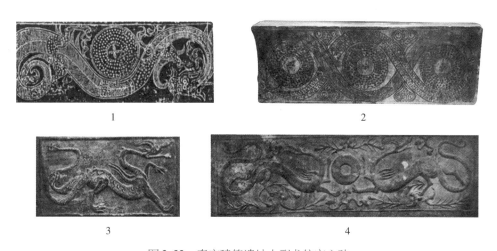

图 2.22　秦宫建筑遗址大型龙纹空心砖

（二）凤

凤与龙一样是一种幻想动物，千百年来，"龙凤呈祥"已演化成为中华民族最重要的祥瑞符号。龙凤组合是在历史演化与选择中逐渐形成的，至少在汉代，还没有看到龙凤的固定搭配，也没有龙凤分指男女的意味，更多时候凤的搭档是麒麟，"麟游凤舞"便是汉代版"龙凤呈祥"。

汉时，麟凤龙龟被称为"四灵"，各为禽兽之长。《礼记·礼运》云："麟凤龟龙，谓之四灵。故龙以为畜，故鱼鲔不淰；凤以为畜，故鸟不獝；麟以为畜，故兽不狨；龟以为畜，故人情不失。"①《鹖冠子·度万》中言："凤凰者，鹑火之禽，阳之精也，骐麟者，元桴之兽，阴之精也，万民者，德之精也，德能致之，其精毕至。"② 可见凤与麒麟的配搭主要因为二者分别作为鸟兽类首领且活动地点多在地面，而龙龟则管辖水域；有时凤凰、麒麟又分别作为阴阳的象征，并与政治挂钩，以托阴阳祥瑞之道。

"凤"字从鸟，与鸟最主要的区别从字面上看就是头上的凤冠和尾部翎羽，甲骨文与金文中的凤字都是象形的头有冠、尾有长羽的神鸟。《诗经》《尚书》中有"凤凰于飞""凤皇来仪"等句；《左传》云："我高祖少皞挚之立也，凤鸟适至，故纪于鸟，为鸟师而鸟名。"《吕氏春秋》载："王者厚其德，积众善，而凤皇圣人皆来至矣。"可见较早时期，凤的出现多带有仪式化的政治意味，后逐渐演化成一种祥瑞符号。

关于凤形象，据《山海经·南山经》载："有鸟焉，其状如鸡，五采而文，名曰凤皇，首文曰德，翼文曰义，背文曰礼，膺文曰仁，腹文曰信。是鸟也，饮食自然，自歌自舞，见则天下安宁。"虽略显夸张，但总体描述还是会让人联想到现实中的孔雀、野鸡、雉鸡等鸡形目雉科鸟类。《说文·鸟部》曰："凤，神鸟也。天老曰：凤之像也，麐前鹿后，蛇颈鱼尾，龙文龟背，燕颔鸡喙，五色备举。出于东方君子之国，翱翔四海之外，过崑崙，饮砥柱，濯羽弱水，莫宿风穴。见则天下大安宁。"③这时的凤与之前类似现实鸟类的形象又有了变化，变得与龙一样，为突显其神性而成为各种动物特征的合体，是人们通过想象后对其形象的夸张神化。

除了正统的凤，文献中也记载了凤属神鸟家族的其他成员。《说文·鸟部》里有："鸾，亦神灵之精也。赤色，五采，鸡形。鸣中五音，颂声作则至。""鷗，鸟也。其雌皇。一曰凤皇也。"④《山海经·大荒西经》云："有五彩鸟三名：一曰皇鸟，一曰鸾鸟，一曰凤鸟。……开明西有凤凰、鸾鸟，皆戴蛇践蛇，膺有赤蛇。"又司马相如《子虚赋》："遒孔鸾，促鵔鸃，拂翳鸟，捎凤皇，捷鸳雏，掩焦明。"这些神鸟广义上也为凤属，与凤有着类似的身体特征，如鸡形、五彩、善鸣、飞翔等，

---

① 孙希旦撰，沈啸寰、王星贤点校：《礼记集解》，北京：中华书局，1989 年，第 614 页。
② 黄怀信：《鹖冠子汇校集注》，北京：中华书局，2004 年，第 151 页。
③ 段玉裁：《说文解字注》，扬州：江苏广陵古籍刻印社，1998 年，第 148 页；又段注曰："麐前鹿后各本作鸿前麐后。又鱼尾下有麐鹳颡鸳思四字。"
④ 段玉裁：《说文解字注》，第 148、151 页。

它们的原型可能就是鸡形目雉科、尤其是凤冠雉科的各种自然鸟类，人们会经常在现实生活中观察到它们的存在，并将其视为吉兆。

马王堆 M1 黑地彩绘漆棺纹饰中就出现过凤与其他神鸟的群象，它们嬉戏于云雾缭绕的仙境中，或捕食蛇虫，或被一类造型奇特的神怪追捕①（图2.23.1）。

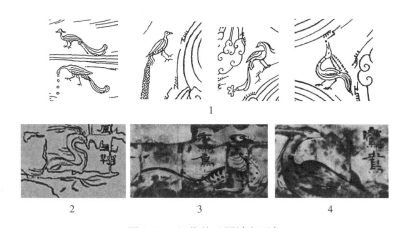

图 2.23　汉代的凤属神鸟形象
1. 西汉早期，马王堆 M1 黑地漆棺图像；2 - 4. 东汉晚期，河北望都 M1 壁画及榜题。

河北望都东汉晚期 M1 壁画上绘有带"凤皇""鸾鸟""鸳鸯"等墨书榜题的祥瑞神鸟图像②，其中"凤皇"绘有明显向后飘扬的穗状冠羽，"鸾鸟"有与自然界凤冠雉科鸟相似的外貌，"鸳鸯"则从形态到毛色都较写实（图2.23.2 ~ 2.23.4）。

然而，很多时候很难从众多神鸟类图像中准确辨识出凤，尤其如四神中的朱雀形象常与凤相似难辨，和苍龙与龙的关系一样，需要在特定图像环境中释读。综合考量汉代凤的典型形象，本节将选择"凤冠"或"凤尾翎羽"为辨识凤的必要特征，对满足此条件的凤图像进行形态与内涵分析，并梳理其演化规律及时代、地域特征。

1. 汉代凤图像的形态分析

谈论汉代的凤，人们多数时候会上溯联想到楚凤。相传楚人祖先为南神祝融，他本身就是鸾凤类神鸟的化身③，故楚人惯以凤鸟为图腾并有崇凤心理，因此凤为楚

---

① 湖南省博物馆等编：《长沙马王堆一号汉墓》，第 15 ~ 25 页。
② 北京历史博物馆等：《望都汉墓壁画》，苏州：中国古典艺术出版社，1955 年，图版十。
③ 《白虎通·五行篇》："南方之神祝融，其精为鸟，离为鸾。"

艺术中最流行的神兽①。但持反对意见的学者则认为，凤图像在楚文化遗物中并没有表现出绝对优势，很多时候还不如龙纹出现频繁，楚人对待凤图像也鲜能看出特殊意义，更多时候只是为表达象征性、仪式性和政治性②。

据现有图像资料看，后者观点更符合实情。目前持楚人崇凤观点的学者多数只是根据文献片段或一部分带凤图像的文物资料，就对凤在楚文化中的地位进行无限推测，尚无人对凤在出土动物图像中的比例做过统计，也无人将楚凤与其他地区同时期的凤图像进行对比统计；且楚墓保存情况特殊，即使统计了有效数据也未必能建立这种从图像到文化倾向间的直接联系，楚人崇凤及楚文化以凤为图腾的说法目前尚难令人信服。

先秦时期的凤，大多还是单纯作为吉祥神鸟被人们尊崇信仰。中原地区使用凤图像及其表现出的凤崇拜倾向，至少从出土器物上看，没有显示出相对楚文化的弱势；楚凤内涵也没有与中原凤大相径庭的特别之处。最多可以从图像学角度辨析出楚凤的典型造型特点，如凤身纤细、姿态柔美、向后翻翘的长尾等细节，整体规整华丽、艺术装饰感强等。如"人物龙凤"帛画上的凤、曾侯乙墓漆棺上凤纹、马山楚墓出土的大量带凤纹漆器和丝织品等（图 2.24.1 ~ 2.24.3）。相比而言，秦凤造型则相对抽象且略显多变无章法，风格也更加朴实。如雍城瓦当上的凤纹，凤身细节极简，尾部呈分叉状；刻纹空心砖上的凤纹有些还与龙纹一样被艺术化为蛇身蜷曲状，有些还能看到花蕾状的凤冠及人物骑凤造型（图 2.24.4 ~ 2.24.7）。

战国晚期推行的神仙信仰入汉后得以全面流行，凤与龙一样被认定为神兽，拥有可以助人升仙的强大神性，"攀龙附凤"的原义即指借龙凤之力升天成仙，从此可以"逍遥始终"③。

从吉祥神鸟到助人升仙的神兽，凤的内涵变化必然会对其图像表现产生影响。因此，汉凤虽仍会从艺术层面吸收一些早期凤的意向，却兼具其独特的形态与内涵发展轨迹。

---

① 张正明：《楚文化史》，上海：上海人民出版社，1987 年。

② 王纪潮：《楚文化中的动物符号和前宗教问题》，《江汉考古》2003 年第 7 期。

③ 《列仙传》："服闾游祠，三仙是使。假寐须臾，忽超千里。纳宝毁形，未足多耻。攀龙附凤，逍遥终始。"

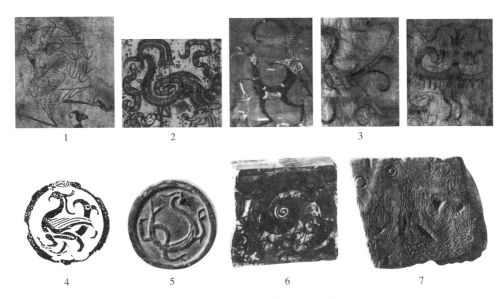

图 2.24 楚、秦文物上的凤图像

1. 湖南长沙陈家大山楚墓"人物龙凤"帛画；2. 曾侯乙墓内棺漆画；3. 湖北江陵马山一号楚墓织物纹饰；4、5. 陕西雍城遗址出土凤纹瓦当；6、7. 秦凤纹空心砖，现藏咸阳博物馆。

汉凤依其图像形态可分五型。

A 型，抽象图案化的变形凤纹。

与上述秦代刻纹空心砖上的蛇身凤纹一样，变形凤纹多是为了造型美感而进行的艺术变化，但仍能看出凤的必备要素——"凤冠"和"凤尾翎羽"。如马王堆 M1出土彩绘陶钫的颈、足部饰半身凤纹，凤似由云气变幻而来，背后还绘有山峦①（图2.25.1），似《庄子·逍遥游》中描述的："有鸟焉，其名为鹏，背若泰山，翼若垂天之云，抟扶摇羊角而上者九万里，绝云气，负青天。"再有《太平御览·羽族部·凤》云："飞则群鸟从以万数，故古'凤'作鹏字。"似将"鹏"字左边之"朋"释为群鸟，故可以判断，古时鹏亦可指代凤，故此件彩绘陶钫上的形象也可辨识为凤。河南永城芒砀山窖山二号墓②、广州南越王墓③、满城汉墓④及河南永城前窖墓⑤等出

① 湖南省博物馆等编：《长沙马王堆一号汉墓》，第 123 页。

② 河南省商丘市文物管理委员会等主编：《芒砀山西汉梁王墓地》，北京：文物出版社，2001 年，第269 页。

③ 广州市文物管理委员会等：《西汉南越王墓》，北京：文物出版社，1991 年，彩版一四 - 3。

④ 中国社会科学院考古研究所等：《满城汉墓发掘报告》，第 136、296 页。

⑤ 商丘地区文化局等：《河南永城前窖汉代石室墓》，《中原文物》1990 年第 1 期。

土玉器上都有一种变形凤纹，颇具古意（图 2.25.2～2.25.5），与前文提到的西汉高等级墓葬出土带有早期风格的龙纹器物一样，可能是对早期工艺的延续或本身就是战国遗物。

满城汉墓出土铜器上还有一种首尾相连成环的凤纹，能看到向后折翻的冠羽及翎羽，依其造型被装饰成铜杯把手、圆形器盖或几何状排列成繁缛重复的装饰区，表现出工匠的艺术创意①（图 2.25.6、2.25.7）；同墓玉饰上的凤头与铜器上凤头相似，只是变幻了凤身造型，呈飞腾状，口中还衔有一只小蛇（虫），造型更生动②（图 2.25.8）。马王堆汉墓③、荆州谢家桥墓④出土丝织品纹样上亦有各种变体凤纹（图 2.25.9～2.25.11）。

B 型，凤头有冠羽、尾长翎羽、作站立或展翅欲飞状。根据凤尾造型差别分三式。

I 式，细长穗状凤尾翎羽，呈自然收拢、蜷曲翻翘或展开呈扇面。是两汉最常见的凤形态，展现了凤在自然状态下的站立或奔走姿态，可能来自对孔雀等现实鸟类的观察与模拟。

满城 M2 出土铜博山炉和漆尊上都有凤像，漆尊上的凤钮为立体造型，卷曲上翘的凤尾不易制成穗状故仅作简单卷尾，这也是立体汉凤的常见造型⑤（图 2.26.1、2.26.2）。郑州南关外空心砖墓上模印两种形制的凤纹，分别为站立和奔走姿态，但凤身造型相似⑥（图 2.26.3）。安徽天长墓⑦、河北阳原墓⑧、扬州刊江姚庄 M102⑨出土漆器上均绘有此型凤纹，精于凤身细节（图 2.26.4、2.26.5）。同样为器物装饰的如洛阳金谷园 M11 釉陶奁腹部的凤纹，有与阳原墓类似的三瓣孔雀翎尾⑩。

①　中国社会科学院考古研究所等：《满城汉墓发掘报告》，第 60～61、79 页。

②　中国社会科学院考古研究所等：《满城汉墓发掘报告》，第 142 页。

③　湖南省博物馆等编：《长沙马王堆一号汉墓》，第 40 页。

④　荆州博物馆：《湖北荆州谢家桥一号汉墓发掘简报》，《文物》2009 年第 4 期。

⑤　湖南省博物馆等编：《长沙马王堆一号汉墓》，第 257、301 页．

⑥　郑州市文物考古研究所：《郑州市南关外汉代画像空心砖墓》，《中原文物》1997 年第 3 期。

⑦　天长市文物管理所等：《安徽天长西汉墓发掘简报》，《文物》2006 年第 11 期。

⑧　河北省文物研究所等：《河北阳原三汾沟汉墓群发掘报告》，《文物》1990 年第 1 期。

⑨　扬州博物馆：《江苏邗江县姚庄 102 号汉墓》，《考古》2000 年第 4 期。

⑩　洛阳市文物工作队：《洛阳金谷园车站 11 号汉墓发掘简报》，《文物》1983 年第 4 期。

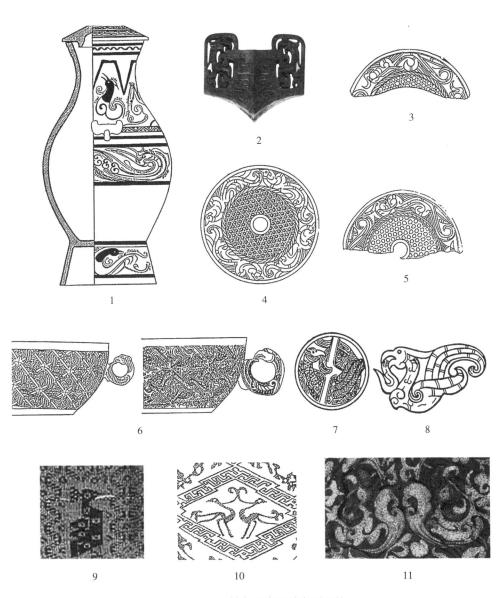

图 2.25　A 型抽象图案化的变形凤纹

1、9、10. 西汉早期，马王堆 M1 彩绘陶钫、丝织品纹样；2 西汉中期，南越王墓玉剑饰；3、4、6 - 8. 西汉中期，满城 M1、M2 玉璧、铜杯、铜杯型器盖、玉饰；5. 西汉晚期，河南永城前窑墓玉璧；11. 西汉早期，湖北荆州谢家桥 M1 织锦。

西汉中期至东汉晚期，各地出土的各类丧葬石材上常见这种凤像。如山东滕州染山墓北门上有处于十字穿环中的凤①，这种十字穿环纹旨在象征天空②，凤立于其中展现出仙界祥瑞的内涵；类似凤像也见于河南永城保安山 M1 画像石上③；同时期的永城固上村 M1 门额上还有双凤穿璧④；其他丧葬石材上的凤也能看出相似特征，表现出此类凤纹在两汉间的延续发展（图 2.26.6 ~ 2.26.8）。东汉晚期和林格尔墓壁画上的凤像旁写有"凤凰从九韶"榜题（图 2.26.9），其周边还绘有大量其他带有榜题的祥瑞动物⑤。

Ⅱ式，凤尾呈鱼尾分叉状。这种凤尾出现并流行于东汉中、晚期。先见于四川地区的崖棺或石棺上，如射洪、新津的崖棺档板，彭山、内江崖墓中的石棺侧板等；档板上有单凤展翅、或伴日月、或双凤立于树上的固定图式；侧板画像内容更为丰富，常与其他祥瑞神兽或仙人共处（图 2.26.10、2.26.11）。东汉晚期这种凤尾也传播到四川以外的地区，如山东地区画像石、甚至新疆地区织锦上都可见到（图 2.26.12）。

Ⅲ式，其他特殊形状的凤尾，有椭圆团形、楔形、尖头形等，可能是穗状或鱼尾状凤尾的变形或简化，多见于东汉中、后期。如南阳麒麟岗墓有椭圆团状尾凤⑥（图 2.26.13）；安徽褚兰墓壁上的凤尾呈三个椭圆，像是对三瓣穗状凤尾的简化⑦；徐州邳县白山故子墓有楔形尾凤的正、侧面像，旁有众鸟作朝拜状⑧（图 2.26.14）。四川画像石棺上还常有一种展翅欲飞的凤，凤尾呈各种形制，或为鱼尾状，或为尖状，或简化成几何形状；这种简化版的凤在四川东汉中、晚期的石棺或崖棺上十分常见，能看出凤造型从精细到简化的演变序列，特殊形状的凤尾应由穗状或鱼尾状尾演变而来（图 2.26.15 ~ 2.26.17）。

---

① 滕州市汉画像石馆：《山东滕州市染山西汉画像石墓》，《考古》2012 年第 1 期。

② 庄蕙芷：《汉唐墓葬天象图研究》，北京大学博士研究生学位论文，2015 年，第 83 ~ 85 页。

③ 永城市文物局等：《河南永城保安山汉画像石墓》，《文物》2008 年第 7 期。

④ 河南省博物馆：《河南永城固上村汉画像石墓》，《中原文物》1980 年第 1 期。

⑤ 内蒙古自治区博物馆文物工作队编：《和林格尔汉墓壁画》，北京：文物出版社，1978 年，第 68 页。

⑥ 黄雅峰等：《南阳麒麟岗汉画像石墓》，西安：三秦出版社，2008 年，第 184、197 页。

⑦ 王步毅：《安徽宿县褚兰汉画像石墓》，《考古学报》1993 年第 4 期。

⑧ 南京博物院等：《江苏邳县白山故子两座东汉画像石墓》，《文物》1986 年第 5 期。

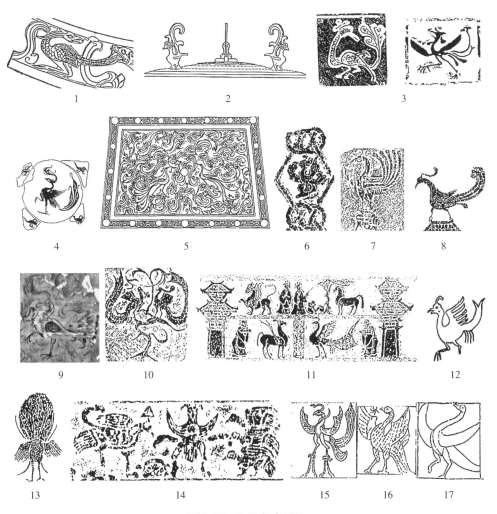

图 2.26　B 型各式凤纹

1 – 9. I 式细长穗状凤尾（1、2. 西汉中期，满城汉墓铜博山炉、漆尊；3. 西汉中晚期，郑州南关外北二街墓空心画像砖；4. 西汉晚期，河北阳原三汾沟 M9 漆盒；5. 西汉晚期至王莽时期，扬州邗江 M102 漆面罩；6. 西汉中期，滕州染山墓北门画像石；7. 东汉中晚期，四川新津城南 M2 石棺足档画像；8. 东汉中晚期，萧县破阁 M61 耳室门柱画像石；9. 东汉晚期，内蒙古和林格尔墓壁画。）；10 – 12. BII 分叉鱼尾状凤尾（10. 东汉，四川新津崖棺头档画像；11. 东汉中晚期，四川彭山双河崖墓石棺侧板画像；12. 东汉，新疆民丰北大沙漠墓出土织锦）；13 – 17. BIII 其他特殊形制凤尾（13. 东汉早中期，南阳麒麟岗墓主室立柱画像石；14. 东汉晚期，徐州邳县白山故子 M1 前室东壁画像石；15. 东汉晚期，四川南溪长顺坡 M2 石棺足档画像；16. 东汉晚期，四川泸州长江边砖室墓石棺足档画像；17. 东汉晚期，四川南溪长顺坡 M3 石棺足档画像）

C 型，凤口中衔物，有珠、芝草、鱼或串联圆珠状物等。

西汉中晚期几座高等级墓葬出土铜车马器上有形制极为相似的凤衔珠造型，凤皆仰头衔珠、长翎羽冠、展翅、开屏、两腿前后作飞奔状，如海昏侯墓鎏金铜当卢上凤纹与河北定县 M122①、日本东京艺术大学美术馆藏铜管②上的凤纹几乎一样，似有成熟粉本或为高等级墓葬定制器（图 2.27.1～2.27.3）。河南唐河湖阳镇墓一件鎏金器盖上的凤高冠扇尾、口衔珠，与前述铜车马器上的衔珠凤纹相比，亦能看出立体造型与平面纹饰的相互借鉴③（图 2.27.4）。偃师 M1④与洛阳金谷园王莽墓⑤壁画中都彩绘衔珠的凤，周饰云气纹；山东后银山梁山墓壁画上也有类似的衔珠凤纹，亦作回首衔珠状⑥（图 2.27.5、2.27.6）。临沂吴白庄墓过梁上呈现的东王公仙境世界中，有羽人、九尾狐、芝草、建鼓、墓主夫妇等形象，凤衔珠立于建鼓华盖之上，其下有一长发羽人跪地，另一羽人正伸手向其赐物⑦；结合过梁另一面的西王母及蟾蜍、玉兔制药等场景，推测此过梁图像表现的可能是墓主夫妇死后进入仙境求取不死药的场景，凤口中所衔之珠很可能就是"不死药"⑧（图 2.27.7）。

　　陕西、河南、河北、山东等地的画像砖石上的凤除衔珠外，还常衔芝草或鱼（图 2.27.8、2.27.9）。凤口衔芝草（或梧桐树枝⑨、嘉禾等）与口衔不死药一样，都比单体凤纹更能生动体现凤的祥瑞神性。据《山海经·西山经》载："又西三百五十里，曰玉山，是西王母所居也……有鸟焉，其状如翟而赤，名曰胜遇，是食鱼。""赤翟"直译过来就是"有红色羽毛的长尾雉鸟"，那么推测这种"凤衔鱼"造型可能表达的就是西王母仙境中"胜遇食鱼"场景，从而代指西王母仙境，如徐州青山泉白集墓后壁上的凤衔鱼图像⑩（图 2.27.10）。

---

① 中华人民共和国出土文物展览工作委员：《中华人民共和国出土文物展览：展品选集》，北京：文物出版社，1973 年，第 85 页。

② Wu Hung, A Sanpan Shan Chariot Ornament and the Xiangrui Design in Western Han Art, *Archives of Asian Art*, Vol. 37, Honolulu：University of Hawaii Press for the Asia Society, 1984, p. 42.

③ 南阳地区文物工作队等：《唐河县湖阳镇汉画像石墓清理简报》，《中原文物》1985 年第 3 期。

④ 洛阳市第二文物工作队：《洛阳偃师县王莽壁画墓清理简报》，《文物》1992 年第 12 期。

⑤ 洛阳博物馆：《洛阳金谷园王莽时期壁画墓》，《文物资料丛刊》第九辑，1985 年。

⑥ 关天相等：《梁山汉墓》，《文物参考资料》1955 年第 5 期。

⑦ 管恩洁等：《山东临沂吴白庄汉画像石墓》，《东南文化》1999 年第 6 期。

⑧ 《淮南子·览冥训》："譬若羿请不死之药于西王母，姮娥窃以奔月，怅然有丧，无以续之。何则？不知不死之药所由生也。"

⑨ 汉代文献中常提及黄帝有德而凤皇至："食帝竹实，栖帝梧树，终身不去"；后演化成凤非梧桐不栖的特性，如《艺文类聚·隐逸下》曰："木非梧桐，岂敢栖凤。"

⑩ 南京博物院：《徐州青山泉白集东汉画象石墓》，《考古》1981 年第 2 期。

　　另有凤口衔一种串联珠状物，多见于苏鲁豫皖邻近地区，最早出现在西汉晚期鲁南石椁画像上，后逐渐影响到其他石质画像。如鲁南、皖北地区的石质画像上常见单只或双只凤凰衔一串珠状物，串珠形状不同，凤有时身处西王母仙境、有时与乘龙凤而持芝草的羽人共游、有时又与执规的人首蛇身神或结龙共出（图2.27.11～2.27.14）。

　　据《山海经·海外西经》载：“此诸夭之野，鸾鸟自歌，凤鸟自舞；凤皇卵，民食之；甘露，民饮之，所欲自从也。”《大荒西经》亦云：“西有王母之山、壑山、海山。有沃之国，沃民是处。沃之野，凤鸟之卵是食，甘露是饮。”可见，传说在西王母所在的西方仙境有“沃之国”“沃之野”，其“沃民”平时就以凤卵为食。又《论衡·说日》：“星著于天，人察之，失星之实，非直望鹤乌之类也。数等星之质百里，体大光盛，故能垂耀。人望见之，若凤卵之状，远，失其实也。”① 这里讲远望夜空中的星点好似凤卵，而汉画中的星点也常绘成串联圆点的样子；且从常识性考虑，卵是很难被尖利的鸟喙衔起的，故将其串联起来的画法似乎更易被观者理解接受。这里大胆推测，凤口中所衔的串联珠状物很可能就是凤卵，人们认为食用凤卵这种神物后有助于羽化升仙，所以画凤衔卵图像与其衔不死药、芝草、鱼等寓意类似，都意在托借祥瑞之物以求不死登遐的愿望。

　　D型，人物喂凤。单体凤型接近BI型。最早见于西汉中期鲁南地区的石椁上，同画面还有神鸟、龙、鱼，表达出吉祥寓意② （图2.28.1）。郑州散存空心画像砖上有人物喂凤图，画面空白处填满圆点，似在营造一种满地果实的场景（图2.28.2）。此图式约流行于东汉中、晚期四川及苏鲁豫皖邻近地区的石质画像上，画面环境构图丰富灵活，人物与凤常出现在建筑、树木上或围绕其他祥瑞神兽（图2.28.3～2.28.7）。山东沂南北寨墓中表现汉代乐舞百戏场景的画面中，可以看到由人假扮的羽人和凤，羽人手持一株结果的树③ （图2.28.8）。

　　E型，双头凤。多见于东汉较晚时期。如山东地区散存画像石；河南密县打虎亭

---

① 黄晖：《论衡校释》，第513页。

② 高文：《中国画像石棺全集》，第10页。

③ 南京博物院等：《沂南古画象石墓发掘报告》，图版95。

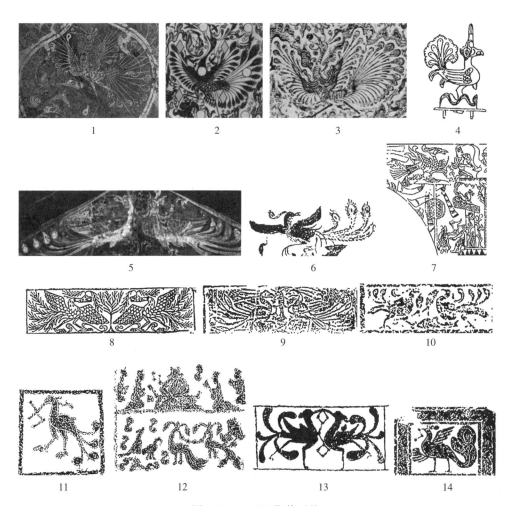

图 2.27　C 型口衔物凤纹

1. 西汉中晚期，海昏侯墓鎏金铜当卢；2. 西汉，河北定县 M122 铜管；3. 西汉，铜管，现藏日本东京艺术大学美术馆；4. 西汉中期，河南唐河湖阳镇墓鎏金凤器盖；5. 王莽时期，河南偃师 M1 山墙壁画；6. 东汉早中期，山东后银山梁山墓西壁上层壁画；7. 东汉晚期，山东临沂吴白庄墓前室过梁画像石；8. 西汉中晚期，陕西咸阳 M34 空心画像砖；9. 王莽时期，山东微山岛 M20G4 石椁足档画像；10. 东汉晚期，徐州青山泉白集墓后室壁画像石；11. 西汉晚期，山东滕州马王村石椁档板画像；12. 西汉晚期，山东邹城卧虎山 M2 石椁侧板画像；13. 西汉晚期至王莽时期，山东滕州山头村 M2 石椁侧板画像；14. 东汉晚期，安徽宿县褚兰 M2 前室壁画像石。

M2 耳室门扉上的双头凤衔璧图①；河北望都 M2 出土石枕上彩绘双头四足连体凤，两凤口合衔一株芝草，表现出浓厚的谶纬祥瑞寓意②（图 2.28.9～2.28.11）。

---

① 河南省文物研究所：《密县打虎亭汉墓》，北京：文物出版社，1993 年。
② 河北省文物局文物工作队编：《望都二号汉墓》，北京：文物出版社，1959 年，第 27 页。

图 2.28　D 型人物喂凤，E 型双头凤

1 – 8. D 型（1. 西汉中期，山东临沂石椁头档画像；2. 郑州散存空心画像砖；3. 东汉中期，山东微山 M6 门楣画像石；4. 东汉中晚期，萧县破阁 M61 耳室门柱画像石；5. 东汉晚期，滕州滨湖镇祠堂画像石；6. 东汉晚期，徐州十里铺墓中室门额画像石；7. 东汉晚期，四川屏山县斑竹林石室墓石棺侧板画像；8. 东汉晚期，山东沂南北寨墓乐舞百戏画像石。）；9 – 11. E 型（9. 东汉，山东滕县龙阳店散存画像石；10. 东汉晚期，河南密县打虎亭 M2 耳室门扉画像石；11. 东汉晚期，河北望都 M2 出土彩绘石枕。）

2. 凤图像的内涵与时代、地域特征

　　汉代凤图像从形态到内涵都较之前产生了较大变化，总体风格更为写实，表现内涵也由单纯的吉祥神鸟变得复杂，作为汉人升仙、谶纬等思想信仰的附着对象，并最终成为汉代重要的祥瑞符谶之一。从出土图像材料上可以观察到，这些变化是在入汉后逐步完成的，基本与汉人思想意识的发展过程相契合。

西汉较早时期还能看出对早期风格的延续，其特点是常见抽象化或图案化的 A 型变形凤纹，主要见于较高等级墓葬出土器物装饰及丝织品纹样。除去其中一部分早期遗物，在西汉早、中期的变形凤纹上能看出工匠对早期凤形制的借鉴及融入汉代新元素的装饰创意，如在汉代丝织品上能看到对楚凤风格的借鉴，但像对称构图、凤身扁胖写实或加入大量云气纹等细节都是纤细华丽的楚凤样式中少见的，反而如秦凤般表现出因材制宜的艺术灵活性。可见在西汉较早时期，一方面凤纹的使用与龙纹一样带有阶级限制与身份等级象征，一方面也能看出，典型的汉凤形态特征尚未形成。

BI 型有冠、细长穗尾的凤约从西汉中期一直流行至东汉晚期，是汉代最常见、最典型的凤形态。它继承了早期凤的关键形态要素但丰富了凤身细节表现，风格上更为质朴亲民，暗示了时人自认与天界祥瑞间沟通与互动能力的逐渐加强。

东汉出现的 BII 型分叉鱼尾状凤尾与文献中描述的"蛇颈鱼尾"更为贴合，整体形态上带有典型汉式风格，但鱼尾状凤尾的形制似早见于楚式、秦式凤（图 2.24），但后两者的凤尾分叉多是为了关照鸟类长尾飘扬动势的抽象艺术化效果，与东汉这种刻意神异化的"鱼尾"有异。

先秦及汉代文献中常有"凤皇"之称，如《说文》曰："（皇）大也，从自王。自始也……大君也。"① 故"凤皇"最初的含义是百鸟之王的尊称，凤字头的加入应是象形于凤的"冠羽"，"皇"因此被写作"凰"，二者亦可通用。先秦文献中很少见到对凤、凰从性别方面的区分。传由司马相如所作的《凤求凰》中，虽有"凤飞翱翔兮，四海求凰"之句，但据《史记·司马相如列传》载，司马相如曾当众弹奏两首琴曲以吸引卓文君的注意，并未提到曲名为《凤求凰》，最早的相关记载见南朝徐陵所编《玉台新咏》；故推测作为曲名的《凤求凰》可能是汉代较晚时期或更晚时，由曲工附会为司马相如之作。目前尚无法判定汉代已有"雄为凤、雌为凰"的说法。

BII 型分叉鱼尾状凤尾，可能就是汉时为对凤凰的性别从图像上进行区分而做出的艺术创新，一方面源于对自然界中雉科鸟类雄鸟与雌鸟形态（尤其是尾部）差异

---

① 段玉裁：《说文解字注》，第 9 页。

的观察，一方面也可能受到了早期凤像鱼尾形制的启发和对鱼这种祥瑞动物的崇拜联系，再又与汉人对阴阳协调、谶纬符应等观念的重视有关。

但尾部形态的差异并不是汉人区分雌雄凤凰的唯一表现方式，有时也会通过其他艺术化的图像细节对性别加以暗示。如四川出土的一幅石棺足档画像上，两只凤凰均作分叉鱼尾，但右边的有冠而左边的无冠却口衔一花，不由令人想象左为雄凤、右为雌凰之"凤求凰"浪漫意向（图 2. 26. 10），体现出工匠的艺术创意。

BIII 型所拥有各异形状凤尾，或也是源于这种艺术变化或简化。

根据前文对 C 型凤的分析，可知无论是衔珠（不死药）、芝草（或梧桐树枝等）、鱼或是串珠状物（凤卵），都是对凤作为仙境神兽的生动艺术化表现，它们从西汉中晚期至东汉晚期都有发现，有吉祥、长寿、升仙等美好寓意。起初，凤口中所衔之物的差别体现出一种地域文化差异，如凤衔不死药最早出现在较高等级墓葬中，后来流行于陕西、河南等地，衔仙草多见于中原地区，衔鱼及凤卵则在苏鲁豫皖邻近地区常见；但至东汉中晚期以后，这些图像都逐渐演化成固定祥瑞图式被装饰于墓葬之中或器物之上，带有吉祥象征意味。

D 型人物喂凤图像的发展演化情况与 C 型类似，最终也固化为一种祥瑞图式，只是内涵稍有不同。据图像判断，喂凤者多为"羽人"，即仙人。按照汉人的思维方式，凤为神兽，喂它的自然得是仙人，它吃的东西自然也得是仙物。如《盐铁论·毁学》云："南方有鸟名鹓鶵，非竹实不食，非醴泉不饮。"[1]《太平御览·羽族部》载："竹实，凤皇食。"可见，竹实是一种仙界神树的果实，也是凤的食物。另一说则见《艺文类聚·鸟部上·凤》载老子曰："吾闻南方有鸟，其名为凤，所居积石千里，天为生食，其树名琼枝，高百仞，以璆琳琅玕为实，天又为生离珠，一人三头，递卧递起，以伺琅玕……"琅玕在汉代文献里多指一种珍贵的珠状玉石[2]。《山海经·海内西经》中有"服常树，其上有三头人，伺琅玕树。"与《艺文类聚》记载相近，但汉画中喂食凤的羽人并未表现为"一人三头"。故推测"凤食琅玕"可能是道教炼丹风气兴起后的说法，汉画中羽人喂凤吃的珠状物更可能是神话中的仙界植物"竹实"。

---

① 王利器：《盐铁论校注》，北京：中华书局，1992 年，第 230 页。

② 如《尔雅·释地》："西北之美者，有昆仑虚之璆琳琅玕焉。"又《说文·玉部》："琅：琅玕，似珠者。玕，琅玕也。"

出现最晚的 E 型"双头凤",也是谶纬盛行时反映在图像上的艺术变化,"双头"亦是汉代幻想类祥瑞神兽常见的变体形态。

综合来看(参考表2.3),凤的图像形态在西汉较早时期继承了部分早期风格,多见于较高等级墓葬,带有一定规制与身份等级象征意味,与前文分析的龙图像情况相似;其总体风格写实,强调鸟类身体特征细节;有冠及细长穗状尾的凤是汉代最常见、最典型的形态,后受对自然界鸟类的长期观察和阴阳、符谶等观念影响,开始流行分叉鱼尾状凤尾,有时也会利用尾部等身体特征差异来区分表现两性凤凰;凤口衔神物、羽人喂凤、双头凤等特殊造型,都是汉代神仙、谶纬信仰的产物,即使在初创时期带有特殊的内涵寓意,随着时间发展亦被逐渐固化成符谶图式。

表2.3　汉代凤图像的形态与内涵分析简表

类型	形制描述	内涵	流行时间	流行地区
A	抽象图案化变形凤纹	或是为了造型美感而进行的艺术变化;或是延续早期风格技艺,或本身就为古物。	西汉	出土较高等级墓葬地域。
BI	细长穗状凤尾	汉代最常见、最典型的凤形态。	约西汉中期至东汉晚期	西汉时多在较高等级墓葬所在区域,东汉广为传播。
BII	分叉鱼尾状凤尾	特定场景语境下代表雌凰,与 BI 型雄凤配对,后也成为汉凤的一种常见形态。	东汉	四川、山东等石质画像流行区域,其他地域少量发现。
BIII	特殊形状凤尾(椭圆形、楔形、尖头、山字形等),可能是穗状或鱼尾凤尾的变形或简化	对 BI、BII 型凤凰图像的艺术变化或简化。	东汉	石质画像流行地区。
C	凤口中衔珠、芝草、鱼或串珠等物	所衔之物多为西王母仙境神物,如不死药、仙草、鱼或凤卵等,为突显凤的神性,后逐渐祥瑞符号化。	约西汉中期至东汉晚期	西汉见较高等级墓葬及陕西、河南、河北等,后传其他地区,以苏鲁豫皖邻近地区为盛。
D	人物喂凤	羽人喂凤以仙界神物竹实,后固定成为祥瑞图式。	约西汉中期至东汉晚期	四川及苏鲁豫皖邻近地区。
E	双头凤	凤形态的祥瑞图谱化。	东汉晚期	中原鲁、冀等地。

（三）神鸟

鸟类是自然界广泛存在的一种古老物种。目前生物学界多数认为鸟类是恐龙演化出的分支，可溯源至中生代侏罗纪时期（距今约 1.5 亿至 2 亿年间）；也有部分鸟类学家坚持鸟类起源于更早的三叠纪时期的槽齿类爬行动物（距今约 2 亿至 2.5 亿年间）。经过长时间进化，至今鸟类已形成约一万种、二十余目。

鸟类出现的时间远早于人类，它们身披羽毛、前肢进化成可以飞翔的翅膀、与太阳、气候、农作生产等关系密切，这使得人类在文明曙光时期便肇生出鸟的信仰与崇拜。中国的鸟崇拜出现在东方稻作农业发达地区，种子原是鸟食也可通过鸟类传播、耕种技术与水源的获取仿效鸟田与雏田、日照在人们想象中也是由太阳的化身——鸟所带来①。"鸟田象耕"并非只是神话传说，而是虞舜时代真实存在的现象。鸟的飞翔、鸣叫、辅助农作、随季节迁徙等动物天性在先民眼中无疑都是新奇且神圣的，远古时期的鸟类图腾崇拜便由此发生，所谓的"鸟类降生神话"（如"天命玄鸟、降而生商"）也多是这种信仰下的产物。同时，人们也开始对鸟类进行分类。部分鸟类优雅的外形与温顺的性格也为其附加了礼仪性、政治性等符号；而一些相貌丑陋或叫声难听的鸟则被看作是会带来不祥的禁忌之物。先秦经典文献中，《诗经》提到的鸟类约 38 种，《楚辞》约 43 种，表现出人们对自然界鸟类各式形态的观察与认知，并常通过比喻、拟人、咏颂等方式来表达对祥瑞之鸟的喜爱敬崇和对禁忌之鸟的讽刺厌恶。

汉人擅长将动物神化、祥瑞化并强调它们与天、地、人之间的关系，鸟类也不例外。最重要的两种神鸟，一为凤，一为四象中的朱雀，其他神鸟形象则多参考自然界常鸟，单纯从图像上较难辨识出其是否带有神性。

本部分的研究方法是，先根据图像直观对形态相似的神鸟进行分类，再辅以文献或出土文字资料，确定某类神鸟母题的名称、内涵及典型形态，最后找出形态相似的图像，以理清各类神鸟母题图像的内涵属性及典型形态的演变过程。

1. 朱雀

朱雀为四象中南方神兽，指代二十八宿中南宫七宿，或称朱鸟、朱爵、赤鸟。

---

① 陈勤建：《中国鸟信仰的形成、发展与衍化》，《华东师范大学学报（哲学社会科学版）》第 35 卷第 5 期，2003 年 9 月。

朱雀作为四象之一的观念在先秦就已出现，但真正成为一种涵义复杂的文化符号却在入汉以后①。

汉代的朱雀除了指代南方，也指代五色之赤、四时之夏及五行之火等。如《鹖冠子·天权》云："招摇在上，缮者作下，取法于天，四时求象，春用苍龙，夏用赤鸟，秋用白虎，冬用元武。"② 又《论衡·物势》曰："南方、火也，其星朱鸟也……"③ 天之四象投影到地面，朱雀又可指代前方，这种方向标示性在诸如车驾出行、兵法布阵、风水堪舆等礼仪或实用活动中尤为受到重视。如《礼记·曲礼上》载："行：前朱鸟而后玄武，左青龙而右白虎。"《淮南子·兵略训》曰："所谓天数者，左青龙，右白虎，前朱雀，后玄武。"《后汉书·百官志》："北宫朱爵司马，主南掖门。"

朱雀的神性有时也被利用于礼仪制度之中。如《后汉书·礼仪志》载："中二千石以上有辒，左龙右虎，朱鸟玄武。"

在汉代神仙信仰及谶纬观影响下，朱雀也成为可以助人升仙或与天感应的祥瑞神鸟。如《焦氏易林》辞："朱鸟道引，灵龟载庄；遂抵天门，见我贞君。"

虽从内涵上可将朱雀明确定义并与其他神鸟区分，但在出土图像材料中却常见朱雀与凤等其他神鸟形象混乱难辨的情况。正如沈括在《梦溪笔谈》中所说："四方取象，苍龙、白虎、朱雀、龟蛇。唯朱雀莫知何物，但谓鸟而朱者，羽族赤而翔上，集必附木，此火之象也……或云：鸟即凤也。"④ 吴祕注《法言·问明》："朱鸟，凤也。南方朱鸟，羽虫之长。"⑤ 后来人们甚至认为朱雀与凤为一物，朱雀只是凤在天象中的镜像。

但在汉代出土图像材料中，仍能看到朱雀与凤的差异。如徐州缪宇墓后室门左侧有一幅带榜题的画像石，文曰"朱鸟"，配图为一只无冠无尾翎、更似鹅类的常鸟形象，与前文分析的汉凤形象有异⑥（图2.29.1）。

西汉早中期的朱雀图像多见于高等级墓葬，主要为器物或墓葬壁面装饰。如

① 程万里：《汉画四神图像》，南京：东南大学出版社，2012年，第1页。

② 黄怀信：《鹖冠子汇校集注》，北京：中华书局，2004年，第354～355页。

③ 黄晖：《论衡校释》，第150～152页。

④ 沈括：《梦溪笔谈》，长沙：岳麓书社，1998年，第66页。

⑤ 汪荣宝撰，陈仲夫点校：《法言义疏》，北京：中华书局，1987年，第208页。

⑥ 南京博物院等：《东汉彭城相缪宇墓》，《文物》1984年第8期。

柿园墓主室顶部及南壁朱雀图①（图 2.29.2、2.29.3）；满城 M1 熊踏朱雀铜器座、M2 朱雀盘龙铜灯及朱雀衔环铜杯②（图 2.29.4）；海昏侯墓棺盖上贴有抽象化的镂空金箔平飞朱雀，镂空部分呈火焰纹状，可为朱雀证，它与西安理工大学壁画墓券顶的平飞红彩朱雀形态相似，只是后者更为写实，呈仰视视角，并细致描绘出朱雀飞行时收拢的双腿③。而海昏侯墓棺盖上的朱雀虽抽象，仍能看出俯视视角，这与二者装饰位置的不同有关，一个在券顶、一个在棺盖，符合观看视角，且朱雀的头及飞行方向均朝着墓门或棺首处，体现出汉代工匠创作时规范性与灵活性并存的艺术张力（图 2.29.5、2.29.6）。

这些高等级墓葬中的朱雀及其他神兽装饰，符合《后汉书·礼仪志》中所载："中二千石以上有辎，左龙右虎，朱鸟玄武；公侯以上加倚鹿伏熊。"是一种身份等级的象征，也多为宫廷定制，带有形态上的相似性；壁画图像可能是对器物纹饰的模仿，这也是伴随墓葬形制的改变、墓葬装饰空间的扩大而产生的，对于墓主来说，拥有了展示自身高贵身份的更大空间及更多样的方式。

从朱雀的图像形态上看，西汉早期尚偏自然界常鸟形象，约从西汉中、晚期左右，朱雀开始借用凤身部分细节。从海昏侯墓出土的两件鎏金铜当卢上就能看到这种变化：其中一件上端刻一凤、下端刻一鸟，鸟形与柿园墓侧室石脚架上的鸟相似④，另一件中段与下端各有一凤，都为典型汉凤形态（图 2.29.7）。推测约在此时（西汉中晚期），朱雀形象开始由自然界常鸟向更具仙像的凤形态靠近，但也因为此时的朱雀形象尚未形成定制、人们（工匠）对其形态并未形成统一认知，故也会出现混淆或同现等状况。

洛阳卜千秋墓顶脊壁画描绘出墓主升仙场景，这时的朱雀形象几乎已与凤无异⑤（图 2.29.8）。时代稍晚的洛阳浅井头墓顶脊壁画，朱雀也绘作凤形⑥。但到了东汉

① 河南省商丘市文物管理委员会等：《芒砀山西汉梁王墓地》，第 115～118 页，彩版一。
② 中国社会科学院考古研究所等：《满城汉墓发掘报告》，第 95～96 页、图版五四；第 261～263 页、彩版二四、图版一七八；第 265、267 页、彩版二五、图版一八二。
③ 西安市文物保护考古所：《西安理工大学西汉壁画墓发掘简报》，《文物》2006 年第 5 期。
④ 河南省商丘市文物管理委员会等：《芒砀山西汉梁王墓地》，第 97～99 页。
⑤ 洛阳博物馆：《洛阳西汉卜千秋壁画墓发掘简报》，《文物》1977 年第 6 期。
⑥ 洛阳市第二文物工作队：《洛阳浅井头西汉壁画墓发掘简报》，《文物》1993 年第 5 期。

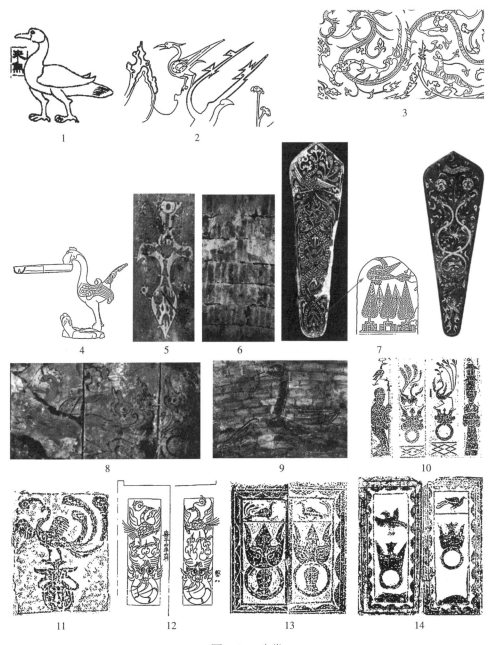

图 2.29　朱雀

1. 东汉中晚期，徐州缪宇墓后室门画像及榜题；2、3. 西汉早期，河南永城芒砀山墓主室南壁及墓顶壁画；4. 西汉中期，河北满城 M2 铜灯。5. 西汉中晚期，海昏侯墓棺盖；6. 西汉晚期，西安理工大学墓券顶壁画；7. 左、右：西汉中晚期，海昏侯墓鎏金铜当卢；中：西汉早期，河南永城芒砀山墓脚架刻石；8. 西汉中晚期，洛阳卜千秋墓后壁顶脊壁画；9. 东汉早期，洛阳金谷园墓顶壁画；10. 王莽时期到东汉初期，南阳英庄 1983 墓门扉画像石；11. 东汉，四川新津二十号石棺像；12. 东汉晚期，山西离石 M14 门扉画像石；13. 东汉晚期，山东淄博张庄 M1 门扉画像石；14. 东汉晚期，河南新乡王门 M76 门扉画像石。

早期的洛阳金谷园墓顶壁画中,朱雀又恢复了常鸟形象①,与徐州缪宇墓上带榜题的朱鸟形态相似(图2.29.9)。

可见,汉代朱雀的基本形态始终未被固定,甚至可以说,它可以呈现各种鸟形,需要在特定图像场景中明确识别。朱雀更像一个符号,其象征意义重于图像本身。

墓葬装饰类石质画像约从西汉中晚期逐渐流行,朱雀是常见题材。其中最具特色的是一类常刻于墓门门扉处的"朱雀立铺首"图式,有时墓门其他位置还会出现四象神兽的其他成员,但最常见、最稳定的还是朱雀与铺首的搭配。这可能源自墓葬空间对地面建筑的模仿,同样寄托着以祥瑞神兽辟邪的用意,相当于后世的门神。从西汉中晚期至东汉早期,这一图式主要流行于河南、山东等地,朱雀多作凤形,有长冠羽与尾翎,且多侧面造型(图2.29.10);偶有正面或无冠,显示出朱雀与凤的差异。东汉中期左右,这一图式也出现在陕北画像石上,且渐成定式,朱雀亦多作侧面带冠长尾凤形,其下时有搭配独角兽(罳)。东汉晚期,"朱雀立铺首"图式出现在山西、四川及苏鲁豫皖邻近地区的石质画像上,朱雀造型也更多样(图2.29.11~2.29.14),可能受到汉凤形态变化的影响,直至东汉晚期,朱雀的图像形态仍未定型。

2. 三青鸟与三足乌

首先有必要区分"三青鸟""三足乌""日中乌"的概念。

关于"日中有乌"的传说来源有多种解释,一说来自远古以日为图腾与以鸟为图腾部族的融合,一说源于古人对太阳黑子形态的观察。《山海经·大荒东经》曰:"有谷曰温源谷,汤谷上有扶木。一日方至,一日方出,皆载于乌。"《说文·乌部》曰:"乌者,日中之禽。"《淮南子·精神训》:"日中有踆乌,而月中有蟾蜍。"高诱注:"踆,犹蹲也,谓三足乌。"可见,最初的传说只是日中有乌,而"三足"的说法始于汉时,原因可能如《太平御览·天部·日》载:"《春秋元命包(苞)》曰:'阳数起于一,成于三,故日中有三足乌。'"即三足说是在汉代阴阳五行观与谶纬符应说影响下对"日中乌"的外形异化表现,被强行附加了突显神异性的"三足"。

汉代及之后文献中就多见日中有三足乌的记载了。如《史记·龟策列传》曰:"日为德而君于天下,辱于三足之乌。月为刑而相佐,见食于虾蟆。"《论衡·说日》:

---

① 洛阳市文物管理局等编:《洛阳古代墓葬壁画·上卷》,郑州:中州古籍出版社,2010年,第200~205页。

"儒者曰：'日中有三足乌，月中有兔、蟾蜍。'"① 后随谶纬思想的流行，三足乌也成为重要的瑞应神兽之一。如《宋书·符瑞志》："三足乌，王者慈孝天地则至。"内蒙古和林格尔东汉晚期壁画墓所绘众多瑞应形象及榜题中也有"三足乌"，可惜壁画漫漶无法看清其具体形象②。

出土的汉代图像中，三足乌常与九尾狐一同出现在西王母统领的仙境世界中。但据文献记载，最初陪在西王母身边的是"三青鸟"。如《山海经·海内北经》："西王母梯几而戴胜杖，其南有三青鸟，为西王母取食。在昆仑虚北。"《大荒西经》："有三青鸟，赤首黑目，一名曰大鵹，一名少鵹，一名曰青鸟。"可见，"三青鸟"最初指西王母身边为其取食的三只鸟。而至司马相如作《大人赋》时，则曰："低徊阴山翔以纡曲兮，吾乃今日睹西王母。暠然白首戴胜而穴处兮，亦幸有三足乌为之使。"《太平御览》引《括地图》云："昆仑之弱水中，非乘龙不得至。有三足神乌为西王母取食。"可见，为西王母取食的"三青鸟"，后逐渐被"三足乌"取代。

综上，日中乌、三青鸟皆因受汉时阴阳五行、谶纬瑞应等迷信观影响，渐被模糊、混淆了概念，并被三足乌所取代。尤其是日中乌与三足乌的内涵，一开始是有所区别的，在汉代图像中可以找到二者同时出现的场景。如西安交通大学墓顶壁画中，同心圆中心两侧绘有日月，日中有一飞翔的乌，而同心圆外画面右下方的云端之上，还绘有一只站立状的三足乌③（图2.30.1），可视作日中乌与三足乌概念混淆前曾各有所指的例证。

较早表现西王母仙境的图像场景中多有神鸟形象，但均不是三足。如郑州南关外北二街M14空心砖上模印有昆仑山（或三危山）、西王母、玉兔捣药、九尾狐等常见形象，西王母左侧一仙人臂上停有一鸟，空中飞一鸟，均为两足④。山东邹城卧虎山M2石椁上刻众人跪拜西王母，下有云气、玉兔捣药、九尾狐、两只似凤的鸟和一只略小的鸟，也都是两足；这三只鸟可能即《山海经》中提到的三青鸟——大鵹、少鵹与青鸟，大鵹、少鵹口衔之物可能就是为西王母取来的食物⑤（图2.30.2）。

①　黄晖：《论衡校释》，第502页。
②　盖山林：《和林格尔汉墓壁画》；报告原记榜题为"三足乌"。
③　陕西省考古研究所等：《西安交通大学西汉壁画墓》，西安：西安交通大学出版社，1991年：图版2。
④　郑州市文物考古研究所：《郑州市南关外汉代画像空心砖》，《中原文物》1997年第3期。
⑤　邹城市文物管理局：《山东邹城市卧虎山汉画像石墓》，《考古》1999年第6期。

图 2.30　三青鸟与三足乌

1. 西汉晚期，西安交通大学墓顶壁画；2. 西汉晚期至东汉早期：山东邹城卧虎山 M2 石椁；3. 西汉晚期至东汉早期：四川成都跃进村出土陶灯；4. 东汉中期偏早，陕西绥德田魴墓后室门楣；5. 东汉中晚期，四川富顺县二号崖墓一号石棺侧板；6. 东汉中晚期，四川彭山双河崖墓石棺侧板；7. 东汉晚期，山东嘉祥宋山祠堂画像石；8. 东汉晚期，山东嘉祥程村祠堂画像石；9. 东汉晚期，山东临沂吴白庄墓过梁；10. 东汉，山东微山两城镇散存祠堂画像石。

四川成都跃进村 M5 陶灯上堆塑有西王母、仙人、九尾狐等神像，与九尾狐相对的位置有一只鸟，也为两足① （图 2.30.3）。

故推测，"三足乌取代三青鸟为西王母使"的观念是逐步渗入人们思想的，且图像表现还要晚于意识认知，即司马相如《大人赋》中虽已有三足乌为西王母使者之言，但从图像材料上看，至迟在东汉早期以前，大部分出现于西王母仙境中的还是两足的（三）青鸟。

目前所见最早的西王母仙境三足乌图像，见于陕西绥德四十里铺东汉中期偏早（公元 92 年）田鲂墓前室后壁门楣上，画面左侧西王母居中而坐，旁有三人与一鸟首人身有翼的神人，似为侍者，其右分别有狐狸（未画九尾）、两兔捣药和三足乌②（图 2.30.4）。随后的东汉中晚期，三足乌就已大量出现于四川地区的石质画像上，常与九尾狐等标志性神兽一同出现在西王母身边，渐成定式，有时也与麟、凤等一起出现，突显其祥瑞属性（图 2.30.5、2.30.6）。新疆高台墓地出土的"延年益寿"织锦上也有三足乌与麒麟等祥瑞神兽共处云气中的纹样。

苏鲁豫皖邻近地区东汉晚期石质画像上，也常有出现在西王母、东王公仙境中的三足乌形象，但三足、两足的情况常显混乱。推测这时三足乌虽已取代三青鸟地位，但在图像表现上却并未形成严格定式；也可能是因为工匠们只是被植入了三足乌概念，而没有在具体图像形态上获取到规制的粉本参考，故有时仅凭潜存印象进行创作，或是对不同粉本进行了混淆使用。如山东嘉祥宋山祠堂和程村祠堂画像上就有图式相近的西王母仙境图，三足乌与九尾狐都被一仙人用绳牵着跪侍于西王母身边，但一为两足、一为三足（图 2.30.7、2.30.8）；临沂吴白庄墓前室过梁图像的东王公下方两立柱上，也分别立有九尾狐与三足乌，三足乌亦只有两足③（图 2.30.9）；山东微山两城镇祠堂画像上的西王母头顶一鸟、身下两人首蛇身神的蛇身与另两只鸟的长尾交叠成西王母座，突显出三鸟神性，也都不是三足（图 2.30.10）；嘉祥散存的洪山祠堂画像石上，三足乌不仅仔细刻出三足，还肩扛长杆，旁边的蟾蜍与九尾狐也一样，是工匠将这些神兽拟人化的艺术效果。

---

① 成都市文物考古工作队等：《成都市青白江区跃进村汉墓发掘简报》，《文物》1999 年第 8 期。

② 榆林地区文管会等：《陕西绥德县四十里铺画像石墓调查报告》，《考古与文物》2002 年第 2 期。

③ 管恩洁等：《山东临沂吴白庄汉画像石墓》，《东南文化》1999 年第 6 期。

从文献与出土材料都能看出，"乌有三足"是西汉时人们在阴阳五行观影响下对日中乌的神异化联想，而传说中在西王母仙境为其取食的神鸟原为三青鸟，二者概念偶有混淆；后在谶纬盛行的东汉时期，人们渐用三足乌这种看似更具神异性的鸟与三青鸟进行了概念替换、并进一步将三足乌神化，最终彻底取代三青鸟，成为西王母仙境神鸟及重要的瑞应神兽之一。在出土的汉代图像中，固定带有"三足"的三足乌形象多见于四川地区，即使在极为简化的图像中仍维持着"三足"这一关键特征，可能与早期道教在当地的流行有关，三足乌后来也成为道教教义中的经典神祇；而其他地区并未严格遵从三足形制，人们只是接受了三足乌的概念，却未对这种神异化的主要元素——三足有着足够的重视，换句话说，人们在意的并不是三足乌的实际形态，而是其背后所包含的瑞应神鸟的象征意义。

3. 鹤、鹔、鹭

鹤为鸟纲鹤形目鸟类，多群居于湿地或草原，喜爱日间活动；它们的发音器官很长，因而叫声嘹亮，可以传至数公里远的地方，在繁殖期还会出现一些近似"舞蹈"的动作，飞行时头、颈、脚均会伸直，姿态优美。

古人很早就注意到鹤的优雅、擅鸣、擅飞、长寿等特性，将其视为高洁的吉祥神鸟，亦被用以比喻帝王或文士、君子之仁德。如《诗经·小雅·鹤鸣》云："鹤鸣于九皋、声闻于野。鹤鸣于九皋、声闻于天。"楚辞、汉赋中亦有对鹤、尤其是"玄鹤"的溢美之辞，如"听玄鹤之晨鸣兮，于高冈之峨峨""驾鸾凤以上游兮，从玄鹤与鶄明"等。《古今注·鸟兽第四》曰："鹤千岁则变苍，又两千岁变黑，所谓之玄鹤也。"因此在世人眼中，"玄鹤"是鹤类中最为神圣的，是吉祥长寿的象征。《易经·中孚》还有"鸣鹤在阴，其子和之"之句，后亦被演绎为"圣王之德"与"士民之报"，带有因果德行的文化象征色彩。

鹤更被看中的是其"知夜半"、"寿千岁"[1] 等天性，经汉代升仙、养生等思想渲染，遂被附庸为可辅助升仙的神鸟。如《春秋繁露·循天之道》云："鹤之所以寿者，无宛气于中。"《列仙传》中有"王子乔乘白鹤""萧史吹箫引孔雀白鹤于庭""黄鹤栖于陵阳子明冢边"等故事。《艺文类聚》引《淮南八公相鹤经》云："鹤，阳鸟也，而

---

[1] 语出《淮南子·说山训》："鸡知将旦，鹤知夜半。""鹤寿千岁，以极其游。"

游于阴，盖羽族之宗长，仙人之骐骥也。"东汉时，鹤在谶纬说影响下成为瑞应神鸟，如《汉书·郊祀志》："宣帝即位……告祠世宗庙日，有白鹤集后庭。"又《后汉书·光武十王列传》载："英后遂大交通方士，作金龟玉鹤，刻文字以为符瑞。"

两汉器物装饰上常见鹤纹。如徐州翠屏山墓出土漆器上有抽象鹤纹[1]；满城 M2 铜当卢上鹤与猴、兔等嬉戏于云气间[2]；河北定县 M122 铜管神兽纹中亦有飞翔或仰天长鸣的鹤[3]；四川成都跃进村 M5 还出土了头部存有少量红色的写实陶鹤模型[4]等（图 2.31.1 ～ 2.31.4）。西汉至王莽时期，河南地区的画像砖石上也多见鹤纹，造型多样，如双鹤衔草、玄鹤飞舞或鹤拉车等（图 2.31.5 ～ 2.31.7）。陕西靖边墓后室壁画上有双鹤拉云气车与白鹤载人展翅飞行的画面，显示了鹤助人升仙的神力[5]（图 2.31.8）。东汉石质画像上的鹤形象常置于更为复杂的图像环境中，造型更生动，祥瑞神鸟寓意也更明显（图 2.31.9、2.31.10）。

鹳为鸟纲鹳形目鸟类，下又分鹳、鹭、鹮三科，其中鹳与鹭较为习见。鹳、鹭都为尖喙长颈长腿、体型较大的候鸟，外形相似，亦都属水鸟，多生活于水边，有时也会在灌木或树上活动，以鱼虾为食；鹳常单脚站立，飞行缓慢，不善鸣叫；鹭的头部多有冠羽、胸前亦有饰羽，飞行时颈部常呈 S 型弯曲。

班固《西都赋》有句："玄鹤白鹭，黄鹄鵁鹢，鸧鸹鸨鶂，凫鹥鸿雁，朝发河海，夕宿江汉，沈浮往来，云集雾散。"能看出鹳、鹭等鸟在古时较稀有珍贵，常被视为寓意美好的祥瑞之鸟。

鹳与鹭从图像上看，常会与鹤难以分辨。但与汉人认为鹤带有助人升仙的神性不同，文献中并没有鹳、鹭这类鸟类带有神性的证据，只能说，经过汉代的祥瑞文化渲染，它们最终都带有了符瑞特征，且常是装饰性大于实际内涵。在出土汉画材料上能见到似为鹳、鹭类水鸟形象的祥瑞图像（图 2.31.11、2.31.12），但并不见如鹤一般被云气神兽环绕、或拉车、或载人升仙等图像场景。

---

① 徐州博物馆：《江苏徐州市翠屏山西汉刘治墓发掘简报》，《考古》2008 年第 9 期。
② 中国社会科学院考古研究所等：《满城汉墓发掘报告》，第 327 ～ 329 页。
③ 中华人民共和国出土文物展览工作委员会编：《中华人民共和国出土文物展览：展品选集》，北京：文物出版社，1973 年：第 85 页。
④ 成都市文物考古工作队等：《成都市青白江区跃进村汉墓发掘简报》，《文物》1999 年第 8 期。
⑤ 陕西省考古研究院等：《陕西靖边东汉壁画墓》，《文物》2009 年第 2 期。

图 2.31　鹤、鹳、鹭

1. 西汉早期，徐州翠屏山墓漆器；2. 西汉中期，满城 M2 铜当卢；3. 西汉，河北定县 M122 铜管局部纹饰；4. 西汉晚期至东汉初期，四川成都跃进村 M5 彩绘陶鹤；5. 河南密县散存画像砖；6. 郑州散存画像砖；7. 王莽时期至东汉初期，河南方城城关镇墓门楣；8. 东汉早期，陕西靖边墓后室壁画；9. 东汉，四川简阳五号石棺；10. 东汉晚期，河北满城顺民村墓门扉；11. 西汉，洛阳散存画像砖；12. 王莽时期至东汉初期，南阳英庄墓门框画像石。

4. 雀

鸟纲雀形目鸟类是一个种类庞大的家族，几乎占鸟类总数的一半，其下有雀科，鸟多体型较小、圆头短粗颈短尾、善于鸣叫，是自然界中一种常见的小型鸟。

先秦时这类小鸟常隐喻渺小普通，有时亦略带贬义。如《楚辞·涉江》："鸾鸟凤皇，日以远兮。燕雀乌鹊，巢堂坛兮。"《史记·日者列传》云："故骐骥不能与罢驴为骊，而凤皇不与燕雀为群，而贤者亦不与不肖者同列。"

后来雀的地位逐渐得以翻身并进阶神鸟之属，全靠其吉祥谐音之故。《说文·羽部》载："雀：依人小鸟也。从小、佳。读与爵同。"① 故"雀"常被作为"爵"的谐音。如《艺文类聚·鸟部·雀》载："《陈留耆旧传》曰：圉人魏尚，高帝时为太史，有罪系诏狱，有万头雀，集狱棘树上，拊翼而鸣。尚占曰：雀者爵命之祥，其鸣即复也。我其复官也。有顷，诏还故官。"又记《异苑》曰："任城魏肇之，初生，有雀飞入其手，占者以为封爵之祥。"

汉代沿用秦代爵制，分封爵、赐爵之制。封爵的对象为皇室或外姓功臣，爵级主要为诸侯王与列侯两等，可由嫡长子世袭；赐爵的对象主要为出王侯将相外的平民，分十九等，又分较高级的隶爵与较低级的民爵，前者主要靠军功或政绩而得，后者则主要倚仗特典、灾异、祥瑞等重大事件而由皇帝向全天下颁赐，各等级爵位享有不同的优惠政策，故汉人皆乐于追逐爵位以求之名利。

汉代文献中常见雀与爵的词义假借，多言皇帝因"神雀翔集之瑞"而"赐天下民爵"之事。如《前汉纪·孝宣皇帝纪》："三年春。神雀集泰山。有鸟五色。以万数。飞过京师。翱翔属县。赐诸侯王将军列侯二千石。至郎从官。帛各有差。赐天下吏民爵。"又"乃者神雀五采以万数。集长乐未央北宫高寝甘泉泰畤殿中。及上林苑。朕之不逮。寡于德厚。屡获嘉祥。非朕之任。其赐天下吏民爵。"至东汉谶纬大盛，不只是神雀，对于其他祥瑞符谶，皇帝也会以赐爵为回应。如《后汉书·显宗孝明帝纪》："是岁，甘露仍降，树枝内附，芝草生殿前，神雀五色翔集京师……其赐天下男子爵，人二级，三老、孝悌、力田人三级，流人无名数欲占者人一级。"又《肃宗孝章帝纪》："五月戊申，诏曰：'乃者凤凰、黄龙、鸾鸟比集七郡，或一郡再见，及白乌、神雀、甘露屡臻。祖宗旧事，或班恩施。其赐天下吏爵，人三级。"借助与爵位之间的密切关系，原本微贱的雀变成汉人心目中重要的祥瑞神鸟。于皇帝，它是象征天人感应的瑞应；于臣民，更是得获名利爵禄的吉兆。

汉画中表现雀的图像，依其形态可分五类。

一为写实的雀形象，多成群出现，为一种象征仙境或吉祥的图式（图2.32.1）。

---

① 段玉裁：《说文解字注》，第141页。

　　二为雀立于建筑之上，有时雀口中还衔有似虫、果等物，正符合《焦氏易林》卦辞中"雀行求食，暮归屋宿，反其室舍，安宁无故"的祥瑞寓意（图 2.32.2）。

　　三为群雀栖于树或建筑之上，有时旁边还有猴子，下有人持弓箭射之，是为取雀、猴两种动物的谐音"爵"与"侯"。如《焦氏易林》辞："鹰栖茂树，猴雀往来。一击获两，伏不枝梧。"这种图像正是为了表达"射爵射侯"的美好愿望①。汉画中这类图像多见于苏鲁豫皖邻近地区的石质画像上，尤以山东为最，武帝时期的石椁上就有，直至东汉晚期都常有发现，且多见相似构图，似已形成固定图式（图 2.32.3～2.32.6）。内蒙古和林格尔墓前室墓顶有一幅树下射雀图，并附有墨书榜题"立官桂树"②（图 2.32.7），故可知此树为桂树，谐音"贵"，"立官"二字也证明了射雀、射猴图像表现出的追逐侯爵名利、以求升官发达的寓意。

　　四为神雀口衔或身披绶带的图像。"绶"为古代佩玉或官印上的系带，故衔绶或披绶而来的鸟亦有"立官"的吉祥寓意。这类图像多见于东汉晚期，常与其他仙界祥瑞神兽、神人一同出现（图 2.32.8、2.32.9）。临沂吴白庄墓画像石上还有桂树与群雀图，树侧两人，树下一鸟衔绶带正欲递给右侧端坐之人③，"受官""立官"的吉祥寓意明显（图 2.32.10）。

　　五为巨大的雀头形象。安徽萧县圣村 M1 中心柱画像上部有伸出的巨大鸟头，下绘猴、雀攀援树木的图像④（图 2.32.11）。正如《焦氏易林》辞："大头明目，载受喜福。三雀飞来，与禄相得。"这种夸张的雀头图像应是为了凸显雀之"大头明目"而突出表达期盼福禄的吉祥寓意，后亦衍生成一种固定的祥瑞图式，尤其在苏鲁豫皖地区的石质画像上常见，有时形态也会稍作变化（图 2.32.12）。

---

① 此类图像已有学者做过详尽研究，见邢义田：《汉代画像中的"射爵射侯图"》，载《画为心声：画像石、画像砖与壁画》，北京：中华书局，2011 年，第 138～194 页。其他观点还有：认为射鸟图表达了现实与仙境两个世界的沟通，如汪小洋：《汉画像石中射鸟图像的宗教认识》，《上饶师范学院学报》第 24 卷第 4 期，2004 年 8 月；认为树下射鸟是为了取得长生不死仙药，如张从军：《汉画像石中的射鸟图像与升仙》，《民俗研究》2006 年第 3 期；认为树木射鸟图表达了求子、长生、求家族繁昌的综合寓意，如张晓茹：《汉代画像中的"树木射鸟图"研究》，杭州师范大学硕士学位论文》，2007 年 6 月等。

② 盖山林：《和林格尔汉墓壁画》，第 9 页，图一五。

③ 管恩洁等：《山东临沂吴白庄汉画像石墓》，《东南文化》1999 年第 6 期。

④ 周水利：《安徽萧县新出土的汉代画像石》，《文物》2010 年第 6 期。

图 2.32　雀

1. 东汉晚期，山东枣庄桥上 M1 立柱画像石；2. 东汉晚期，安徽宿县褚兰 M1 后室画像石；3. 西汉早中期，山东滕州善庄石樟头画像；4. 西汉晚期，山东邹城卧虎山 M2 侧板画像石；5、6. 东汉，山东微山两城镇散存画像石；7. 东汉晚期，内蒙古和林格尔墓壁画与榜题；8. 东汉晚期，山东莒县沈刘庄墓立柱画像石；9、10. 东汉晚期，山东临沂吴白庄墓画像石；11. 东汉，安徽萧县圣村 M1 画像石；12. 东汉晚期，山东沂南北寨墓墓门立柱画像石。

5. 孔雀与鹦鹉

孔雀为鸡形目雉科鸟类，又名孔鸟、越鸟、南客。目前所见相关最早的文献记录见《山海经·海内经》："有孔鸟。"《盐铁论·崇礼》曰："中国所鲜，外国贱之，南越以孔雀珥门户。"《艺文类聚·鸟部·孔雀》集载："《周书》曰：成王时，西方人献孔雀。《汉书》曰：尉佗献文帝孔雀二双。《西域传》曰：罽宾国出孔雀。《续汉书》曰：西南夷曰滇池，出孔雀。"可见中国本土本无孔雀，它是产于南越、西域等地的珍稀动物。自孔雀传入中原后，就因其华丽外表成为可与凤、鸾等匹配的吉祥神鸟。《楚辞·大招》云："孔雀盈园，畜鸾皇只！"《列仙传》中也载有"萧史吹箫招致孔雀白鹤于庭""仙人祝鸡翁有白鹤孔雀数百常止其旁"等典故。

汉画中的孔雀图像并不多见，与其稀有罕见有关，多数人只是言传耳闻此神鸟，真正能见到并刻绘出其形象的人却不多。在一些较高等级墓葬的出土器物上有时可见孔雀的写实造型（图2.33.1、2.33.2）。前文已论述过这类器物均出自较高等级墓葬，墓主身份尊贵，且器物造型及纹饰形制相似，可能是《后汉书·礼仪志》中所载"东园武士执事下明器"，既出自官造机构，宫中工匠自然也更有机会见到外国进献的孔雀实物。

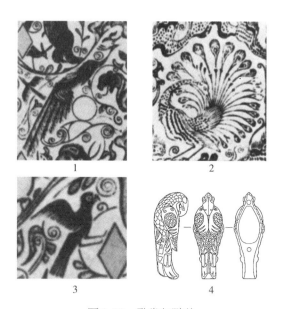

图2.33 孔雀与鹦鹉

1、3. 西汉，河北定县M122鎏金铜管局部纹饰；2. 日本东京艺术大学美术馆藏鎏金铜管局部纹饰；
4. 西汉早期，徐州翠屏山墓铜饰。

鹦鹉为鹦形目鸟类，其外形特征是有钩曲的喙与对趾足（两趾向前、两趾向后），尤其特别之处是可以模仿人类的语言。较早关于鹦鹉的记载见《山海经·西山经》："又西百八十里，曰黄山……有鸟焉，其状如鸮，青羽赤喙，人舌能言，名曰鹦鹃（通"鹉"）。……又西一百七十里，曰数历之山……其鸟多鹦鹃。"鹦鹉也不是中原鸟，据

《后汉书·南蛮西南夷列传》载:"(滇池)河土平敞,多出鹦鹉、孔雀。"

古人很早就注意到鹦鹉能学舌的天性,《说文》中解释它是一种"能言鸟"。《礼记·曲礼上》载:"鹦鹉能言,不离飞鸟。"《论衡·龙虚》曰:"物性亦有自然,狌狌知往,乾鹊知来,鹦鹉能言。"① 可见汉人不仅知道鹦鹉能言,还明白这只是一种动物天性。河北定县 M122 铜管神兽纹中就有鹦鹉形象②(图 2.33.3);徐州翠屏山刘治墓中也出土过一件鹦鹉形铜饰件③(图 2.33.4)。

6. 鸱鸮与枭

鸱鸮是古时对猫头鹰的旧称。猫头鹰属鸟纲鸮形目,下分鸱鸮科与草鸮科,其身体特征是鸟头宽大、嘴短粗且前端呈钩状、短翅短尾、双腿爪强健有力、飞行快而敏捷、毛色多为棕褐色,一对硕大的双目均面向前方是鸮形目鸟类与其他鸟类最大的区别,似人或猫面,猫头鹰之名也因此得来。鸮形目鸟类有极佳的听觉与视觉,尤其擅长在夜间活动,但亦由于双目特殊的构造,猫头鹰的两只眼珠只能向相同方向转动且头部也会跟转,因而猫头鹰的颈部十分灵活,可旋转 270 度,《庄子·杂篇·徐无鬼》中的"鸱目有所适"即为对其这一天性的认识。夜间活动时,猫头鹰常栖树上,时而发出尖利的叫声,尤其是巨大的双目炯炯有神,在古代漆黑的夜晚显得十分诡异恐怖,因而又有"不祥鸟"名号。

《诗经·豳风·鸱鸮》曰:"鸱鸮鸱鸮,既取我子,无毁我室。"这里的鸱鸮为管叔等作乱逆臣的指代,有贬恶之意。《淮南子·泰族训》云:"小人之可也,犹狗之昼吠,鸱之夜见,何益于善!"《史记·封禅书》亦载:"今凤皇麒麟不来,嘉谷不生,而蓬蒿藜莠茂,鸱枭数至,而欲封禅,毋乃不可乎?"

但这种贬义是相对的。如贾谊之《鹏鸟赋》,就先以鹏鸟的出现占卜,得"野鸟入室兮,主人将去",但继而又问"予去何之?吉乎告我,凶言其灾",再言"万物变化兮,固无休息……祸兮福所倚,福兮祸所伏,忧喜聚门兮,吉凶同域……其生兮若浮,其死兮若休"的解嘲与自我宽慰之语④,与汉初黄老之学待物处事的基本态

---

① 黄晖:《论衡校释》,第 292~293 页。
② 中华人民共和国出土文物展览工作委员会编:《中华人民共和国出土文物展览:展品选集》,北京:文物出版社,1973 年:第 85 页。
③ 徐州博物馆:《江苏徐州市翠屏山西汉刘治墓发掘简报》,《考古》2008 年第 9 期。
④ 龚克昌等:《两汉赋评注》,济南:山东大学出版社,2011 年:第 8 页。

度相符，这可能也是鸱鸮在汉代的寓意得以缓释转变的思想背景之一。

孔臧《鸮赋》中也能见到这种转变："异物之来，吉凶之符……在德为祥，弃常为妖……修德灭邪，化及其邻。"① 孔赋主要体现了养德修身、顺应天命、仁义中庸的儒家思想，但亦有老庄祸福相化、淡泊名义之意蕴，可见在汉代儒道并举的思想背景下，鸱鸮的意义已不再如先秦那般尖刻犀利，而趋于柔和中性。故《焦氏易林》中就有鸱鸮转祸为福、相对正面的卦辞："鸱鸮破斧，冲人危殆；赖其忠德，转祸为福，倾危复立""文山蹲鸱，肥脂多脂；王孙获愿，载福巍巍"等。

另有"枭"，也指一种带贬义的恶鸟。如《诗经·大雅·瞻卬》云："懿厥哲妇，为枭为鸱。"《楚辞·怨思》："贤者蔽而不见兮，谗谀进而相朋。枭鸱并进而俱鸣兮，凤皇飞而高翔。"《说文·木部》载："枭：不孝鸟也。日至，捕枭磔之。从鸟头在木上。"可见枭之贬义主要来自"不孝"，而"鸱鸮"则来自"不祥"，但相同的是它们都有难听的叫声，如《说苑·谈丛》曰："枭曰：'乡人皆恶我鸣，以故东徙。'"二者的衍生涵义也有差别，枭如被抓住就会把头砍下来挂在树上示众，其字形也是由此意而来，故砍头又谓"枭首"，后衍其意为"枭雄"，即残暴奸佞的英雄。《汉书·武五子传》中记载了汉宣帝派遣山阳太守张敞监管废帝昌邑王刘贺之事，张敞汇报说："臣敞欲动观其意，即以恶鸟感之，曰：'昌邑多枭。'故王应曰：'然前贺西至长安，殊无枭。复来，东至济阳，乃复闻枭声。'……上由此知贺不足忌。"

枭也有相对正面的释义，如《汉书·郊祀志》载："古天子常以春解祠，祠黄帝用一枭、破镜。"颜师古注曰："解祠者，谓祠祭以解罪求福。"《淮南子·说林训》："鼓造辟兵。"高诱注："鼓造谓枭，今世人五月作枭羹，亦作虾蟆羹。"朱芹注："'鼓造'二字切音为枭。"《晋书·张华传》中也有"六博得枭者胜"之语。故枭的正面形象可能来自它"解罪""辟兵"的功能寓意，六博棋中可能也以鸟为子，枭即是获胜的关键一子。

在出土汉代图像中常见鸱鸮或枭的形象。马王堆 M1 帛画中下位置两侧各有一龟载一鸱鸮，可能即《楚辞·天问》"鸱龟曳衔，鲧何听焉"中的鸱鸮与龟形象（图2.34.1）。传说尧派鲧治水，有一只鸱鸮和一只灵龟前来献计，让鲧偷取天帝的"息土/息壤"，如《山海经·海内经》云："鲧窃帝之息壤以堙洪水，不待帝命。帝令祝

---

① 　龚克昌等：《两汉赋评注》，第 83 页。

融杀鲧于羽郊。鲧复生禹。帝乃命禹卒布土以定九州。"虽说鸱鸮和龟间接害了鲧，可禹同样用了它们的计谋而获得成功，应了屈原所说的"何续初继业而厥谋不同"，可见归根结底原因在鲧，鸱鸮与龟的角色形象还是相对正面且带有讽鉴意味的。满城汉墓错金银饰件与河北定县 M122 铜管云气神兽纹中即有鸱鸮形象（图2.34.2、2.34.3）；两汉苏鲁豫皖地区的石质画像上也常见，有时还与其他神兽同处，显示了鸱鸮较正面的祥瑞辟邪意向（图2.34.4、2.34.5）。

西安交通大学墓顶壁画中用鸱鸮形象表现西方第七宿"觜宿"①（图2.34.6）。《说文·角部》曰："觜：鸱旧头上角觜也。一曰觜、觿也。从角此声。"② 觜即指鸱鸮头上的毛角，觜宿就因形状与之相似而得名。

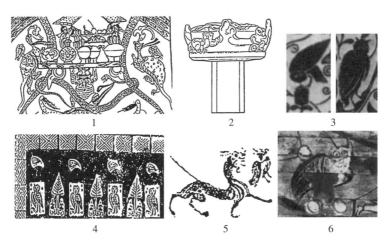

图2.34　鸱鸮与枭

1. 西汉早期，马王堆 M1 帛画；2. 西汉中期，满城汉墓错金银饰件；3. 西汉，河北定县 M122 铜管；4. 西汉，洛阳散存空心画像砖；5. 西汉晚期，郑州新通桥墓画像石；6 西汉晚期，西安交通大学墓顶壁画。

7. 玄鸟与燕、乌与鹊、山鹊与扁鹊

传说帝喾妃子简狄吞食玄鸟卵而生殷商祖先契。《诗经·商颂·玄鸟》云："天命玄鸟，降而生商，宅殷土芒芒。"《史记·殷本纪》载："殷契，母曰简狄，有娀氏之女，为帝喾次妃。三人行浴，见玄鸟堕其卵，简狄取吞之，因孕生契。"另一个吞玄鸟卵而受孕的传说是颛顼孙女修生秦祖先大业，见《史记·秦本纪》："秦之先，

---

① 陕西省考古研究所等：《西安交通大学西汉壁画墓》，第38~39 页，图版18。

② 段玉裁：《说文解字注》，第186 页。

帝颛顼之苗裔孙曰女修。女修织，玄鸟陨卵，女修吞之，生子大业。"

这种动物与人的转生故事可能来源于原始社会部族的动物图腾，后人附会为转生传说，一是要与远古神话中的五帝攀亲、二是要强调祖先的天赋异禀，从而抬高当政者自身身份。在汉代，这类传说广为流传，如《焦氏易林》辞："天命玄鸟，下生大商，造定四表，享国久长。"

玄鸟从字面上看指黑色的鸟。《山海经·海内经》云："北海之内，有山，名曰幽都之山，黑水出焉。其上有玄鸟、玄蛇、玄豹、玄虎、玄狐蓬尾。"这里的玄字明显指颜色，亦带有某种神异色彩。《说文·燕部》载："玄鸟也。箫口，布翄，枝尾。象形。凡燕之属皆从燕。"[1]

燕为雀形目燕科鸟类，有小而尖的喙、短薄翅、分叉尾，善筑巢，种类繁多、分布广泛，是自然界中常见的小型鸟。《诗经·邶风·燕燕》云："燕燕于飞，差池其羽……燕燕于飞，颉之颃之……燕燕于飞，下上其音。"《诗说》评之："庄姜与娣戴妫皆为州吁所逐，同出卫野而别，庄姜作诗以赠妫焉，前三章皆兴也，后一章赋也。"即言此诗为齐国女诗人庄姜所作，用翩翩飞舞的燕子指代她与戴妫被卫庄公遗弃的孤悲命运，故燕亦可指代女子。

古代文献中，燕还常与雀同语，比喻微小普通之人事。《吕氏春秋·有始览·谕大》还以燕雀比喻生活在同一屋檐下的家人兄弟或一国臣民，以述"小大贵贱，交相为恃，然后皆得其乐"的道理。《焦氏易林》亦有辞："燕雀衔茅，以生孚乳；兄弟六人，姣好孝悌；各得其愿，和悦相乐。"《宋书·符瑞志》还记有神异化的"白燕"："师旷时，衔丹书而来。"

另一种黑色的鸟是乌，乌为浅黑色之意。最有名的是"日中乌"，包括后来神异化的三足乌。还有一种即《楚辞·涉江》中所说"燕雀乌鹊，巢堂坛兮"之乌，或指乌鸦，如《大戴礼记·夏小正》："黑鸟者，何也？乌也。"

乌鸦为雀形目鸦科鸟，通体黑色，叫声嘶哑难听，又喜食腐肉，故常被认为是不祥之鸟。《列女传·楚昭越姬》曰："王病在军中，有赤云夹日，如飞乌。王问周史，史曰：'是害王身，然可以移于将相。'将相闻之，将请以身祷于神。"《焦氏易

---

① 段玉裁：《说文解字注》，第582页。

林》有辞："城上有乌,自名破家。招呼酖毒,为国患灾""乌鸣嘻嘻,天火将起。燔我室屋,灾及姬后""乌飞狐鸣,国乱不宁。下强上弱,为阴所刑"等。

但人们认为乌鸦有反哺行为,在崇尚孝道的汉代,对这一天性自然十分推崇,因而有时又视乌鸦为彰显孝道的神鸟。如《小尔雅·广鸟》:"纯黑而反哺者,谓之乌。小而腹下白,反哺者,谓之雅乌。白项而群飞者,谓之燕乌。"《蔡中郎集·为陈留太守上孝子状》云:"且乌以反哺,托体太阳……禽鸟之微,犹以孝宠。"《焦氏易林》中亦有表现乌鸦正面形象的卦辞,如"乌鹊食谷,张口受哺;蒙被恩福,长大成就;柔顺利贞,君臣合好""乌子鹊雏,常与母居;愿慕群侣,不离其巢"等。

还有一些被祥瑞化的乌,多是阴阳五行、谶纬符瑞观念下的产物,也不再只是黑色,还有如赤乌、白乌、苍乌等。其中赤乌象征火德,如《吕氏春秋·有始览·应同》曰:"及文王之时,天先见火,赤乌衔丹书集于周社,文王曰'火气胜',火气胜,故其色尚赤,其事则火。"《史记·周本纪》中又记武王得"赤乌之符"。《穆天子传》还记有出自周宗室的赤乌氏族:"壬申,天子西征。甲戌,至于赤乌……(天子)曰:'赤乌氏先出自周宗……'"可见文献中均要说明的是周代与赤乌的亲密关系,故《史记·封禅书》中总结到:"周得火德,有赤乌之符。"

还有神鸟"白乌",如《焦氏易林》辞:"徙巢去家,南遇白乌。东西受福,与喜相得""白乌衔饵,鸣呼其子。施翼张翅,来从其母"。《宋书·符瑞志》曰:"白乌,王者宗庙肃静则至。"另《符瑞志》中还有"贤君修行孝慈于万姓,不好杀生而来"的"苍乌"。

常与乌并提的另一种鸟是鹊,与乌一样亦为雀形目鸦科,归鹊属,其外形与乌鸦也很相似,只是尾羽更长、羽色华丽、叫声也更悦耳,因而常被认作吉祥之鸟,喜鹊之名亦由此而来。

乌与鹊外形相似又都较为常见,原本均被视为低微普通的鸟类,汉时又都被符应化,如《汉书·五行志》中记"乌鹊相斗以做兵战之相"。

汉代图像中的这几种鸟,单从形态上看较难分辨。如山东滕州染山墓门扉上的十字穿环中便有似燕或乌的神鸟①(图2.35.1);河南舞阳散存画像石上也有鸟跟随

① 滕州市汉画像石馆:《山东滕州市染山西汉画像石墓》,《考古》2012年第1期。

龙、麟等神兽飞翔（图 2.35.2）；还有黑色神鸟拉车载人升仙的图式，如陕西靖边墓后室壁面绘有四只黑色神鸟拉一云气车、车上有幡与一女子，鸟形似乌或燕① （图 2.35.3）；陕西绥德四十里铺田鲂墓后室门楣②、山东嘉祥散存画像石上都有三神鸟拉车的图像，御者为仙人，乘车者可能是墓主，鸟形似燕（图 2.35.4、2.35.5）。鹊因尾羽较长，形象相对容易辨识，如南阳陈棚墓门柱上刻有侍者与鹊图像，鹊口中还衔有珠状物③ （图 2.35.6）。

山东微山两城镇出土的一块纪年（元和二年，即 137 年）画像石上有一树下射鸟图，除之前已辨识出的雀、燕、乌等形象，上方中心还有两只体型巨大的鸟较引人注目；左边鸟身肥硕，头有一根冠羽，尾似凤翎，正张口从一羽人手中接食；右边的人头鸟身，画像石上有榜题"蜚鸟""乌生""山鹊"等④ （图 2.35.7）。其中"蜚鸟"通"飞鸟"，"乌生"可能指乌鸦，唯"山鹊"可见《说文·鸟部》："山鹊，知来事鸟也。"⑤ 郭璞注《尔雅》曰："似鹊而有文彩，长尾，嘴脚赤。"《广韵·学》："鷽：山鹊赤喙长尾知来而不知往。"故可知山鹊又名鷽，嘴与脚为红色，有极长的尾巴，头有白冠，不能远飞，古人认为它是一种可预知未来的神鸟。

回看两城镇画像石，右边人首鸟身形象已被释读为古医"扁鹊"，但不是指东周时期的秦越人，而是传说中与黄帝、俞跗、岐伯同时代的上古神医⑥，且扁鹊也不是一个确指的名字，而是对古代神医的尊称。扁鹊善用针砭治病，如《盐铁论·相刺》："扁鹊不能治不受针药之疾。"成都老官山古墓出土的一批医书类书简中有一部

---

① 陕西省考古研究院等：《陕西靖边东汉壁画墓》，《文物》2009 年第 2 期。

② 榆林地区文管会等：《陕西绥德县四十里铺画像石墓调查报告》，《考古与文物》2002 年第 2 期。

③ 蒋宏杰等：《河南南阳陈棚汉代彩绘画像石墓》，《考古学报》2007 年第 2 期。

④ 山东省博物馆等编：《山东汉画像石选集》，济南：齐鲁书社，1982 年，第 15 ~ 16 页，图版一五（图 32）。

⑤ 段玉裁：《说文解字注》，第 150 页。

⑥ "俞跗"又作"俞柎"，传说中的上古神医，擅长做外科手术，为黄帝臣子。如《史记·扁鹊仓公列传》载："臣闻上古之时，医有俞跗，治病不以汤液醴洒，镵石挢引，案扤毒熨，一拨见病之应，因五藏之输，乃割皮解肌，诀脉结筋，搦髓脑，揲荒爪幕，湔浣肠胃，漱涤五藏，练精易形。""岐伯"亦是上古神医，被后世尊称为"华夏中医始祖""医圣"，黄帝臣子。《太平御览·方术部二·医一》："岐伯，黄帝臣也。帝使岐伯尝味草木，典主医病。《经方》《本草》《素问》之书咸出焉。"

图 2.35　玄鸟与燕、乌与鹊、山鹊与扁鹊

1. 西汉中期，山东滕州染山墓北门画像石；2. 河南舞阳散存画像石；3. 东汉早期，陕西靖边墓后室壁画；
4. 东汉中期，陕西绥德四十里铺田鲂墓后室门楣画像石；5. 东汉，山东嘉祥散存画像石；6. 王莽时期到
东汉初期，南阳陈棚墓门柱画像石；7、8、10、11. 东汉晚期，山东微山散存画像石；9. 东汉，济南大观
园墓画像石。

名为《敝昔医论》①，经考证，"敝昔"二字即为"扁鹊"②。传说扁鹊四处行医，为人们解除痛苦，所以人们就把他比作翩飞之鹊，而想象为人首鹊（鸟）身的形象。山东微山两城镇画像石上多有这种人首鸟身的神医扁鹊形象，手拿针状物正欲向对面的人伸出的手臂上扎去，后面还有排队看病的人；扁鹊身后常刻有一只鹊鸟，将其内涵表达的无比生动清楚；山东济南大观园汉墓还出土一幅更具人形的扁鹊图像，但鸟足、鸟尾、手中持针、背后有雀的形象还是能辨认出为扁鹊（图 2.35.8、2.35.9）。

既然人首鸟身形象已辨识为扁鹊，那题榜上的山鹊最可能指扁鹊对面那只大鸟。同样形态的大鸟在鲁南地区东汉中晚期画像石上较常见（图 2.35.10、2.35.11）。大鸟头、尾均有长翎羽，常栖于树上或屋顶，多有羽人向其喂食。之前多将其解读为凤，但此鸟肥硕的身形与传统的汉凤形制差别很大，更可能表现的是另一种山鹊（鸎）。

这种山鹊、扁鹊图像目前仅见于东汉中晚期苏鲁豫皖邻近地区的石质画像上，带有区域特色，可能是当地工匠对传说中"知来事"的神鸟与古代神医的艺术创意表现。

8. 比翼鸟与同心鸟

《山海经·海外南经》载："比翼鸟在其东，其为鸟青、赤，两鸟比翼。"《尔雅·释地》云："南方有比翼鸟焉，不比不飞，其名谓之鹣鹣。"故比翼鸟又名鹣，带有吉祥寓意，有时也指代男女爱情，如《焦氏易林》辞："合体比翼，嘉耦相得。与君同好，使我有福。"它亦是汉代重要的瑞应神鸟，如《管子·封禅》云："东海致比目之鱼，西海致比翼之鸟。然后物有不召而自至者十有五焉。"《宋书·符瑞志》亦载："比翼鸟，王者德及高远则至。"

武梁祠顶祥瑞图中就有比翼鸟图像，双头、一身、两腿，旁刻与《宋书·符瑞志》一致的榜题（图 2.36.1）。类似的比翼鸟形象还见于鲁南苏北画像石上，如徐州散存画像石与山东沂南 M1 中室画像石上都有双头、一身、两腿、展翅比翼而飞的神鸟，山东滕州龙阳店散存画像上的比翼鸟下还刻有比肩兽（图 2.36.2～2.36.4）。

---

① 成都文物考古研究所：《成都"老官山"汉墓》，《中国文物报》2013 年 12 月 20 日 004 版。

② 杜锋：《老官山医简中的"敝昔"与扁鹊名号》，《名作欣赏》2014 年第 8 期。

另有一种二鸟身体相对、头部紧贴、两腿相连的形象，呈对称构图，鸟身似燕雀，或有冠羽、尾翎，仅出现并流行于鲁南苏北地区的石质画像上，常立于建筑屋顶或旁有群鸟神兽环绕，虽不像双头同体比翼鸟般形态神异，但整体造型却更显亲密（图2.36.5、2.36.6）。据《宋书·符瑞志》载："同心鸟，王者德及遐四方，四夷合同则至。"这些举止亲昵、身体相连的鸟很可能就是"同心鸟"。

也有人将这种神鸟解读为"重明鸟"，《拾遗记·唐尧》中描述其为："一名'双睛'。言双睛在目。状如鸡，鸣似凤。今人每岁元日，或刻木铸金，或图画为鸡于牖上，此之遗像也。"这与比翼鸟的形态有别。山东临沂石椁头档上的二鸟头部相连、双目重叠，可能是重明鸟的早期表现①（图2.36.7），后来则更多刻画为鸡形。

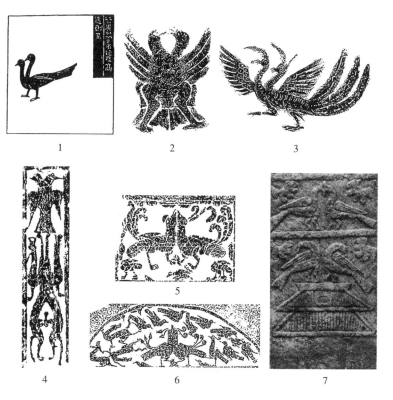

图2.36　比翼鸟与同心鸟

1. 东汉晚期，山东嘉祥武梁祠顶石；2. 东汉，徐州散存画像石；3. 东汉晚期，山东沂南墓画像石；4. 东汉，山东滕州龙阳店散存画像石；5. 东汉中晚期，徐州睢宁墓山M2墓门画像石；6. 东汉晚期，江苏铜山柳泉散存画像石；7. 西汉中期，山东临沂石椁头档画像。

① 高文：《中国画像石棺全集》，第10~11页。

9. 鸾鸟

辨识图像的另一可靠方法即参考榜题文字。如河北望都 M1 前室西壁下绘有一黑白羽、白冠、长尾鸟，墨书榜题"鸞鳥"①（图 2.37.1）。

鸾鸟外形似凤，传说有悦耳的鸣叫声，一直被看作吉祥神鸟。《说文·鸟部》载："鸾：亦神灵之精也。赤色，五采，鸡形。鸣中五音，颂声作则至。从鸟䜌声。周成王时氐羌献鸾鸟。"《广雅》说："鸾鸟，凤皇属也。"《山海经·大荒西经》言："有五彩鸟三名：一曰皇鸟，一曰鸾鸟，一曰凤鸟。"《淮南子·地形训》中对凤与鸾的关系有着更为奇妙的阐释："羽嘉生飞龙，飞龙生凤皇，凤皇生鸾鸟，鸾鸟生庶鸟，凡羽者生于庶鸟。"《论衡·讲瑞》云："神雀、鸾鸟，皆众鸟之长也，其仁圣虽不及凤皇，然其从群鸟亦宜数十。"② 足见鸾鸟亦地位尊贵。南齐时鸾鸟因避齐明帝萧鸾讳而改称神鸟。

鸾鸟与凤一样，起初带有象征安定、吉祥的寓意及神性。入汉后则被逐渐附以阴阳符瑞色彩，文献中即常有鸾鸟出现的瑞应记录，如《汉书·宣帝纪》："三月辛丑，鸾凤又集长乐宫东阙中树上，飞下止地，文章五色，留十余刻，吏民并观。"

"鸾"又作"銮"，是古时车驾前的一种铃铛。传说古时车驾出行，有鸾鸟集于车上鸣叫不停，声音美妙悦耳，故《诗经》中常言此为"和鸾雝雝，万福攸同"，后衍生出象征尊贵身份的"鸾驾/车/路（辂）"等舆服礼仪制度。车驾发出悦耳和谐的和鸾之声也是贵族士子必修的礼仪，代表"出入有节"。《礼记·月令》中有"乘鸾路，驾仓龙，载青旗，衣青衣，服仓玉，食麦与羊，其器疏以达。"《说苑·谈丛》云："鸾设于镳，和设于轼；马动而鸾鸣，鸾鸣而和应，行之节也。"《大戴礼记·保傅》载："升车则闻和鸾之声，是以非僻之心无自入也。在衡为鸾，在轼为和，马动而鸾鸣，鸾鸣而和应。"

汉代还创造出一种同样带有礼仪身份象征的"鸾旗"。如《后汉书·舆服志上》载："鸾旗者，编羽旄，列系幢旁。民或谓之鸡翘，非也。"《东观汉记·补遗》："俗人失其名……（故）鸾旗曰鸡翘。"

马王堆 M1 出土帛画中段华盖两端各栖一只红白羽毛、长颈长尾鸟，造型雍容精

---

① 北京历史博物馆等：《望都汉墓壁画》，北京：中国古典艺术出版社，1955 年。

② 黄晖：《论衡校释》，第 728 页。

美，或即鸾鸟（图 2.37.2）。时代相当的长沙砂子塘墓出土彩绘漆棺头档绘两只白颈、黑羽、头戴冠的鸟，鸟颈穿璧、口衔玉编磬，鸟头拟人化的戴上"平天冠"，或为"鸾皇"形象① （图 2.37.3）。山东金乡 M1 空心画像砖上也模印两相对的长颈、长尾鸾鸟，中夹一蟾蜍② （图 2.37.4）。洛阳金谷园车站 M11 釉陶瓮上有一长尾鸾鸟奔走于云气纹中③ （图 2.37.5）。东汉陕西、四川、山东等地的石质画像上也常见这类长尾鸾鸟，各具地域特色（图 2.37.6、2.37.7）。

　　山东微山两城镇散存祠堂画像石上刻画有四条系于钺车建鼓上的鸟头型飘带④ （图 2.37.8）。据蔡邕《独断》载："前驱有九斿云罕阘戟皮轩銮旗，车皆大夫载銮旗者，编羽毛引系橦旁，俗人名之曰鸡翘车，非也。后有金钲黄钺黄门鼓车。"可知这种鸟头飘带即文献中记载的"鸾（銮）旗"，又名"鸡翘"，其所系之车即为"金钲黄钺黄门鼓车"，是汉时皇家法驾卤簿配置，刻于祠堂之上旨在彰显尊贵等级。

　　10. 鹜、凫、雁、鹄

　　河北望都 M1 前室壁绘有两只棕黑色羽毛的鸟，一只回首、一只正视前方，其上墨书榜题两个"鹜"字（图 2.38.5）。鹜，俗名野鸭，雁形目鸭科鸟类，雄鸭头为绿色不会叫，雌鸭毛色偏棕黄会鸣叫，望都壁画上的应是写实的雌野鸭造型（图 2.38.1）。

　　《说文》《尔雅》中均记"鹜"即"凫"，都为野鸭，但从外型上看还是有细微差别（图 2.38.2）。但凫更似雁，善飞，文献中常有"飞凫""凫雁"之语，在古代是宗庙祭祀之物，《管子·小问》中就记载了用疕凫祭祀的趣事。且"凫"音同"福"，在汉代也被视为具有谐音吉祥寓意的鸟，《焦氏易林》有辞："凫鹥在渚，福禄来下""双凫俱得，利以伐国"等。

　　雁的体型更大、飞得更高，又称鸿雁，最明显的自然习性就是成整齐行列飞翔（图 2.38.3）。

　　雁在古代礼仪中担任重要角色，是六贽之一，为大夫所用。如《周礼·春官宗

①　湖南省博物馆：《长沙砂子塘西汉墓发掘简报》，《文物》1963 年第 2 期。鸾鸟与凤一样，也有鸾皇之称；如《楚辞》"鸾皇为余先戒兮"；又扬雄《反离骚》"鸾皇腾而不属兮"。

②　山东省济宁市文物处：《山东金乡县发现汉代画像砖墓》，《考古》1989 年第 12 期。

③　洛阳市文物工作队：《洛阳金谷园车站 11 号汉墓发掘简报》，《文物》1983 年第 4 期。

④　山东省博物馆等编：《山东汉画像石选集》，济南：齐鲁书社，1982 年，第 16 页，图版一六（图 34）。

图 2.37　鸾鸟

1. 东汉晚期，河北望都 M1 前室壁画及榜题；2. 西汉早期，马王堆 M1 帛画；3. 西汉早期，长沙砂子塘墓外棺头档；4. 西汉晚期，山东金乡 M1 空心画像砖；5. 西汉晚期，洛阳金谷园车站 M11 釉陶瓮；6. 东汉晚期，山东临沂吴白庄墓前室过梁画像石；7. 东汉晚期，山东安丘董家庄前室墓顶画像石；8. 东汉晚期，山东微山两城镇散存祠堂画像石。

伯》："以禽作六挚（贽），以等诸臣：孤执皮帛，卿执羔，大夫执雁，士执雉，庶人执鹜，工商执鸡。"又《夏官司马》："掌国之三公、孤、卿、大夫之位，三公北面，孤东面，卿、大夫西面。其挚（贽）：三公执璧，孤执皮帛，卿执羔，大夫雁。"《仪礼·士相见礼》："下大夫相见以雁，饰之以布，维之以索，如执雉。"

　　至汉代，行贽之礼以不再仅用来标识身份等级。如《说苑·修文》："大夫以雁为贽，雁者行列有长幼之礼，故大夫以为贽。"① 《白虎通·文质》："大夫以雁为贽者，取其飞成行列。大夫职在以奉命之适四方，动作当能自正以事君也。"即取雁飞行排列成行尤如人间君臣、长幼有序之寓意。

其次，雁还是古代婚娶"六礼"中各个环节都需要的关键媒物。《白虎通·嫁娶》："《礼》曰：'女子十五许嫁。纳采、问名、纳吉、请期、亲迎，以雁贽。纳徵曰玄纁，故不用雁。'贽用雁者，取其随时南北，不失其节，明不夺女子之时也。又取飞成行、止成列也，明嫁娶之礼，长幼有序，不相逾越也。又婚礼贽不用死雉，故用雁也。"这里将用雁的缘由解释得很清楚，也是以雁寓意女子的尊节守礼。

雁也有瑞应、吉祥、长寿的美好寓意。如《汉书·礼乐志》："赤雁集，六纷员，殊翁杂，五采文。神所见，施祉福，登蓬莱，结无极。"又《焦氏易林》有辞："鸿雁南飞，随时休息；转逐天和，千岁不衰。"

望都壁画上的鹜也是"言必有贽"礼仪习俗中的媒介之一。《说苑·修文》云："庶人以鹜为贽，鹜者鹜鹜也，鹜鹜无它心，故庶人以鹜为贽。"② 即在汉代，平民以鹜为贽，取其专一无二心之意，望都壁画上画两只鹜应该就是要表达这种"鹜鹜无它心"之意。

亦有大雁称鸿鹄一说，文献中常有鸿鹄、黄鹄、白鹄等，这些鹄类实际上应指天鹅。天鹅是雁形目鸭科雁亚科天鹅属鸟类，体型较大，拥有弯曲修长的颈、乳白的毛色，喜爱浮游于水上，姿态优雅美妙（图2.38.4）。《楚辞·惜誓》曰："黄鹄之一举兮，知山川之纡曲。再举兮，睹天地之圜方。临中国之众人兮，托回飙乎尚羊。乃至少原之野兮，赤松、王乔皆在旁。"这里说黄鹄可高飞入仙界，与赤松王乔同游，因而在汉代常被认为是可助人升仙的神鸟。《后汉书·马援列传》："效伯高不得，犹为谨敕之士，所谓刻鹄不成尚类鹜者也。"可见鹄的地位与鹜不同，鹜即便有"专一无它心"的美德但毕竟只是俗鸟，而鹄却是重要的瑞应神鸟。如《西京杂记》曰："始元元年，黄鹄下太液池。上为歌曰：'黄鹄飞兮下建章，羽肃肃兮行跄跄，金为衣兮菊为裳。唼喋荷荇，出入兼葭，自顾菲薄，愧尔嘉祥。'"《焦氏易林》亦有辞："白鹄游望，君子以宁。"

---

① 刘向撰，向宗鲁校证：《说苑校证》，北京：中华书局，1987年，第485页。

② 刘向撰，向宗鲁校证：《说苑校证》，第485页。

图 2.38　鹜、凫、雁、鹄

1－4. 自然界鹜、凫、雁、鹄；5. 东汉晚期，河北望都 M1 壁画与榜题；6. 山东滕县西户口墓散存画像石；7. 西汉中期，山东诸城墓铜灯；8. 东汉晚期，洛阳烧沟 M147 铜洗；9. 西汉早期，马王堆 M1 帛画；10. 东汉，河南许昌十王墓地 M31 画像砖；11. 东汉，南阳散存画像石。

鹜、凫、雁这几种自然界鸟类在汉代都不算是严格意义上的神鸟，它们原本只是带有礼仪用途，而在谶纬祥瑞思想影响下，也被附上符应标签，带有了神鸟意味。

汉代出土图像中，这几种鸟类的形象较难分辨，除非如望都壁画般标识榜题。但基于汉代艺术的写实特色，也能通过图像中鸟的自然形态对其属性稍作辨识。如山东滕县西户口墓散存画像石上的鸟形态与望都壁画上的鹜十分相近；山东诸城西汉中期墓出土铜灯形态似雁①；洛阳烧沟 M147 铜洗上的鸟腿较短，游于云气之中，可能有鹜或凫之吉祥寓意；马王堆 M1 出土帛画上端，人首蛇身神左右围绕的群鸟形象似为雁（图 2.38.6 ~ 2.38.9）。

鸟群飞翔成行的图像较易辨认，在器物纹饰、画像砖石材料上都能见到，多指雁或鹄，带有"鸿雁南飞，随时休息；转逐天和，千岁不衰"的吉祥寓意。这类图像有时周饰云气星点，或旨在表现天空仙境，尚难判定是否带有天文星象的特殊指代涵义。（图 2.38.10、2.38.11）

11. 鸡与重明鸟

鸡属鸟纲雉科家禽，据考古资料显示，中国的原鸡被驯化饲养成家鸡的历史约7000 ~ 8000 年。

汉画中常出现在表现生活场景图像中的鸡，包括鸡形模型明器在内，都不属神鸟体系。而一些带有祥瑞寓意的"神鸡"多为汉人主观赋义，如望都 M1 前室墓壁上的鸡出现在两只鹜前方、芝草和鸾鸟对面，上有墨书榜题"雞"②（图 2.39.1）。繁体鸡字从奚从佳，《说文·佳部》曰："知时畜也。从佳奚声。"③ 鸡在古代最被重视的特点就是知时而鸣的天性，《诗经》中即有"鸡既鸣矣、朝既盈矣"之语。从望都汉墓壁画图像上看，这是一只写实的红冠肉髯、黑白黄毛杂色、长颈长尾的原鸡，而非如汉墓模型明器常见的家鸡造型。

原鸡是鸡形目雉科原鸡属鸟类，是家鸡祖先，特点是有大而显著的红色肉冠肉垂，颈羽较长，它取食于地面但飞行能力比家鸡强，夜栖树上，亦有别名"烛夜"（图 2.39.2）。《风俗通义·祀典·雄鸡》中谈及鸡有"守门""司夜""祭祀""御

---

① 诸城县博物馆：《山东诸城县西汉木椁墓》，《考古》1987 年第 9 期。

② 北京历史博物馆等：《望都汉墓壁画》。

③ 段玉裁：《说文解字注》，第 142 页。

死辟恶"等作用①。又《淮南子·泰族训》曰："驾马服牛，令鸡司夜，令狗守门，因其自然也。"

汉代还流行斗鸡，以彰显鸡之勇猛。孔子弟子子路就以勇力著称，常冠雄鸡冠，如《史记·仲尼弟子列传》载："子路性鄙，好勇力，志伉直，冠雄鸡，佩猳豚，陵暴孔子。"汉画中常绘一头戴鸡冠之人，可能即子路（图2.39.3）。

图 2.39　鸡与重明鸟

1. 东汉晚期，河北望都 M1 壁画与榜题；2. 自然界中雄性原鸡；3. 西汉晚期，山东邹城卧虎山 M2 石椁侧板画像；4. 东汉，四川简阳二号石棺侧板画像。

汉人最为注重的还是鸡之品德气节。《韩诗外传》《新序》中都记有田饶讽鲁哀公不见察，而述"鸡之五德"以比黄鹄之事："君独不见夫鸡乎！首戴冠者，文也，足搏距者，武也，敌在前敢斗者、勇也，得食相告，仁也，守夜不失时，信也。"望

① 其文曰："鸡鸣将旦，为人起居。门亦昏闭晨开，捍难守固。礼贵报功，故门户用鸡。……鸡者，东方之牲也。岁终更始，辨秩东作，万物触户而出，故以鸡祀祭也。《山海经》曰：'祠鬼神皆以雄鸡。'……今人卒得鬼刺痱，悟，杀雄鸡以传其心上，病贼风者作鸡散，东门鸡头可以治蛊。由此言之，鸡主以御死辟恶也。"

都壁画上的鸡应就是集合汉人心中对其"文、武、勇、仁、信"的敬佩之情而将其画于壁上，以彰其德。四川简阳石棺与陕西绥德画像石建筑屋顶上刻画的雄鸡或旨在表达守门、祥瑞辟邪、表彰德行等寓意（图2.39.4）。

鸡还与一种传说中的神鸟有着渊源关系。据《拾遗记·唐尧》载："有祇支之国献重明之鸟，一名'双睛'。言双睛在目。状如鸡，鸣似凤。时解落毛羽，肉翮而飞。能搏逐猛兽虎狼，使妖灾群恶不能为害。饴以琼膏。或一岁而来，或数岁不至。国人莫不扫洒门户，以望重明之集。其未至之时，国人或刻木，或铸金，为此鸟之状，置于门户之间，则魑魅丑类自然退伏。今人每岁元日，或刻木铸金，或图画为鸡于牗上，此之遗像也。"[①] 可见，汉代图像中将鸡刻画于屋顶之上可能也是为了模仿或指代重明鸟的辟邪除恶功能。

12. 鸳鸯与交颈鸟

望都 M1 壁画上的鸳鸯形象与鸷相似，棕黑羽色、长颈回首状，后方墨书榜题"鴛鴦"（图2.40.1）。鸳鸯为雁形目鸭科鸳鸯属鸟类，雄性毛色鲜艳醒目，雌性毛色暗淡呈棕褐色，壁画上的鸳鸯似为雌性。

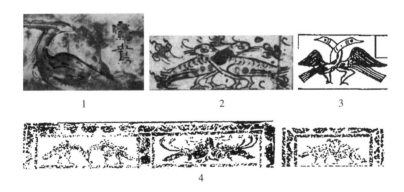

图 2.40　鸳鸯与交颈鸟

1. 东汉晚期，河北望都 M1 壁画与榜题；2. 东汉晚期，河南密县后士郭 M1 后室壁画；3. 东汉中期，山东泰安旧县村中柱画像石；4. 东汉晚期，徐州青山泉白集墓画像石。

鸳鸯因经常雌雄成对出现而被称为"匹禽"，后成为男女爱情的代名词，但这种说法可能出现较晚。《诗经·小雅·鸳鸯》云："鸳鸯于飞，毕之罗之。君子万年，

---

① 王嘉撰、萧绮录：《拾遗记》，载上海古籍出版社编：《汉魏六朝笔记小说大观》，上海：上海古籍出版社，2013 年，第 499 页。

福禄宜之。鸳鸯在梁，戢其左翼。君子万年，宜其遐福。"对此诗的解释主要有两种说法，一是借鸳鸯讽刺周幽王，并告诫明王要尊重自然万物之道，既不能暴虐残害，也不能奉养过度；另一种说法则认为《诗经》中言及"于飞"的多为凤凰、鸳鸯等雌雄连言，因此这应是一首祝贺新婚的诗。据《诗说·小雅》云："《鸳鸯》：诸侯祝天子之诗，兴也。"再参考前文所证，凤凰的雌雄之分也是汉后逐渐形成的，故鸳鸯的情况应类似，著《诗》之时还没有指代男女之意，《说文》中也没有言及雌雄之分。汉乐府诗《鸡鸣》中有"丹山可爱有凤皇，金门飞舞有鸳鸯"之句，也只提其吉祥寓意，并没有男女爱情的象征意味。《艺文类聚·友悌》中记三国曹植作《释思赋》云："乐鸳鸯之同池，羡比翼之共林。"这里的鸳鸯虽突显出成对特质，但却是用来比喻男子间的兄弟亲情。东晋干宝的《搜神记》里记载了宋大夫韩冯之妻不愿被康王夺而殉情自杀的故事，后"使里人埋之，冢相望也。宿昔有交梓木生于二冢之端，旬日而大合抱，屈体相就，根交于下，又有鸳鸯鸟，雌雄各一，恒栖树上，交颈悲鸣，宋人哀之，遂号其木曰相思树。"故至迟自此时，鸳鸯才开始指代男女爱情。

望都 M1 壁画榜题为"鸳鸯"，却只画一只鸟，亦可为证，其涵义应仍是延续《诗经》之比兴寓意，借指遵从万物之道才能"宜其遐福"。

《艺文类聚》《全唐诗》等中常有"双鱼比目，鸳鸯交颈""鸳鸯交颈期千岁，琴瑟谐和愿百年""交颈鸳鸯戏水，并头鸾凤穿花"等句，"交颈"几乎就是鸳鸯指代爱情后的典型形象。

东汉中晚期的壁画与画像石上常见一类交颈鸟形象，有些单体鸟的形态似为鸳鸯，有些又与望都壁画上的鸳鸯有异，也常见双凤交颈之姿（图 2.40.2 ~ 2.40.4）。故推断，东汉中晚期出现的"交颈鸟"图像与前述"双头凤"图像一样，是谶纬影响下对鸟类神异化的产物，不一定专指鸳鸯；后来交颈成为鸳鸯的代名词，应是因鸳鸯有指代男女爱情之意，才附会其上的。

13. 鸠

四川简阳鬼头山东汉晚期崖墓三号石棺足档上有一"九"字，旁边是一只鸡首、楔形尾鸟①（图 2.41.2）。"九"即"鸠"，为鸽形目鸠鸽科鸟类，体型偏小，尾端呈

---

① 内江市文管所等：《四川简阳县鬼头山东汉崖墓》，《文物》1991 年第 3 期。

扁长楔形，与石棺画像上的鸟外形相近，可见石棺图像是对自然界鸠鸟的写实模仿（图2.41.1）。

"鸠"古通"勼"，《说文》："勼，聚也。或作九。"故鸠同样也有聚集之意。《诗经》中多处提到鸠鸟，如《诗经·曹风·鳲鸠①》云："鳲鸠在桑，其子七兮。淑人君子，其仪一兮。其仪一兮，心如结兮。"郑玄注曰："兴者，喻人君之德当均一于下也。"曹植《上责躬诗表》言："七子均养者，鳲鸠之仁也。"可见鸠在先秦就被看做一种待人平等宽厚的仁德之鸟。汉代《焦氏易林》中多见以鸠为主题的吉祥卦辞，如"鹄鶸鳲鸠，专一无尤。君子是则，长受嘉福""逐鸠南飞，与喜相随"。徐州邳县庞口村祠堂左壁即绘有一神鸟，形态似鸠（图2.41.3）。

汉代还有一种"鸠杖"。据《后汉书·礼仪志》载："年始七十者，授之以王杖，铺之糜粥。……王杖长（九）尺，端以鸠鸟为饰。鸠者，不噎之鸟也。欲老人不噎。"这里的鸠行"不噎"之瑞。《艺文类聚·岁时·春》载："《周官》曰：罗氏，仲春罗春鸟，献鸠，以养老也。"即先秦时就有进献鸠鸟养老之说，跟《诗经》中提到鳲鸠一视同仁的供养之德相关。《焦氏易林》中同样有关于鸠杖的吉祥卦辞："鸠杖扶老，衣食百口。增添寿考，凶恶不起。"

鸠杖在汉代多为木质，在保存状况较好的汉墓中偶有发现，能看出生前持有鸠杖的老者，有死后将其随葬的习俗，以榜示其生前荣耀，或是希望在另一世界仍可享用这种尊崇与福利。安徽阜阳双古堆墓出土一只髹漆彩绘木鸠杖，鸠身回望状，姿态抽象优美②（图2.41.4）。满城M1出土两件鸠头杖首，鸠头形态不同，一有冠（原报告认作鸡杖首）、一无冠，但有冠鸟头的喙部与鸡有别，更似冠鸠，有冠之鸠从造型上看也更显优雅高贵③（图2.41.5、2.41.6）。甘肃武威磨嘴子M18出土两根长1.94米、圆径4厘米的木鸠杖，杖端以母卯镶嵌一木鸠，平置于棺盖之上，鸠朝向棺首并伸出，上缠木简10枚，简文作"……至本二年，朕甚哀老小，高年授玉杖，

① "鳲鸠"为布谷鸟别称。
② 安徽省文物工作队等：《阜阳双古堆西汉汝阴侯墓发掘简报》，《文物》1978年第8期。
③ 中国社会科学院考古研究所等：《满城汉墓发掘报告》，第88~90页。

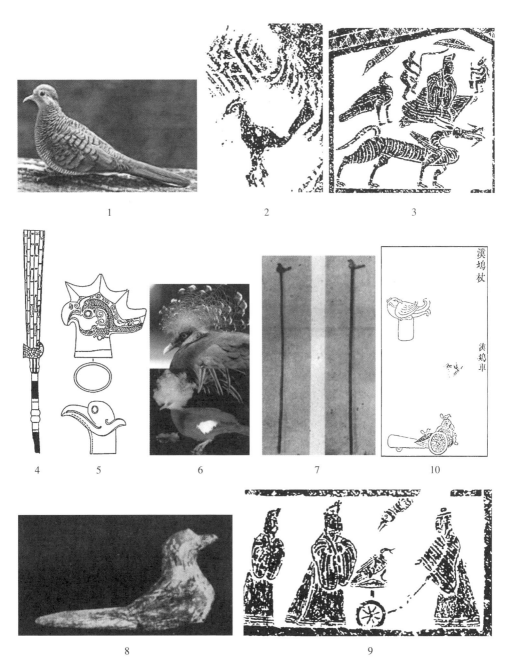

图2.41　鸠

1. 自然界鸠；2. 东汉晚期，四川简阳鬼头山墓石椁画像；3. 东汉，徐州邳县庞口村祠堂画像；4. 西汉早期，安徽阜阳双古堆 M2 木鸠杖；5. 西汉中期，满城 M1 铜鸠杖首；6. 自然界冠鸠；7、8. 东汉中期，甘肃武威磨咀子 M18 木鸠杖及杖头；9. 东汉晚期，徐州邳县庞口村汉墓祠堂壁画像石；10.《十六长乐堂古器款识考》图录。

上有鸠，使百姓望见之……""年七十受玉杖者，比六百石，人宫廷不趋。"① （图
2.41.7、2.41.8、2.41.10）。

　　徐州邳县庞口村祠堂壁上还有老人手扶鸠车行进的图像（图2.41.9）。晋人杜夷
《幽求子》中言："年五岁闲有鸠车之乐，七岁有竹马之欢。""鸠车竹马"被认为是
古代儿童的玩具，后也引申为"童年"的代名词，但以这幅图像上老人扶鸠车前行，
对面二人恭敬地作揖状来看，在汉代这类鸠车可能与鸠杖的用途一致，与后代涵义
相反，代指老人。《十六长乐堂古器款识考》中录有两件汉代的"鸠杖"与"鸠
车"，也可一窥汉鸠的多样造型②。

　　要特别提到的是云南祥云红土坡 M14 出土的一批战国至西汉早期的铜鸟杖首。
杖首鸟平均高度约 10 厘米，种类丰富、造型多样，报告中认为这类杖首是一种权力
象征，源于古蜀国的用杖习俗，后南传至滇西、滇中一带，其数量、形制也受当地
文化和社会发展水平影响而产生了较大变化，带有地域特色，是当地人社会心理与
艺术情趣的反映③。这些铜鸟权杖头与前述鸠杖的内涵与用途已完全不同，鸟形多模
拟自然，表达了人与自然的互动，并没有祥瑞神鸟含义。

　　14. 白鹇

　　四川简阳鬼头山三号石棺左侧板左上方还刻有一只长尾长喙鸟，附榜题"白
鹇"，图像极力突显其夸张的粗长尾羽④（图2.42.2）。白鹇又名白鹇、白凤，是一
种白色羽毛的野鸡，它们最醒目的外形特征就是白色蓬松粗长的尾羽（图2.42.1），
与石棺画像上的形制十分相似，后者应是对自然界白鹇的写实模仿。

　　鹇是一种常见鸟类，普通的鹇与鸡一样可以被狩猎、食用、饲养，古代宴席上
常有鹇羹、鹇肉，如《礼记·内则》载："食蜗醢而菰食鹇羹。"鹇性喜斗，《尔
雅·释鸟》云："鹇，绝有力奋。"注曰："最健斗。"又《禽经》："鹇，介鸟也。"
注曰："善搏斗也。"汉画中常有斗鹇或斗鸡场面。

① a. 甘肃省博物馆：《甘肃武威磨咀子汉墓发掘》，《考古》1960 年第 9 期；b. 考古研究所编辑室：《武
　　威磨咀子汉墓出土王杖十简释文》，《考古》1960 年第 9 期；c. 陈直：《甘肃武威磨咀子汉墓出土王杖
　　十简通考》，《考古》1961 年第 3 期。
② 钱坫：《十六长乐堂古器款识考》，清嘉庆元年刻本，1796 年。
③ 大理白族自治州博物馆：《云南祥云红土坡 14 号墓清理简报》，《文物》2011 年第 1 期。
④ 内江市文管所等：《四川简阳县鬼头山东汉崖墓》，《文物》1991 年第 3 期。

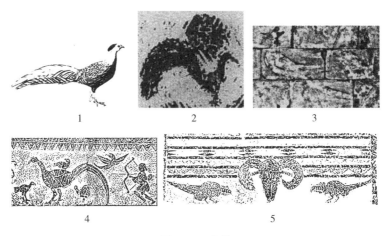

图2.42　白雉

1. 自然界白雉（鹇）；2. 东汉晚期，四川简阳鬼头山崖墓石棺侧板画像及榜题；3. 西汉晚期，西安交通
大学墓壁画；4. 东汉中晚期，泸州十六号石椁侧板；5. 东汉，山东肥城北大留村散存门楣画像。

雉也常被士人作为贽见的礼物，取其坚毅耿介、守节死义的天性。如《礼记·曲礼》疏："士雉者，取性耿介，唯敌是赴，士始升朝，宜为赴敌，故用雉也。"《仪礼·士相见礼》："士相见之礼，挚，冬用雉，夏用腒。"注曰："雉必用死者，为其不可生服。"又《白虎通·文质》："士以雉为贽者，取其不可诱之以食，慑之以威，必死不可生畜。士行威守节死义，不当移转也。"

汉人钟爱白色动物，在谶纬流行时多将白色动物视为瑞应，一是因为毛色纯白的动物本就稀有，二是白色在汉人的思维中也具有特殊涵义①。但王充在《论衡·讲瑞》中对白雉的神鸟属性提出了质疑："案周太平，越常献白雉。白雉，生短而白色耳，非有白雉之种也。"② 这种认知在汉代几乎不会被认同，人们仍坚持认为，白雉并非世间凡物，故有时它甚至会被拿来祭祀或用于占卜巫术，以求拉近人与神灵间的关系，如《史记·孝武本纪》载："丙辰，禅泰山下址东北肃然山，如祭后土礼。……

① 参考杨敏：《白色动物精灵崇拜——中国古代白色祥瑞动物论》，《民族文学研究》，2003 年第 2 期；文中认为古人之所以喜以白色动物为祥瑞，原因有下：一是与阴阳五行的哲学思想有关，二与"白"字本身包含"光亮""洁净""显明、显赫"等含义有关，三是自然界中的白色动物本就珍贵罕见等。文献中也提到过黑雉，如《汉书·平帝纪》载："越裳氏重译献白雉一，黑雉二，诏使三公以荐宗庙。"黑雉应与白雉相似也是祥瑞神鸟之一，但黑色在汉人心中远不及白色的吉祥寓意浓重。

② 黄晖：《论衡校释》，第 731 页。

纵远方奇兽蜚禽及白雉诸物，颇以加祠。"

白雉作为祥瑞神鸟最著名的事迹是在王莽代汉过程中起到的决定性作用，人们附庸它象征了"周德""周瑞"，它的出现暗示了王莽代汉与周兴的"千载同符"，王莽因此以"顺天命"之名义顺利上位①。

西安交大墓壁有白雉图，仍能看出白色颜料②（图2.42.3）；四川泸州画像石棺侧板有数只小鸟围绕一只白雉，与旁边人物对比可发现白雉体型异常巨大，祥瑞象征明显③（图2.42.4）；山东肥城北大留村散存门楣画像石上有双白雉与羊头同刻，表达出吉祥辟邪寓意（图2.42.5）。

15. 龙雀

苍山元嘉元年画像石题记中有句："生（笙）汙（竽）相和仳（偕）吹庐（芦），龙爵（雀）除央（殃）鵽（鹤）啄鱼"。参考巫鸿先生的研究意见，这句话对应的是前室横额背面的图像④，上层自左向右有一虎、二龙、一鸟首兽身有翼神兽、两鸟啄鱼，下层为乐舞百戏图（图2.43.1）。

上层图像如题记，表达了"除殃"的祥瑞辟邪之意。前文已分析过汉代的雀为正常鸟形，而此图中间的神兽却为鸟头、长颈后翻、四足兽身有翼长尾的奇异形象。张衡《东京赋》中用"龙雀蟠蜿，天马半汉"形容平乐都场，龙雀对应天马，都为神兽，或都指雕塑或宫殿建筑装饰。龙雀之名暗示了它应兼具龙与雀的部分特征，"蟠蜿"亦形容弯曲的姿态，都与苍山画像石上的鸟首兽身有翼神兽形象十分贴合。

这种鸟首兽身兽主要见于苏鲁豫皖地区东汉较晚时期的石质画像上，其鸟头、

---

① 语见《汉书·王莽传》："始，风益州令塞外蛮夷献白雉，元始元年正月，莽白太后下诏，以白雉荐宗庙。群臣因奏言太后'委任大司马莽定策安宗庙。故大司马霍光有安宗庙之功，益封三万户，畴其爵邑，比萧相国。莽宜如光故事。'太后问公卿曰：'诚以大司马有大功当著之邪？将以骨肉故欲异之也？'于是群臣乃盛陈'莽功德致周成白雉之瑞，千载同符。圣王之法，臣有大功则生有美号，故周公及身而托号于周。莽有定国安汉家之大功，宜赐号曰安汉公，益户，畴爵邑，上应古制，下准行事，以顺天心。'"

② 陕西省考古研究所等：《西安交通大学西汉壁画墓》，西安：西安交通大学出版社，1991年，图版28。

③ 高文：《中国画像石棺全集》，第322页。

④ Wu Hung, Beyond the Great Boundary: Funerary Narrative in the Cangshan Tomb, John Hay, ed., *Boundaries in China*. London: Reaktion Books, 1994, p81 – 104.

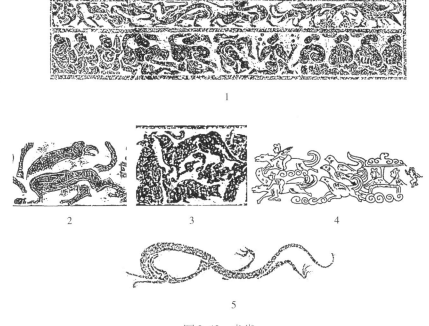

图 2.43 龙雀

1. 西晋墓用东汉晚期画像石，山东苍山城前村墓前室横额；2. 东汉晚期，山东沂南北寨墓前室画像石；3. 东汉，徐州陆井乡庞口村祠堂山墙；4. 东汉晚期，山东嘉祥武氏祠画像石；5. 南阳散存画像石。

长颈、双翼、兽身、长尾等神异化细节刻画的清晰且相近，常与其他祥瑞神兽同时出现，造型丰富（图 2.43.2～2.43.4）。南阳一块散存画像石上有鸟首、长颈、有翼、四足、兽身极为瘦长蜿蜒的龙雀形象，应是对龙雀的一种独特艺术化改造（图2.43.5）。

这些鸟首兽身双翼神兽，很可能都是苍山画像石题记中所说可以除殃的龙雀，刻于墓室中起到祥瑞辟邪之用。

16. 四方神鸟

《说文·鸟部·鷫鵊》中有"五方神鸟"之名，曰："五方神鸟也。东方发明，南方焦明，西方鷫鵊，北方幽昌，中央凤皇。"[1] 汉时有五方帝、五方神、五方色、五方民等概念，五方神鸟也是阴阳五行观念下之产物。中央凤上文已论，下介绍其余四方神鸟情况。

————————————————

① 段玉裁：《说文解字注》，第149页。

东方神鸟名"发明"。《说苑·辨物》载黄帝初即位时天下太平却总是见不到凤凰,于是问天老凤凰是什么样子,天老答曰:"晨鸣曰发明,昼鸣曰保长,飞鸣曰上翔,集鸣曰归昌。"发明之名或许就取自鸟类早上的鸣叫声,而东方亦象征一日之晨,唯其外形不可知,或似凤。

南方神鸟"焦明"。《楚辞·远游》有"驾鸾凤以上游兮,从玄鹤与鹪明";《扬子法言·问明卷第六》曰:"鹪明遰集,食其洁者矣!凤鸟跄跄,匪尧之庭。"《太平御览·天部·雨下》载:"《乐动声仪》曰:焦明至,为雨备。注曰:焦明,水鸟。"综合来看,焦明可能是一种与雨水有关的凤属五彩神鸟。

《抱朴子·内篇·祛惑》曰:"其上神鸟神马,幽昌、鹪明、腾黄、吉光之辈,皆能人语而不死,真济济快仙府也,恨吾不得善周旋其上耳。"直接提到幽昌与鹪明都是仙界神鸟,能说人话并可长寿不死。其中"幽昌"即北方神鸟,形态、内涵应与鹪明类似。

西方神鸟为"鶌鶋"。据高诱注《淮南子·原道训》曰:"鶌鶋,鸟名也。长颈绿身,其形似雁。"又《艺文类聚·鸟部·鸳鸯》载:"《归藏》曰:有凫鸳鸯,有雁鶌鶋。"故鶌鶋似为长颈、绿羽、似雁的神鸟。

五方神鸟中,只有中央的凤皇相对容易辨识,其余四方神鸟目前还没有明确的榜题或图式可与之比对。山东沂南东汉晚期墓中室八角擎天柱上满刻神兽图像,其中即有造型奇特的神鸟形象,或许就是传说中的四方神鸟①(图2.44)。

17. 鹑鵌等三头神鸟

《山海经·西山经》曰:"有鸟焉,其状如乌,三首六尾而善笑,名曰鹑鵌,服之使人不厌②,又可以御凶。"又《北山经》:"有鸟焉,其状如乌,五彩而赤文,名曰鹑鵌,是自为牝牡,食之不疽③。"《太平御览·羽族部·众鸟》载:"翼望山有鸟,状如乌,三首六尾,其名曰鹑鵌。服之使人不眯④,又以御凶。"故总结来看,鹑鵌的外形特征是:像乌,有五彩的羽毛,三头六尾,雌雄同体;它的神性是使人

①　南京博物院等:《沂南古画象石墓发掘报告》,图版65~68。

②　《广韵》:"厌,恶梦也。"

③　《康熙字典·疒部·五》:"《医术》:阴滞于阳则生疽。"

④　《说文》:"眯,草入目中也。"又《淮南子·说林》:"蒙尘而眯。"

图2.44　疑似四方神鸟（山东沂南北寨墓中室擎天柱四面画像石）

不做恶梦、阴阳调和而不生毒疮、不迷失等意，衍生出来，即有人死后不闭眼、不迷路，尸体不腐烂等吉祥寓意，带有御凶辟邪作用。

　　洛阳卜千秋墓顶壁画中有一女子怀抱一乌立于一只三头六尾的红色神鸟背上，画面下方一男子立于一蛇形舟上，二人似为墓主夫妇，他们前有口衔芝草的玉兔、旁有九尾狐、蟾蜍等神兽导引，周身云气纹环绕，似正飞升前往仙境世界①（图2.45.1）。画面中这只载乘女子的三头六尾神鸟应就是鸺鹒，而并非原报告中所说的"三头凤"，鸺鹒有使人死后不闭眼、不迷路、不腐烂的神力，又能御凶辟邪，因此它是载运护送墓主人升天的极佳坐骑。

———————————

① 洛阳博物馆：《洛阳西汉卜千秋壁画墓发掘简报》，《文物》1977年第6期。

这种三头神鸟形象还能在南阳麒麟岗墓画像石上看到，但三头形态有别，为一鸟头上又长出两个长颈鸟头①（图2.45.2）。四川新津四号石棺上在两人首鸟身、手抱日月的神灵中间有一只飞腾状的三头神鸟②（图2.45.3）。山东孝堂山祠堂与沂南北寨墓都刻有奇异的三头神鸟图像。各异的造型体现了不同地区工匠的艺术创意，但其要表达的内容应是一致的，都是具有辅助升仙和祥瑞辟邪神性的三头神鸟鸧鹒③（图2.45.4、2.45.5）。

《山海经·南山经》还提到："有鸟焉，其状如鸡而三首六目，六足三翼，其名曰鹓鸠，食之无卧。"亦为三首，且"使人无卧"的功能貌似与鸧鹒使人"不厌""不眯"的神性也有些类似，但"六足三翼"的造型在汉画图像中却尚未体现。

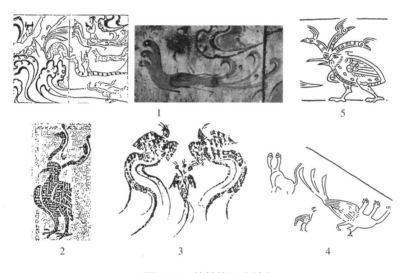

图2.45　鸧鹒等三头神鸟

1. 西汉中晚期，洛阳卜千秋墓顶壁画；2. 东汉早中期，南阳麒麟岗墓中主室立柱画像石；3. 东汉，四川新建四号石棺画像；4. 东汉晚期，山东孝堂山祠堂画像石；5. 东汉晚期，山东沂南北寨墓画像石。

（四）虎

虎是现存最大的猫科动物，有尖锐的爪子和牙齿、长须长尾、擅于奔跑、有敏锐的听力及夜视能力，以捕猎动物为食，毛色白至橙红，夹以黑色条纹。虎由距今

---

① 黄雅峰等：《南阳麒麟岗汉画像石墓》，西安：三秦出版社，2008年，图版115。

② 高文：《中国画像石棺全集》，第162页。

③ ［日］林巳奈夫：《汉代鬼神的世界》，《汉代の神神》，京都：临川书店，1989年，附图6、13。

约700万年新生代上新世的猫形类古猫类进化而来，后分化为恐猫①、真剑齿虎类②和真猫，经过第四纪冰川期，只有真猫类存活下来，分化为猫族与豹族两个分支，现在的虎即从豹族演化而来③。

虎是一种山地林栖类食肉动物。早在远古时期，虎就时时威胁着人类的生活，人类对其由恐惧到敬畏再到崇拜，导致虎图腾与虎信仰的出现。从早期岩画、器物纹饰与文字记载、神话传说中都常见虎母题。先秦时期的人们已注意到虎的勇猛特质，将其借用至政治、军事、文化等领域，以作为权力、勇猛或神性的象征，如《司马法·天子之义》曰："章……殷以虎，尚威也。"《礼记·曲礼》："又王门则画虎以示勇守。"在边疆少数民族地区，汉时仍多有虎崇拜、祭祀虎神等遗俗，如《后汉书·东夷列传》："又祠虎以为神。"又《南蛮西南夷列传》："廪君死，魂魄世为白虎。巴氏以虎饮人血，遂以人祠焉。"

1. 汉代虎图像的形态分析

汉代各类图像材料中常见虎形象，其表达的内涵较先秦时期更为复杂，带有汉文化特征，根据其图像形态大致可分四型。

A型，虎身扭曲蜿蜒，多见于器物造型或纹饰；特别之处是有的两耳间饰一长角，这是自然界虎所不具备的特征，故按有无角再分两亚型进一步观察。

Aa型，虎身无角。山东巨野红土山墓玉剑饰上多饰此种虎纹，此墓为大型崖墓，墓主可能是昌邑哀王刘髆④；也见于满城汉墓玉剑饰、玉印、铜仪仗顶、铜熏炉器盖及漆案足等器⑤；内蒙古西沟畔M4匈奴贵族墓出土金玉耳坠上方饰大角鹿，下方玉质部分镂雕出蜷曲虎纹⑥；河北定县北庄中山简王墓出土出廓玉璧上部镂雕出两只对称的盘曲虎纹⑦（图2.46）。

---

① 广泛分布在亚非欧及北美洲，生活于约800～140万年前，现已灭绝；其外形与现代猫科动物类似，全身满布斑纹，又因面部似同时代的剑齿虎而被称为"假/伪剑齿虎类"。

② 以似剑的犬牙著称，主要活动于新生代。

③ 马建章等：《虎研究》，上海：上海科技教育出版社，2003年。

④ 山东省菏泽地区汉墓发掘小组：《巨野红土山西汉墓》，《考古学报》1983年第4期。

⑤ 中国社会科学院考古研究所等：《满城汉墓发掘报告》。

⑥ 伊克昭盟文物站等：《西沟畔汉代匈奴墓地调查记》，《内蒙古文物考古文集》1980年第1期，第15～27页。

⑦ 河北省文化局文物工作队：《河北定县北庄汉墓发掘报告》，《考古学报》1964年第2期。

Ab 型，虎身独角。虎纹大体形态与 Aa 型无差，仅虎头两耳间有一独角。满城汉墓玉饰上即见此独角虎纹（图2.46.8、2.46.9）；河北定县 M43 中山穆王墓一件扇面形玉佩上亦镂雕一只独角虎纹[①]。

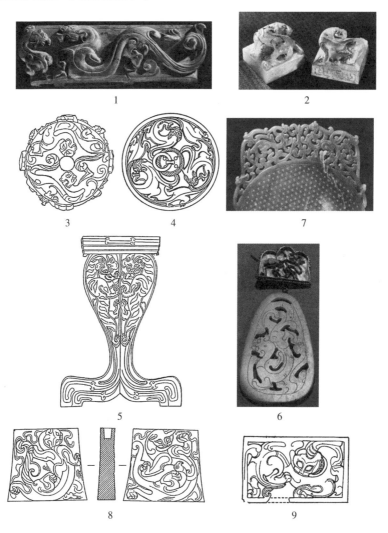

图 2.46　A 型虎

1－7. Aa 型：虎身无角（1. 西汉中期，山东巨野红土山墓玉剑饰；2－5. 西汉中期，满城汉墓玉印、铜仪仗顶、铜熏炉器盖、漆案足；6. 东汉中期，内蒙古西沟畔 M4 匈奴墓金玉耳坠；7. 东汉早期，河北定县北庄墓玉璧）；8、9. Ab 型：虎身有角（西汉中期，满城汉墓玉饰）。

① 定县博物馆：《河北定县 43 号汉墓发掘简报》，《文物》1973 年第 11 期。

B 型，单体写实虎纹。根据有无双翼再分两亚型。

Ba 型，无翼，身上多细致刻画虎纹，是汉代最常见的虎图像。如柿园墓主室墓顶壁画，上绘一只口衔仙草、攀爬云气的黑斑白虎①（图 2.47.1）；满城汉墓铜博山炉与牙雕上都有带斑虎纹，或走或卧，造型生动写实②（图 2.47.2）。

类似的写实虎纹见于两汉各类图像载体之上，有时还旁饰其他神兽（或相斗）、云气、星点等，突显出虎的仙界神兽特征（图 2.47.3～2.47.9）。值得注意的是，在苏鲁豫皖邻近地区，自西汉中晚期的石椁到东汉晚期的各类石质画像上，都有这类风格写实的虎纹，一脉相承，造型多样（图 2.47.10～2.47.13）。

此类写实虎的立体塑像多见于东汉较晚时期，如山东嘉祥、河南密县后士郭 M2 发现的石雕虎或虎头，表情凶猛，为地面石刻或墓内建筑装饰（图 2.47.14、2.47.15）。

另有一种特殊虎形器，名"虎符/节"，如南越王墓耳室出土错金虎符节，上贴金箔勾勒虎纹，并有"王命车（传）"铭文③（图 2.47.16）。《说文·玉部》载："琥：发兵瑞玉，为虎文。"④ 又《周礼·地官司徒·掌节》："凡邦国之使节，山国用虎节，土国用人节，泽国用龙节；皆金也，以英荡辅之。门关用符节，货贿用玺节，道路用旌节；皆有期以反节。凡通达于天下者必有节，以传辅之。无节者，有几则不达。"⑤ 即有一种虎形玉器名琥，多作发兵之用，后亦作其他材质的虎形发兵虎符。另有一种金属制的通关符节，南越王墓的这件错金虎可能即为通山国用的虎节。

Bb 型，有翼；虎身仍写实，与 Ba 型的唯一区别是身附两翼。如洛阳征集到的散存壁画砖上有三块绘白毛黑纹的白虎图像，其中两幅带双翼、一幅无翼，周身均绕云气纹⑥（图 2.48.1、2.48.2）。推测"为虎添翼"的行为至迟出现于王莽时期，

---

① 河南省商丘市文物管理委员会等：《芒砀山西汉梁王墓地》，彩版一。

② 中国社会科学院考古研究所等：《满城汉墓发掘报告》，第 257 页、图版五六（LVI），第 214～215、图版一五三。

③ 广州市文物管理委员会等：《西汉南越王墓》，北京：文物出版社，1991 年，第 87、88 页，彩版二〇，图版四三。

④ 段玉裁：《说文解字注》，第 12 页。

⑤ 郑玄注，贾公彦疏：《周礼注疏》，载李学勤主编：《十三经注疏》，北京：北京大学出版社，1999 年，第 387～389 页。

⑥ 曹建强：《洛阳新发现一组汉代壁画砖》，《文博》2009 年第 4 期。

图 2.47　Ba 型虎

1. 西汉早期，河南永城柿园墓墓顶壁画；2. 西汉中期，满城汉墓牙雕；3. 西汉，定县 M122 铜管；4. 西汉晚期，江苏邗江墓漆面罩；5. 西汉中晚期，洛阳宜阳牌窑 M1 画像砖；6. 王莽时期，咸阳 M36 空心砖；7. 王莽时期，08 年洛阳征集壁画砖（现藏中国农业博物馆）；8. 东汉，上博藏玉带扣；9. 东汉晚期，重庆合川墓门柱画像石；10. 西汉中晚期，微山 M18 石椁画像；11. 西汉晚期，山东金乡 M1 画像砖；12. 东汉早中期，南阳杨官寺墓门画像石；13. 东汉晚期，嘉祥武氏阙画像石；14. 东汉晚期，嘉祥石虎；15. 东汉晚期，密县后士郭 M2 石虎头；16. 西汉中期，南越王墓虎符节。

是日益盛行的升仙、谶纬等迷信思想的产物，洛阳征集壁画砖上两种形态的虎纹正表现出这种过渡特征。甘肃居延出土木牍上有简笔墨线翼虎（图2.48.3）。台北故宫博物院藏铜带扣上有手持芝草、周饰云气纹的翼虎，与前述上海博物馆藏饰Ba型虎的玉带扣相比，也体现出虎身逐渐加入双翼以突显神异性的过渡证据（图2.48.4）。

　　翼虎形象自王莽时期至东汉早期多见于河南地区，东汉中期左右传播至鲁南及四川等地，至东汉晚期则主要流行于四川及苏鲁豫皖邻近地区的石质画像上（图2.48.5～2.48.7）。

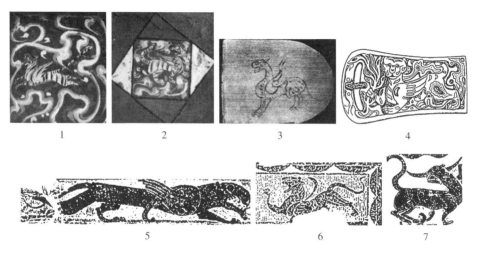

图2.48　Bb型虎

1、2. 王莽时期，08年洛阳征集壁画砖（现藏中国农业博物馆）；3. 王莽时期，甘肃居延出土木牍；4. 东汉，台北故宫藏铜带扣；5. 王莽时期，南阳八一路M49过梁画像石；6. 东汉中期，河南襄城茨沟墓门楣画像石；7. 东汉晚期，山东沂南北寨墓立柱画像石。

　　C型，人物与虎的组合造型。根据人物与虎的互动关系，分三亚型。

　　Ca型，人物搏虎（或曰斗虎、御虎、刺虎等）、驯虎（或伏虎、戏虎等），人物手中往往持有棍棒或绳索，与虎作对峙状。自西汉中、晚期至东汉早期，主要流行于河南、山东地区的石质画像上，多作单人持棍棒或徒手与虎搏斗状，是一种带有地域特色的图式（图2.49）。

　　Cb型，人射虎。图式中的构图及主要角色造型极为相似，画面常有一猛虎张大口向前扑跃，虎前一人骑马、回身拉弓射虎，似使用了统一模板（图2.50.1～2.50.4）。

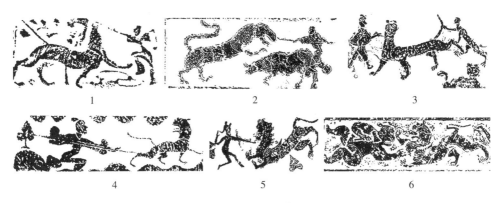

图 2.49　Ca 型虎

1. 西汉中期，郑州南关外布厂街 M1 空心砖；2. 西汉晚期，山东邹城北宿石椁画像；3. 王莽时期，河南唐河冯孺人墓北阁画像石；4. 王莽时期到东汉初期，南阳陈棚墓后室过梁画像石；5. 东汉早期，山东微山 M6 门楣画像石；6. 东汉，山东济宁城南张墓散存画像石。

Cc 型，一或多只虎拉车（有时为云气车），虎形写实且身有双翼，车上坐人（墓主或仙人）。如陕西靖边墓前室东壁壁画上的双翼虎拉云气车、车上坐一男子，表现的应是升仙场景[①]；南阳英庄 M4 墓顶画像石上有三翼虎拉云气车，车上有飘幡华盖，下有一羽人驾车、一男子坐于后[②]；山东临沂吴白庄墓前室过梁上绘东王公、西王母仙境图，其中有三只斑纹翼虎拉车飞奔图像，车上坐两长发仙人[③]（图 2.50.5～2.50.7）。

Cd 型，人骑虎。如马王堆 M3 漆奁上有仙人手执撵、骑虎漫步云气之中；河南新郑画像砖上有人骑于虎身、手执长棍似在驯虎；徐州贾汪墓内立柱上高浮雕人立翼虎雕像，虎口正张大撕咬一物，双目圆瞪、面部凶猛（图 2.50.8～2.50.10）。

D 型，其他特殊形态的虎形象。有一种夸张拟人化的虎，虎身抽象变形、或如人般站立、或手中持武器作备战或搏斗状。如大连营城子墓南门侧壁画上有一立虎，手执斧戟状武器[④]；山东沂南北寨墓中室立柱刻一身体被拉长的虎状神兽，手执剑、张大口作搏斗状[⑤]（图 2.51.1、2.51.2）。虎也常做建鼓等器座，多见于东

①　陕西省考古研究院等：《陕西靖边东汉壁画墓》，《文物》2009 年第 2 期。

②　陈长山，魏仁华：《河南南阳英庄汉画像石墓》，《中原文物》1983 年第 3 期。

③　管恩洁等：《山东临沂吴白庄汉画像石墓》，《东南文化》1999 年第 6 期。

④　刘立丽：《营城子壁画墓浅议》，《考古与文物》，2009 年第 3 期。

⑤　南京博物院等：《沂南古画象石墓发掘报告》，图版 65。

图 2.50　Cb、Cc、Cd 型虎

1－4. Cb 型虎（1、2. 西汉，河北定县 M122、日本东京艺术大学美术馆藏铜管局部纹饰；3. 西汉，洛阳散存画像砖；4. 西汉晚至东汉初，河南禹县散存画像砖）；5－7. Cc 型虎（5. 东汉早期，陕西靖边墓前室东壁壁画；6. 东汉早期，南阳英庄 M4 墓顶画像石；7. 东汉晚期，山东临沂吴白庄前室过梁画像石）；8－10. Cd 型虎（8. 东汉中晚期，江苏徐州贾汪墓石刻立柱画像石；9. 西汉早期，马王堆 M3 漆奁；10. 西汉，河南新郑散存画像砖）。

汉中晚期；有时作双身或同首两身，可能是对现实器座的模仿，也可能是一种不成熟的立体透视表现手法。如内蒙古和林格尔壁画墓中绘有张口的双头猛虎鼓座[1]；湖北枝江姚家港、山东微山两城镇散存画像石上分别有单体、同首两身的虎形鼓座图像（图2.51.3~2.51.5）。河南密县后士郭M1后室与北耳室门洞间有一绿底、黑线勾勒、饰白云纹的虎头图像，下绘有交颈鸳鸯，应有祥瑞辟邪寓意[2]（图2.51.6）。

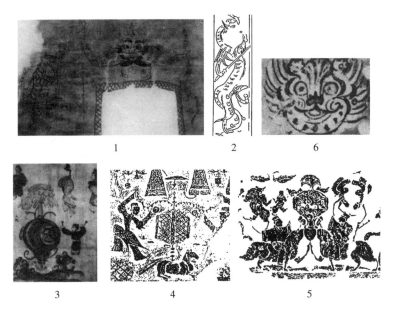

图2.51　D型虎

1. 东汉，辽宁大连营城子墓南门壁画；2. 东汉晚期，山东沂南北寨墓中室立柱东画像石；3. 东汉晚期，内蒙古和林格尔墓壁画；4. 东汉，湖北枝江姚家港散存画像石；5. 东汉，山东微山两城镇散存祠堂画像石；6. 东汉晚期，河南密县后士郭M1后室北壁画像。

2. 虎图像的内涵及形态演变

A型虎中有一件满城M1出土的立体虎像玉印（图2.46.2）。据蔡邕《独断》载："玺者，印也；印者，信也。天子玺以玉螭虎纽。……卫宏曰：'秦以前，民皆以金玉为印，龙虎纽、唯其所好，然则秦以来天子独以印称玺，又独以玉，群臣莫敢用也。'"又《太平御览·皇亲部·总序后妃》："皇后玉玺，文与帝同。皇后之玺，金螭虎纽。"可见秦汉时帝后印玺常饰螭虎纽，带有较高的等级象征意义。

---

① 内蒙古自治区博物馆文物工作队编：《和林格尔汉墓壁画》，图二〇、二一。

② 河南省文物研究所：《密县后士郭汉画像石墓发掘报告》，《华夏考古》1987年第2期。

满城 M1 出土了 4 方玉印，其中两方上刻立体虎纹，无印文，另两方为盝顶，印文阴刻一篆书"信"字①；墓主中山靖王刘胜为汉景帝子、汉武帝异母弟，他的墓内随葬高等级的螭虎印也较符合他尊贵的皇室身份。故或可推测此类 A 型器物造型装饰上的虎就是文献中提到的"螭虎"。

《后汉书·窦融列传》载："鹰扬之校，螭虎之士。"螭虎或为螭、虎两种动物特征的合体，指代一种强壮、勇猛的神兽，但也不排除指代螭、虎两种动物的可能。结合前文对 A 型虎、尤其是 Ab 型独角虎的形态分析，或可推测这种或无角、或独角的虎，就是综合螭、龙与虎的特征而想象出的神兽，以此强化、神化虎的强大力量。

A 型这类疑似螭虎造型的器物，一般均带有一定的等级象征意义。这种等级象征意味可追溯至周代，主要源于人们对虎凶猛生性的观察。如《周礼·春官宗伯》载"熊虎"为九旗之一；《白虎通·乡射》载："大夫射虎豹何？示服猛也。"《后汉书·舆服志》也提到皇后步摇上装饰的"副笄六珈"中也有虎②。

D 型虎形器座往往也带有一定的等级象征意味。据蔡邕《独断》载："后有金钲黄钺黄门鼓车。古者诸侯贰车九乘，秦灭九国兼其车服，故大驾属车八十一乘也。尚书御史乘之，最后一车悬豹尾，以前皆皮轩虎皮为之也。""皮轩"即为装饰虎皮的车，这种装饰虎皮的"金钲黄钺黄门鼓车"似乎就与虎型建鼓座或鼓车的形态较为相像了。

两汉最常见、最典型的虎为 B 型写实虎。其中，Ba 型无翼虎完全是对现实虎形象的写实模仿，从西汉早期到东汉晚期都有发现；而 Bb 型翼虎是神仙祥瑞信仰影响下的产物，双翼的加入至迟发生在王莽时期。如《扬子法言·渊骞卷第十一》载："（或问）'酷吏？'曰：'虎哉！虎哉！角而翼者也。'""角"和"翼"都是现实中虎所不具备的特征，都是将虎神化的重要"道具"。

B 型虎作为器物或墓葬装饰所表达的内涵主要有二：

一是四象中的白虎，后受阴阳五行与谶纬观影响，逐渐衍生成一种符应。如《汉书·翟放进传》云："昔我高宗崇德建武，克绥西域，以受白虎威胜之瑞，天地判合，乾坤序德。"又《宋书·符瑞志》载："白虎，王者不暴虐，则白虎仁不害

---

① 中国社会科学院考古研究所等：《满城汉墓发掘报告》，第 140～141 页，彩版一六。

② 《后汉书·舆服志》："以黄金为山题，贯白珠为桂枝相缪，一爵九华，熊、虎、赤罴、天鹿、辟邪、南山丰大特六兽，诗所谓'副笄六珈'者。"

物。"武梁祠顶部即有带有类似榜题的白虎图像，为 Ba 型写实虎。

白虎的这种符瑞化也与它的"毛色白"特征有关，一是白色的虎在自然界更为稀有罕见，二如《汉书·五行志》言"金色白，故有白眚白祥"，又《抱朴子·内篇·对俗》曰："虎及鹿兔，皆寿千岁，寿满五百岁者，其毛色白。"因而在汉代彩绘壁画上看到的虎图像，大多都为白毛黑斑。

二是虎带有辟邪驱鬼功能。如《风俗通义·祀典·桃梗、苇茭、画虎》载："虎者、阳物，百兽之长也，能执搏挫锐，噬食鬼魅。今人卒得恶遇，烧悟，虎皮饮之，击其爪，亦能辟恶，此其验也。"又《论衡·订鬼》云："《山海经》又曰：'沧海之中，有度朔之山，上有大桃木，其屈蟠三千里，其枝间东北曰鬼门，万鬼所出入也。上有二神人，一曰神荼，一曰郁垒，主阅领万鬼。恶害之鬼，执以苇索，而以食虎。于是黄帝乃作礼以时驱之，立大桃人，门户画神荼、郁垒与虎，悬苇索以御。'凶魅有形，故执以食虎。"[1]《焦氏易林》亦有辞："切切之患，凶重忧荐，为虎所吞。"李零先生曾提到四川出土的一幅画像石，上刻一对 Ba 型虎，并附墨书文字"辟卯（邪）"、"除凶"（图 2.52），可为佐证[2]。

图 2.52　四川汉画像石上的虎形象与榜题文字

C 型人虎造型也各有特指寓意。

Ca 型人物搏虎（或御虎、伏虎、斗虎）造型或许来源于民间流传的神怪故事，

---

① 黄晖：《论衡校释》，第 938～940 页。

② 李零：《论中国的有翼神兽》，载《入山与出塞》，北京：文物出版社，2004 年，第 116 页。

或是对汉时流行的搏虎、斗虎等角抵戏的模仿。如孟子曾讲过一则"再做冯妇"故事①，以冯妇再斗虎的事迹表达要审时度势、行善除恶的态度；另有"黄公御虎"典故，也是汉代流行的角抵戏的原型②；又《盐铁论·散不足》云："（今民间）戏弄蒲人杂妇，百兽马戏斗虎。"可见格虎、斗虎等，确是汉代流行的娱乐活动，汉画上的这类图像，很多可能都是在表现角抵场面，需要在具体图像场景中，与表现仙境或辟邪神兽的虎加以区分。且这种人物搏虎图，也有可能带有道德劝诫、教化之意，后逐渐演化为一种辟邪图式。

Cb 型射虎图先是在西汉较高等级墓葬出土的器物纹饰上出现，后见于河南地区画像砖上，图式相似，能看出画像砖图像对器物纹饰的模仿或是对图像模板的直接借用，所表达意图可能与代表礼制等级的射猎活动有关，突显一种等级象征意味。

Cc 型拉车虎与 cd 型人物骑虎的虎身多有翼，突显出仙界神兽特征，尤其是拉（云气）车的虎，体现出虎助人升仙的神力，是升仙信仰下产物。如《焦氏易林》辞："驾龙骑虎，周遍天下；为人所使，西见王母。不忧不殆。"

D 型特殊形态的虎中，有拟人化、手持棍棒或武器作御敌状的虎，或大虎头形象等，也都体现出虎可镇墓辟邪的神性。

综合以上对于汉代虎图像的形态与内涵分析，可观察、总结汉代虎图像的发展演化轨迹，依据其图像形态演变特征可分五期（表 2.4）。

第一期，西汉早中期，作为器物装饰的虎纹多见于较高等级墓葬随葬品，主要流行 A 型螭虎、Ba 型写实虎及 Cd 型人物骑虎；其他图像载体，如壁画、画像砖石上则主要流行 Ba 型写实虎形象。

第二期，西汉晚期，A、Ba 型虎继续流行；此外，河南、山东等地的石质画像

---

① 见《孟子·尽心下》："晋人有冯妇者，善搏虎，卒为善士。则之野，有众逐虎。虎负嵎，莫之敢撄。望见冯妇，趋而迎之。冯妇攘臂下车。众皆悦之，其为士者笑之。"赵歧注曰："可为则从，不可则凶。言善见用，得其时也非时逆指，犹若冯妇。暴虎无已，必有害也。"

② 见《西京杂记》："余所知有鞠道龙善为幻术，向余说古时事：有东海人黄公，少时为术，能制蛇御虎，佩赤金刀，以绛缯束发，立兴云雾，坐成山河。及衰老，气力羸惫，饮酒过度，不能复行其术。秦末，有白虎见于东海，黄公乃以赤刀往厌之。术既不行，遂为虎所杀。三辅人俗用以为戏，汉帝亦取以为角抵之戏焉。"

上出现并流行 Ca、Cb 型人物搏虎、斗虎或射虎图像，通过人物与虎间的互动，丰富了虎图像的表现内容与寓意。

第三期，王莽时期，西汉时流行的各型虎图像仍继续发展传播；同时，写实的虎形象被加上标志仙界神兽的双翼，即 Bb 型翼虎，有时还能见到 Ba、Bb 有翼或无翼的写实虎形象同时出现，表现出过渡特征；能看出此时汉人意识形态上的重大变化，神仙信仰逐渐由社会上层扩散影响至民间，阴阳五行、谶纬等迷信观的影响力逐渐增强。

第四期，东汉早期，新出现 Cc 型翼虎拉车载人造型，主要流行于两京及山东地区；早先流行于河南、山东地区的 Ca、Cb 型搏虎或射虎造型入东汉后便较少出现，反映出全社会对升仙、祥瑞的更大重视和追求；其他各型虎形象在各类图像载体上仍能见到，且逐渐传播至更广的区域。

表2.4　汉代虎图像的形态与内涵分析

类型		形态描述	内涵	图像载体	流行时间	流行地区
A 型 Aa、Ab		无角或独角虎	可能为螭虎，象征勇气与力量	多为高等级墓葬随葬品或器物装饰	西汉中期至东汉晚期	高等级墓葬所在地区
B 型	Ba	写实虎	天象或瑞应白虎，或食鬼辟恶的虎	各类图像载体	两汉	全国
	Bb	写实虎，有翼	天象或瑞应白虎，或食鬼辟恶的虎，或仙界神兽	各类图像载体	王莽时期至东汉晚期	河南、山东、四川等地
C 型	Ca	人物搏虎、斗虎或御虎	有道德劝诫、教化之意或表现角抵，后演化为降恶图式	各类石质画像	两汉	主要在河南、山东地区
	Cb	人物射虎	表现射猎活动图式，带有礼制等级象征意味	高等级墓葬随葬品纹饰或石质画像	西汉中晚期至东汉初期	高等级墓葬所在地区、河南地区
	Cc	翼虎拉载人或车	辅助升仙的神兽	各类图像载体	东汉	陕西、河南、山东等地
	Cd	人物骑虎	驯虎或辅助升仙神兽	各类图像载体	两汉	散见各地
D 型		特殊形态的虎	以上都有，艺术形式多样化的表现	各类图像载体	东汉	散见各地

第五期，东汉中晚期，主要流行 B 型有翼或无翼的写实虎、Cc 型虎拉车、Cd 型人物骑虎及 D 型各种艺术化的抽象或变形的虎图像，反映出升仙、谶纬、辟邪等思想对虎图像的更强烈要求与利用；在某些高等级墓葬随葬品中仍可见到 A 型螭虎，但并不甚流行，它的出现更多带有身份等级象征意味，或本身即为早期遗物。

从虎图像的流行区域来看，在西汉早中期，虎图像主要用于装饰较高等级墓葬随葬品；西汉晚期至王莽时期，则主要流行于河南、陕西、山东等地，尤以河南、山东为最；入东汉后，虎图像的流行中心转移至四川及苏鲁豫皖邻近地区等石质画像流行地，虎形态更为多样，体现出其内涵的复杂趋势及艺术表现水平的进步与时代特征。

3. 类虎神兽：驺虞与穷奇

（1）驺虞

文献中还记载过一种与虎形态相近的神兽——驺虞。《说文》云："驺虞也。白虎黑文，尾长于身。仁兽也，食自死之肉。"[1]《山海经·海内北经》中作"驺吾"："林氏国有珍兽，大若虎，五彩毕具，尾长于身，名曰驺吾，乘之日行千里。"又《周礼注疏·春官宗伯》："古《毛诗》说，驺虞，义兽，白虎黑文，食自死之肉，不食生物。人君有至信之德则应之。《周南》终《麟止》，《召南》终《驺虞》，俱称嗟叹之，皆兽名。"总结来看，驺虞是一种古老的义兽，有德，宁自食而不食别的生物，其特征是白虎黑纹、长尾、擅于奔走。

因外形描述的相近，故不排除在汉代，白虎与驺虞概念在传播过程中会出现混淆。驺虞与白虎最终均被归为祥瑞神兽之列，只是若单纯从图像材料上看，二者实难明确辨别。故在解读汉代虎图像时，应注意对驺虞属性的认知与区分。

（2）穷奇

据《山海经·海内北经》载："穷奇状如虎，有翼，食人从首始，所食被发，在蜪犬北。"《神异经》亦载："西北有兽焉，状似虎，有翼能飞……名曰穷奇。"

在汉代图像中能找到与文献记载较切合的对应形象。如南阳出土画像上就有一

---

① 段玉裁：《说文解字注》，第 209 页。

种有翼、虎身、大眼、正在吃人的类虎神兽，旁边还有同样有食鬼神力的虎及马腹，穷奇与它们的主要区别是，要同时满足虎身、双翼、食人等几个特征（图 2.53.1、2.53.2）。

穷奇在汉代又是"四凶"或"十二兽（神）"之一，拥有御凶之能，其形象出现在墓葬中表达人们希望借之辟邪除恶之意。如《春秋左传·文公十八年》载："少皞氏有不才子，毁信废忠，崇饰恶言，靖谮庸回，服谗蒐慝，以诬盛德，天下之民，谓之穷奇……浑敦，穷奇，梼杌，饕餮，投诸四裔，以御螭魅。"《后汉书·礼仪志》云："先腊一日，大傩，谓之逐疫。……于是中黄门倡，振子和，曰：'甲作食杂，胏胃食虎，雄伯食魅，腾简食不祥，揽诸食咎，伯奇食梦，强梁、祖明共食磔死寄生，委随食观，错断食巨，穷奇、腾根共食蛊。凡使十二神追恶凶，赫女躯，拉女干，节解女肉，抽女肺肠。女不急去，后者为粮！'因作方相与十二兽解。"

焦作白庄 M121 出土一件彩绘陶楼上层就绘有正在食鬼的穷奇形象[1]，将其装饰于随葬明器之上，镇墓辟邪意图愈加明显（图 2.53.3）。

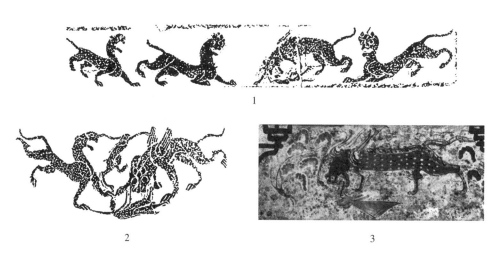

图 2.53 汉代的穷奇形象
1、2. 南阳散存画像石；3. 王莽时期至东汉初期，河南焦作 M181 出土彩绘陶楼。

（五）豹

豹为大型猫科豹属食肉动物，约一千万年前从猫科中分裂出来独立演化，约八

---

① 焦作市文物工作队：《河南焦作白庄汉墓 M121、M122 发掘简报》，《中原文物》2010 年第 6 期。

百万年前又分裂出豹属分支，其成员包括虎、狮、美洲豹、雪豹与豹五个物种，豹最终约在四百万年前分化成独立的物种①。

豹与虎为近亲但体型略小，一样有着长须长尾、尖锐的牙齿、善于奔跑捕猎且夜视能力强，最显著的身体特征是浑身满布的圆形斑纹，这也是与虎最大的区别。《说文》云："豹：似虎，圜文。"豹的毛色黄、少数黑化，文献中也有对其他毛色异常罕见的豹的记载②。

因相似的外形、共同的生活习性与同样凶猛的脾性，古人常常会将虎豹同提，其表现内涵主要有三：

一，虎豹在古代都被视为珍稀动物，以勇猛著称，或有古代部族以它们为图腾，或指代勇猛善战的军队。如《山海经》中有 22 处提及豹；《楚辞·招隐士》云："虎豹斗兮熊罴咆，禽兽骇兮亡其曹。"《后汉书·光武帝纪》载："初，王莽徵天下能为兵法者六十三家数百人，并以为军吏……又驱诸猛兽虎豹犀象之属，以助威武。"对虎豹勇力的这种崇拜敬畏之情在汉时也衍生出一种保障吉祥安定的正面寓意，如《焦氏易林》有辞："虎豹熊罴，游戏山隅。得其所欲，君子无忧。"

二，虎豹的毛皮常被认为是高贵稀有之物，后亦延伸指代圣人君子。如《诗经·羔裘》中曾用华美贵重的服饰比喻官员、君子的高尚人品，后"羔裘豹祛"也衍生成一种对君子美德、吉祥福祉的指代，《焦氏易林》即有辞："羔裘豹祛，高易我宇，君子维好"。另《论衡·佚文》云："《易》曰：'大人虎变其文炳，君子豹变其文蔚。'"③《扬子法言·吾子卷第二》曰："圣人虎别，其文炳也。君子豹别，其文蔚也。辩人狸别，其文萃也。狸变则豹，豹变则虎。"故"大人虎炳、君子豹蔚"也延伸成为君子的代名词。

三，虎豹常被礼仪制度借用，以示勇猛，同时标榜尊贵的身份等级。如《周礼

---

① Olga Uphyrkina, et. al. , *Phylogenetics*, *Genome Diversity and Origin of Modern Leopard*, Panthera pardus 10（11）：2617 – 2633. 2001. 12. 21.

② 如《陆玑·诗疏》载："毛赤而文黑谓之赤豹，毛白而文黑谓之白豹。"《尔雅翼》："屠州有黑豹。"《本草衍义》："土豹更无文色，其形小。"《正字通》："豹状似虎而小，白面，毛赤黄，文黑如钱圈，中五圈，左右各四者，一曰金钱豹，宜为裘。如艾叶者曰艾叶豹。又西域有金线豹，文如金线。"

③ 黄晖：《论衡校释》，第 865 页。

注疏·天官冢宰》云："王大射，则共虎侯、熊侯、豹侯，设其鹄；诸侯则共熊侯、豹侯……"又《仪礼·乡射礼》："大夫布侯，画以虎豹。"汉代大驾卤簿的最后一辆车有悬豹尾之俗，即"豹尾车"，如《独断》："尚书御史乘之，最后一车悬豹尾，以前皆皮轩虎皮为之也。"这一习俗的来历与上述"君子豹蔚"典故有关，见《古今注·舆服》："豹尾车，周制也，所以象君子豹变，尾言谦也，古军正建之，今唯乘舆得建之。"故后来"豹尾"也成了高等级车驾的代名词，如骆宾王《王昭君》诗中即有"敛容辞豹尾，缄怨度龙鳞"之句。

西汉时期，豹常出现于高等级墓葬随葬品上，流行时间约在西汉早、中期。如湖北江陵凤凰山 M168 出土一件彩绘七只花豹的漆扁壶，豹身用红漆细致绘出花斑，姿态各异地嬉戏于几何状云气纹中①（图 2.54.1）。

类似纹饰在西汉高等级墓葬出土器物上多有发现，似带一定等级规制，可能是宫廷定制的丧葬明器。如马王堆 M1 黑地彩绘漆棺上就出现多处豹形象，或追逐动物、或奔跑云间、或伏地休息；同墓出土帛画上也彩绘两处共四只花豹，一处在帛画上端"天门"两侧、一处在中段交龙缠璧之上，豹身橘红色并用墨线勾勒斑纹，均作回首状（图 2.54.2）。《楚辞·招魂》有辞："虎豹九关，啄害下人些。"即传说天界入口处设有九道关卡，由虎、豹把守，帛画上端两只豹的下方绘两个倒 T 型格栏，旁各有一人，似在表示天门及守门神人，画中的豹自然也是天界的守护者。类似图像见于长沙砂子塘墓漆棺画②（图 2.54.3）。江苏邗江西汉晚期墓出土漆面罩上也绘有虎豹等神兽，能看出虎、豹的区别十分明显，毛色、斑纹、胡须等细节均精细写实③（图 2.54.4）。

最著名的汉豹形象是徐州狮子山楚王墓石豹，豹呈俯卧状，脖上带项圈④。这只豹并没有细致雕刻出斑纹，孙机先生曾释其为"猎豹"⑤。但视其肥硕的身体与安详的姿态则更像被圈养的宠物，死后将其随葬墓中应有继续守卫主人死后安宁之意

①　纪南城凤凰山一六八号汉墓发掘整理组：《湖北江陵凤凰山一六八号汉墓发掘简报》，《文物》1975 年第 9 期。

②　湖南省博物馆：《长沙砂子塘西汉墓发掘简报》，《文物》1963 年第 2 期。

③　扬州博物馆：《江苏邗江姚庄 101 号西汉墓》，《文物》1988 年第 2 期。

④　狮子山楚王陵考古发掘队：《徐州狮子山西汉楚王陵发掘简报》，《文物》1998 年第 8 期。

⑤　孙机：《猎豹》，《收藏家》1998 年第 1 期。

（图2.54.5）。正如《焦氏易林》辞："文山鸿豹，肥腯多脂。王孙获愿，载福巍巍。"

满城 M2 还出土了四件豹形错金银铜镇，梅花豹纹刻画得十分生动[1]（图2.54.6）。

西汉以后的出土汉画中便鲜有豹。陕西定边郝滩墓西壁下层壁画，有拟人化的站立做舞蹈状的疑似豹形象，身有黑色斑纹、长尾，只是头顶都被画出一对橙色长角[2]，或是对仙境豹形象的神异化创造，或是一种尚难辨识的神兽种类（图2.54.7）。

图2.54　汉代的豹图像

1. 西汉早期，湖北江陵凤凰山 M168 漆扁壶；2. 西汉早期，马王堆 M1 帛画；3. 西汉早期，长沙砂子塘墓漆棺；4. 西汉晚期，江苏邗江墓漆面罩；5. 西汉早期，徐州狮子山楚王陵石豹；6. 西汉中期，满城 M2 铜豹镇；7. 王莽时期至东汉初期，陕西定边郝滩墓西壁下层壁画。

---

① 中国社会科学院考古研究所等：《满城汉墓发掘报告》，第265、268页，彩版二十六、图版一八三。
② a. 陕西省考古研究所等：《陕西定边县郝滩发现东汉壁画墓》，《考古与文物》2004 年第 5 期；b. 吕智荣：《郝滩东汉壁画墓升天图考释》，《中原文物》2014 年第 2 期。

然而相对虎来说，豹并没有受到汉人的普遍接受与推崇。究其原因，推测虎作为神兽的流行是有一个自身独特的发展传播和被人们普遍接受的过程，它由珍异动物、天象神兽，逐渐演化成辅助升仙的仙界神兽，并成为瑞应符谶之一，其本身属性较顺应汉代主流信仰的发展潮流；而豹却缺少了一些内涵助力，如白虎为四象之一，豹则没有这层特殊寓意，故只能凭借珍异、勇猛等自然特性而被上层社会珍视，为美德代言或作为身份等级象征，但却在自上而下的神兽信仰普及过程中因其曲高和寡而被逐渐淘汰。

（六）狮子

1. 中国狮子的来源及命名考证

狮子为豹属四种大型猫科动物之一①，是现存继虎后的第二大猫科动物。与大部分猫科动物不同，狮子喜爱群居，以捕食动物为生，雄狮带有标志性的浓密鬃毛。

古代中国并不产狮子，最早被引入中国的狮子是产自南亚或西亚的亚洲狮，即汉代所谓的西域地区，主要是作为西域诸国（乌弋、大宛、安息、疏勒、月氏、条支等）向汉王朝进贡之物。据文献推测狮子入华的最早时间大致在张骞通西域后不久，即西汉中晚期左右；至东汉，又有西域诸国多次向汉庭进献狮子的记载②。

先秦文献中，还有一种名为"狻猊"的动物。据《穆天子传》卷一载："名兽使足：□走千里，狻猊□野马走五百里。"郭璞注曰："狻猊，狮子，亦食虎豹。狻音俊，猊音倪。"《通典·边防八·条支》曰："师子似大虫，正黄有签彩，尾端茸毛大如斗。尔雅亦谓之狻猊。"与郭璞注同。但关于狻猊、或狻麑与狮子的属性关系则

---

① 其他三种为虎、豹、美洲豹。

② 早期的"狮子"多写作"师子"。如《汉书·西域传》："乌弋地暑热莽平……而有桃拔、师子、犀牛。……则通大宛、安息。自是之后……钜象、师子、猛犬、大雀之群食于外囿。"《东观汉记·敬宗孝顺皇帝》："疏勒王盘遣使文时诣阙，献师子、封牛，师子形似虎，正黄，有髯彩，尾端茸毛大如斗。"又《后汉书·孝和孝殇帝纪》："安息国遣使献师子、扶拔。……冬十一月，安息国遣使献师子及条枝大爵。"《班梁列传》："月氏尝助汉击车师有功，是岁贡奉珍宝、符拔、师子……"《西域传》："条支国城在山上……土地暑湿，出师子、犀牛、封牛、孔雀、大雀。……章帝章和元年，遣使献师子、符拔。……十三年，安息王满屈复献师子及条支大鸟。……阳嘉二年，臣磐复献师子、封牛。"

多有争议。一说都是狮子①；一说为不同动物，后来才产生混淆②；还有一种说法认为汉人初将狮子音译为狻麑，而狻猊实际上是一种更早就存在的猛兽，故为了避免二者混淆才又取了梵语第一音"师"而加上反犬旁成为"狮子"③。

以上三种观点都有部分观点合理、却又都不完全准确。

首先来看《穆天子传》中的"狻猊"到底所指何物？

《穆天子传》于西晋年间出自战国魏墓，书中很多内容带有神话色彩，其真伪性历来多有争议。它主要传达了周穆王姬满曾到达过西方异域的历史信息，而这一点在先秦两汉的很多文献中都有佐证。如《竹书纪年·穆王》："十三年春，祭公帅师从王西征，次于阳纡。秋七月，西戎来宾。十七年，王西征昆仑丘，见西王母。其年，西王母来朝，宾于昭宫。二十四年，王命左史戎夫作《记》。"又《列子·汤问》："周穆王西巡狩，越昆仑，不至弇山。……周穆王大征西戎，西戎献锟铻之剑，火浣之布。"又《汉书·匈奴传》："其后二百有余年，周道衰，而周穆王伐畎戎，得四白狼四白鹿以归。自是之后，荒服不至。"《潜夫论·姓氏志》曰："穆王游西海忘归，于是徐偃作乱，造父御，一日千里，以征之。"《风俗通义·皇霸·六国》："赵

---

① 这种说法的主要证据是"狮子"与"狻麑"两词的外来语词源。参考：a. 刘正埮等编：《汉语外来词辞典》，上海：上海辞书出版社，1984 年，第 329 页；认为"狻猊"即"狮子"，又作"狻麑、夋麑、尊耳、组麑"，都源于梵语 simba，或粟特语 sryw，sarys，或巴比伦语。b. 林梅村：《狮子与狻猊》，载《汉唐西域与中国文明》，北京：文物出版社，1998 年，第 87～95 页；认为汉语"狻猊"来自欧亚草原的古代游牧民族斯基泰人使用的塞语（或称斯基泰语，系印欧系伊朗语族东伊朗语组中的一种古老方言），证据是英国语言学家贝利提到的：于阗塞人称狮子为 sarau，而该词的形容词为 sarvanai，抽象名词为 sarauna，汉语"狻猊"就来自塞语，表示狮子的这两种词性，所以狻猊即狮子；实物证据是伊犁河流域及天山东部塞人墓地相继发现的带有狮子图案的先秦文物，其中一批青铜器中还有一个装饰对兽（一对狮子）形象的高足方盘，类似的高足方盘和带有狮子纹饰的器物也发现于新疆阿拉沟战国墓与俄罗斯境内阿尔泰山区的巴泽雷克战国时期的塞王墓中，且据新疆考古发现的"库尔干文化"证明塞人文化在先秦时期就已分布到天山东部，结合《穆天子传》所记录的是周穆王西游的故事，有可能是其在西域地区得到了关于"狮子"的信息，而将其塞语读音汉译而来。

② 参考：a. 张之杰：《狻猊、师子东传试探》，《中国科技史料》Vol. 22（4），2001 年，第 363～367 页；认为《穆天子传》在《汉书·艺文志》中并未收录，其成书年代存疑，而郭璞为魏晋时人，可能受到汉代狮子概念的混淆影响。b. 白化文：《狮子与狮子吼——纪年佛教传入中国两千年》，《文史知识》1998 年第 12 期，亦认为狻猊是狮子的见解只是晋人郭璞的个人看法，并不可信。

③ 孙文礼：《中国狮子造型艺术的源流及其演化》，《中国祥瑞造型图典》，北京：人民美术出版社，2009 年，第 1～2 页。

之先与秦同祖，其裔孙曰造父，于周穆王，为御骅骝、騄耳之乘，西谒西王母，东灭徐偃王，日驰千里。"《孔丛子·陈士义》："昔周穆王大征西戎，西戎献锟铻之剑、火浣之布。"等。

从文献得知，周穆王曾多次征伐或巡狩至西戎（或曰犬戎，在今陕北、甘肃境内）、西羌（陇西河湟地带）、昆仑（西起帕米尔高原、穿新疆西藏、入青海境内）、西海（今青海湖）等地，对方亦曾前来朝见。《穆天子传》中的神化内容很可能是对穆王西征或西巡夸张的故事化表现，尤其是对他与西王母来往事件的强调，也更像是对王者轶事的演绎。但不可否认的是，周穆王西征或西游，的确是我国记载较早的中外交流，他到过西境，也很有可能见过或听闻过狮子，因此记下塞语狮子 sarau 的形容词 sarvanai、或抽象名词 sarauna 的汉语音译。

"麑"字在先秦两汉文献里多有出现，指鹿子（小鹿）；而"猊"字在先秦两汉文献中却少见，今本《竹书纪年》所载《穆天子传》中载"名兽使足：□走千里，狻猊□野马走五百里……"推测"麑"与"猊"的通用可能出现在魏晋或更晚，故今本《穆天子传》中使用"狻猊"而非"狻麑"也正是它成书较晚的证据，可能是晋人伪造，或是抄录时对"麑""猊"二字的混用导致将古词"狻麑"记为"狻猊"。但无论如何，都不能将现本《穆天子传》中的"狻猊"作为与狮子同属一物的依据。

汉代文献里有关于"狻麑"的记载，如《说文·鹿部》："麑：狻麑，兽也。"又《犬部》："狻：狻麑，如虦猫，食虎豹者。"都只言狻麑是一种像虎、可食虎豹的猛兽，并未提及它与狮子的关系。然而，此时汉地已有关于狮（师）子的记载了，且这些记载在提到狮子时，同样未提"狻麑"。这说明起码在汉代，人们并不认为狻麑和来自外域的狮子是同一种动物；后来"麑"与"猊"通，才有"狻猊"一词，晋人郭璞时已将狻猊与狮子视为一物。

总结来看，推测古代中国先是流传有一种名为狻麑、外形似虦猫（浅毛虎）、可食虎豹的猛兽，其原型或许就如《穆天子传》中所言，源于周穆王时期因征战而对西域狮子的真实记录，名称来自塞语音译，但因其只是见闻、实物并未引进本土，故狻麑一直被认作神秘猛兽。至汉时，从西域引入真实的狮子，其"师（狮）子"的名称来自对梵语或粟特语的音译，因而与早期音译的"狻麑"不同，以致在汉代，人们并没有将狮子与狻麑看作同一种动物。魏晋时，"麑"通"猊"，"狻麑"亦被写作"狻猊"，今本《穆天子传》中"狻猊"可能就是撰自或被篡改于此时，其概念也约在此时被等同于狮子，于是才有了"狻麑＝狻猊＝狮子"的说法。即狮子同狻麑、狻猊虽在原型上可能为一物，但对其属性的认知却存在着时代性的演变过程①。

2. 汉代狮子图像的形态分析

两汉最为人熟知的狮子形象是一种墓前石雕。目前带有明确纪年的最早石狮，为东汉晚期桓帝建和元年（147 年）山东嘉祥武氏祠前的一对石狮。而汉代器物纹饰与石质画像上则能见到更早的狮子形象，如洛阳五女冢 M461 陶井侧面即饰一长鬃毛狮子与一熊搏斗，陶井另几面还有虎与野猪搏斗、怪兽、有翼兽等形象②（图 2.55.1）。

类似的狮子形象还见于南阳陈棚墓中前室门楣及后室过梁画像石，都刻画出狮子与一背部突起的牛形象，旁饰云气纹③（图 2.55.2），狮子造型与五女冢陶井上的相似，都符合《东观汉记·敬宗孝顺皇帝》中所载的"疏勒王盘遣使文时诣阙，献师子、封牛，师子形似虎，正黄，有髯耏，尾端茸毛大如斗。"狮子旁边背部隆起的牛，应即为"封牛"④。陈棚墓中与狮子位置相近的画像石上还有大象、羽人戏龙等造型，狮子与封牛应都有奇珍异兽充当祥瑞神兽之意。据陈棚墓简报介绍，此墓规格较高、建造复杂，墓主推测至少为两千石以上太守级别，且此墓位于东汉帝乡，墓主及家属身份尊贵，较有可能见过或能得到这些珍异动物的图样。

五女冢墓陶井与陈棚墓画像石上的狮子形象如此相似，或可作为有图像粉本的证据。在河南其他散存画像石上也曾发现过类似的狮子形象，均为仰头、张口，且突出其"形似虎、鬃毛、尾端绒毛大如斗"的身体特征（图 2.55.3）。

立体狮子除地面石狮造像外，也有墓葬出土的器物塑像。如河南淮阳北关一号

① 与本文相近的观点参考宋岚：《中国狮子图像的渊源研究》，南京艺术学院硕士学位论文，2010 年；文中指出两汉时期的"狻猊（麑）"并不是一个通行名词，人们搞不清楚西域进贡的狮子是否为《尔雅》中所释的狻麑，且古时的狻麑和汉代进贡的狮子也可能有着不同的来源；但文中没有区分早期"狻麑"与魏晋时出现的"狻猊"二词的区别和替代过程。

② 洛阳市第二文物工作队：《洛阳五女冢王莽墓发掘简报》，《文物》1995 年第 11 期；原报告中认为此图像为熊虎搏斗，但仔细观察右边猛兽的鬃毛及尾部，应为狮子。

③ 蒋宏杰等：《河南南阳陈棚汉代彩绘画像石墓》，《考古学报》2007 年第 2 期。

④ 《康熙字典·牛部》载："犎：《玉篇》野牛也。领上肉爆胅起如橐驼。《后汉·顺帝纪》疏勒国献狮子封牛。《注》封牛，其领上肉隆起若封然，因以名之。即之峰牛。《集韵》或作犎。"

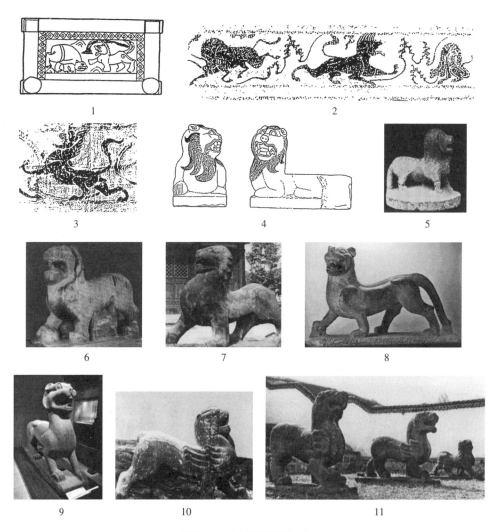

图 2.55　汉代的狮子形象

1. 王莽时期，洛阳五女冢 M461 陶井栏；2. 王莽时期至东汉初期，南阳陈棚墓过梁画像石；3. 南阳散存画像石；4. 东汉中期偏晚，河南淮阳北关 M1 石座；5. 东汉晚期，河北望都 M1 石器盖；6. 东汉晚期，山东嘉祥武氏祠石狮；7. 东汉，四川芦山杨君墓石狮；8. 东汉，现藏西安碑林博物馆；9. 东汉，河南许昌出土、现藏河南省博物院；10. 东汉晚期，四川雅安高颐墓石狮；11. 东汉晚期，四川芦山樊敏墓石狮。

墓狮形座（图 2.55.4），同墓还出土大小形状相似的虎形座，此墓规格较高，墓主推测为陈顷王刘崇[1]。河北望都二号墓还出土一件立狮砚盖，虽有风化，仍能辨识出狮子头部浓密的鬃毛，据出土买地券得知墓主为太原太守刘公[2]（图 2.55.5）。

----

[1]　周口地区文物工作队等：《河南淮阳北关一号汉墓发掘简报》，《文物》1991 年第 4 期。

[2]　河北省文化局文物工作队：《望都二号汉墓》，第 12、26 页。

迄今发现的自王莽时期至东汉晚期墓葬出土的各类器物、画像石等上面的狮子图像，几乎均出自较高等级墓葬，墓主为皇室贵族或至少两千石以上高官，且出土地点多在东汉京畿地区及附近，直至东汉较晚时期，其他地区才逐渐得见狮子形象。

东汉的石狮多被立于汉墓附属的地面建筑前。据《水经注·汳水》载："《续述征记》曰：西去夏侯坞二十里，东一里，即襄乡浮图也。汳水迳其南，汉熹平中某君所立。死因葬之，其弟刻石树碑，以旌厥德。隧前有狮子、天鹿，累塼作百达柱八所，荒芜颓毁，雕落略尽矣。"又《漷水》曰："彭水迳其西北，汉安邑长尹俭墓东，冢西有石庙，庙前有两石阙，阙东有碑，阙南有二狮子相对，南有石碣二枚，石柱西南有两石羊，中平四年立。"

可见除石狮外，这种汉墓附属的地面石刻还常有天禄（鹿）、辟邪、羊等动物形象。有学者称天禄、辟邪等为"狮形石兽"，并将其分为东汉中、晚两期，并解释说东汉的狮子、天禄、辟邪等石兽的不同形象反映出在墓前的角色差异，且有着不同的造型系统与渊源，体现出当时石兽造型的复杂性与模糊性[①]。李零先生在研究"有翼神兽"时涉及到麒麟、符拔（桃拔或扶拔）、天禄、辟邪、天禄虾蟆及飞廉，并未直接包含狮子在内，但文中猜测"桃拔狮子"应连读，指一种带有神力的狮子；或言"桃拔"为狮子的产地（"排特"的音译），而天禄、辟邪则是桃拔狮子在中国的名称。他还进一步提出："在中国艺术中，狮子最初是以'有翼神兽'的一种，即'翼狮'（winged lion）的形象出现。"[②]但从汉代狮子的实际形象来看，多写实风格，几乎都不带双翼，可与天禄、辟邪明显区分。如山东嘉祥武氏祠石狮、陕西咸阳、四川芦山杨君墓、西安碑林、河南省博所藏石狮等（图2.55.6~2.55.9）。

然而，汉人也惯以添加翅膀为"道具"，从而神化一些现实动物，来自外域的珍稀动物狮子也不例外。但翼狮形象多见于东汉较晚时期的地面石像。如四川雅安高颐墓前石狮、四川芦山樊敏墓前三尊石狮，均为双翼、无角，且双翼雕刻细节相似[③]（图2.55.10、2.55.11）；前者墓主高颐为益州太守，后者墓主樊敏为巴郡太守。并

---

① 贾璞：《东汉狮形石兽初论》，《四川文物》2012年第5期。

② 李零：《论中国的有翼神兽》《再论中国的有翼神兽》，载《入山与出塞》，第87~145页。

③ 张松利等：《许昌汉代大型石雕天禄、辟邪及其特点——兼论天禄、辟邪的命名与起源》，《中原文物》2007年第4期。

据《芦山县志》载："（樊敏）葬石马坝，墓有高碑及石刻马羊狮象等像，尽汉制也。"即能证实这种有翼兽实际上就是被加了翅膀而神化的狮子，而非其他所谓的"狮形神兽"。

值得注意的是，这种翼狮头上依然是没有角的。虽然加"角"也是汉人常用的"神化道具"，但狮子的情况不同，因为加了角的狮子形象已被另外的幻想神兽占用，即天禄、辟邪，下文将详细讨论。

总结来看，先秦文献中记载的"狻麑"或"狻貌（读音 liwatnie）"① 等都指一种猛兽，很可能即指狮子（目前证据仍不足）。约在张骞通西域后的西汉中晚期，被汉人普遍认知的狮子由西域进贡而来，当时的名称为音译的"师子"，至迟在东汉较晚时期，如《前汉纪》中，才得见加了反犬旁的"狮子"，是对其名称的汉化表现；"狻貌"写法约在魏晋之际才出现，可能是晋人使用当时的通用字"貌"，而对"麑"的誊写误差所致，故才有"狻貌""狻麑"渐都与"师（狮）子"等同的说法；但两汉文献中，并没有"狻麑"或"狻貌"即为"师（狮）子"的明确记载。

从现有汉代图像资料上看，狮子被引入后，至迟在王莽时期至东汉初期，即成为工匠手中的重要神兽装饰图样之一，其风格写实，推测图样粉本的最初创作者一定见过真正的狮子。起初，狮子图像的使用者多为皇室贵族或高等级官吏，出土狮子图像的墓葬也主要在东汉京畿及周边地区，其使用带有一定的等级身份限制；尽管后来狮子逐渐从内涵、功能、寓意等层面上均被汉化（神化、祥瑞化等），却并没有大肆在民间普及；至东汉较晚时期，随着社会上对狮子形象及寓意的逐渐熟悉和接受，其才被较广泛地用于墓上地面造像，带有以猛兽守卫陵墓之意；后又被"惯性地"神化出汉式神兽常备的道具——双翼。从其图像演变过程可以清楚看到，"翼狮"造型非但不是受外来文化影响，反而是汉文化将其进行了本土化改造的结果。

（七）有角神兽

1. 麒麟

甲骨文中就有"麐"，为"麟"的同义古字，从字形中也可以看出这种传说动物

---

① 引自李零：《狮子与中西文化的交流》，载《入山与出塞》，第 145 页。此名称发现自上海博物馆收藏的战国楚简（年代约在公元前 300 年左右），李文认为其读音接近希腊文的 leon、拉丁文的 leo、英语的 lion。

与鹿的亲密关系，《说文》亦云："麟：大牝鹿也。"

麟惯被视为仁贤之兽。《逸周书·王会解》曰："规规以麟，麟者，仁兽也。"《诗经·国风·麟之趾》云："麟之趾、振振公子。于嗟麟兮。麟之定、振振公姓。于嗟麟兮。麟之角、振振公族。于嗟麟兮。"故"麟趾"也多用来比喻子孙多贤。

战国出现"麒麟"连称，有时亦写作"骐驎"①，暗指其外形又与马的部分相似。单从文献来看，汉代的麒麟、骐驎常混用，无明显的指代差别。

文献记载中与麟相关最著名的典故，是"孔子西狩获麟导致春秋绝笔"事件②。此事在西汉被大肆宣扬，麒麟成为迷信化的新儒学自我粉饰、迎合帝王及争取政治话语权的重要道具。后来的汉武帝获麟事件，亦是在这种观点引导下的人为产物。据《汉书·郊祀志》载："后二年，郊雍，获一角兽，若麃然③。有司曰：'陛下肃祗郊祀，上帝报享，锡一角兽，盖麟云。'"随后，这种迷信化的新儒学又与谶纬说结合，在两汉之际的特殊政治文化土壤中生根发芽，并盛行于东汉一代，麒麟也成为汉人信仰的重要祥瑞神兽之一。

汉代也出现过对这种偏激迷信导向的反对声音，如王充就在《论衡·异虚》中指出，所谓上帝所赐的一角兽，实际上是原本两角的野兽共抵一角（并角），是一种自然基因变异，继而揭示出宣扬此言论背后的真正政治企图："汉孝武皇帝之时，获白麟，（一角）戴两角而共抵，使谒者终军议之。军曰：'夫野兽而共一角，象天下合同为一也。'"④ 但时人对这种独角神兽的神性却始终深信不疑，尤其在统治阶级的支持下，麒麟的神力及符谶色彩被不断渲染，如《艺文类聚·祥瑞·麟》中载《春秋感精符》云："麟一角，明海内共一主也。王者不刳胎，不剖卵，则出于郊……"又《三国志·魏延传》云："夫麒麟有角而不用，此不战而贼欲自破之象也。"

---

① 《战国策·秦攻魏取宁邑》载："'有覆巢毁卵，而凤皇不翔；刳胎焚夭，而骐驎不至。'""骐驎"也可指一种良马，如"骐驎騄（绿）耳"。

② 《春秋繁露·随本消息》载："西狩获麟，（子）曰：'吾道穷，吾道穷。'三年，身随而卒。天命成败，圣人知之，有所不能救，命矣夫。"又《史记·孔子世家》："鲁哀公十四年春，狩大野。叔孙氏车子鉏商获兽，以为不祥。仲尼视之，曰：'麟也。'取之。曰：'河不出图，雒不出书，吾已矣夫！'颜渊死，孔子曰：'天丧予！'及西狩见麟，曰：'吾道穷矣！'"等。

③ 麃，音 páo，同"麜"，指一种类獐的动物。《尔雅》云："大麃，牛尾一角。"

④ 黄晖：《论衡校释》，第217页。

这些被强化到一角上的特殊寓意，加之其原本就携带的忠善仁义标签，最终奠定了麒麟在汉代神兽中的至高地位。这种地位也直接体现于四灵、五灵体系中。

《礼记·礼运》云："麟凤龟龙，谓之四灵。"随后四象（青龙、白虎、朱雀、玄武）与四灵概念产生了部分重合混淆，加上阴阳五行观的影响及王莽篡位的谋划造势，故至迟在两汉之际，四灵与四象体系产生融合，形成由龙、凤（朱雀）、白虎、龟（玄武）、麒麟组成的"五灵"神兽信仰体系，麒麟被安排到了最中心的位置。

东汉一代，由于最高统治者的支持，谶纬成为"国宪"，包括麒麟在内的各种祥瑞神兽在举国上下得到推崇。麒麟常与凤组合，《焦氏易林》中就多见以麟凤为主题的谶言卦辞，如"凤凰在左，麒麟处右。仁圣相遇，伊吕集聚。时无殃咎，福为我母。"洪适《隶续》所录东汉中期山东任城《汉山阳麟凤碑》一例（图2.1中），左侧麒麟即为鹿身、牛尾、头顶一角，右为凤皇。

关于麟的形象，先秦文献中只含糊地表示其外形似鹿或马，或有角等。推测麟的原型可能是一种现实存在的鹿科动物，因某种基因变异而出现异常的身体特征——一角[1]，而见过或能认出这种神异动物的人非常有限。

对麒麟仁义品德及一角特质的大肆宣扬是在汉代。为证明其存在的真实性，麒麟不能继续保持神秘无形，造势者需对包括一角在内的完整麒麟形象进行细化与落实。

按《说苑·辨物》云："麒麟麋身、牛尾，圆顶一角，合仁怀义，音中律吕，行步中规，折旋中矩，择土而践，位平然后处，不群居，不旅行，纷兮其有质文也，幽闲则循循如也，动则有仪容。"[2] 又《宋书·符瑞志》："麒麟者，仁兽也。牡曰麒，牝曰麟。不刳胎剖卵则至。麋身而牛尾，狼项而一角，黄色而马尾。含仁而戴义，音中钟品，步中规矩，不践生虫，不折生草，不食不义，不饮洿池，不入坑阱，不行罗网。明王动静有仪则见。牡鸣曰逝圣，牝鸣曰归和，春鸣曰扶幼，夏鸣曰养

---

[1] 有学者认为早期麟的实物可能是头生独角的雌性麋鹿，今仍有母鹿异化长出独角的事例，多因遗传变异或激素分泌失常所致。见王靖：《春秋"西狩获麟"考》，《西南科技大学学报：哲学社会科学版》第30卷第5期，2013年10月。

[2] 刘向撰、向宗鲁校证：《说苑校证》。

绥。"① 山东嘉祥武梁祠顶画像中，就有与此描述大致相符的麒麟图像，并附榜题：
"麟不刳胎残少则至。"（图 2.56②）与前述洪适《隶续》所录汉代麒麟碑图像造型相
似，突出特征都是鹿身、牛尾、一角、角端有肉。这应该就是麒麟在汉代最终演变
出的成熟形态，且从无到有，这中间必然经历了人们对其长期的内涵认知与外形选
择过程。

图 2.56　带榜题的麒麟图像（图片摘自巫鸿《武梁祠》）

　　西汉时，人们对麒麟的形象依然莫衷一是。汉长安城武库遗址出土过一件玉雕，
其上神兽形似大角山羊、颌下有须、身有翼、最明显的特征是头顶独角③（图
2.57.1）。江西南昌海昏侯墓、广西西林普驮铜鼓墓④出土的金属牌饰上也有类似的
动物形象，但都无翼（图 2.57.2 ~ 2.57.4）。

　　武帝时出现"协瑞"之物——麟趾金，模拟了现实鹿科动物的蹄形（图 2.58）。

　　河南鄢陵一块散存画像砖上刻有羽人乘骑一马身、有翼、头顶一弯角的神兽图
像，年代在两汉之际，与西汉那种疑似麒麟的羊身形态不同，可能与当时人们对骐
骥之名的字面理解有关（图 2.59）。

---

① 沈约：《宋书》，第 791 页。

② 巫鸿：《武梁祠：中国古代画像艺术的思想性》。

③ 中国社会科学院考古研究所编：《汉长安城武库》，北京：文物出版社，2005 年，第 75、77 页、图版
四六。孙机先生认为它就是汉武帝所获之"并角"麒麟，并进一步提出汉代麒麟分成角端带肉和不带
肉两类，见孙机：《几种汉代的图案纹饰》，《文物》1982 年第 3 期。但孙文中所附麒麟图像的独角中
部有一条明显的分割线，经笔者查阅《汉长安城武库》报告，发现原物并没有这一"并角"形制，而
是如图 2.57.1 所示的独角。

④ 广西壮族自治区文物工作队：《广西西林县普驮铜鼓墓葬》，《文物》1978 年第 9 期。

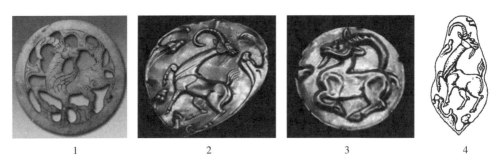

图 2.57　西汉的疑似麒麟形象

1. 西汉，汉长安城武库玉雕；2、3. 西汉中晚期，海昏侯墓银饰；4. 西汉，广西普驼铜鼓墓铜牌饰。

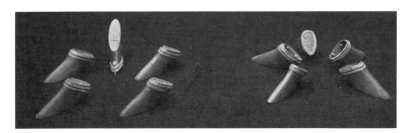

图 2.58　海昏侯墓出土麟趾金

图 2.59　河南鄢陵散存西汉晚期至东汉初期画像砖

　　东汉的麒麟已被确定了独角特征，且根据独角的形态区别，可分为角端无肉、有肉两类。

　　第一类：角端无肉，长角弯曲且多带螺旋纹，多羊身（图 2.60①）。能看出它们

———————————

① 孙机：《几种汉代的图案纹饰》，《文物》1982 年第 3 期。

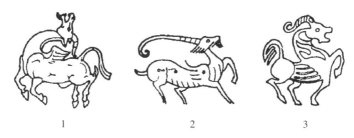

图2.60　东汉独角、角端无肉的麒麟形象（图像摘自孙机《几种汉代的图案纹饰》）

1. 朝鲜平壤贞柏里古坟出土银饰；2. 四乳禽兽带纹镜；3. 陕西潼关吊桥杨氏茔地5号墓出土铜牌饰。

与西汉那类羊身麒麟在形态上的一脉相承。而之所以能将其确认为麒麟的主要证据，则来自东汉一类装饰五灵纹饰的铜镜，麒麟往往与青龙、白虎、朱雀、玄武同时出现（图2.61①），而这种羊身麒麟，也是麒麟在铜镜纹饰中的典型形象（图2.62②）。

图2.61　洛阳烧沟M1023五灵纹规矩镜（左下圆圈内为羊身麒麟形象）
（图像摘自孙机《几种汉代的图案纹饰》）

由此上推，图2.57中那类羊身独角神兽，应就是西汉时的麒麟形象。

第二类：角端有肉，肉的形态有别；按身体特征，又可分为鹿身和马身，也正对应了"麒麟""骐驎"两种写法。

鹿身麒麟：东汉较早时期，角端肉部尚不明显（图2.63.1、2.63.2），至东汉中晚期以后，肉结构在图像中被突显，且兽身多有翼，常与凤成对出现（图2.63.3～

① 孙机：《几种汉代的图案纹饰》。

② 周世荣：《中华历代铜镜鉴定》，北京：紫禁城出版社，1993年，第32页。

图 2.62　东汉铜镜上的典型麒麟形象（图像摘自周世荣《中华历代铜镜鉴定》）

2.63.6）。东汉时四川还有一种鹿身、双翼、头顶有夸张灵芝状肉部的麒麟形象，有榜题称之为"天鹿"或"天禄"。天鹿可能是为表达"天界神鹿"含义的民间叫法，而天禄则是天鹿的吉祥谐音，和与辟邪配对的天禄不是一回事。这类麒麟有时还会通过角端是否带肉来突显两性差别：雄性有灵芝状肉而雌性没有（图 2.63.7），但这种做法只在四川地区流行，其他地区鲜见，与前文提到的凤与凰的情况相似。

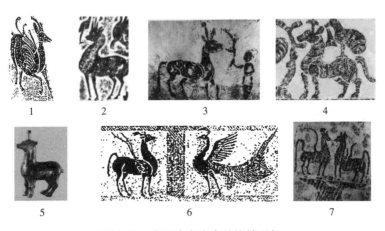

图 2.63　东汉肉角鹿身的麒麟形象

1. 东汉早中期，南阳麒麟岗墓北主室立柱画像石；2. 东汉早中期，陕西绥德黄家塔 M7 后室门框画像石；3. 东汉，四川泸州七号石棺侧板画像；4. 东汉，山东费县潘家童墓画像石；5. 东汉，河南偃师出土鎏金铜像；6. 东汉中晚期，四川彭山双河崖墓石棺侧板画像；7. 东汉，四川新津六号石棺头档画像。

马身骐驎：流行时间晚于鹿身麒麟，主要见于东汉中晚期的四川及苏鲁豫皖邻近地区，这种形态也可在早期找到原型（图 2.59）。与鹿身麒麟一样，起初角端肉部不明显（图 2.64.1、2.64.2）；约东汉较晚时期，独角上才固定表现出明显的肉部

（图2.64.3、2.64.4）。马身亦分有翼、无翼，可能分别对应强调"仙界神兽"和"瑞应符谶"内涵；后者的典型图像见江苏徐州缪宇墓，作马身、无翼、一角、角端正心形肉，旁附榜题"骐驎"，其前方还有带"福德羊"榜题的写实羊形象，墓内还有"青龙""玄武""朱鸟"等祥瑞神兽的图像与榜题① （图2.64.5）。

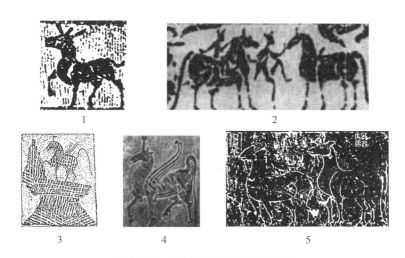

图2.64　东汉肉角马身的骐驎形象

1. 东汉中期，河南邓县长冢店墓门楣画像石；2. 东汉晚期，徐州茅村墓前室西壁画像石；3. 东汉晚期，四川彭山三号石棺画像；4. 东汉晚期，四川昭觉县石阙画像；5. 东汉中晚期，徐州缪宇墓后室门画像石与榜题。

汉代这几种典型麒麟的形态尤其是西汉时的羊身麒麟和马身骐驎，都可以在汉地之外找到相似形象。

蒙古海尔汗苏木高勒毛都匈奴贵族墓地M20出土了14件银质马珂，分圆形、葫芦形两种，其正面图案均为一种独角马身神兽，颌下有须、旁饰云气纹；其中，圆形的独角较短、四腿跟部有翼，葫芦形的独角较长，无翼② （图2.65）。能看出它们与前述西汉时的羊身麒麟、马身骐驎的部分身体形态相近，很可能是汉朝与西北草原地区文化交流的证据和产物，但二者相互影响的顺序和方式则有待进一步探讨。

---

① 南京博物院等：《东汉彭城相缪宇墓》，《文物》1984年第8期。

② a. Chimiddorzh Erool – Erdene，Animal Style Silver Ornaments of the Xiongnu Period，*XiongNu Archaeology*：*Multidisciplinary Perspectives of the First Steppe Empire in Inner Asia*，Germany：Freiburger Graphische Betriebe – Freiburg，2011：p. 333 – 340. b. 付琳：《独角马造型的考辩——从朝阳袁台子出土动物形铜饰谈起》，《文博》2012年第2期。

一种可能是，汉人受外域这种奇异独角神兽造型的启发，参照它们来表现形象一直含混不清的本土传说神兽——麒麟，甚至起初可能直接就将它们辨识为麒麟；另一种可能性则相反，是匈奴地区吸收了汉文化中的独角麒麟或骐驎形象，再加以本土化的艺术创造①。

图 2.65　蒙古海尔汗苏木高勒毛都匈奴墓地 M20 出土银质马珂

正如唐代韩愈在《获麟解》中所言："麟之为灵，昭昭也。咏于诗，书于春秋，杂出于传记百家之书。虽妇人小子，皆知其为祥也。然麟之为物，不畜于家，不恒有于天下。其为形也不类。非若马牛犬豕豺狼麋鹿然。然则虽有麟，不可知其为麟也。角者吾知其为牛，鬣者吾知其为马，犬豕豺狼麋鹿，吾知其为犬豕豺狼麋鹿，惟麟也不可知。"世间本就没有麒麟，有的只是关于它的传说和寓意以及各时代人们主观赋予它可被普遍辨识的典型形象。而汉代正是麒麟形象从无到有，从意识信仰到具象崇拜的重要阶段：从西汉时的羊身麒麟、马身骐驎雏形，至后来逐渐演变出本土化的鹿身麒麟、马身骐驎，再因对一角特征的逐渐强化、导致对角端肉部的突显，最终得以演变出麒麟的成熟形态，并一直影响着后世麒麟的基本形态。

2. 辟邪、天禄、符拔与天禄虾蟆

（1）辟邪、天禄

辟邪原义指一种邪恶作风或脾性，或写作僻邪②，另亦有辟除邪恶之意③，作为

──────────

① 马健：《匈奴葬仪的考古学探索——兼论欧亚草原东部文化交流》，兰州：兰州大学出版社，2011 年，第 215 页。

② 《孟子·滕文公上》："苟无恒心，放辟邪侈，无不为已。"《大戴礼记·劝学》："是故君子靖居恭学，修身致志，处必择乡，游必就士，所以防僻邪而道中正也。"

③ 《急就篇》："玉玦环佩靡从容。射魃辟邪除群凶。"

神兽名称的辟邪，显然取义后者。天禄则有两种内涵：一为"天鹿"的吉祥谐音，可能是麒麟或其他外形似鹿动物的别称；二是取天降福禄之意，并与辟邪配对。辟邪、天禄作为神兽组合流行的时间约在东汉较晚时期，二者从字面意义上看，十分符合汉人对祥瑞神兽兆吉除凶的普遍寄予。

目前发现的汉代辟邪、天禄组合实物，都集中在东汉较晚时期。如山东沂南北寨墓中有一双角、一独角的两翼兽图像，应是辟邪、天禄的艺术化形象①（图2.66.1）。河北定县M43两件掐丝嵌宝石金兽，有翼，一独角、一双角；据简报称，两兽出土于棺椁所在的中室，可能是墓主随身佩戴之物②。据《后汉书·舆服志》载："自公主封君以上皆带绶，以采组为绲带，各如其绶色。黄金辟邪，首为带鐍，饰以白珠。"M43墓主推测为中山穆王刘畅，他使用这种精致的辟邪、天禄形象也正与《舆服志》所载礼仪规制相符（图2.66.2）。

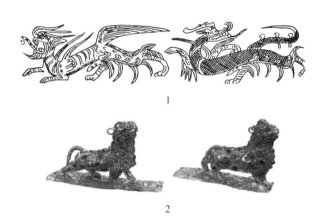

图2.66 汉代的辟邪、天禄组合形象
1. 东汉晚期，山东沂南北寨墓立柱；2. 东汉晚期，河北定县M43掐丝金嵌宝神兽（左独角，右双角）。

东汉还常将辟邪、天禄石刻造像置于地面（图2.67）。它们与狮、虎、麒麟等东汉常见石雕一样，都带有象征等级、装饰或护卫之意。如《封氏闻见记》载："秦汉以来，帝王陵前有石麒麟、石辟邪、石马之属；人臣墓前有石羊、石虎、石人、石柱之属，皆以表饰坟垄如生前之象仪卫耳。"

---

① 南京博物院等：《沂南古画象石墓发掘报告》，图版40。
② 定县博物馆：《河北定县43号汉墓发掘简报》，《文物》1973年第11期。

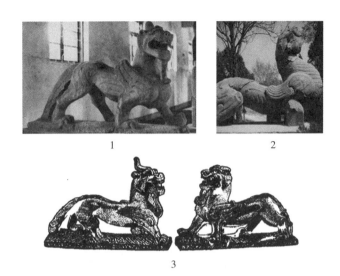

图 2.67　东汉的辟邪、天禄石刻造像

1. 洛阳伊川彭婆石像；2. 南阳宗资墓前石像一对，《集古录》卷三记其膊上有辟邪、天禄刻字；3. 洛阳涧西孙旗屯石像一对（一双角、一独角）。

　　综上可见，汉代辟邪、天禄的共同外形特征是有角、兽身似狮、多有翼、张口、昂首、颔下长须、脸部有鬃毛；若一兽单独出现时，必为双角，只有成组出现时才有一独角、一双角的区分。《亦政堂重修考古图》中录有汉代"辟邪镫"图，其兽双角、狮身、无翼、四趾、颈颔及尾端有鬃毛[①]（图 2.68）。

　　若依此推断，单独作双角狮身出现的，可称其为辟邪。这种双角辟邪，在汉代最常见的功能即作器座（图 2.69）。据《通典·乐四·八音》载："《世本》云：钟悬谓之旋……郑玄谓：'今时旋有蹲熊、盘龙、辟邪。'"或可作为双角为辟邪的又一佐证。

　　但孙机先生曾提及浙江出土过的一面铜镜，上有一独角翼兽，旁附榜题"辟邪"，且根据汉镜铭文中"距虚辟邪除群凶"之句，的确又可以将这种一角神兽认作辟邪[②]。若一角为辟邪，两角自然就是天禄，下文将论的天禄虾蟆也是两角。如此看来，汉代辟邪、天禄的角数划分似乎并没有十分严格的规定，至今也未能在文献或出土资料中找到具有信服力的实证。

―――――――――――

① 吕大临编，黄晓峰鉴定，亦政堂藏板：《亦政堂重修考古图》，清乾隆十七年黄氏亦政堂刊本，1752 年。

② 孙机：a.《汉代物质文物资料图说》，北京：文物出版社，1991 年，第 420 页；b.《汉镇艺术》，《文物》1983 年第 6 期。

图2.68 《亦政堂重修考古图》辑汉代"辟邪镫"图

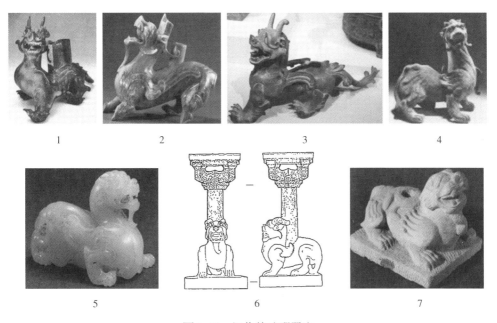

图2.69 汉代的辟邪器座

1. 美国赛克勒美术馆藏铜器座；2. 东汉，陕西宝鸡北郊东汉墓滑石器座；3. 国家博物馆藏铜器座；4. 东汉，美国洛杉矶县立艺术博物馆藏彩绘陶器座；5. 西汉晚期，咸阳渭陵出土玉器；6. 东汉中期偏晚，河南淮阳北关 M1 石承盘；7. 东汉，四川雅安点将台墓石插座。

　　综合来看，早期单独出现的双角狮身兽或许是对猛兽狻麑的神异化表现，称其为"辟邪"可能是以其神性为特征的别称，以取代其原本拗口的本名。一角的狮身神兽出现的则晚一些，不论从名字还是外形都是为了与双角狮身神兽匹配。到后来当它们同时存在时，人们甚至已经说不清哪个一角、哪个双角了。

（2）符拔与天鹿

符拔，文献中有时又写作扶拔、桃拔或桃枝，都是对一种外来动物名的汉语音译。李零先生曾推测符拔是狮子的一种、或指狮子的产地"排特（即乌弋山离）"①。但如《后汉书·西域传》记载："章帝章和元年，遣使献师子、符拔。符拔形似麟而无角。"又《班梁列传》："月氏尝助汉击车师有功，是岁贡奉珍宝、符拔、师子。"足见狮子与符拔虽常连记，但语序有别，不太可能是同一种动物，且对符拔外形"似麟无角"的描述也与狮子大相径庭。

林梅村也曾提出符拔来自乌弋山离，并支持法国汉学家沙畹关于符拔译自古希腊文 boubalis（一种羚羊）的观点，认为这种羚羊为偶蹄目牛科动物，主要生活于非洲和欧亚大陆，其雄兽都有独特的向后弯曲的角，雌兽多无角、少部分有角②。

根据现有文献证据来看，古希腊文 boubalis 指某种羚羊的说法较为合理，但具体的羚羊种属尚不明确。羚羊与狮子一样主要生活于欧亚非草原，《后汉书·西域传》中对符拔"似麟无角"的描述，其对象可能是无角的雌羚③。

河北定县 M122 一件满饰祥瑞神兽的错金银铜管上能辨识出一只在汉代动物图像中较罕见的鹿形动物，其头顶有弯月状双角，与自然界中的双角雄羚相似④（图2.70）。这类铜管属汉代宫廷为高等级墓主定制的礼制性随葬品，宫廷工匠也较有机会见到西域进贡的珍稀动物，因此铜管上各种珍稀动物的形象都较写实。那这只形似雄羚的动物很可能就是汉代符拔的图像遗存，它与《后汉书》中"符拔似麟无角"的记载有别，可能仅是对两性羚羊有无双角的不同写照罢了。

---

① 李零：《论中国的有翼神兽》，载《入山与出塞》，第 113～115 页。

② a. 林梅村：《天禄辟邪与古代中西文化交流》，载《汉唐西域与中国文明》，北京：文物出版社，1998年，第 96～98 页；b. Édouard Chavannes, *Dix inscriptions chinoises de l'Asie centrale*（*Ten Chinese Inscriptions From Central Asia*），Paris：Imprimerie Nationale，1902：p. 232. 林文中将古希腊文 boubalis 译成英文 antelope 和中文"叉角羚"，但现存另一种中文名也叫叉角羚的动物英文却为 Antilocapra americana，主要生活于美洲，与林文中所述生活于欧亚大陆和非洲草原的叉角羚有别，故本文暂不采用叉角羚译名。

③ 自然界中的雌性羚羊，有的无角，有的则有不明显的双角。

④ Wu Hung, *A Sanpan Shan Chariot Ornament and the Xiangrui Design in Western Han Art*, Archives of Asian Art, Vol. 37, Honolulu：University of Hawaii Press for the Asia Society, 1984：p. 42.

图 2.70 汉代的疑似符拔图像（定县 M122 铜管纹饰）及其动物原型（自然界雌雄羚羊）

林梅村文中还提出天禄又名天鹿，其艺术原型是扶拔①。根据上下文，可确定林所说的天禄是与辟邪配对的狮身神兽，也就是说，他认为狮身天禄的艺术原型是外域的一种羚羊。其依据可能是唐宋时期的一些文献记载，如《通典·边防八·条支》曰："而有桃拔、狮子、犀牛。注曰：桃拔，一名符拔，似鹿，长毛，一角者或为天鹿，两角者或为辟邪。"又《太平御览·四夷部十八·西戎六·乌弋山离》载："《汉书》曰：乌弋山离国……有桃枝。注曰：桃枝似鹿，或名天禄。"

但作为狮身神兽的天禄和作为天鹿吉祥谐音的天禄，实为两个完全不同的概念。"天鹿"的用法与涵义复杂：第一，麒麟别称；第二，神鹿或仙鹿，原型是鹿，在图像中可能是带双翼或作仙人坐骑的鹿；第三，谐音为天禄，原型是鹿、麒麟或其他被认为带有神性的鹿形动物；与狮子一同引入、外形似麟或鹿的符拔（一种羚羊），很可能也被别称为天鹿，又再谐音成天禄；第四，反之，与辟邪配对的天禄也可能会被误记为天鹿。

上述《通典》注中提到的"桃拔，一名符拔，似鹿，长毛，一角者或为天鹿，两角者或为辟邪"，一方面暗显出符拔曾别称天鹿的证据，另一方面也显示了后世对作为天鹿谐音的天禄和作为与辟邪配对的天禄的理解混淆。这些后世文献中对天禄、天鹿的各种混乱记载，显然都源于对它们原始涵义的理解不准确、全面所致，经本文梳理总结，它们在汉代的关系大致如下：

---

① 林梅村：《天禄辟邪与古代中西文化交流》，第96页。

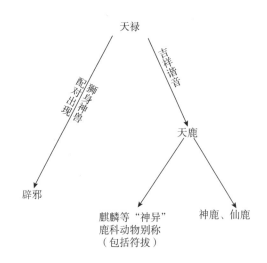

总结来看，符拔、扶拔、桃拔、桃枝等名称应都是对其原产地地名的不同汉语音译，其实物指代都是当时广泛分布于欧亚非大陆、后进贡入汉的一种羚羊，雄性双角、雌性有不明显的双角或无角，文献中对符拔"似鹿"或"似麟无角"的记载，及器物纹饰上双角的疑似符拔形象，实为对两性符拔有无双角的不同写照，并没有本质矛盾，只是在后世传播中逐渐出现混乱。符拔入汉后曾被汉化别称为天鹿，后又谐音为更富吉祥色彩的天禄，也正因此，导致后世又将其与狮身有角神兽天禄相混淆。实际上在汉代，符拔与天禄、辟邪、狮子等，都没有直接关系，有角神兽天禄的艺术原型是符拔的说法也无法成立。

（3）天禄虾蟆

文献中还提过一种"天禄虾蟆"。如《后汉书·孝灵帝纪》载："复修玉堂殿，铸铜人四，黄锺四，及天禄虾蟆，又铸四出文钱。"又《后汉书·宦者列传》："又铸天禄虾蟆，吐水于平门外桥东，转水入宫。"

汉代出土的天禄、辟邪实物并不能看出有可以吐水的迹象，所以不太可能分读为"天禄"和"虾蟆"。虾蟆原指蟾蜍，汉代出土材料中发现的那种形似蟾蜍的异兽，往往还带双翼和角（图2.71.1、2.71.2），与汉代写实的蟾蜍形象有别（图2.71.3）。

故如李零先生所论，天禄虾蟆应连读指代一种神兽，是对虾蟆形象的神异祥瑞化改造①。根据目前所见器物判断，其出现时间至迟在西汉晚期。

————————————

① 李零：《论中国的有翼神兽》，载《入山与出塞》，第116～117页。

1　　　　　　　　　　2　　　　　　　　　　3

图 2.71　汉代的天禄虾蟆与蟾蜍对比

1. 西汉，日本泉屋博古馆藏铜镇；2. 东汉，徐州彭城王墓铜砚盒；3. 东汉：四川广元墓石摇钱树底座。

3. 其他一角、三角神兽

（1）一角神兽

角端（又写作甪 lù 端/角貒 tuān 等）：

角端的特征是一角长于鼻上、外形似猪。先秦两汉文献中鲜见"甪端"，推测"甪"是后世所创的象形字①。如《后汉书·乌桓鲜卑列传》载："（鲜卑）又禽兽异于中国者，野马、原羊、角端牛，以角为弓，俗谓之角端弓者。"又《三国志·魏书·鲜卑传》："端牛角为弓，世谓之角端者也。"而角字古音为禄，又有谐音吉祥之意。

吉林榆树老河深和内蒙古扎赉诺尔鲜卑墓地出土的铜带扣上都有疑似角端的形象，身有双翼，蹄部前后分开②（图 2.72.1、2.72.2）。山东沂南北寨墓立柱上也有类似鼻上有角的神兽，只是更抽象，与墓葬本身的雕刻风格有关③（图 2.72.3）。

结合文献记载和出土资料来看，角端的动物原型可能来自北方草原地区的鲜卑文明，而这种双翼瑞兽形态或可追溯到更远的翼兽艺术流行区。角端之"角"在汉代谐音为"禄"，"端"又有"正直不斜"之意，也正因此使之渐被汉人接受，成为流行的祥瑞神兽之一。

兕与獬豸：

兕为一种大型猛兽，外形与犀牛外形相似，却更强调了"一角"。如《论语注

---

① 陈明富：《"甪"音义及相关考》，《汉字文化》2012 年第 1 期。

② a. 吉林省文物工作队等：《吉林榆树老河深鲜卑墓群部分墓葬发掘简报》，《文物》1985 年第 2 期；b. 郑隆：《内蒙古扎赉诺尔古墓群调查记》，《文物》1961 年第 9 期。

③ 南京博物院等：《沂南古画象石墓发掘报告》，图版 66。

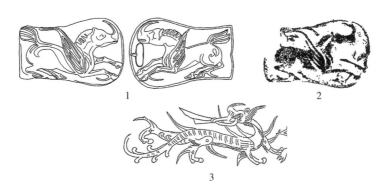

图 2.72　汉代的角端

1. 两汉之际，吉林榆树老河深 M56 鎏金铜带扣；2. 内蒙古扎赉诺尔墓群出土铜带扣；3. 东汉晚期，山东沂南北寨墓中室中心柱画像石。

疏·季氏》："《尔雅》云：'兕，野牛。'郭璞云：'一角，青色，重千斤。'《交州记》曰：'兕出九德，有一角，角长三尺余，形如马鞭柄。'"《山海经》中九处提到兕，如《海内南经》："兕在舜葬东，湘水南，其状如牛，苍黑，一角。"

　　兕与犀牛一样，皮甲可作器、亦可以形制器。这两种动物在古代常被混淆。美国学者 Berthold Laufer 曾著文区分二者关系，得出二者区别是：兕身体似水牛，而犀似猪，并引用了 Giles 的观点，认为兕是一种牛科动物（a bovine animal）[1]。

　　汉代出土图像资料中有一种长独角、拱背低首作搏斗状的牛形兽，或以形制器，或装饰于墓葬中。之前多将其释为獬豸，认为角作抵触状是为表达能辨是非。

　　獬豸，又写作解廌、觟𧣾（读音均为 xiè zhì），外形似羊或牛，头顶一角，以一角触人可以明辨曲直、执法定罪。如《后汉书·舆服志》载："獬豸神羊，能别曲直，楚王尝获之，故以为冠。"又《论衡·是应》："觟𧣾者，一角之羊也，性知有罪。皋陶治狱，其罪疑者，令羊触之。有罪则触，无罪则不触。斯盖天生一角圣兽，助狱为验，故皋陶敬羊，起坐事之。此则神奇瑞应之类也。"[2]

　　甘肃酒泉下河清 M18 铜兽出土时位于这座未被盗扰的双室墓的前室入口中央（图 2.73.1），其尖利长角正对墓口，镇墓意图明显，与獬豸可辨是非的功能联系牵

① Berthold Laufer，*History of the Rhinoceros*，Chinese Clay Figures，Part 1：Prolegomena on the History of Defensive Armor，Chicago：Field Museum of Natural History，1914：p. 89 – 101.

② 黄晖：《论衡校释》，第 760 ~ 761 页。

强①。其他这类神兽形象也多放置或装饰于墓门位置（门槛、门楣或起坡等）（图2.73.2～2.73.6)，这种或俯首一角前抵、或搏斗的姿势，都明显在突出此兽强悍勇猛的战斗力。

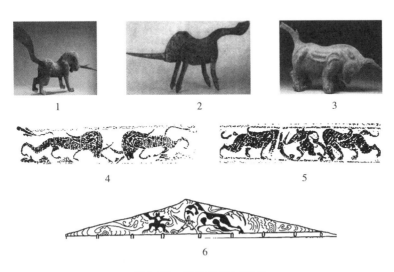

图 2.73 汉代的兕与獬豸

1. 东汉，甘肃酒泉下河清 M18 铜兽；2. 东汉，甘肃武威磨嘴子 M54 木兽；3. 东汉早期，陕西勉县红庙墓灰陶兽；4. 王莽时期至东汉初期，南阳陈棚墓门槛画像石；5. 东汉中期，河南邓县长冢店墓门楣画像石；6. 东汉早期，内蒙古凤凰山 M1 后壁起坡壁画。

符合勇猛又擅于用角抵触的神兽，是兕。如《淮南子·兵略训》："故良将之卒，若虎之牙，若兕之角，若鸟之羽，若蚈之足，可以行，可以举，可以噬，可以触。"两兕相斗的场面在扬雄的《太玄经·遇》中也有描述："次八，两兕鬬（斗)，一角亡，不胜丧。测曰，'两兕鬬（斗)'，亡角丧也。"司马光《集注太玄经》释之："如两兕相遇方斗，而一亡其角，必不胜而丧身矣。角，以论御侮之士也。"

汉人将勇猛善斗的兕放置或装饰于墓葬中，无疑寄托了望其镇墓除恶的用意，相较可明辨是非的獬豸来说更解释得通。且根据文献记载，兕的外形更似牛而獬豸如羊，汉代的獬豸形象或可参考山东沂南画像石墓中图像（图2.74)，与文献中"神羊""一角之羊"的描述更为吻合。

————————

① 甘肃省文物管理委员会：《酒泉下河清第一号墓和第八号墓发掘简报》，《文物》1959 年第 10 期。

图2.74   山东沂南北寨墓中室中心柱画像石

其他：

文献中还涉及到的其他典型一角神兽资料汇入下表2.5：

表2.5   文献中记载的其他典型一角神兽

名称	身体特征	特殊涵义
猙	状如赤豹，五尾一角，其音如击石。（《山海经·西山经》）	
駮	状如马而白身黑尾，一角，虎牙爪，音如鼓音。（《山海经·西山经》）	食虎豹，可御兵
䑏疏	状如马，一角有错。（《山海经·北山经》）	辟火
㻏马	牛尾而白身，一角其音如呼。（《山海经·北山经》）	
辣辣	状如羊，一角一目，目在耳后，其鸣自詨。（《山海经·北山经》）	
麠	大鹿也。牛尾一角。（《说文》）	
豻	胡地野狗（《说文》）； 似狐而黑身，长七尺，头生一角，老则有鳞。（《康熙字典》）	能食虎豹
騝	如马，一角，不角者騝。（《尔雅·释兽》）	
一角兽	一角。（《宋书·符瑞志》）	天下平一则至

其中如駮、䑏疏、騝等都是独角马身，难免与前述马身骐驎难辨，只是成熟期的骐驎独角上端会有明显的肉部，而其他独角马身神兽则不见，且骐驎更多地保留了马的身体特征（图2.75.1）。山东沂南北寨墓中还能找到疑似独角鹿身的麠形象（图2.75.2）。洛阳卜千秋墓顶壁画中飞腾于云气纹中的一角怪兽形象较奇特少见，或为文献中所记的豻[1]（图2.75.3）。

但这些一角神兽与《山海经》中记载的很多怪异动物一样，未能在汉代得到普遍流行，出土材料中也并不常见。

---

[1]   洛阳博物馆：《洛阳西汉卜千秋壁画墓发掘简报》，《文物》1977年第6期；原报告中认为此神兽是枭羊。

图 2.75 汉代的其他一角神兽
1. 东汉铜俑；2. 东汉晚期，山东沂南北寨墓中心柱画像石；3. 西汉中晚期，洛阳卜千秋墓后壁顶壁画。

（2）三角神兽

《宋书·符瑞志》曰："三角兽，先王法度修则至。"明时《三才图会·鸟兽》载："西凸山有三角兽，乃瑞兽也。先王法度修明则至。"又据《宋书·仪卫志》《元史·舆服志》载，宋元时期的帝王仪卫中，皆有三角兽旗帜。

汉代的三角神兽图像出现较晚，约在东汉中晚期谶纬极盛之时，与三角兽在文献中出现的时间大致相符。

目前汉代三角神兽图像仅见于鲁南苏北地区墓葬装饰中，如徐州新沂瓦窑墓①、山东莒县沈刘庄墓②，两处三角神兽形态相似，均为兽身、低首、翘尾，背部有三只利角刺向前方（图 2.76.1、2.76.2）。

可以看出，三角并非长于头顶，而是前后排列于兽身背部，兽头处似乎还有一个前冲的角，整体姿态似兕，推测二者作用相同，后者是对兕或一角兽神性的进一步强化。如山东诸城前凉台墓出土铜兽，从形态、材质上看就与兕都很相似（图 2.76.3）。

（八）多头神兽

说完异常之"角"，现在要提及汉代图像中另一类具有奇异身体特征的——多头神兽。与角不同的是，有时在自然界中还能见到非两角的现实动物，而"多头"则几乎完全就是杜撰而来。

汉代文献中常有关于妇人生出两首连体怪婴的记载，多被视为不祥之兆，但如将多头安入其他生物之上，人们便不觉不祥、反视其为神瑞。这种奇思妙想的神兽，

———————————

① 徐州博物馆等：《江苏新沂瓦窑汉画像石墓》，《考古》1985 年第 7 期。
② 苏兆庆等：《山东莒县沈刘庄汉画像石墓》，《考古》1988 年第 9 期。

1   2   3

图2.76 汉代的三角神兽

1. 东汉中晚期，江苏徐州新沂瓦窑墓后室北壁画像石；2. 东汉晚期，山东莒县沈刘庄墓立柱画像石；3 西晋，河南省博藏彩绘陶兽。

除了受到升仙、谶纬等汉代特殊迷信思想的影响外，也与自先秦时期流传下来的一些神话传说、经典文献有关。如《山海经》与《楚辞》中就常提到或描绘出多头多尾等反常形态的神异动物，如前文提到的双头虹龙蜚蜚、三首六尾的䗝鸰、三首六目六足三翼的䳅鸺、比翼鸟等；多头兽身神兽亦是这些文献中经常出现的，在汉画材料中，常也能辨识出能与之大致相应的图像。

按照多头的数量，现分双首、三首、八首、九首分别介绍。

1. 双首神兽：并封（屏蓬/鳖封）、延维

双首形态作一身、肩上两头。《山海经》中就记有三例双头神兽。

一为跳踢，见《大荒南经》："南海之外，赤水之西，流沙之东，有兽，左右有首，名曰跳踢。"又《吕氏春秋·孝行览·本味》曰："肉之美者：……述荡之踏（掌）。"高诱注："兽名，形则未闻。""跳踢""述荡"应为一物。

二是屏蓬或并封，见《大荒西经》："大荒之中，有山，名曰鏖鏊钜，日月所入者。有兽，左右有首，名曰屏蓬。"又《海外西经》："巫咸国在女丑北，右手操青蛇，左手操赤蛇，在登葆山，群巫所从上下也。并封在巫咸东，其状如彘，前后皆有首，黑。"《逸周书·王会解》中也有关于类似神兽的记载："区阳以鳖封，鳖封者，若彘，前后有首。""屏蓬""并封""鳖封"从发音来看应都是指代同一物，其特征是前后或左右有两头、身形似猪。洛阳尹屯王莽墓中室穹窿顶东壁有一人骑一只两面猪首神兽的图像，与文献描绘的并封形态契合①（图2.77.1）。据《海外西

————————

① 洛阳市第二文物工作队：《洛阳尹屯王莽壁画墓》，《考古学报》2005年第1期。

经》中"并封在巫咸东"之句，推测并封背上所乘之人就是"右手操青蛇，左手操赤蛇"的巫咸国之巫（有神人之意）。

第三种，据《海内经》载："有神焉，人首蛇身，长如辕，左右有首，衣紫衣，冠旃冠，名曰延维，人主得而飨食之，伯天下。"又《大荒南经》云："帝尧、帝喾、帝舜葬于岳山。爰有文贝，离俞、鸱久、鹰、贾、延维、视肉、熊、罴、虎、豹。"《太平御览》注曰："（延维），即于蛇也。"汉代很多文献中还记载了孙叔敖母子与两头蛇的典故，可见"两头歧首"的蛇在汉代本被视为不祥。《焦氏易林》中也有两头为不祥的卦辞，如"一身两头，莫适其躯。乱不可治，孰为汤汉。""一身两头，近适二家，乱不可治。"但孙叔敖之母将杀蛇解释为"德胜不祥，仁除百祸"，也是汉代宣扬新儒家及谶纬等迷信思想的常用手段，与《山海经》中所记延维"人主得而飨食之，伯天下"的结果异曲同工。

东汉时，有一种连体兽身、左右各一人首的神兽形象，与西汉壁画中出现的双首猪身的并封一样，常为坐骑。如山东嘉祥散存画像石上就有这种双首神兽，上立一仙人吹竽，画面中还有西王母、玉兔捣药、三足乌、九尾狐等形象，表现的应是西王母仙境[1]（图2.77.2）。这种双人首神兽，很可能是《山海经》中记载的"人首蛇身，长如辕，左右有首，衣紫衣，冠旃冠，人主得而飨食之，伯天下"的延维，只是随着汉代神仙信仰的盛行，这种神兽被进一步夸张想象和神化，依其形态而演化成为仙境中的仙人坐骑。

徐州一块带有"元和三年（公元86年）"题记的祠堂画像石上有一双人首上坐一双身人的形象，并附榜题"荣成"[2]（图2.77.3）；有学者判断此"四首怪物"为"黄帝、老子之师、能善补导之术的容成公"，是《列仙传》中有载的一位善行长生不老之术的神仙[3]。

山东嘉祥宋山祠堂散存画像石上也有一个双人首、连体兽身的神兽，陕西绥德刘家沟墓门立柱上亦有双人首神兽与玄武图[4]，均未载人，能看出这种神兽本身是独

---

① 俞伟超主编：《中国画像石全集》第二册（图版），济南：山东美术出版社，2000年，第117页。

② 徐州博物馆：《徐州发现元和三年画像石》，《文物》1990年第9期。

③ 姜生：《汉帝国的遗产：汉鬼考》，北京：科学出版社，2016年，第158～163页。

④ 俞伟超主编：《中国画像石全集》第二册（图版），第92、139页。

立的，并非和其上乘人固定同出（图2.77.4、2.77.5）。故推测徐州元和三年画像石上的榜题，应指的是坐于双人首神兽坐骑上的双身神人，他才是神仙容成公，不应和其下坐骑连释为"四首怪物荣成"，双人首的神兽坐骑实为延维。

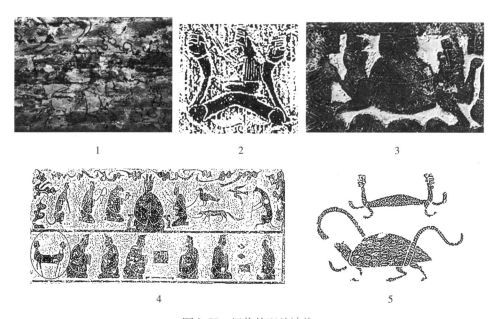

图2.77 汉代的双首神兽

1. 王莽时期，洛阳尹屯M1中室东坡壁画；2. 东汉，山东嘉祥散存画像石；3. 徐州东汉元和三年祠堂画像石；4. 东汉中晚期，陕西绥德刘家沟墓门立柱画像石；5 东汉晚期，山东嘉祥宋山散存祠堂画像石。

2. 比肩兽

《宋书·符瑞志》曰："比肩兽，王者德及矜寡则至。"山东嘉祥武梁祠顶石画像上就有一马身、肩生两马头的神兽，旁有榜题："比肩兽，王者德及鳏寡则至。"（图2.78.1）。类似的马或鹿形比肩兽多见于陕北东汉中、晚期画像石墓的门框处，且多与龙、凤、麟等祥瑞神兽绘于一处（图2.78.2）。山西离石散存画像石上还有羊形比肩兽，肩生两翼，周饰云气纹（图2.78.3）。鲁南苏北等地东汉晚期石质画像上极为流行比肩兽形象，且工匠们对其形态进行了更生动多样的创作，最常见的是一种双人首兽身比肩兽（图2.78.4、2.78.5）。

"比肩"除有"并肩"之义，还可比喻"地位或声望相等"。文献中也提到一种由两种不同动物组合共生的比肩兽。《吕氏春秋·慎大览·不广》曰："北方有兽，名曰蹶，鼠前而兔后，趋则跲，走则颠，常为蛩蛩距虚取甘草以与之。蹶有患害也，蛩蛩距虚必负而走。此以其所能托其所不能。"又《尔雅·释地》:"西方有比肩兽焉。与邛邛岠虚比,为邛邛岠虚啮甘草,即有难,邛邛岠虚负而走,其名谓之蹷。"《韩诗外传》卷五亦载:"西方有兽,名曰蹷,前足鼠,后足兔,得甘草,必衔以遗蛩蛩距虚,其性非能蛩蛩距虚,将为假之故也。"即言这类比肩兽是蹷(蹷/蹷)与蛩蛩距虚(邛邛岠虚)的共生合体,其外形前似鼠、后似兔,表达了一种互补相济、同心合力的正面寓意。

南阳散存画像石上有一人身蛇尾与一只一兽首、一鸟首、兽身四足怪兽的形象,前者尾部与后者一前足相连,应即蹷与蛩蛩距虚合体的比肩兽(图2.78.6)。类似的图像又见江苏徐州贾汪一幅散存画像石,一长发人膝部与一双首怪兽相连,后者形象十分有趣,有双人首、兽身四足、前两足似鼠足、后两足似兔足、并长一长尾(图2.78.7),可能是目前可见与文献记载最符合、最传神的蹷(蹷/蹷)形象。

按这些图像推测,汉人眼中的蛩蛩距虚(邛邛岠虚)已非早期文献中记载的兽形,而多作奇异的人形(神形),也符合汉人常将幻想中的神人神兽身体混合搭配的作法。

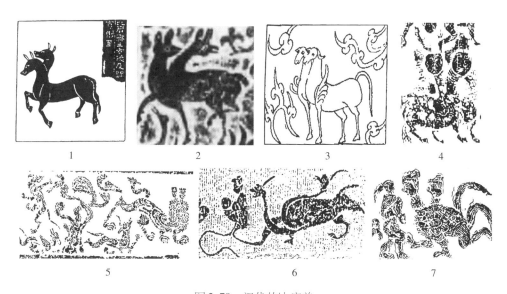

图2.78 汉代的比肩兽

1. 东汉晚期,武梁祠顶画像及榜题;2. 东汉中晚期,陕西绥德黄家塔 M7 后室门框画像石;3. 东汉,山西离石散存画像石;4. 东汉,济宁城南张墓散存画像石;5. 东汉晚期,徐州十里铺墓中室横额画像石;6. 东汉,南阳散存画像石;7. 东汉,徐州贾汪散存画像石。

3. 三首神兽双双

据《山海经·大荒南经》载:"有三青兽相并,名曰双双。"东汉时期鲁南苏北地区石质画像上有时能见到疑似三首的双双形象，其形态也分人首兽身（图 2.79.1、2.79.2）和更怪异的异兽造型（图 2.79.3、2.79.4），且常与玉兔、羽人等其他神人神兽同出于仙境世界，其性质也是仙界神兽，在墓葬中起着祥瑞或辟邪作用。

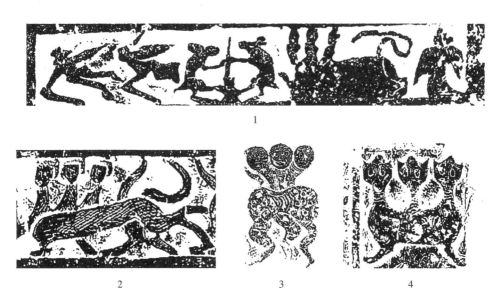

图 2.79　汉代的三首神兽

1. 东汉中期：江苏徐州散存画像石；2. 东汉晚期，山东沂南北寨墓前室中心柱画像石；3、4. 东汉，山东济宁城南张墓散存画像石。

4. 八首神兽天吴

八首神兽也是来自对《山海经》记载的异兽的借用改造。《山海经·海外东经》载："朝阳之谷，神曰天吴，是为水伯，在蚕蚕北两水间。其为兽也，八首人面，八足八尾，皆青黄。"又《大荒东经》："有神人，八首人面，虎身十尾，名曰天吴。"

朱锡禄将武氏祠一多头兽释为"天吴"，认为其有八头[1]。但仔细看图，兽身上有八头，加上本身常规的一头应是九头。文献中关于八首神兽的名称记载也不称"天昊"[2]，而称"天吴"。

---

[1] 朱锡禄：《武氏祠汉画像石》，济南：山东美术出版社，1986 年，第 129 页。

[2] "天昊"在汉代另有其意，为星名。如《汉书·天文志》载："在丑曰赤奋若。十二月出。石氏曰名天昊，在尾、箕。甘氏在心、尾。太初在婺女、虚、危。"

汉代之后，"天吴"内涵仍沿用《山海经》中的说法，一直被视为水神。古诗里就多有描绘它的诗句，如"南风吹山作平地，帝遣天吴移海水""河伯空忧水府贫，天吴不敢相惊动"等。明代刘伯温《郁离子·多疑不如独决》中有一则故事，就以多头神兽为喻，抒其"众志多疑不如一心独决"的政见①。

八首与九首神兽的形象有时很难分辨清楚，因为图像中头的安置位置常常花样百出。推测汉代工匠在参照粉本进行创作时，难免会有不解、混淆或画错的情况，比如就会将水神"天吴"与星名"天吴"弄混。南阳一块散存画像石上有天象星点云气，在苍龙星座旁就绘有一只前四首、后三首的四足神兽（图2.80.1），推测人们默认常兽本就有一头，加上多出的七个怪头共八头，而将其画入天象图的做法，显然是将"天吴"与星名"天吴"混淆的表现。

类似图像见于东汉鲁南苏北地区的画像石上，其特征是将多出的头分配到兽身的头尾两端。如东汉中期山东莒南孙氏阙②、徐州贾汪散存画像石上的多头神兽与南阳画像石上的十分相似，只是孙氏阙上的七头与之有"朝三暮四"的划分之别，而贾汪画像石上的头尾均只有三头，但如孙氏阙上的多头神兽与比目鱼和龟同出，应是表现了天吴水神身份的祥瑞神兽之意（图2.80.2、2.80.3）。

细数这类多头神兽，也常有不是八头的情况，有时也不是画成头尾分头的样式（图2.80.4、2.80.5）。但相对于头的数量更稳定的九头神兽而言，姑且可将不足但接近八头的神兽形象都识别为水神天吴。

5. 九首神兽开明兽

文献中有载的九头神兽大致以下四种：

一是相柳氏（相繇）。据《山海经·海外北经》载："共工之臣曰相柳氏，九首，以食于九山。……相柳者，九首人面，蛇身而青。"又《大荒北经》："共工臣名

---

① 其文曰："无支祁（水怪）与河伯斗，以天吴为元帅，相抑（柳）氏副之……河伯曰：'天吴八首八足，而相抑（柳）氏九头，实佐之。'……灵姑胥曰：'此臣之所以举赑屃也。夫将以一身统三军者也。三军之耳目齐于一人，故耳齐则聪，目齐则明，心齐则一，万夫一力，天下无敌。今天吴之头八，而副之者又九其头。臣闻人心之神，聚于耳目，目多则视惑，耳多则听惑。今以二将之心而御其耳目六十有八，则已不能无惑矣。'乃使赑屃帅九夔以伐之，大捷。故曰众志之多疑，不如一心之独决也。"

② 刘心健等：《山东莒南发现汉代石阙》，《文物》1965年第5期。

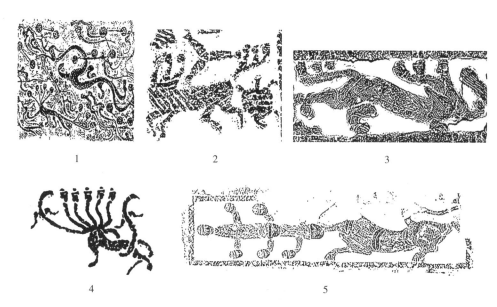

图2.80　汉代的八首神兽天吴

1. 南阳散存画像石；2. 东汉中期，山东莒南孙氏阙画像；3. 东汉，徐州贾汪散存画像石；4. 东汉晚期，山东滕州滨湖镇祠堂画像；5. 东汉，山东临沂西张官庄墓散存画像石（残一头）。

曰相繇，九首蛇身，自环，食于九土。"相柳氏与相繇为一物，其外形特征是九首蛇身自环，与汉代图像中常见的九首神兽形象差别较大。

二是人皇，见王延寿《鲁灵光殿赋》："上纪开辟邃古之初，五龙比翼，人皇九头……"故《沂南古画象石墓发掘报告》编撰时曾认为中室八角擎天柱上方的九首神兽即为人皇，与《楚辞》中九首的雄虺为一物①。但对人皇九头的理解，历代文献中多有不同记载。有的诠释为"一个身体九个头"，如《拾遗记》载："频斯国有枫林，林东有大石室，可容万人坐。壁上刻为三皇之象，天皇十三头，地皇十一头，人皇九头，皆龙身。"有的将"九头"或"九首"解释为九个人，如《太平御览·皇王部·人皇》载："《春秋命历序》曰：人皇氏九头，驾六羽，乘云车，出谷口，分九州。宋均注曰：九头，兄弟九人。项峻《始学篇》曰：人皇九头，兄弟各三分，人各百岁。依山川土地之势财度，为九州，各居其一，乃因是而区别。《遁甲开山图》曰：人皇起于刑马。荣氏注曰：人皇兄弟九人，生于刑马山，身有九也。"可见，"天皇十三头，地皇十一头，人皇九头"可能是后人对"人皇九头"的衍伸、夸

---

① 南京博物院等：《沂南古画象石墓发掘报告》，第43页、图版62。

张说法，且人皇本身地位尊贵，与汉画中九头兽的所处图像环境也不甚相符。

三为雄虺，见《楚辞·招魂》："雄虺九首，往来倏忽，吞人以益其心些。"足见雄虺是一种对人有极大伤害的怪兽，不符合汉人选择信仰神兽的惯有标准。而《招魂》后又言："魂兮归来！君无上天些。虎豹九关，啄害下人些。一夫九首，拔木九千些。"又《文心雕龙·辨骚》云："木夫九首，土伯三目，诡怪之谈也。"这种居于天上、大力可拔木的九首神兽似乎不同于可吞噬人心的雄虺而另有所指。

四为开明兽。《山海经·海内西经》曰："昆仑之墟，方八百里，高万仞。上有木禾，长五寻，大五围。面有九井，以玉为槛。面有九门，门有开明兽守之，百神之所在。……昆仑南渊深三百仞。开明兽身大类虎而九首，皆人面，东向立昆仑上。"这里提供的线索是：开明兽九头人面虎身，活动地点在昆仑，旁有大木，职责是守护昆仑仙境的九门，那么《招魂》里提到的拔木九千的大力九首神兽很可能即指开明兽。

山东济宁城南张墓一幅画像石下方有一只人面九头虎身有翼神兽，其上右侧有双首神兽、左侧有一持斧神人，二者之间画一铺首，明显有"门"的指代涵义，与开明兽在昆仑仙境守门的特征十分相符（图2.81.1），故推测汉代图像中这类九首兽身神兽表现的应该都是开明兽。其尤其流行于东汉较晚时期鲁南苏北地区的石质画像上（图2.81.2、2.81.3），有时还能看到更艺术化的想象创作（图2.81.4～2.81.6）。与上述诸多首神兽一样，都是汉人借用《山海经》奇兽充实仙境的行为，将它们装饰于墓葬中来表达升仙与兆吉辟邪的愿望。文献中还曾提到其他几种九头怪兽，如蠪侄①、九凤②、石修③等，但均与汉代九首神兽图像所表现的属性内涵不符。

（九）半人半兽神兽

半人半兽是古人基于现实、并加之主观想象而创造出的神异生物形态，它们可以是被信仰崇拜的神人神兽、或是令人恐惧厌恶的妖魔鬼怪。

关于古人想象并创作半人半兽形态的心理过程，有学者曾总结：其原型来自人类模仿动物的狩猎方式；其宗教心理根源来自原始图腾崇拜；半人半兽始终以人为

---

① 《山海经·东山经》："有兽焉，其状如狐，而九尾、九首、虎爪，名曰蠪侄，其音如婴儿，是食人。"
② 《山海经·大荒北经》："有神，九首人面鸟身，名曰九凤。"
③ 《抱朴子·内篇·释滞》："石修九首。"

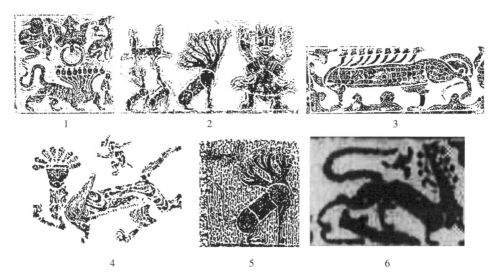

图2.81　汉代的九首神兽开明兽

1. 东汉，济宁城南张墓画像石；2. 东汉，嘉祥花林散存画像石；3. 东汉，滕县黄安岭散存画像石；4. 东汉晚期，徐州十里铺墓横额；5. 东汉，嘉祥纸坊头散存画像石；6. 东汉晚期，徐州茅村墓画像石。

主，体现了人在自然界主导意识的觉醒，亦是人类自身崇拜的表现；半人半兽是人类通过将现实动物在想象中进行分解、并提取某些重要元素与人体的一部分结合而新创的具有奇异能力之物；这种想象与创作也混合着早期人类的审美意识①。

　　除心理驱使的作用，在人类文明早期的劳动与技术创造中，也有肇生半人半兽形象的偶然性因素。李济先生在研究殷墟出土木刻镶嵌艺术品时提出："工匠们在创作时常自由发挥，如将立体的动物分成相等的两半，再拼成平面，而这种纹样配列法演变后的结果就是同一动物身体各部位的重复或是不同动物身体部位的组合与夸张，由此形成各种复杂的纹样；这种装饰手法很快被其他雕刻工匠、陶工、玉工、铜工竞相模仿，但题材归根到底还是取决于他们的生活环境。"②商周青铜器上的人兽纹饰、楚地镇墓兽等早期艺术品，也都经历过兽形、人形、半人半兽形态等发展状态。

　　关于半人半兽记载最多的文献是《山海经》，据统计，全书载半人半兽共86种，

①　李景江：《论半人半兽神的心理根源》，《民族文学研究》1987年第5期。

②　李济：Hunting Records, Faunistic Remains, and Decorative Patterns from the Archaeological Site of Anyang，《国立台湾大学考古人类学刊》，1957年第9、10合期。

其中人首兽身的 64 位、占 74%，兽首人身的仅 5 位①。其他相关文献如提及半人半兽，多会清楚表述出其具体属性是"神人"还是"神兽"。

汉代出土图像中常见的半人半兽形象也有"神人""神兽"之分。

有名的半人半兽"神人"有：豹尾虎齿的西王母②、人首蛇身的伏羲和女娲、人面兽身或鸟身的五方神人③、人首鸟身的王子乔④、人首鸟身的扁鹊、人首龙身的雷神或鼓⑤、人首鱼身的河伯（河精）⑥、人面蛇身的烛（九）阴（烛龙）⑦、人面虎身九尾的陆吾⑧、猪首人身神人⑨等。

可以看出，这些"神人"的共同特征是均为人首（面）兽身，似乎暗示出古人

---

① 李景江：《论半人半兽神的心理根源》。

② 西王母在原典中的形象是半人半兽的，见《山海经·西山经》："西王母其状如人，豹尾虎齿而善啸，蓬发戴胜，是司天之厉及五残。"

③ 分别是东方句芒、南方祝融、西方蓐收、北方玄冥、中央后土。《礼记·月令》《山海经》《楚辞》《吕氏春秋》《淮南子·天文训》《独断》《白虎通》等文献中均有相关记载；唯《山海经》记北方神为禺强，且五方神多为人面鸟身或兽身形态。相关研究可参考贾雯鹤：《五方天帝及属神名义考》，《社会科学研究》2006 年第 6 期。

④ 王子乔与赤松子齐名，《列仙传》即有王子乔传；有学者将卜千秋墓壁画上的人首鸟身像辨识为王子乔，但日本学者林巳奈夫提到一例现藏美国华盛顿赛克勒美术馆的汉代铜镜，其纹饰上有两羽人对弈、旁停两马，马旁分刻榜题"赤诵（松）马""王乔马"（［日］林巳奈夫：《汉代の神神》，附图 30）；其他汉代铜镜上也多见人身的王子乔与题铭，故推测汉代的王子乔形象还是多以人形出现，人首鸟身的说法暂无实证。

⑤ 《山海经·海内东经》："雷泽中有雷神，龙身而人头，鼓其腹。在吴西。"袁珂《山海经校注》引郭璞注曰："雷兽，即雷神也。人面龙身鼓其腹者，櫑，犹击也。"

⑥ 《韩非子·内储说上》："乃为坛场大水之上，而与王立之焉。有间，大鱼动，因曰：'此河伯。'"《艺文类聚·帝禹夏后氏》中引《尚书中候》："伯禹曰：'臣观河，河伯面长，人首鱼身，出曰：'吾，河精也。'授臣《河图》。"

⑦ 《山海经·海外北经》："锺山之神，名曰烛阴，视为昼，瞑为夜，吹为冬，呼为夏，不饮，不食，不息，息为风，身长千里。在无启之东。其为物，人面蛇身，赤色，居锺山下。"又《大荒北经》："有神，人面蛇身而赤，直目正乘，其瞑乃晦，其视乃明，不食，不寝，不息，风雨是谒。是烛九阴，是谓烛龙。"《淮南子·地形训》："烛龙在雁门北，蔽于委羽之山，不见日，其神人面龙身而无足。"一说马王堆 M1 帛画上层中央的人首蛇身神就是烛龙。

⑧ 据《山海经·西山经》："西南四百里，曰昆仑之丘，是实惟帝之下都，神陆吾司之。其神状虎身而九尾，人面而虎爪；是神也，司天之九部及帝之囿时。"

⑨ 主要见于西汉中晚期至王莽时的河南地区壁画中，如洛阳卜千秋墓后壁山墙壁画、偃师 08 年墓壁画等，因其主要为着衣人身，故更像是带面具的抓鬼方相氏，目前对其属性暂无准确结论。

对于"脑部控制生物属性"的先进性认知。上述统计《山海经》中人首兽身占所有半人半兽形态中的74%也能反映出这种潜在倾向，亦与学者们所分析出的古人想象并创作半人半兽形态的心理过程相符：半人半兽始终以人为主，体现了人类在自然界主导意识的觉醒，亦是人类自身崇拜的另一种表现。

本书因其主题范围，现主要讨论汉代图像中的半人半兽神兽。

1. 牛首人身与鸡首人身

汉代图像资料中常见一种牛首人身形象，前人多有"神农氏"说，文献证据如《绎史》引《帝王世纪》载："炎帝神农氏，人身牛首。"后来道教三皇中的人皇，也有"（后）人皇君牛面人身，姓姜，名神农，号炎帝"的说法。但结合图像来看，并没有能证实牛首人身神为神农氏的确切证据。

根据"半人半兽形态可能来源于人们以现实动物为原型的想象"之角度考虑，考证牛首人身的真正属性不妨从"牛"这一现实动物入手。

文献中记载过一种名为"南山丰大特"的神牛。如《后汉书·舆服志》："皇后谒庙服……步摇以黄金为山题，贯白珠为桂枝相缪，一爵九华，熊、虎、赤罴、天鹿、辟邪、南山丰大特六兽，诗所谓'副笄六珈'者。"又《史记·秦本纪》载："（文公）二十七年，伐南山大梓，丰大特。"《说文》解释"特"为"特牛、朴特，牛父也"，即一种体型巨大的牛，《通典》载徐广注云："今武都故道有怒特祠，图大牛，上生树本，有牛从木中出，后见于丰水中。"

河北定县M122铜管上满饰的祥瑞神兽中就有一种棕色、身材健硕、低首抵触并与虎、熊等猛兽搏斗的神牛形象[1]（图2.82.1），铜管上几乎可对应出上述"副笄六珈"中的大部分神兽，这个神牛形象很有可能就是南山丰大特。这种健硕的神牛形象还多见于西汉至东汉早期河南地区的砖石画像中（图2.82.2、2.82.3），与铜管纹饰一样，神牛多杂处于神兽云气之间，多作搏斗姿态，展现出勇猛力量。

前文论及狮子时，曾提到一种牛的形象可能是文献中所载之"封牛"。但封牛的外貌细节是"领上肉耸胅起如橐驼"或"领上肉隆起若封然，因以名之"。若与上述几种背部没有隆起的神牛相较，外形差异明显。

---

① Wu Hung, *A Sanpan Shan Chariot Ornament and the Xiangrui Design in Western Han Art*, Archives of Asian Art, Vol. 37. Honolulu: University of Hawaii Press for the Asia Society, 1984: p. 42.

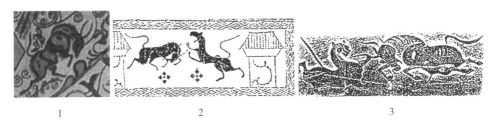

1　　　　　　　　　　2　　　　　　　　　　3

图 2.82　汉代的南山丰大特

1. 西汉，河北定县 M122 铜管；2. 西汉晚期，南阳华鑫苑 M77 画像砖；3. 西汉晚期，河南新郑山水寨沟墓画像砖。

　　南山丰大特形象最为流行的时间、地域是在两汉之际的河南地区，东汉早期后则少见。而约在东汉中、晚期时，邻近的山西、陕北等地开始流行起牛首人身形象，且多装饰于墓门两侧，与之相对的则是鸡首人身形象。

　　根据公元 90 年的陕西绥德黄家塔七号辽东太守墓西耳室门框两侧画像可见，这时的牛、鸡形象均为写实动物造型①（图 2.83.1）；随后才逐渐出现带双翼、坐于神坛之上，甚至是牛首或鸡首人身的形象（图 2.83.2 ~ 2.83.4）。

　　故或可推测，牛首人身的最初原型就是神牛南山丰大特，其流行地区与《史记·秦本纪》中所载发现南山丰大特的秦地、沣水等地理范围也较吻合，只是受神仙信仰、早期道教、谶纬符瑞等迷信思想在东汉时的流行影响，原来的动物形象才被逐渐想象，变成拟人化、神异化的半人半兽形象，但其原型仍为神兽南山丰大特。

　　鸡首人身神可能与文献所载秦地的另一种"陈宝鸡鸣"信仰有关。如《竹书纪年·平王》载："二十四年，秦作陈宝祠。"《史记·秦本纪》："十九年，得陈宝。"又《封禅书》："作鄜畤后九年，文公获若石云，于陈仓北阪城祠之。其神或岁不至，或岁数来，来也常以夜，光辉若流星，从东南来集于祠城，则若雄鸡，其声殷云，野鸡夜雊。以一牢祠，命曰陈宝。陈宝节来祠。"《水经注·渭水》云："县有陈仓山，山上有陈宝鸡鸣祠。昔秦文公感伯阳之言，游猎于陈仓，遇之于北坂，得若石焉，其色如肝，归而宝祠之，故曰陈宝。其来也自东南，晖晖声如雷，野鸡皆鸣，故曰鸡鸣神也。"《焦氏易林》亦有辞："光礼春成，陈宝鸡鸣。阳明失道，不能自

① 绥德汉画像石展览馆等编：《绥德汉代画像石》，西安：陕西人民美术出版社，2001 年，第 40 ~ 41 页。

守，消亡为咎。"总结来看，秦文公偶然获一块神石，即为其陈列建祠供奉，后每次神明降临时都会引起鸡鸣，故又称其神为"鸡鸣神"。应注意的是，"鸡鸣神"的本质属性为"引起鸡鸣的神石"，刻画成鸡的形象或许是因为石头神的形态不易用图像表现。那么，绥德黄家塔墓中的鸣鸡形象，很可能就是在表现陈宝鸡鸣神（图2.83.1）①，与南山丰大特对应，都是秦地流行的传统神话信仰，只是后来演变成了神异化的鸡首人身、牛首人身形态。

图 2.83　汉代鸡首、牛首人身形象的演变

1. 东汉中期，陕西绥德黄家塔 M7 耳室门框画像石；2. 东汉，陕西神木大保当墓门框画像石；3. 东汉晚期，山西离石石盘墓前室壁画像石。

如前文分析，突显"人"的属性的半人半兽神人多作人首（面）兽身，而突显"兽"的属性的半人半兽神兽则更有可能会采取"兽首人身"为特征，这也算是牛首人身神兽为神牛南山丰大特、鸡首人身神兽为陈宝鸡鸣神的旁证。

这种形态变化可能也受到东汉较晚时期苏鲁豫皖邻近地区流行的符瑞化浓厚的半人半兽诸神人、神兽的影响，如常出现在西王母身边的鸟首人身、马首人身等。且这种影响是相互的，后来在东汉较晚时期苏鲁豫皖邻近地区的画像石图像中，也常可见到鸡首、牛首、鸟首、马首等神人的混杂。

---

① 有学者将陕北画像上的鸡首人身释读为"宝鸡神"；但又认为牛神人身和汉画中的其他神牛图像都为"牛神"，来源于西北古羌人崇拜的祖先炎帝神，其形象是"头戴牛头面具的巫师"、可以"交通天下、协调阴阳"。见牛天伟、金爱秀：《汉画神灵图像考述》，郑州：河南大学出版社，2009 年，第236、237、244～247、249 页。

徐州东汉元和元年（公元86年）祠堂画像石上有带榜题的"鸟首人身"与"牛首人身"形象，榜题模糊不清①。有学者借助高级影像技术复原后，认为其上汉字为"灵鸽"和"罗緷"，分别是太上老君和神农氏炎帝在汉晋时的一种宗教称谓，其依据主要来自如《抱朴子》《真诰》之类的魏晋南北朝时期道教典籍②（图2.84）。而苏鲁豫皖邻近地区石质画像上常见的鸟首人身神、牛首人身神等，应属于另一信仰体系，或都为早期道教的神祇雏形。

图2.84　徐州元和元年祠堂画像石及榜题

需要指出的是，从较早时期作动物形态的鸡、牛来看，陕北地区流行的应是鸡首人身与牛首人身神兽，只是为了顺应时代性的宗教、艺术风格等要求，而做出拟人化的形态改变，与苏鲁豫皖邻近地区的鸟首人身、牛神人身神人的来源、所指、所属的信仰体系均有不同；只是可能在东汉较晚时期，这些半人半兽的神人、神兽图像在工匠手中出现混淆，单纯从图像上已很难准确分辨其原义。

2. 马腹

文献中关于马腹的记载见《山海经·中山经》，是少有的几种人面兽身神兽之一："有兽焉，其名曰马腹，其状如人面虎身，其音如婴儿，是食人。"

疑似马腹的这种人面虎身神兽形象，在我国古代器物中出现较早。梁带村M26、M27春秋早期芮国国君夫妇墓中出土的一件雕刻于西周中期的象生玉器（图2.85），

① 徐州博物馆：《徐州发现元和三年画像石》，《文物》1990年第9期。
② 姜生：《汉帝国的遗产：汉鬼考》，第158~161、168~204页。

图 2.85　早期的疑似马腹形象

及一件制作于西周晚至春秋早期的镂空圈足青铜带盖匜器钮，均为圆雕风格的人面兽身神兽，有学者认为这即是早期的马腹形象①。

　　山东邹城卧虎山 M2 石椁侧板有一人面（正面）兽身马腹形象，在周围一群动物中甚为突出②（图 2.86.1）。这种正面人脸的马腹形象多见于鲁南地区的东汉石质画像上（图 2.86.2），有时还会表现出"马腹食人"场景（图 2.86.3）。但马腹在汉代始终集中流行在鲁中南一带，可能受到了当时、当地特殊的文化信仰影响。

1　　　　　　　　　　2　　　　　　　　　　　　3

图 2.86　汉代的马腹

1. 西汉晚期，山东邹城郭里卧虎山 M2 石椁侧板画像；2. 王莽时期，河南唐河电厂墓西主室东壁横梁画像石；3. 东汉，山东费县潘家疃墓散存画像石。

　　3. 人面鱼身

　　与河伯（精）不同，这种人面鱼身的神兽，其属性更近"兽"而非"人"。

　　《山海经·海内北经》载："陵鱼人面，手足，鱼身，在海中。"或写作"鲮

①　何宏：《春秋芮国墓中的人面兽身玉雕为"马腹"考》，《文博》2011 年第 2 期。
②　高文：《中国画像石棺全集》，第 76、79 页。

鱼"，如《楚辞·天问》云"鲮鱼何所"。又杨慎《异鱼图赞》："吞舟之鱼，其名曰鲮。背腹有刺，如三角菱，罟师畏之，网罗莫膺。"[①] 故推测陵鱼的原型是一种大鱼，鱼鳍大而似手足、鱼脸似人面。汉画中的人面鱼身神兽形象，多见于东汉较晚时期山东地区的石质画像上，与其他谶纬祥瑞神兽常共出（图2.87）。

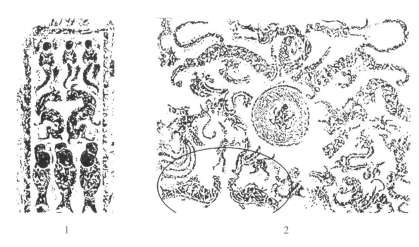

图 2.87　汉代的人面鱼身形象
1. 东汉，山东济宁城南张墓散存画像石；2. 东汉，山东邹县金斗山散存画像石。

（十）九尾狐

九尾狐常与蟾蜍、兔等一同出现于西王母仙境场景，其典型身体特征是写实的狐身加上硕大、且毛分九段的"九尾"。

《山海经》中提到似狐、有九尾的神兽有两种：一据《南山经》载："又东三百里，曰青丘之山，其阳多玉，其阴多青䨼。有兽焉，其状如狐而九尾，其音如婴儿，能食人，食者不蛊。"又《大荒东经》："有青丘之国，有狐，九尾。"二是《东山经》载："又南五百里，曰凫丽之山，其上多金玉，其下多箴石。有兽焉，其状如狐，而九尾、九首、虎爪，名曰蠪侄，其音如婴儿，是食人。"即一种叫蠪侄的神兽，除了似狐、九尾的外形特征外，还有九首、虎爪等，这与汉代图像中常见的九尾狐造型有别，故汉画中应表现的是青丘国之九尾狐。

九尾狐是现实不存在的想象动物，常出现于神话传说故事中。如《竹书纪年·

---

① 杨慎：《异鱼图赞》，上海：商务印书馆，1939年，第7页。

帝杼》："八年，征于东海及三寿，得一狐九尾。"《吴越春秋·越王无余外传》中记载禹之妻涂山女即为九尾白狐所变的故事①，禹更言"其九尾者，王之证也"，足见"九尾"这一异化特征后来也被赋予了谶纬符应意味。又《东观汉记·肃宗孝章皇帝》载："九尾狐、三足乌、赤乌、白兔……日月不绝，载于史官，不可胜纪。"《白虎通·封禅》："德至鸟兽则……狐九尾……狐九尾何？狐死首丘，不忘本也，明安不忘危也。必九尾者也？九妃得其所，子孙繁息也。于尾何？明后当盛也。"即又为九尾狐加上了天下一统、王者勤政施德不迷色相等符兆征应。

图像材料中"九尾"的外形特征较容易识别。但在西汉至王莽时期，多数时候，狐的形象上并没有明确表现出"九尾"细节。如马王堆 M1 黑地彩绘漆棺上的神兽云气纹中就是写实的狐形象②；时代略晚的洛阳卜千秋墓顶脊壁画③、偃师 M1 隔梁壁画上的西王母与蟾蜍、兔等神兽共处的仙境中④，狐依然没有突出九尾细节，只是有的狐身有翼，突出了神兽特征。

河南地区西汉中晚期的某些空心画像砖上，才有了明显表现九尾细节的九尾狐形象（图 2.88.1）。东汉各类图像载体中都会刻意突显"九尾"的神异特征，有时还会为其加上更显神性的双翼（图 2.88.2、2.88.3）。

这时九尾狐的内涵主要有二：一是作为青丘国神兽，常与（三足）乌、蟾蜍、兔等一同出现在西王母仙境中，成为固定搭配来表现仙境世界；二是作为谶纬瑞应，出现于瑞应图中，有《瑞应图》中所言之"六合一同则见……王者不倾于色则至"等征象，是谶纬思想产物。但二者从图像表现上看并没有明显区别，需要在具体的画面环境中区分解读。

文献中的狐类神兽，除了九尾狐，还见有玄狐、白狐等记载，汉代对它们内涵的认知应与九尾狐类似，都有仙境神兽或瑞应之意。

---

① 《吴越春秋·越王无余外传》曰："禹三十未娶，行到涂山，恐时之暮，失其度制，乃辞云：'吾娶也，必有应矣。'乃有白狐九尾造于禹。禹曰：'白者，吾之服也。其九尾者，王之证也。涂山之歌曰："绥绥白狐，九尾痝痝。我家嘉夷，来宾为王。成家成室，我造彼昌。天人之际，于兹则行。"明矣哉！'禹因娶涂山，谓之女娇。"

② 湖南省博物馆等编：《长沙马王堆一号汉墓》，第 16 页，图二〇。

③ 洛阳博物馆：《洛阳西汉卜千秋壁画墓发掘简报》，《文物》1977 年第 6 期。

④ 洛阳市第二文物工作队：《洛阳偃师县王莽壁画墓清理简报》，《文物》1992 年第 12 期。

图 2.88　汉代的九尾狐

1. 西汉中期，郑州南关外 M4 画像砖；2. 东汉，四川郫县 M2 侧板画像；3. 东汉，徐州 03 散存画像石。

南阳麒麟岗墓中有一狐身有翼神兽飞腾于云气之中，其尾部分又为五，原报告将其解读为"蓬尾"的玄狐[1]，若将其释读为九尾狐亦可，因为汉画中的九尾狐形象常仅作意会，不一定能准确数出九条尾巴。

（十一）飞生（飞鼠）

《山海经·北山经》载："又东北二百里，曰天池之山，其上无草木，多文石。有兽焉，其状如兔而鼠首，以其背飞，其名曰飞鼠。"[2] 又《太平御览·兽部·䶄》云："张揖注《上林赋》曰：飞䶄，飞鼠也。其状如兔而鼠首，以其髯飞。郭璞注曰：'鼯鼠也。毛紫赤色。飞且乳，一名飞生。'《尔雅·释鸟》载：'鼯鼠，夷由。'其注曰：'状如小狐，似蝙蝠，肉翅翅尾，项胁毛紫赤色，背上苍艾色，腹下黄，喙颔杂白，脚短爪长，尾三尺许，飞且乳，亦谓之飞生。声如人呼，食火烟，能从高赴下，不能从下上高。一名夷由。'"

据上述文献释义，飞生、飞鼠[3]或曰飞䶄的现实原型都是鼯鼠，这些名称，尤其是"飞生"之名应源自其"飞且乳"的生理特性；其身体特征是似鼠、兔或小狐，有可以飞的肉翅，长尾，毛色紫红，叫声似人呼等。

自然界中的鼯鼠为啮齿目松鼠科鼯鼠族动物，别称有飞鼠、飞虎等；其外形似

---

① 黄雅峰等：《南阳麒麟岗汉画像石墓》，第 49 页。

② 《山海经·北山经》中还有关于"耳鼠"的记载："又北二百里，曰丹熏之山……有兽焉，其状如鼠，而菟首麋身，其音如獙犬，以其尾飞，名曰耳鼠，食之不睬，又可以御百毒。"它与飞鼠不是同一物种，但之后产生概念混淆。

③ 汉时称飞鼠的还有蝙蝠。如《方言》第八："蝙蝠，自关而东谓之服翼，或谓之飞鼠，或谓之老鼠，或谓之蟙蟗。自关而西秦陇之间谓之蝙蝠。北燕谓之蟙蟔。"但它与鼯鼠不是一回事，也没有"飞生"的别称。

松鼠，前、后肢之间长有飞膜，能从树上飞降，并在树间滑翔，但因缺少产生阻力的器官，故不能如鸟类般飞翔；其昼伏夜出，主要生活于东南亚及北美地区（图2.89）。

图2.89　自然界鼯鼠（飞鼠）

"飞生"之名恰与升仙之"飞升"谐音，那么在汉代，飞生很可能会被视为一种象征死后升仙的祥瑞神兽。但目前还未在汉代或更早的文献中见到"飞鼠"别名"飞生"的记载证据，此说仅为推测。

目前所见的汉代图像材料中，似为飞生形象的多见于西汉至王莽时期的器物纹饰。这种装饰又是继承东周遗风而来，常见一类环状"三兽纹"或"四兽纹"，多见于铜镜、漆器装饰。这种装饰风格在春秋战国之际的山东临淄郎家庄 M1 齐国贵族墓出土漆器中就有发现，排成环状的三兽有大角鹿、也有后蹄翻转的兽类造型，似也受到北方草原地区的装饰动物纹影响①（图2.90.1）。长沙楚墓出土一种四兽纹铜镜，兽作鼠形回首状，两尖耳、长尾，两前爪一只抓住自己尾巴、一只抓住前兽之尾，有的还口吐长卷舌②（图2.90.2）。

与长沙楚墓铜镜在地域、年代及兽形上最接近的是马王堆 M1 帛画下方两只灰紫

①　山东省博物馆：《临淄郎家庄一号东周殉人墓》，《考古学报》1977 年第 1 期。

②　湖南省博物馆等：《长沙楚墓》，北京：文物出版社，2000 年，第 243～245 页。

色鼠形兽，两尖耳上各一长须（或角）、长尾①（图2.91.1）。与上述《山海经》《尔雅》注的描述大致吻合，可能表现的就是飞生形象。

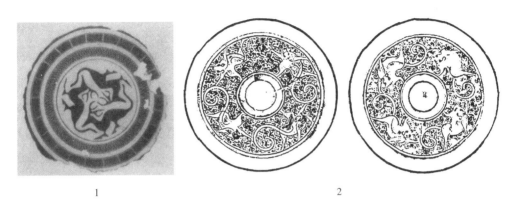

图 2.90　东周"三兽纹""四兽纹"
1. 春秋战国之际，山东临淄郎家庄 M1 漆器纹饰；2. 战国，湖南长沙楚墓铜镜。

西汉至王莽时期的漆器上也常见这种纹饰，周围多饰卷云纹，突出特征是此兽都会一手反抓尾巴，与东周时期的此类兽姿一脉相承，另一手撑在头上、双脚踩于圆形卷云间，呈"驾云而飞"姿态（图 2.91.2），或可作为此兽是谐音"飞升"的飞生的另一间接证据。这种纹饰除汉地外，在朝鲜乐浪、贵州等地漆器上也能见到（图 2.91.3、2.91.4），似有粉本，且传达出吉祥寓意。江苏盐城三羊墩墓的一件彩绘漆盘上，三兽间就写有"大官"二字②（图 2.91.5）。

可以看出，这类鼠形神兽纹饰的艺术传统似乎源于楚地；西汉至王莽时期常见于漆器、铜器装饰，表达出吉祥寓意，也带有一定等级象征意味；入东汉后则少见，原因不确定，可能与鼠这种动物在汉人心目中本身偏含贬义、并不符合谶纬符瑞神兽的基本标准有关③。

笔者在纽约大都会博物馆曾见到一件西汉彩绘陶壶，其腹部饰的一圈彩绘纹饰中有一只体型巨大的紫色鼠形神兽，两立耳、鼠面、张大口、四肢呈乘云飞腾姿态

① 湖南省博物馆等编：《长沙马王堆一号汉墓》，第40页。

② 中国美术全集编辑委员会等编：《中国美术全集·工艺美术篇8 漆器》，北京：文物出版社，1989年，第21页、图版五四。

③ 鼠在汉代更多可能带有奸佞邪恶意味，如《焦氏易林》辞"鼠聚生怪，为我患悔，道绝不通，商旅失意"等。

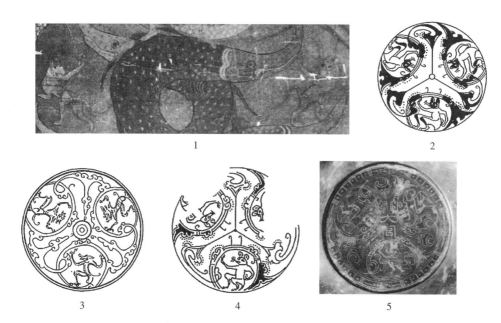

图2.91　汉代的飞生（飞鼠）

1. 西汉早期，马王堆 M1 帛画；2. 王莽时期，江苏邗江宝女墩墓漆盘；3. 汉，贵州清镇平坝墓漆盘；4. 朝鲜乐浪郡石岩里 M201 漆盘；5. 西汉，江苏盐城三羊墩墓彩绘漆盘。

（图2.92），更重要的是其周身紫彩、赤点、白毛等细节几乎与《尔雅》注所载的"状如小狐，似蝙蝠，肉翅翅尾，项胁毛紫赤色，背上苍艾色，腹下黄，喙颔杂白，脚短爪长，尾三尺许，飞且乳，亦谓之飞生"的描述完全相符。之前常有人将这类形态的动物释读为熊，现在看来，应表现的是谐音为"飞升"的飞生（鼯鼠、飞鼠）。

（十二）龟、蛇与玄武

1. 龟

龟属脊椎动物门爬行纲龟鳖目龟科，是现存最古老的爬行动物。人类对龟的重视与崇拜很早，主要源于其长寿之生性与所行卜筮之事①。

《说文》有"龟，旧也"之语；《史记·龟策列传》载："龟千岁乃满尺二寸。"《说苑·佚文》曰："龟千岁，能与人言。"又《论衡·状留》："龟生三百岁，大如钱，游于莲叶之上。三千岁青边缘，巨尺二寸。"②

---

① 范方芳等：a.《中国史前龟文化研究综述》，《华夏考古》2008 年第 2 期；b.《从史前用龟现象看黄淮、江淮地区的文明化进程》，《中原文物》2008 年第 4 期。

② 黄晖：《论衡校释》，第 619～620 页。

图 2.92 美国纽约大都会博物馆藏西汉彩绘陶壶（图片来自大都会博物馆官网）

龟亦是卜筮之术的重要媒介工具。《周礼·春秋宗伯》曰："卜师：掌开龟之四兆，一曰方兆，二曰功兆，三曰义兆，四曰弓兆。凡卜事，视高。扬火以作龟，致其墨。凡卜，辨龟之上下、左右、阴阳，以授命龟者而诏相之。"汉时，龟策之术仍应用广泛，如《淮南子·时则训》："是月，命太祝，祷祀神位，占龟策，审卦兆，以察吉凶。"《兵略训》："将军受命，乃令祝史太卜斋宿三日，之太庙，钻灵龟，卜吉日，以受鼓旗。"《白虎通·蓍龟》："天子下至士，皆有蓍龟者，重事决疑，亦不自专。《尚书》曰：'女则有大疑，谋及卿士，谋及庶人，谋及卜筮。'定天下之吉凶，成天下之亹亹者，莫善乎蓍龟。"等。

约在战国至汉代之际，龟以"甲（介）虫之长"的身份进入四灵崇拜。《大戴礼记·易本命》曰："有甲之虫三百六十，而神龟为之长。"又《礼记·礼运》："麟凤龟龙，谓之四灵。……龟以为畜，故人情不失。""人情不失"即有预测事物发展变化之意，可见龟在人们心目中神性地位的上升除了顺应时代思想背景之外，亦与其传统的占卜功能有关，故《礼记·礼运》又有"龟兆吉凶"之言。

龟还具备货币职能①，汉武帝"白金三品"中即有龟币。

<hr>

① 陈器文：《玄武神话、传说与信仰》，西安：陕西师范大学出版社有限公司，2013 年，第 15～16 页。

龟还有辟邪、大力、惩恶扬善、导气、引路、预测洪水、化形等能力符号①，使得龟的神性及对其的信仰逐渐深入人心。

人们不仅崇龟、用龟，还根据不同的需求标准将龟分成若干种类体系。如《周礼注疏·春官宗伯》载："龟人：掌六龟之属，各有名物。天龟曰灵属，地龟曰绎属，东龟曰果属，西龟曰雷属，南龟曰猎属，北龟曰若属。各以其方之色与其体辨之。凡取龟用秋时，攻龟用春时，各以其物入于龟室。"《山海经》中有鸟头蛇尾的旋龟、三足龟等。《史记·龟策列传》中有神鬼、元龟、灵龟、名龟之别，名龟下又有北斗龟、南辰龟、五星龟、八风龟、二十八宿龟、日月龟、九州龟、玉龟八种。《淮南子·地形训》亦云："介潭生先龙，先龙生玄鼋，玄鼋生灵龟，灵龟生庶龟，凡介者生于庶龟。"《尔雅·释鱼》载："一曰神龟，二曰灵龟，三曰摄龟，四曰宝龟，五曰文龟，六曰筮龟，七曰山龟，八曰泽龟，九曰水龟，十曰火龟。"等。

通过这类细致纷杂的划分可以看出，汉时，人们试图为龟在传统文化中的各种内涵进行归类、删选及有目的地提取渲染，以迎合汉代特殊的时代意识要求，龟成为重要的祥瑞神兽，又被贴上辅助升仙与谶纬符应等时代标签。

根据龟在汉代图像材料中的形态及表现内涵，可尝试归类如下：

一是仙境神兽，可助人升仙。南阳麒麟岗墓画像石上有龟驮羽人，羽人手执仙草的形象②；陕西靖边墓后室东壁壁画上有龟拉云气车、上乘升仙之人的图像③（图2.93.1、2.93.2）。洛阳磁涧镇散存壁画砖上有一绿色、长颈、似蛇头、双翼的神兽，简报里未解释其属性④（图2.93.3）；据《说苑·辨物》载："灵龟文五色，似玉似金，背阴向阳，上隆象天，下平法地，盘衍象山，四趾转运应四时，文著象二十八宿。蛇头龙翅，左精象日，右精象月，千岁之化，下气上通，能知吉凶存亡之变。"尤其是这"蛇头龙翅"的描述，与壁画上的神兽形象十分贴合，磁涧墓壁画砖上的这只绿色神兽很可能即是将灵龟进行神异化想象后的表现。

二是谶纬符应。据《大戴礼记·易本命》载："（帝王）好填溪塞谷，则神龟不

①　a. 徐峰：《中国古代的龟崇拜——以"龟负"的神话、图像与雕像为视角》，《中原文物》2013 年第 3 期；b. 盛律平：《中国古代崇龟习俗初探》，湘潭大学硕士研究生学位论文，2007 年，第 6～10 页。

②　黄雅峰等：《南阳麒麟岗汉画像石墓》，图版 113、第 223 页。

③　陕西省考古研究院等：《陕西靖边东汉壁画墓》，《文物》2009 年第 2 期。

④　洛阳市文物管理局等编：《洛阳古代墓葬壁画》上卷，郑州：中州古籍出版社，2010 年，第 74～79 页。

出焉。"这种作为符应的龟形象主要流行于东汉时期（图 2.93.4）。

三是负物。《楚辞·天问》有句："鸱龟曳衔，鲧何听焉？"一说此典故来自鸱与龟怂恿鲧盗取天帝息土治水的神话故事。马王堆 M1 帛画上就有鸱龟图。类似图像也见于河南新郑画像砖，龟后还有一人作追赶状，或是鲧（图 2.93.5）。另有龟负山图像，可能欲生动直观地表现《山海经·中山经》中所提"其木多谷柞椆椐，其上多黄金，其下多青雄黄，多扶竹"的龟山（图 2.93.6）。

四是指代天象咸池。汉画中还有龟与鱼、水鸟等动物组合成的固定搭配图示，如山东滕州官桥郑庄石椁侧板左格画像，刻画十字穿环，四格各饰一乌龟、一海龟、一鱼、一鹳鸟，且龟、鱼等呈逆时针方向游动之态，石椁中格绘一车马出行，右格绘十字，下有实心半圆[①]（图 2.93.7）。《楚辞·离骚》云："饮余马于咸池兮，总余辔乎扶桑。"咸池即被视为西方日落之地。又《淮南子·天文训》云："咸池者，水鱼之囿也。"《尉缭子·武议》曰："今世将考孤虚，占咸池，合龟兆，视吉凶，观星辰风云之变。"可见咸池为模物化的以代表天象西宫的专用名称，那么用龟、鱼、水鸟等动物来表现"水鱼之囿"的咸池，较符合汉人的想象思维。又《淮南子·天文训》："天圆地方，道在中央，日为德，月为刑，月归而万物死，日至而万物生。"可见，汉人还常用日出、日落象征阴阳与生死。滕州官桥郑庄石椁三格画像如连起来释读，就很可能在表现"乘着马车的墓主由死（咸池）再到生（汤谷）的重生之路"。故或可推测，这种龟、鱼、水鸟等均旨在指代天象中的咸池，后来逐渐固化为一种象征升仙的图式，在山东、四川等地的东汉石质画像上常能见到（图 2.93.8）。

2. 蛇

蛇属脊椎动物门爬行纲蛇目，是一种四肢退化的爬行动物，其身体细长，全身遍布鳞片，有定时蜕皮的习性。人们对蛇的关注自古有之，且呈现出正反两种矛盾态度。

首先，古人认为蛇性属阴，生命力强，且蜕皮、断肢等自然生理特征在人们眼中亦显得十分神异，不禁将之与自身生命征象进行联想。早期还表现出生殖崇拜，如《诗经·小雅·斯干》云："维熊维罴、男子之祥。维虺维蛇、女子之祥。"借梦

---

① 高文：《中国画像石棺全集》，第 24 页。

图 2.93　汉代的龟图像

1. 东汉早中期，南阳麒麟岗墓画像石；2. 东汉早期，陕西靖边墓后室壁画；3. 西汉中晚期，洛阳磁涧镇墓散存壁画；4. 东汉，山东平阴散存画像石；5. 新郑散存画像砖；6. 东汉晚期，山东沂南北寨墓立柱画像石；7. 西汉中期，山东滕州官桥郑庄石椁侧板画像；8. 东汉，四川宜宾翠屏一号石棺盖画像。

到蛇类动物比喻女子之阴柔祥德。

　　战国至汉代之际，随着神仙信仰的出现，蛇又与重生愿望产生联系。如《淮南子·说山训》："神蛇能断而复续，而不能使人勿断也。"《韩非子·十过》载："昔者黄帝合鬼神于泰山之上……腾蛇伏地……"这种腾蛇的外形据文献来看，主要有有鳞、无足、擅于在云雾中腾飞等。洛阳浅井头墓顶脊壁画中即绘有赤色黑纹穿黄璧的蛇形象，周饰云气，应即腾蛇①（图 2.94.1）。

　　神蛇（腾蛇）既为仙界神兽，又可腾雾而飞，人们自然就会认定它具备辅助升

① 　洛阳市第二文物工作队：《洛阳浅井头西汉壁画墓发掘简报》，《文物》1993 年第 5 期。

仙的神力，且多是作为龙的助手。如《史记·晋世家》载："龙欲上天，五蛇为辅。龙已升云，四蛇各入其宇，一蛇独怨，终不见处所。"《焦氏易林》亦有辞："乘龙上天，两蛇为辅，涌跃云中，游观沧海，安乐长处。"洛阳卜千秋墓顶脊壁画中就有一环纹蛇呈舟状、搭载一男子腾云雾飞翔的形象，表现的似正是腾蛇渡人升仙的场景①（图2.94.2）。

另有一种与蛇及复生有关的神兽名为"鱼妇"。见《山海经·大荒西经》："风道北来，天乃大水泉，蛇乃化为鱼，是谓鱼妇。颛顼死即复苏。"鱼妇看来应是由蛇变幻而成的鱼形。马王堆M1帛画下端有两鱼交叠成环璧状，上有一赤蛇，蛇身有鳞，其首尾勾连两升龙之尾②，很可能是在生动表现蛇鱼之间的幻化，以求死而复生，并伴龙升仙的寓意，结合旁立两只前文已作释义的飞生形象，帛画图像的深层内涵即都是在竭力表达希望死后复生或成仙的愿望。

洛阳卜千秋墓顶壁画右端还绘有一只赤色黑纹、口吐云气的类蛇神兽，但它头部两侧有两耳、身体两侧也有鱼鳍状双翅，与腾蛇那种规制的蛇形有别③（图2.94.3）。据《山海经·西山经》："又西三百五十里，曰英鞮之山……是多冉遗之鱼，鱼身蛇首、六足，其目如马耳，食之使人不眯，可以御凶。"这与卜千秋壁画上这只绘有双耳、翼翅的神兽形象十分接近；"不眯"有不死之意，"御凶"意为辟邪，故推测这只蛇形神兽便是"冉遗之鱼"，拥有使人不死、辟邪的神力。

需要注意的是，汉画中的腾蛇、冉遗之鱼等蛇形神兽形象有时会出现混淆难辨的情况，可能与工匠对母题粉本内涵含糊不清的理解有关。

蛇也是重要的谶纬符应之一，多与政治、仕途相关。最著名的即汉高祖刘邦斩杀白蛇的典故，白蛇被喻为白帝之子，刘邦因而自诩为赤帝之子，以求粉饰并达获其政治意图。

文献中还常提及带有符应寓意的黄蛇、青蛇、盘蛇、大蛇等。如《史记·封禅书》载："文公梦黄蛇自天下属地，其口止于郦衍。文公问史敦，敦曰：'此上帝之徵，君其祠之。'"又《汉书·孝安帝纪》："帝自在邸第，数有神光照室，又有赤蛇

---

① 洛阳博物馆：《洛阳西汉卜千秋壁画墓发掘简报》，《文物》1977年第6期。

② 湖南省博物馆等编：《长沙马王堆一号汉墓》，第40页。

③ 洛阳博物馆：《洛阳西汉卜千秋壁画墓发掘简报》。

盘于床第之间。年十岁，好学史书，和帝称之，数见禁中。"《后汉书·杨震列传》："熹平元年，青蛇见御坐，帝以问赐，赐上封事曰：'……夫皇极不建，则有蛇龙之孽。'"东汉画像石上有一类盘蛇形象，即为蛇的符瑞化表现（图 2.94.4）。

反面的蛇禁忌传统也是来源已久，主要源于人们对蛇凶残毒性的恐惧。如《韩非子·五蠹》："上古之世，人民少而禽兽众，人民不胜禽兽虫蛇。"《新序·杂事二》记载了晋文公出猎遇蛇，以为其是"诸侯梦恶则修德""天以戒"之不祥之兆，后顺应天道、自省廉政而化之，最后"守蛇吏梦天帝杀蛇"；晋文公遂总结道："然夫神果不胜道，而妖不胜德，奈何其无究理而任天也，应之以德而已。"充满了政治借鉴意味。

文献有载的几种典型恶蛇如"蝮蛇""修蛇"等。如《楚辞·招魂》："蝮蛇蓁蓁，封狐千里些。"《淮南子·修务训》："吴为封豨修蛇，蚕食上国，虐始于楚。"又《本经训》："猰貐、凿齿、九婴、大风、封豨、修蛇皆为民害。"《山海经》中还载一种名为"肥遗（螝）""见之大旱"的蛇，其外形为"六足四翼"或"一首两身"。之前有学者认为卜千秋墓顶上有耳、有翅（翼）的蛇可能是肥遗，但鉴于肥遗寓意不祥，绘于天象神兽图中较不合理，故还是倾向此蛇为"令人不眯""御凶"的冉遗之鱼。更可能是肥遗形象的，应是作为被抓或被捕食的不祥之物出现，均表现出镇墓辟邪寓意（图 2.94.5、2.94.6）。

最后还要提及一类"神人操蛇"图式（图 2.94.7 ~ 2.94.9）。《山海经》中亦有相关记载。有学者认为此图式"源于先秦时期，内容是神怪、巫觋。"[1] 或"咬蛇可能与蛇的崇神信仰有关或是吸取蛇的神秘力量，斩蛇、射蛇都表示对神秘力量的控制，珥蛇是神性的表征或图腾现象的遗留，而践蛇即乘蛇、蛇充当沟通天地的工具，操蛇时蛇则是法器……"[2] 张光直先生提出："这些个神，都是与蛇合为一体的，有的在耳边，有的在手中，有的在足下，无疑都是他们作法登天的工具。"[3]

总结来看，以上观点主要认为"神人操蛇"图式中的蛇具有妖物、神兽、沟通天地的升天媒介等涵义，因而此图式也带有了象征升仙或辟邪等寓意。但需注意的

---

① 董良敏：《"神人操蛇"汉画像石考释》，载中国汉画学会等编：《中国汉画学会第十三届年会论文集》，郑州：中州古籍出版社，2011 年。

② 路瑞娟：《〈山海经〉中的"蛇"现象初探》，重庆大学硕士学位论文，2010 年。

③ 张光直：《中国青铜时代》，第 333 页。

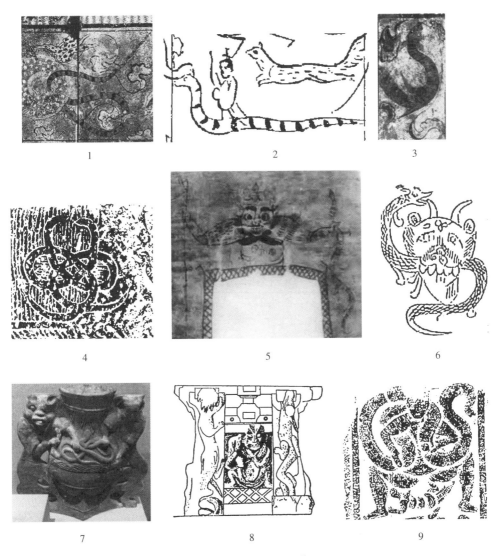

图 2.94　汉代的蛇图像

1. 西汉晚期至王莽时期，洛阳浅井头墓壁画；2、3. 西汉中晚期，洛阳卜千秋墓壁画；4. 东汉，襄城散存画像石；5. 东汉，辽宁大连营城子墓壁画；6. 东汉晚期，山东沂南墓中心柱画像石；7. 西汉，荥阳牛口峪陶壁壶，现藏河南省博；8. 西汉晚期，洛阳烧沟 M1028A 陶井；9. 东汉晚期，山东临沂吴白庄墓立柱画像石。

是，乐舞百戏图中的操蛇属于表演项目，蛇不具有神性。

　　3. 玄武

　　玄武之名汉代之前就已出现，如《楚辞·远游》："时暖曃其曭莽兮，召玄武而奔属。"洪兴祖补注曰："玄武谓龟蛇，位在北方故曰玄，身有鳞甲故曰武。"其形象源自对北方七宿的空间形态想象。但玄武在北方七宿中的指代关系，有室、壁二宿与虚、危二宿两种说法；前者如《石氏星经》有"室名玄冥"之语，《说文》亦载："旐：龟蛇四游，以象营室，游游而长。"后者如《史记·天官书》："北宫玄武，虚、危。危为盖屋；虚为哭泣之事。"

据西安交大墓顶北方七宿图像来看，其中一个五星连体、内有小蛇的形象应在虚、危之位，报告中认为这就是玄武的早期形象①（图2.95.1）。但据时代稍晚的陕西定边郝滩墓顶星象图来看，先是有一组四星点相连、中有一龟、两侧各有一S型蛇缠绕的图像，其下方又有一组八星点成环、中一小蛇的星象②（图2.95.2）；《壁上丹青》一书将后者辨识为奎宿③，但它与西安交大墓的小蛇五星环构图，除星点数外均相似。时代又略晚的陕西靖边杨桥畔渠树壕墓顶所绘二十八宿图像旁都带题榜，其中标有"虚、危"二宿文字相对的星图正是郝滩墓中那种一龟居中、两S型蛇左右相缠的造型（图2.95.3）。

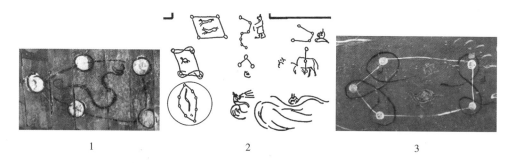

1   2   3

图2.95　汉代的玄武星象图

1. 西汉晚期，西安交通大学墓顶壁画；2. 王莽时期至东汉初期，陕西定边郝滩墓顶壁画；3. 东汉中晚期，陕西靖边杨桥畔渠树壕墓顶壁画。

出土天象图中对玄武星宿的形象描绘混乱，与文献中的差异情况正相符，反映出汉代玄武星象的指代图像的确存在差异和不确定性。

龟蛇合体这种奇异组合，是汉代其他天象神兽罕有的。其深层原因除是对所指代星宿形态的动物化模拟之外，还可能与蛇、龟分别作代表阴阳有关，与当时流行

---

① 陕西省考古研究所等：《西安交通大学西汉壁画墓》，西安：西安交通大学出版社，1991年，第25、34~35页。

② 陕西省考古研究所等：《陕西定边县郝滩发现东汉壁画墓》，《考古与文物》2004年第5期。

③ 陕西省考古研究院编著：《壁上丹青——陕西出土壁画集》，北京：科学出版社，2009年，第55页。

的阴阳观相符；又或是与"旐"有关，如《诗经·小雅·车攻》："建旐设旄、搏兽于敖"。旐为周王朝军营、军队中使用的令旗①。《释名·释兵》载："龟蛇为旐，旐，兆也。龟蛇知气兆之吉凶，建之于后，察度事宜之形兆也。"但在汉代以前，旐与玄武尚看不出直接关联。

　　洛阳新安铁塔山 M4 墓顶壁画上有一单体龟，绘出明显的白色龟甲②；稍晚的南阳麒麟岗墓前室顶有一龟口衔芝草③；四川简阳鬼头山三号石棺足档刻一背甲高大的单体龟，上有榜题"兹武"，"兹"为"玄"的双写④（图 2.96.1～2.96.3）。

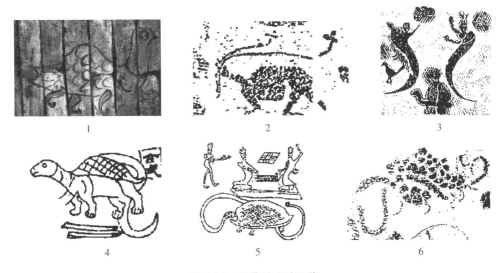

图 2.96　汉代的玄武图像

1. 王莽时期，洛阳新安铁塔山 M4 墓顶壁画；2. 东汉早中期，南阳麒麟岗墓前室墓顶画像石；3. 东汉中晚期，四川简阳鬼头山三号石棺足档画像及榜题；4. 东汉中期，徐州缪宇墓后室画像石及榜题；5. 东汉中晚期，四川新津城南砖室墓 2 号石棺侧板画像；6. 东汉晚期，南阳十里铺墓顶画像石（再利用）。

　　而与洛阳新安铁塔山墓同时代的洛阳金谷园墓后室壁画上，玄武则采用了龟蛇合体形态⑤；徐州缪宇墓后室画像石上有龟蛇形象，并带"玄武"榜题⑥；东汉苏鲁

①　王世祯：《中国神话》，台北：星光出版社，1982 年，第 45～50 页。

②　洛阳市文物工作队：《洛阳新安县铁塔山汉墓发掘报告》，《文物》2002 年第 5 期。

③　黄雅峰等：《南阳麒麟岗汉画像石墓》，第 166 页。

④　罗二虎：《汉代画像石棺》，成都：巴蜀书社，2002 年，第 69～72 页。

⑤　洛阳博物馆：《洛阳金谷园王莽时期壁画墓》，《文物资料丛刊》第九辑，1985 年。

⑥　南京博物院等：《东汉彭城相缪宇墓》，《文物》1984 年第 8 期。

豫皖邻近地区、陕北、四川等地的石质画像上常见龟蛇相缠形象，且龟、蛇头部多相对，造型也更美观（图 2.96.4 ~ 2.96.6）。

由图像材料可见，北方玄武的形态表现出单体龟与龟蛇合体两种，且一直并用至汉末。这也与上文提到的，北方玄武分别指代室、壁二宿和虚、危二宿的不同文献和图像的差别情况相符。龟蛇合体玄武形象的最终定型，并完全取代单体龟的玄武形态，则是汉代之后的事情了。

（十三）月中神兽

蟾蜍又称虾蟆，兔又作"菟"，二者都被视为月中神兽。《楚辞·天问》曰："夜光所德，死则又育？厥利维何，而顾菟在腹？"《史记·龟策列传》载："日为德而君于天下，辱于三足之乌。月为刑而相佐，见食于虾蟆。"《论衡·说日》："儒者曰：'月中有兔、蟾蜍。'"又《顺鼓》曰："月中之兽，兔、蟾蜍也。其类在地，螺与蚌也。月毁于天，螺、蚌舀缺，同类明矣。雨久不霁，攻阴之类，宜捕斩兔、蟾蜍，椎被螺、蚌，为其得实。"① 即言兔、蟾蜍代表月阴，还与求雨行为有关。

人们将这两种动物与月亮联系起来的原因，或可参考《太平御览·天部·月》："《春秋元命苞》曰：月之为言阙也，两设以蟾蜍与兔者，阴阳相居，明阳之制阴、阴之倚阳。张衡《灵宪》曰：羿请不死药于西王母，羿妻姮娥窃以奔月，托身于月，是为蟾蜍。又曰：月者，阴精，积而成兽，象兔、蛤焉，其数偶……"总结来看，一是阴阳相谐说，即月为阴、蟾蜍与兔为阳；二是月精积成兽形，这源自古人肉眼对月亮表面的观测；还有一种为嫦娥化蟾蜍说，玉兔为之捣药，这种说法后又延伸成蟾蜍与兔为西王母制作不死药。

1. 蟾蜍

《淮南子·说林训》："月照天下，蚀于詹诸（蟾蜍）。"是将月之盈亏归结为蟾蜍的作用，而月之盈亏又常被视为月亮的死而复生，就会自然联想出蟾蜍或许具有起死回生的神力。也有学者认为汉画中的蟾蜍还带有祈求生殖旺盛和多种巫术作用②。

据出土汉画材料，蟾蜍或在月轮之中，或独立出现于仙界场景（图 2.97.1、

---

① 黄晖：《论衡校释》，第 502、685 页。
② 李真玉：《试析汉画中的蟾蜍》，《中原文物》1995 年第 3 期。

2.97.2）；东汉时形态更为多样（图2.97.3、2.97.4），有些还与祈求钱财有关，如四川地区的摇钱树器座就常作蟾蜍状。

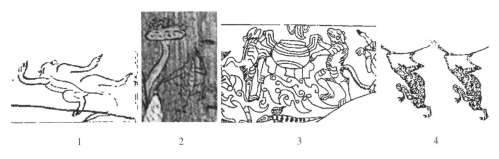

图2.97　汉代的蟾蜍图像
1. 西汉中晚期，洛阳卜千秋墓顶脊壁画；2. 王莽时期至东汉初期，陕西定边郝滩墓西壁下壁画；3. 东汉晚期，山东临沂吴白庄墓前室西过梁画像石；4. 东汉，四川新津十六号石棺画像。

2. 兔

兔与蟾蜍类似，多作为月中神兽出现于月轮之中，或独立出现在仙境场景，常作拉车、捣药或衔仙草状（图2.98.1～2.98.3）。它与蟾蜍表现出的神性相似，有仙界神兽助人升仙之力。拟人化作捣药状的兔，有时还带有双翼，主要出现在西王母仙境中为其制作不死药。此类图式约自西汉中期流行至东汉晚期，兔与蟾蜍还常被拟人化，配合默契，一同履行着制作不死药的职能（图2.98.4～2.98.6）。

符瑞中还有"白兔"一种。河北望都M1东壁即绘有白兔图像与榜题，榜题曰："白兔游东山"①（图2.98.7）。类似的白兔形象在两汉器物纹饰、石质画像中常能见到（图2.98.8、2.98.9）。

（十四）其他以现实动物为原型的神兽

根据本书定义的神兽内涵，汉代神兽既指自然界中不存在、由人类主观赋予其特定神性的想象动物，也包含自然界存在的现实动物，只是被人们主观赋予了神性。对于后者，除前文已涉及到的虎、豹、狮子、龟、蛇等外，还有鹿、牛、羊、马、猴、熊、鱼、象、骆驼等。从内涵上看，两组的主要区别是：第一组在汉代图像中大多带有神兽属性；而第二组的情况则相对复杂，除神兽属性外，它们也常作为现实动物，出现在如日常生活、出行、狩猎等场景中。故对于第二组动物图像，必须

---

① 北京历史博物馆等：《望都汉墓壁画》，图版二十五。

图 2.98　汉代神兔图像

1. 西汉中晚期，洛阳卜千秋墓壁画；2. 王莽时期，河南偃师 M1 隔梁壁画；3. 东汉早期，陕西靖边墓后室西壁壁画；4. 西汉中期，郑州南关外北二街 M4 画像砖；5. 东汉晚期，徐州十里铺墓甬道横额画像石；6. 东汉晚期，山东嘉祥宋山祠堂画像石；7. 东汉晚期，河北望都 M1 东壁壁画与榜题；8. 王莽时期，河南淅川夏湾 M1 画像砖；9. 东汉晚期，山东沂南北寨墓前室中心柱画像石。

还原至其所在图像场景中进行具体分析，才能确定其是否带有神兽属性；与想象类神兽相比，它们的图像表现会相对简单，基本都直接采用了其在自然界的原始形态。

　　本部分内容将主要讨论上述第二类以现实动物为原型的汉代神兽图像情况，因其形态写实，无需对其图像实例进行过多罗列，而会更多考虑人们将它们视为神兽的内在原因及其被主观赋予了何种神性，最终观察、总结这类现实动物可被辨识为神兽时的图像场景特点。

　　1. 熊、罴、能

　　熊是一种大型食肉目哺乳动物，身形庞大、四肢粗壮有力、毛发浓厚、嗅觉及听觉灵敏、短尾、每只脚掌有五个弯曲锋利不可回缩的爪子，外形看似笨拙，实际上奔跑速度极快，通常昼出夜伏，冬季会冬眠长达百天。罴是熊的一种，即棕熊，也称马熊、人熊，毛发为棕黄或赤棕色。《说文》中记载了二者的差别："熊：兽似豕。山居，冬蛰。凡熊之属皆从熊。罴：如熊，黄白文。"① 郭璞注《尔雅·释兽》曰："（罴）似熊而长头高脚，猛憨多力能拔树木。"《逸周书·王会解》云："不屠何青熊。东胡黄罴。"足见，罴为熊属，二者的外形差别主要体现在毛色上。

先秦时期，熊、罴就以"神力"被人类敬仰畏惧。如《楚辞·招隐士》云："虎豹斗兮熊罴咆，禽兽骇兮亡其曹。""格熊"亦是汉代一种展现勇力的活动，与搏虎类似。《西京杂记》载："广陵王胥有勇力，常于别囿学格熊。后遂能空手搏之，莫不绝脰。后为兽所伤，陷脑而死。"

熊有时还可隐喻男子，如《诗经·小雅·斯干》："惟熊惟罴，男子之祥。"后世也常以"熊梦""熊罴入梦""熊罴之祥"等比喻得子之兆。四川彭山汉代崖墓中曾发现突显雄性器官的熊形象，或许就是出于这种希望子孙繁衍的心理。

熊、罴在古代均为珍贵罕见的动物，因此常带有礼仪性的等级身份象征。汉代的熊、鹿常用以标志公侯级别，如《后汉书·舆服志上》："诸车之文：……公、列侯，倚鹿伏熊，黑辒，朱班轮，鹿文飞軨，九斿降龙。"河北定县 M122 错金银铜管上就多处出现熊、罴的形象，姿态拟人生动，周饰云气、山川及花草纹，突显出仙境氛围②；既能看出工匠们对熊、罴在自然界生存状态的细致观察与拟人化模拟，也能看出欲将其神异化的表现倾向（图 2.99.1）。熊、罴还常被制成立体雕塑用来装饰高等级器物，最常见的是作器足或车马器、陶器等装饰（图 2.99.2 ~ 2.99.6）。

谶纬盛行时，熊、罴也被归为符应神兽。如山东嘉祥武梁祠石刻祥瑞图中就有榜题："赤罴，仁奸明则至。"和林格尔墓壁画中也有题名"赤罴"的熊图；《宋书·符瑞志》亦载："赤熊，佞人远，奸猾息，则入国。"

熊还带有镇墓除恶辟邪功能，一方面因其力大无穷、具有极强的守卫及攻击能力；另外也能从文献中对方相氏施法时蒙熊皮的记载看出。如《周礼注疏·夏

---

① 段玉裁：《说文解字注》，第 479 ~ 480 页。

② Wu Hung, *A Sanpan Shan Chariot Ornament and the Xiangrui Design in Western Han Art*, Archives of Asian Art, Vol. 37. 1984：p. 42.

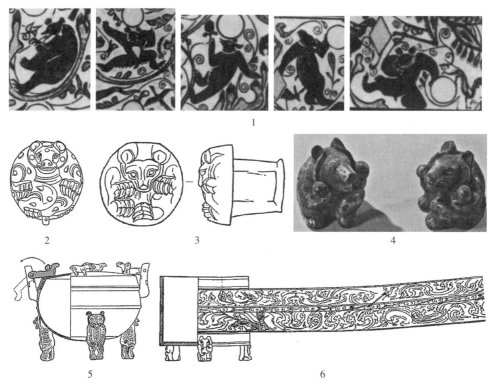

图 2.99　汉代器物装饰中的熊、罴形象

1. 西汉，河北定县 M122 错金银铜管局部纹饰；2、3、5. 西汉中期，满城汉墓铜仪仗顶、铜节约、铜鼎；
4. 东汉，河南偃师李家村鎏金熊；6. 西汉晚期，洛阳金谷园车站 M11 釉陶奁。

官司马》载："方相氏：掌蒙熊皮、黄金四目、玄衣朱裳、执戈扬盾，帅百隶而时难，以索室驱疫。大丧，先柩；及墓，入圹，以戈击四隅，驱方良。"汉代沿用了这一仪式，《后汉书·礼仪志》有相同的记载："方相氏黄金四目，蒙熊皮，玄衣朱裳，执戈扬盾。"蒙熊皮或扮熊的习俗或许也和禹之父鲧死后化为黄熊的传说有关。

　　汉墓壁面及建筑装饰中常有熊、罴的写实形象，但越到东汉越趋拟人化，常见舞蹈或托举状，有时手中还执剑等器具，应主要表达了熊、罴作为祥瑞神兽祈求吉祥或镇墓辟邪之意，其属性应在完整图像语境中具体分析（图 2.100）。

　　值得注意的是，东汉较晚时期鲁南地区的石刻画像上常见一种作站立舞蹈状、身饰斑点的类熊形象，有的脖颈处还似有项圈状物（似为一圈颈毛），与常规的熊、罴形象略有差别。

　　据《说文·能部》："能，熊属。足似鹿……能兽坚中，故称贤能；而强壮，称

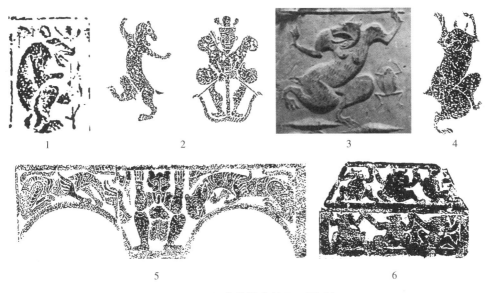

图 2.100　汉墓装饰中的熊、罴形象

1. 西汉晚期，郑州新通桥墓画像砖；2. 王莽时期，唐河冯孺人墓画像石；3. 河南博物院藏散存画像石；4. 东汉中晚期，山东泰安大汶口墓立柱画像石；5. 东汉中期，河南邓县长冢店墓门楣画像石；6. 东汉晚期，山东临沂吴白庄墓前室立柱画像石。

能杰也。凡能之属皆从能。"[1] 可知能是熊的一种，外形特点是足似鹿而强壮，也因其谐音而可指代能杰、贤能等意。又《左传·昭公七年》："今梦黄能入于寝门，其何厉鬼也，对曰，以君之明，子为大政，其何厉之有，昔尧殛鲧于羽山，其神化为黄能，以入于羽渊，实为夏郊，三代祀之……"这里的"黄能"应通"黄熊"，或者是当时对能这一熊属动物的特指，只是后人逐渐用熊取代了能。

　　山东微山两城镇散存画像石上，这种带斑点的熊或出现在"射爵射侯"图中，树下还有一羊、一狗，或出现在建筑屋顶，旁边有羽人喂雀、猴、祥禽等（图2.101.1、2.101.2）。这两幅画像都是汉代典型的带有祈求吉祥、升官、平安等意味的图式，与斑点熊一起出现的动物也多是谐音吉祥的祥瑞神兽。那这只斑点熊很可能表现的就是带有"贤能、能杰"寓意的熊属动物——能。类似形态的能多出现在带有吉祥、辟邪寓意的图式中（图2.101.3、2.101.4）。但这种形象的能目前仅见于苏鲁豫皖邻近地区的画像石上，极富地域特色。

---

① 段玉裁：《说文解字注》，第479页。

图 2.101　汉画像石上的疑似"能"形象

1、4. 东汉，山东微山两城镇散存画像石；2. 东汉中晚期，山东微山两城镇祠堂画像石；3. 东汉，山东邹县王屈散存画像石。

2. 鹿、麋、麞

鹿是偶蹄目反刍亚目鹿科动物的总称。《说文·鹿部》载："鹿：兽也。象头角四足之形。鸟鹿足相比，从比。凡鹿之属皆从鹿。"①

在早期岩画、彩陶纹饰、商周青铜器纹饰上都常见鹿的形象，能看出人类对鹿从早期来自狩猎行为的认知到逐渐对其安详友善的品性产生喜爱。《诗经·小雅》即以名句"呦呦鹿鸣"开篇，鹿亦在祭祀等礼制活动中担任重要角色。然而，鹿之内涵真正被升华和神化，继而带有强烈的吉祥或辟邪色彩则约肇始于东周秦汉时期，这与人们对鹿生理习性的认识深化和当时崇尚鬼神谶纬等迷信思想的社会意识密切相关。

自然界中鹿科动物的分类极为复杂。但从早期文献看，生存于古代中国并被人们熟识的鹿科动物，除了传统意义上的鹿，主要还有麋与麞两种，它们在外形上具有较大差异，各自特征较易识别（图 2.102）；三者常被狩猎、以皮毛或角制器、作牺牲或肉食，如《逸周书·世俘解》："武王狩……麋五千二百三十五……麞十有六，麞五十，麋三十，鹿三千五百有八。"又《礼记·内则》："取牛羊麋鹿麞之肉必

① 段玉裁：《说文解字注》，第 470 页。

胘……施麋、施鹿、施麇皆如牛羊。"

鹿是古代对最常见的那类鹿科动物的统称。

先秦时期，鹿主要出现在人类的狩猎、饮食、祭祀等礼制活动中，人们关注的是鹿柔美的外表和温驯的品性，但并没有将之神化或对其崇拜的迹象。汉时，在神仙、谶纬等迷信思想引导下，鹿被逐渐仙化，其原因及表现形式主要有以下几类。

图 2.102　自然界中的鹿、麋、麈（獐子）

一是鹿天然具备的纯善品性符合汉人崇尚的道德标准。这类图像中的鹿多具有美好的象征寓意，也常出现在表现日常生活的画面中，不属神兽范畴（图 2.103.1）。

二是在神仙信仰体系中，鹿是带有灵性的神兽，这一点或许受到楚文化崇鹿习俗的影响。西汉随葬器物装饰中常能见到奔腾于云气中的神鹿形象（图 2.103.2、2.103.3）。后来鹿的神性被进一步延伸，常作为神仙坐骑或拉车工具，与汉人祈求长生、升仙的愿望相关。汉乐府《平调曲·长歌行》云："仙人骑白鹿，发短耳何长？导我上太华，揽芝获赤幢。来到主人门，奉药一玉箱。主人服此药，身体日康强。发白复更黑，延年寿命长。"[1] 汉代出土图像中也常见这种仙人骑鹿或鹿为仙人拉车的图像，有时鹿身还刻画出双翼，神兽内涵明显。这类图像至迟出现于两汉之际并流行于东汉，早期主要流行于河南、陕西等地的壁画与画像砖石上，约东汉中期后传播至苏鲁豫皖及四川等地，东汉晚期盛行（图 2.103.4 ~ 2.103.8）。

三是汉人迷信，流行谐音吉祥，"鹿"音同"禄"，故更受追捧，成为符应祥瑞神兽之一。最常见的表现方式即在墓门上部装饰大幅的鹿或鹿头，这种做法约在西汉出现并流行于东汉，尤其至东汉较晚时期，鹿或鹿头的形象在墓中十分常见，带有兆吉辟邪等功能寓意（图 2.103.9 ~ 2.103.11）。

---

① 逯钦立辑校：《先秦汉魏南北朝诗》上，北京：中华书局，1983 年，第 262 页。

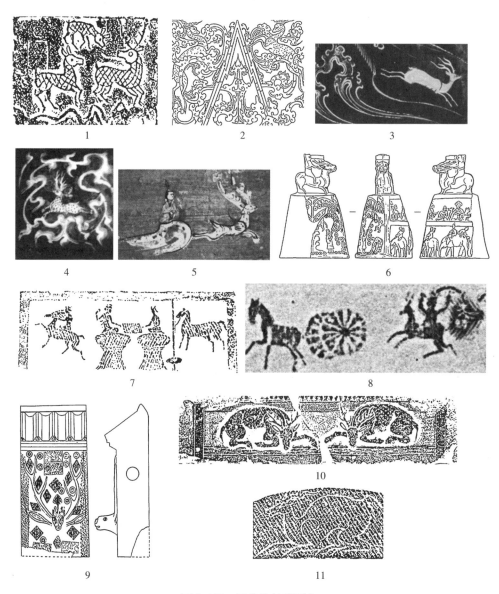

图 2.103　汉代的神鹿形象

1. 东汉晚期，山东掖县古墓画像砖；2. 西汉早期，马王堆 M1 红地彩绘棺头档；3. 西汉晚期，江苏邗江墓漆面罩；4. 王莽时期，2008 年洛阳征集壁画砖（现藏中国农业博物馆）；5. 东汉早期，陕西靖边墓后室壁画；6. 东汉晚期，四川绵阳桐子梁崖墓 M40 陶摇钱树座；7. 东汉晚期，四川高家沟 M282 崖墓石棺侧板画像；8. 东汉晚期，四川简阳鬼头山画像石棺及题榜；9. 西汉晚期至东汉初期，河南荥阳康寨墓门楣石刻；10. 东汉晚期至曹魏，洛阳朱村 M2 耳室券门石刻；11. 东汉晚期至曹魏，四川成都郫县新胜二、三号墓一号石棺盖前额画像。

　　四是鹿在谶纬观影响下的符应化，最常见的是"白鹿"。史书中常有获白鹿祥瑞或是以白鹿发瑞的记载，如《史记·封禅书》载："天子苑有白鹿，以其皮为币，以发瑞应，造白金焉。"《宋书·符瑞志》："白鹿，王者明慧则至。"《述异记》中更进一步将鹿神化，认为鹿象征长寿且可助人长生："鹿千岁为苍，又五百岁为白，又五百岁为玄。玄鹿骨亦黑。为脯食之，可长生之。"新疆楼兰高台墓地出土的"延年益寿"织锦上就有鹿的形象被包围于云气纹中。

麋，古字亦作塵（zhǔ），原产于我国长江中下游沼泽地带，身材比普通的鹿略大，即别名"四不像"的一种珍稀鹿科动物。它的一大特性就是雄性麋鹿在半夏及冬至时角会脱落，继而再生。古人明显掌握了这一特点，如《说文》云："鹿属……麋冬至解角。"① 也许正是这种"角脱落再生"的特征，使其成为古人、尤其是笃信复生、升仙等迷信思想的汉人崇拜的对象而将之神化。王充在《论衡·道虚》中抨击时人对"尸解"的盲目信崇时言："夫蝉之去复育，龟之解甲，蛇之脱皮，鹿之堕角，壳皮之物解壳皮，持骨肉去，可谓尸解矣。"这里的鹿应指麋鹿。足见，受蝉、龟、蛇、麋鹿等动物的自然生理现象影响，汉人对死后尸解复生颇具执念，反之也导致对这些动物的崇拜与神化。

据甲骨文卜辞及先秦文献记载，约距今 3300 年前出现过一个麋部落，后发展为麋国，其址大致在今陕西、湖北交界处，正是产麋之地。麋国在公元前 611 年被楚国所灭，研究称其国标志即麋鹿角头。临近的楚国亦流行鹿崇拜，楚墓中常出土带有鹿形象的随葬品，尤其一种头插鹿角的镇墓兽最具特色。最早这类镇墓兽上并没有鹿角，约战国后才固定形成插有真鹿角的镇墓兽形态②。且据专家鉴定，这类镇墓兽上使用的鹿角都来自麋鹿③。麋鹿为珍稀动物，其角更为珍贵，这类麋鹿角镇墓兽应也带有一定的等级象征意味。值得思考的是，这类麋鹿角镇墓兽的出现是否与濒临楚境又被楚国所灭的麋国有关？人们对麋鹿角的崇拜又是否与其"解其角而再生"的生理特性有关？许多学者撰文称这类楚式带麋角镇墓兽在墓中应作镇墓辟邪之用。而若联系麋、楚、西汉长沙国之关系与麋角"解而复生"的寓意，对这类楚式麋角镇墓兽形象的产生、演变及内涵或许会有新的启发。

满城 M1 出土铜饰、陕西绥德汉墓门扉画像石上的神兽形态与普通鹿略有差别，

---

① 段玉裁：《说文解字注》，第 471 页。
② 黄莹：《楚式镇墓兽鹿角研究》，《江汉论坛》2009 年第 12 期。
③ 湖北省文物考古研究所：《江陵九店东周墓》，北京：科学出版社，1995 年，第 253 页。

可能即"四不像"的麋鹿（图2.104）。

麞，同獐（又称獐子），古书上有时还写作麇（jūn）；《说文》称其为"麕属"，《伏侯古今注》里进一步解释："按麞异于麋者，无角。"《论衡·讲瑞》云："鹿与麞，小大相倍，体不同也。"麞被认为是最原始的一种小型鹿科动物，原产我国东部和朝鲜半岛，属珍稀濒危动物。外形特征是有獠牙、耳朵圆而短小，且后腿略长于前腿，故常如兔子般跳跃前进。它与其他鹿科动物的最大区别是雌雄均无鹿角，与文献记载一致。

1   2

图2.104   汉代的疑似麋鹿形象
1. 西汉中期：满城 M1 铜饰；2. 东汉中期，陕西绥德延家岔墓门框画像石。

麞在汉代也被祥瑞化，与鹿的情况近似，且常与鹿同提。如《焦氏易林》有辞："獐鹿同走，白燕嘉喜。"《宋书·符瑞志》亦载："白麞，王者刑罚理则至。"

出土资料中的麞（獐）形象主要见于王莽时期至东汉时期，形象较写实，只是或添加了双翼、或被云气环绕（图2.105）。其中，河北望都 M1 壁画上有形象写实（有双翼）的麞（獐）形象，旁附榜题，其墓壁画还有白兔、鸡、神鸟等祥瑞神兽及榜题，表现出这些神兽形象在墓中兆吉辟凶的功能寓意①。

3. 马

哺乳动物奇蹄目马科动物在史前时期种类曾经十分多样化，最早的始祖马化石证实其在距今六千万至四千五百万年前的始新世时期便已生活于北半球大陆，现代马则在距今四百万年前的上新世出现。马科动物现仅存唯一的马属，也是现存数量最多、分布最广、人们最熟悉的奇蹄目动物。

一般意义上的马即指马属下马亚属之家马，约六千年前被人类由欧洲野马驯化而来，而马亚属下除家马外的其他野马种类几乎都已灭绝。中国家马的起源时

① 北京历史博物馆等：《望都汉墓壁画》，图版二三。

1　　　　　　　　　　2　　　　　　　　　　　　　　　3

图 2.105　汉代的麠（獐子）形象

1. 王莽时期，08 年洛阳征集壁画砖（现藏中国农业博物馆）；2. 东汉晚期，河南密县打虎亭 M1 前室门楣画像石；3. 东汉晚期，河北望都 M1 南壁券门下壁画及榜题。

间目前主要有新石器中期①、新石器末期的龙山文化时期②、夏末商初和商周之际③几种观点，但可以确定的是，中国家马是在早期人类的狩猎活动中被逐渐驯化而来。家马毛色复杂④，四肢强健，第三趾最为发达，趾端有马蹄，其余各趾退化，面长，耳小且直立，额、颈多有鬃毛，长尾，"馬"字便是以此为原型的象形文字。

先秦时期的马主要被利用于农牧业畜力、交通运输及古代战争，有时还用于祭祀等礼制活动或食用。《周礼·夏官司马》中就记有专门管理马匹的"马质"一职⑤。

马的神化主要源自东周秦汉时期逐渐流行的神仙思想，马在经济生活与劳动中的重要作用、可被乘骑的特点与在战争中的强大战斗力等亦都是人们对其产生崇拜的重要原因。马本不能飞，但作为神仙乘骑，人们就自然为之加入双翼，并称之为"天马"，成为祥瑞神兽。

汉代图像资料中常见这种作为仙人坐骑或拉车的神马形象，马时有翼，无翼时

① ［日］吉崎昌一著，曹兵海等译：《马和文化》，《农业考古》1987 年第 2 期。

② ［美］斯坦利丁·奥尔森著，殷志强译：《中国北方的早期驯养马》，《考古与文物》1986 年第 1 期。

③ 王宜涛：《也谈中国马类动物历史及相关问题》，《中国文物报》1998 年 8 月 21 日。

④ 《说文·马部》下有因不同毛色命名的不同马名近三十种；《尔雅·释畜》也有关于不同马外形及分类的记载。

⑤ 其文曰："掌质马。马量三物，一曰戎马，二曰田马，三曰驽马，皆有物贾。纲恶马。凡受马于有司者，书其齿毛与其贾。马死，则旬之内更，旬之外入马耳，以其物更，其外否。马及行，则以任齐其行。若有马讼，则听之。"

会在周围刻画云气纹以表现其飞腾于仙境中的效果（图2.106.1、2.106.2）。工匠们有时还会进行一些艺术化的想象创作，如拴马图；通过四川地区画像石刻，可以理解这种拴马图表现的正是神仙乘骑的神马（图2.106.3、2.106.4）。

马与龙在汉代都被视作重要的升仙工具。《易经·系辞》中记载的"河图"，据说就是被一种叫"龙马"的神兽所负。这一说法在汉代被加以刻意渲染传播，龙马亦成为符应神兽之一，如《宋书·符瑞志》载："龙马者，仁马也，河水之精。高八尺五寸，长颈有翼，傍有垂毛，鸣声九哀。"虽目前还未发现有明确榜题的龙马图，但汉代出土图像中多见类似《符瑞志》中描述的"长颈有翼，傍有垂毛"的神马形象。

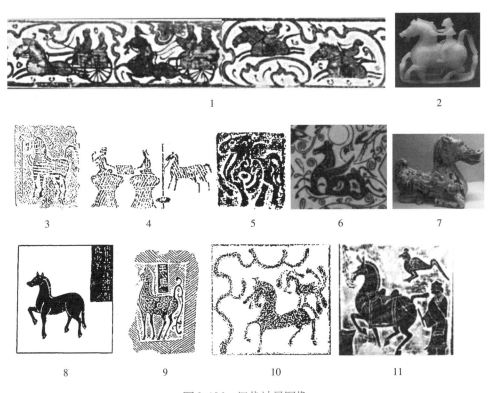

图2.106　汉代神马图像

1. 西汉中晚期，连云港海州墓漆木尺；2. 西汉，渭陵出土玉雕；3. 东汉中晚期，四川新津城南墓2号石棺头档画像；4. 东汉，四川高家沟 M282 崖墓石棺侧板画像；5. 宝鸡出土"白金三品"马币；6. 西汉，河北定县 M122 铜管；7. 西汉，西安灞桥出土陶马；8. 东汉晚期，山东嘉祥武梁祠顶画像及榜题"白马朱鬣"；9. 东汉，重庆忠县邓家沱汉阙玉马及榜题；10. 西汉中期，山东邹城太平石椁画像；11. 东汉中期，陕西绥德四十里铺墓门框画像石。

但并非所有翼马形象表现的都是龙马，也可能指如天马、玉马、乘黄等文献有载的其他各类神马（图2.106.5～2.106.7）。《汉书·礼乐志》中记汉代《郊祀歌·日出入》有句："吾知所乐，独乐六龙，六龙之调，使我心若。訾黄其何不徕下！"东汉应劭解释说这里的六龙指《易经》中所说黄帝升仙时所乘，又近一步解释"訾黄，名曰乘黄，龙翼而马身，黄帝乘之升仙。武帝意欲得之。"

东汉有些带榜题的画像石刻会清楚刻画出各类神马的形象（图2.106.8、2.106.9），其榜题文字也几乎都可以与《宋书·符瑞志》中的相关记载对应，如"腾黄者，神马也，其色黄，王者德御四方则出""白马朱鬣，王者任贤良则见""泽马者，劳来百姓则至""玉马，王者精明，尊贤者则出"等。而在没有榜题文字参照的情况下，也可根据马形象所处的图像环境，具体分析其属性，如当马与其他祥瑞神兽一同出现时多可被释读为神马（图2.106.10、2.106.11）。

4. 牛

牛是人类熟悉的食草性家畜，是我国传统的五畜之首①，主要用于农耕、运输、食用或祭祀用牲等。牛作为农耕之用出现的相对较晚，但至少在汉代时已较成熟地利用牛力进行农业生产，汉画中多有牛耕图；神话传说中还曾形容炎帝为"牛首人身"，炎帝即神农氏，这无疑也展示出先民眼中牛与农耕的密切关系。

汉代的牛图像大多出现于表现日常生活场景的农耕、游牧、家饲、庖厨等图式中，而可被识别为神兽的牛形象，主要有以下几种情况：

一是形象化的牵牛星座图像，即用一人牵牛图表现二十八宿中的北方第二宿牛宿，如《淮南子·天文训》云："东北曰变天，其星箕、斗、牵牛。"此时的牛是对星宿的人格化模拟，早期其图像附庸于星点，后如四象般演变为可单独出现的祥瑞。

二是牛因其强壮畜力、彰显抵御性与战斗力的双角及长期与人类建立的亲密关系而被尊崇为神兽。通过汉代出土图像可发现，神牛形象均生动写实，并没有特别奇异的身体特征可与自然牛明显区分（如几乎不见被添加双翼的"飞牛"）。人们将

---

① 五畜为牛、狗、猪、羊、鸡。又《蔡中郎集·月令问答》曰："牛、五畜之大者，四行之牲，无足以配土德者，故以牛为季夏食也。"

自然牛神化的情况一般分为：在其身或周围装饰云气纹、仙人骑牛、或作牛与其他猛兽、力士相斗状（图2.107.1～2.107.6）。

南阳地区画像石刻中还常见一类胡人阉牛形象，旁饰其他祥瑞神兽，可能与当时当地的某种地方风俗有关。前文提及的封牛与南山丰大特，一为外域引进的珍稀动物，一为神话传说神兽，都属于特殊的神牛。

还有一类是拉车神牛，多见于东汉较晚时期苏鲁豫皖邻近地区的石质画像上，常与羊车、马车、鹿车等一起出现（图2.107.7）。汉代的牛车是等级略低的一种出行、载物的交通工具，如《史记·五宗世家》载："其后诸侯贫者或乘牛车也。"又《酷吏列传》："汤死，家产直不过五百金……载以牛车，有棺无椁。"汉画牛车表现的更像是引人升仙的仙车，而拉车之牛也与其他作为坐骑或拉车的祥瑞神兽一样，具备可以引魂升仙的神性。至于牛车、羊车、马车等是否有等级差异，则暂时无法考实。

5. 羊

羊属哺乳科偶蹄目牛科羊亚科羊族，其下主要包括绵羊、山羊、大角羊、蛮羊等。

与牛的情况类似，羊与古代人类生活的主要关系即作家畜、食用、皮毛制器、畜力、祭祀用牲[①]等用途。但因羊天性安宁纯善，人类对羊赋予的情感较牛要丰富细腻的多，如《诗经·国风》中就有《羔羊》篇，《诗说》中释其为"美大夫之诗"；这也与古代贽礼有关，如《春秋繁露·执贽》曰："凡执贽，天子用畅，公侯用玉，卿用羔，大夫用雁……羔食于其母，必跪而受之，类知礼者；故羊之为言犹祥与！"《说文·羊部》亦云："羊，祥也。从，象头角足尾之行。"《汉元嘉刀铭》载："宜侯王，大吉羊。"可见，羊本身天性纯良有礼，又通"祥"，故在迷信神仙符应、崇尚兆吉辟凶的汉代，自然被奉为祥瑞神兽之一。

汉代图像材料中最常见的是大角羊及山羊造型，或作器物或墓葬装饰、或以形制器。西汉多见于高等级墓葬装饰或出土器物，造型写实但富于艺术美感，羊的出

---

① 祭祀礼仪中有"三牲""五牲"之说，牛的等级要高于羊。如《礼记·曲礼下》："天子以牺牛，诸侯以肥牛，大夫以索牛，士以羊豕。"又《大戴礼记·曾子天圆》："诸侯之祭，牲牛，曰太牢；大夫之祭，牲羊，曰少牢。"

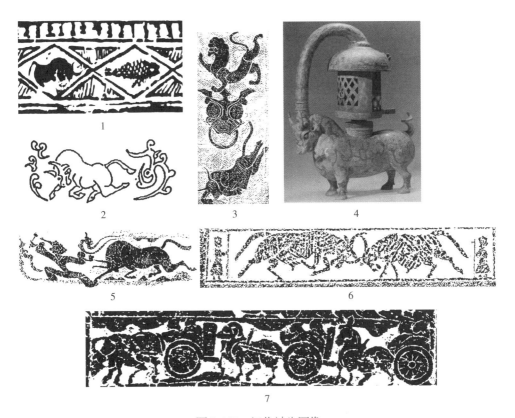

图 2.107　汉代神牛图像

1. 河南密县散存画像砖；2. 王莽时期至东汉初期，南阳蒲山 M2 过梁画像石；3. 王莽时期至东汉初期，河南方城城关镇墓门扉画像石；4. 东汉早期，江苏扬州邗江 M2 错银铜牛灯；5. 王莽时期至东汉初期，南阳陈棚后室过梁画像石；6. 东汉中期，河南方城东关墓门楣画像石；7. 东汉晚期，山东滕州桑村镇祠堂右壁画像石。

现主要由于谐音吉祥，寄托了人们的崇仙兆吉心理（图 2.108.1～2.108.3）。东汉时，神羊形象得以普及，且周围常饰云气纹及其他神人、神兽，自身造型也更生动且富想象力，有拟人化的神羊、被仙人乘骑或拉车之羊，有些还带有明确的榜题，如"福德羊"，表现出神羊吉祥辟邪的神性（图 2.108.4～2.108.6）。

　　羊作为仙人坐骑和拉车的造型及寓意与前述鹿、马、牛等类似，其原型来源于日常生活，又结合神仙信仰故事，羊亦被神化入仙境，继续充当仙界神兽畜力。如《列仙传》中就有仙人葛由"骑羊而入西蜀……随之者不复还，皆得仙道"的故事。关于"羊车"，见《释名·释车》："羊车，羊，祥也，善也；善饰之车，今犊车是也。"

　　汉人似乎认为羊身上最明显且最具祥瑞性的部分就是羊角，故在汉代墓葬装饰

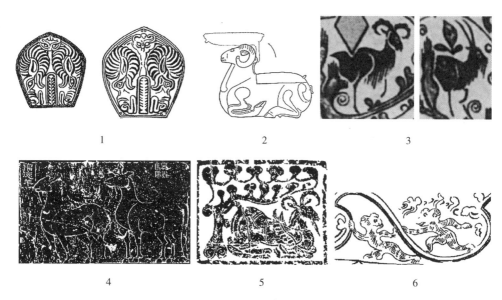

图 2.108   汉代神羊图像

1、2. 西汉中期，满城汉墓金饰片、铜灯；3. 西汉，河北定县 M122 铜管；4. 东汉中期，徐州缪宇墓画像
石及榜题；5. 东汉晚期，安徽褚兰胡元壬祠堂画像石；6. 东汉中晚期，辽阳旧城东门里墓壁画。

中，尤其是东汉较晚时期苏鲁豫皖邻近地区的画像石墓中，十分流行在门楣处浮雕
出大角羊头，其双角被精细雕刻突显，羊脸部也常雕刻出十字穿环、绶带纹等符瑞
特征明显的细节装饰，有时周围还有其他各类祥瑞神兽。《杂五行书》曰："悬羊头
门上，除盗贼。"顾谭《新言》曰："初年悬羊头、磔鸡羊以求富。余以问河南服君，
服君曰：'是月草木萌，羊能啮草，鸡啄五谷，故悬二物助阳气。'"汉墓中浮雕羊头
体现出人们试图借助"大吉羊（祥）"表达镇墓辟邪、祈福求财等用意（图 2.109）。

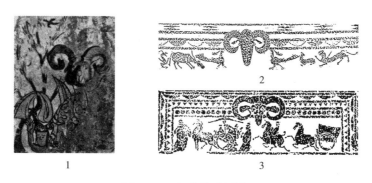

图 2.109   汉代羊头浮雕

1. 西汉晚期，洛阳烧沟 M61 前室门额石刻；2. 东汉中期，山东肥城北大留村墓后室门楣石刻；3. 东汉晚
期，山东淄博张庄 M1 门额石刻。

河北望都 M1 东壁壁画上有一只白色双角带翼神羊与一漆壶，旁附榜题"羊酒"①（图 2.110）。据文献记载，羊、酒为一种作为忠孝仁义等美好德行的赏赐或表达友好亲近的传统赠礼，或有谐音"祥久"之意。

图 2.110　河北望都 M1 东壁壁画及榜题"羊酒"

《汉书·王莽传》载："莽休沐出，振车骑，奉羊酒，劳遗其师，恩施下竟同学……赐吏爵人二级，民爵人一级，女子百户羊酒，蛮夷币帛各有差。大赦天下。"《史记·韩信卢绾列传》中则记载卢绾家因与高祖家世代交好，就经常互送羊、酒。汉人对羊、酒神奇功能的迷信甚至到了认为它们可以治病的地步，如《后汉书·周黄徐姜申屠列传》载："诏书告二郡，岁以羊酒养病。"又《后汉书·方术列传》："帝不能屈，而敬其名，使出就太医养疾，月致羊酒。"羊和酒也会被用于祭祀礼仪活动，如《后汉书·礼仪志》："朔前后各二日，皆牵羊酒至社下以祭日。日有变，割羊以祠社，用救日日变。"

6. 猴与猿

猴与猿是与人类最亲近的动物，在生物分类学上，它们都属于哺乳纲灵长目类人猿亚目（简鼻亚目），并分属猴总科与人猿总科。猿与人类的关系更为亲密，分属人猿总科下的长臂猿科与人科。猴与猿都属于类人猿灵长目动物，多数时候易混称，二者从外形上看的最大区别是猴有长尾而猿没有。

猿外形为无尾猴，擅登高攀援爬树，如《说文·虫部》："蝯（猿古字），善援，禺属。"段注曰："禺，母猴属，蝯即其属，属而别也。郭氏《山海经传》曰：蝯似

---

① 北京历史博物馆等编辑：《望都汉墓壁画》，图版二四。

猕猴而大，臂脚长，便捷，色有黑有黄，其鸣声哀。"① 满城 M1 出土了一件形象写实的悬挂长臂猿铜钩，是西汉少见的猿形象器物②（图 2.111.1）。

汉代文献中还曾提到"玄猿"，亦为祥瑞神兽。山东嘉祥宋山画像石（西晋墓再利用东汉祠堂画像石）题铭中就有"玄猿登高"。其形象主要见于东汉石刻画像上，多呈爬行或攀援姿态，与"玄猿登高"的题铭相合（图 2.111.2、2.111.3）。

汉人对猿的信崇可能与认为其长寿特性有关。《春秋繁露·循天之道》载："猿之所以寿者，好引其末，是故气四越。"满城 M2 铜当卢上就有猿与仙鹤等神兽同处云气间的纹饰③。

图 2.111　汉代神猿图像
1. 西汉中期，满城 M1 铜钩；2. 东汉，四川新津五号石棺画像；3. 东汉晚期，山东琅琊孙熹石阙画像石。

猴与猿单从图像上看不易分辨，解读多需联系其各自内涵。汉画中常模拟猿的生物特性作攀援登高状，带有长寿、高升等美好寓意；而猴出现于汉画中的主要原因是其谐音通"侯"，有"射侯""封侯"之意。

《礼记·射义》曰："故天子之大射谓之射侯；射侯者，射为诸侯也。射中则得为诸侯；射不中则不得为诸侯。"侯原义为射箭的箭靶，射侯原是一种高等级礼制活动，诸侯一词本就取义于古代射礼，故"射侯"与"诸侯"自然带有紧密联系。

这种谐音吉祥图像的流行均在谶纬泛滥的东汉，通过生动联想，人们选择了"射猴"这种更易用图像表现、也更隐晦的方式来表达渴望升官入仕、得享富贵的

---

① 段玉裁：《说文解字注》，第 673 页。
② 中国社会科学院考古研究所等：《满城汉墓发掘报告》，第 78～79 页、图版四一。
③ 中国社会科学院考古研究所等：《满城汉墓发掘报告》，第 327～329 页、图版二三二。

"射为诸侯"之意。表达这一吉祥寓意的最常见图式即猴子和雀等神鸟的组合，寓意"射侯射爵"；有时也会用其他祥瑞神兽代替神雀，表达出相似的寓意愿望（图2.112）。

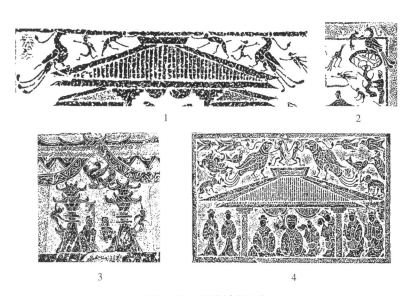

图 2.112　汉代神猴图像
1. 东汉早期，山东滕州滨湖镇祠堂后壁画像石；2. 东汉中晚期，山东微山两城镇祠堂画像；3. 东汉，四川泸州十四号石棺前档画像；4. 东汉晚期，山东滕州滨湖镇祠堂画像。

7. 鱼

鱼是一种古老生物，在约距今五亿年前的寒武纪时期就已出现，其种类数量约占现存脊椎动物的一半。鱼的外形虽多样，但总的来说多呈细长流线状，《说文·鱼部》云："鱼，水虫也。象形。鱼尾与燕尾相似。"①

先秦时期，人们就常颂鱼之美，还常将鱼用于祭祀等重要礼仪活动。如《诗经·小雅·无羊》："大人占之，众维鱼矣，实维丰年。"②《山海经》中记载有各种怪鱼、神鱼，如鱼身鸟翼的文鳐鱼、"状如儵而赤鳞、音如叱、食之不骄"的䱨鱼、"状如鳜鱼、四足、音如婴儿、食之无痴疾"的人鱼、"状如豚而赤文、服之不畏雷、可以御兵"的飞鱼等。四川一尊画像石棺上西王母仙境图中的有脚怪鱼、鲁南苏北画

———————

① 段玉裁：《说文解字注》，第575页。

② "众"指蝗虫。古人以为蝗虫可化为鱼，旱则为蝗，风调雨顺则化鱼。故鱼即有指代风调雨顺的美好寓意。

像石上的四脚怪鱼，可能就是《山海经》中所记的某种神鱼（图2.113.1、2.113.2）。

汉代的鱼图像不仅继承了鱼的传统内涵，更结合了汉代流行的升仙、谶纬等迷信思想，带有升仙祥瑞、兆吉符应、谐音吉祥几大内涵。

第一类，带有辅助升仙、复生神力的神鱼。其内涵一方面源自鱼的传统吉祥寓意和祭祀等礼仪功能，一方面与汉代对神仙信仰的笃信和渲染有关。《列仙传》中载有多则与鱼有关的神仙故事，如行涓彭之术的琴高乘赤鲤，子英夫妇被长有角翼的赤鲤接走腾空升仙，陵阳子明被化为白鱼的白龙迎去升仙，蜀人邴子得鱼子而养之成龙遂成仙等。苏鲁地区石刻画像上就常见龙鱼题材故事。能看出，汉人认为鱼有助人升仙的神力，与同样生活于水中、助人升仙的龙有着密切关系。如《淮南子·地形训》："介鳞生蛟龙，蛟龙生鲲鲠，鲲鲠生建邪，建邪生庶鱼，凡鳞者生于庶鱼。"故龙所具备的部分神性鱼也有。汉画中就常见云气纹环绕之鱼、鱼车、仙人乘骑之鱼，乐舞百戏中由人扮演的与升仙有关的"鱼车"（乘鱼车者有河伯说①）等（图2.113.3～2.113.6）。

东汉中晚期山东泗水南陈墓门楣画像石有题铭："人马甫大鱼皆食大仓长生久寿不复老?"② 山东苍山元嘉元年画像石墓有图像题铭："室上硖，五子舆，僮女随后驾鲤鱼。"③ 都是鱼具有助人长寿、导引升仙等神力的直接证据。

第二类是鱼因谐音而带有兆吉意味。有学者曾提出"鱼"的上古音谐音为"侯"④，故汉画中很多"抱鱼""钓鱼"图很可能与前述"射雀（爵）射侯（猴）"图一样，有官封诸侯、升职高迁、福泽如诸侯之类的吉祥寓意。

"钓鱼"图式主要流行于西汉中、晚期苏鲁豫皖邻近地区的石椁画像上，常有飞鸟伴于一旁（图2.113.7）。《焦氏易林》有辞："尼父孔丘，善钓鲤鱼。罗钓一举，得获万头，富我家居。"也可能是此尚儒之地流行"钓鱼"图式的另一典故来源，但"求富"与"求官"心态实际相似，都带有吉祥寓意。

"抱鱼"图流行于整个汉晋时期（图2.113.8、2.113.9）。故宫博物院藏汉代错

①　东汉出土的画像铜镜中有的一旁带有"何伯"榜题，见a. 李陈广：《南阳汉画像河伯图试析》，《中原文物》1986年第1期；b. 王煜：《也论汉代壁画和画像中的鱼车出行》，《考古与文物》2013年第3期。

②　泗水县文管所：《山东泗水南陈东汉画像石墓》，《考古》1995年第5期。

③　山东省博物馆等：《山东苍山元嘉元年画象石墓》，《考古》1975年第2期。

④　唐冶泽：《重庆三峡库区新出土神人手抱鱼带钩考》，《中原文物》2008年第1期。

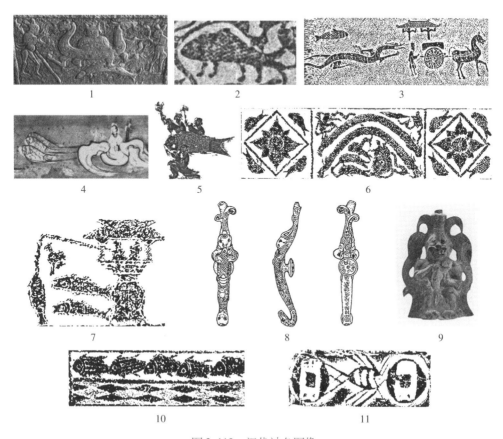

图 2.113　汉代神鱼图像

1. 东汉，江苏洪楼村散存画像石；2. 东汉，四川文物考古研究院藏石棺画像；3. 东汉，四川乐山鞍山石棺
侧板画像；4. 东汉早期，陕西靖边墓壁画；5. 东汉晚期，沂南北寨墓画像石；6. 东汉，徐州占城果园祠堂
顶盖画像石；7. 武帝时期，山东滕州级索石椁侧板画像；8. 西汉，重庆云阳旧县坪带钩；9. 东汉，河南省
博藏陶壁壶；10. 东汉晚期，安徽宿县褚兰 M1 画像石；11. 东汉早期偏晚，宁夏固原北塬 M1 画像砖。

金银嵌松石的神人抱鱼铜带钩上有铭文"丙午钩手抱白鱼中宫珠位至宫侯"[1]，吉林
博物院藏错金银嵌宝双翼鸟喙神人手抱鱼带钩亦有铭文"丙午神钩君必高迁"[2]。

　　第三类是作为兆吉符应的鱼，这或与周武王"白鱼之符"的典故有关。据《史
记·周本纪》载："武王渡河，中流，白鱼跃入王舟中，武王俯取以祭。"此事在汉
代被刻意渲染宣传，附上浓厚的谶纬符瑞色彩，如《汉书·董仲舒传》："书曰'白

① 杜迺松主编：《故宫博物院藏文物珍品大系·青铜生活器》，上海：上海科学技术出版社，2001 年，图
　 109，第 130 页。

② 武玮：《汉晋时期神人手抱鱼图像释读》，《东南文化》2011 年第 6 期。

鱼入于王舟，有火复于王屋，流为乌'，此盖受命之符也。"借此，白鱼甚至惠及其他部分鱼属，都带有了祥瑞符谶之意。山东嘉祥武梁祠上有白鱼图，并附榜题"白鱼武王渡孟津入于王舟"，与书中典故及《宋书·符瑞志》记载相符。

这类带有祥瑞意味的鱼图像流行于整个两汉时期，并逐渐固化成一种代有吉祥寓意的图式，或出现于仙境图像中、或与其他符应神兽共图以示吉祥辟凶之意（图2.113.10）。这种兆吉鱼图像有时还会以"鱼钱纹"的形式出现（图2.113.11），钱自然意味着财富，鱼、钱同时出现，也凸显出鱼所带有的吉祥符应寓意。

《宋书·符瑞志》中还提及另一种符应神兽比目鱼："王者德及幽隐则见。"武梁祠顶同样有类似的图像和榜题（图2.114.1）。

比目鱼本是鲽形目鱼类的总称，体扁，双眼均位于身体一侧。《韩诗外传》卷五载："东海之鱼，名曰鲽，比目而行，不相得，不能达。"至刘向所编《管子·封禅》时，这一形态奇异的比目鱼已带有谶纬符应意味："东海致比目之鱼，西海致比翼之鸟。然后物有不召而自至者十有五焉。"从图像上看，汉代比目鱼图像主要流行于苏鲁豫皖邻近地区的石刻画像上，形象有的写实，有的可能为工匠根据字面所理解的"两鱼相靠"形态（图2.114.2～2.114.4）。东汉时，人们又创造出一种更具神异祥瑞特征，同时兼有兆吉辟邪功能的"三鱼共首"图式，可能也是比目鱼的另一神异化表现形态（图2.114.5）。

图2.114　汉代的比目鱼图像
1. 东汉晚期，山东嘉祥武梁祠顶画像石及榜题；2. 西汉中期，山东临沂石樟头档画像；3. 东汉，山东新泰县西柳村散存画像石；4. 东汉中期，山东莒南孙氏阙画像石。

8. 其他：象、骆驼、狗、猪等

（1）象

象是目前陆地上生活的最大哺乳动物。亚洲象在我国古代曾一度遍及华北、江南一带，但由于人类活动压力及气候变化，现主要分布于南亚和东南亚。

"象"字为象形，《诗经·泮水》中有"元龟象齿"之句，至少说明商周时期象的真实存在。《说文·象部》载："象：南越大兽，长鼻牙，三年一乳，象耳牙四足之形。凡象之属皆从象。"① 经前人研究称，约在战国时，黄河流域已鲜见野生大象②。从文献记载看，汉代中原地区的大象则全部由进贡而来③。

汉代的象图像至迟出现于西汉中期，流行于东汉。

一类是写实的象形象单独出现，能看出对现实动物的模拟（图 2.115.1、2.115.2）；其性质应与前述狮子、孔雀等相似，多被视为珍异的祥瑞神兽。

第二类依然是写实的象，但用为之添加双翼、周饰云气纹、或与其他祥瑞神兽共处等方法将之进一步神化（图 2.115.3、2.115.4）。

第三类是象与人的互动，又可分为驯象与仙人骑象两种形态。

应劭注《汉书》中"驯象"之"驯"字曰："教能拜起周章，从人意也。"驯象者多为胡人或越人形象，工具为一种弯钩，驯象人或立于象侧、或站坐于象背，以钩钩象首或鼻（图 2.115.5、2.115.6）。据文献可知，这种驯象技术源于西南地区或西域，输入中原后，还被吸收入当时流行的乐舞百戏和斗兽、驯兽等活动中，故驯象图中的一部分表现的应是现实生活场景。但驯象图又常出现于西王母仙境，或与其他神兽、神仙、云气等共处，有时象身亦有双翼。故推测驯象图可表达现实与仙境两种内涵，具体情况需根据所在图像场景具体分析。秦汉角抵戏中本就有一部分是对当时流行的神仙故事、传说等的模仿表演，从本质上看，被驯之象与其他也常出现在角抵戏中的神兽一样，带有神异特质。

东汉时，随着谶纬符应观的渗透，驯象、骑象也被"谶纬化"。如东汉晚期内蒙古和林格尔墓前室墓顶南壁即有"仙人骑白象"图像及榜题④；《瑞应图》中也有

① 段玉裁：《说文解字注》，第 459 页。

② 郑红莉：《汉代画像石所见"象图"再考》，载《中国汉画学会第十三届年会论文集》，郑州：中州古籍出版社，2011 年，第 173 页。

③ 如《汉书·武帝纪》："南越献驯象、能言鸟。"《史记·大宛列传》："然闻其西可千余里有乘象国，名曰滇越。"《史记·大宛列传》："身毒……其人民乘象以战。"《后汉书·孝献帝纪》："于填国献驯象。"等。

④ 盖山林：《和林格尔汉墓壁画》，第 7 页，图二二。

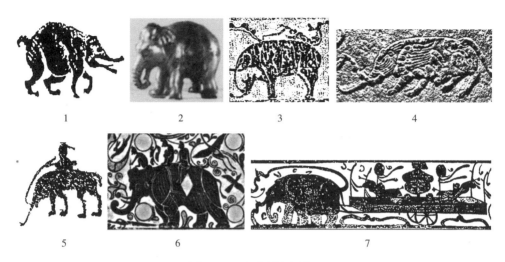

图 2.115   汉代神象图像

1. 河南密县散存画像砖；2. 东汉，鎏金铜象；3. 东汉，南阳散存画像石；4. 东汉晚期，山东安丘董家庄后室西壁画像石；5. 东汉，安徽萧县圣村 M1 门柱画像石；6. 西汉，河北定县 M122 错金银铜管；7. 西汉中晚期，连云港海州墓漆木尺纹饰。

"王者自养有度，则白象负不死之药来"的记载。

最后要提及一种特殊的"象车"。《通典·象车》云："晋武帝太康中，平吴后，南越献驯象，诏作大车驾之，载鼓吹十人，使越人骑之。元正大会，入庭。大驾卤簿行，则试桥道。自后不见。"可见，象车就是越人乘骑大象所拉之车，且这一大驾卤簿制度在汉代就已出现，如《西京杂记·第五》云："汉朝舆驾祠甘泉汾阴，备千乘万骑……象车鼓吹十三人，中道。"这种象车同时也出现在神话传说中，如《韩非子·十过》："昔者黄帝合鬼神于泰山之上，驾象车而六蛟龙……"后也被尊为谶纬符应，如《宋书·符瑞志》："象车者，山之精也。王者德泽流洽四境则出。"

汉代出土图像中可以见到象车作为卤簿或升仙车驾的形象（图 2.115.7）。

（2）骆驼

与象的情况类似，骆驼也是汉时由异域引进的珍异动物，外形有单峰、双峰之别；先秦及汉时亦称其为橐驼或馲驼，橐为囊之意，馲橐相通，是对其外形的直接描绘。

文献中与骆驼相关较早的记载，见《逸周书·王会解》："正北空同、大夏、莎车、姑他、旦略、豹胡、代翟、匈奴、楼烦、月氏、燡犁、其龙、东胡，请令以橐驼、白玉、野马、騊駼、駃騠、良弓为献。"说明至迟三千多年前的周成王时期，骆驼便作为贡品由如今的新疆、蒙古及中亚一带运送至中原地区。后据《史记·苏秦列传》载："燕、代橐驼良马必实外厩。"可判断，骆驼引进后，在北方气候环境适宜的地区已被畜养。

汉代文献中多有骆驼从西北诸国进贡而来、或汉军在与北方的战争后缴获骆驼的记载。如《盐铁论·崇礼》："骡驴馲驼，北狄之常畜也。"《汉书·西域传》："马牛羊驴橐驼七十余万头，乌孙皆自取所虏获。"同时，汉人也认识到骆驼可以载物的特质，尤其在频繁的与北方民族的战争中，骆驼与马、牛、驴等动物一样，都起着重要的运输作用，如《汉书·西域传》："朕发酒泉驴橐驼负食，出玉门迎军。"

西汉高等级随葬器物中，常有骆驼及胡人乘骑者，生动写实，部分还带有草原风格（图 2.116.1~2.116.4）。据梁元帝萧绎撰《金楼子·箴戒》云："魏明帝时徙长安钟虡骆驼铜人承露盘。"描绘的应就是西汉这类骆驼形态的高等级器物。

图 2.116　汉代的骆驼图像
1. 西汉，长沙曹女巽墓玉带扣；2. 西汉中期，满城 M2 铜博山炉纹饰；3. 西汉，河北定县 M122 错金银铜管；4. 西汉中晚期，江西南昌海昏侯墓铜器座；5. 东汉，山东邹县石墙村散存画像石。

东汉的骆驼形象目前发现不多，主要出土于苏鲁豫皖、四川等地的石刻画像上，与西汉骆驼形态相似，多与其他祥瑞神兽共处且饰以云气纹，但不像狮子、大象那样普及，与孔雀等情况类似，被视为珍贵的祥瑞神兽（图 2.116.5）。

其实早在《楚辞》中就有"乘龙兮辚辚，高驼兮冲天"（《大司命》），"要褭奔亡兮，腾驾橐驼"（《谬谏》）等句，只是由于骆驼对畜养和生长环境的苛刻要求，使之未能大肆普遍至民间。

（3）狗

狗是人类熟悉的驯养哺乳动物，在生物分类学上是狼的一个亚种。

出土的西汉图像中，常见一类狗追逐兔、鹿等动物的图像，有时旁饰其他祥瑞神兽或云气纹，似在表现仙境中的神兽狩猎场景（图2.117.1、2.117.2）。实际上，这就是文献记载的汉代统治阶级、富人阶层流行的田猎走狗活动，常有"走狗弄马""斗鸡走狗""飞鹰走狗"等语。如《吕氏春秋·不苟论·贵当》："田猎驰骋，弋射走狗，贤者非不为也。"又《汉书·食货志》载："世家子弟富人或斗鸡走狗马，弋猎博戏，乱齐民。"著名的"兔死狗烹"典故也是由此而来。《汉书·萧何曹参传》还记载了汉高祖以猎狗比喻群臣，以指挥猎狗的人比喻萧何的故事，带有戒喻意味。

西汉流行的这类仙境狩猎图式中的狗即是这种"走狗""猎狗"，将其装饰于器物或墓葬中，应是主要表达了希望死后升仙、在仙境继续享受这种奢靡生活的吉祥愿望，因此狗也间接带有了仙境神兽意味。东汉时，在谶纬思想影响下，狗也披上了祥瑞符应色彩，有些也被添加了双翼（图2.117.3）。

图2.117　汉代神狗图像

1. 西汉，河北定县M122铜管；2. 西汉晚期，郑州新通桥墓画像砖；3. 东汉晚期，沂南北寨墓画像石。

汉族民间还流行"天狗食日/月"传说，但实际上这种说法出现较晚，约在明清时期。早期的天狗常与天文星占术、阴阳五行学相联系，被视为一种代表灾异、类似流星或彗星等天文现象的想象对象，指代不祥或发兵血光之兆，因此又有"妖狗"之名。如《史记·天官书》载："天狗，状如大奔星，有声，其下止地，类狗。所堕及，望之如火光炎炎冲天。其下圜如数顷田处，上兑者则有黄色，千里破军杀将。……吴楚七国叛逆，彗星数丈，天狗过梁野；及兵起，遂伏尸流血其下。"《汉书·五行志》："会汉破吴、楚，因诛四王。故天狗下梁而吴、楚攻梁，狗生角于齐而三国围齐。汉卒破吴、楚于梁，诛四王于齐。"《太平御览》中还将"天狗"置于《咎徵部》下，意为"过失的报应或灾祸应验"；《天部》中亦将"天狗"归为"妖星"。考虑到汉人喜吉辟凶的习惯，带有这种灾异属性的天狗形象应不大会被用于装饰。

但天狗也有一种相对正面的涵义,见《山海经·西山经》:"又西三百里,曰阴山……有兽焉,其状如狸而白首,名曰天狗,其音如榴榴,可以御凶。"四川合江画像石棺足档上就曾有一日或月轮下立一只狗的图像,其欲表现的可能是《山海经》中记载的这种可以辟邪御凶的天狗①。

(4)猪

猪为古杂食哺乳动物,古称豕,甲骨文、金文中的豕字即为猪之象形。《说文》中说豕为"竭其尾,象毛足而后有尾",彘为"豕后蹄发,足与鹿足同",猪是"豕而三毛丛居者"。

汉代的养猪业已较发达,猪主要有食用、祭祀、积肥、入药等功用。汉人会以猪为衡量财富的指标,如《淮南子·泛论训》云:"世俗言曰:'飨大高者,而彘为上牲'。"汉代高等级墓葬中,有时死者会手握玉猪,可能即表达了希望死者死后仍掌握财富的愿望。

《艺文类聚·兽部·豕》下录《晋郭璞封豕赞》曰:"有物贪婪,号曰封豕,荐食无餍,肆其残毁,羿乃饮羽,献帝效技。"又《豪彘赞》曰:"刚鬣之族,号曰豪狶,毛如攒锥,中有激矢,厥体兼资,自为牝牡。"这里提及的封豕、豪彘都为一种体型巨大的野猪,能吃且肥美,兆示着一种富贵昌繁的生存状态,汉画中的野猪形象应就是对死后这种生活的向往,带有吉祥寓意(图2.118.1)。

汉画中还可见野猪与猛兽相斗的图像,有时还旁饰其他神兽和云气纹(图2.118.2)。据《汉书·霍光金日磾传》载:"驾法驾,皮轩鸾旗,驱驰北宫、桂宫,弄彘斗虎。"可见这也是宫廷或贵族富人的一种娱乐活动,使用此图像似在表达希望死后在仙境可以继续富贵享乐的生活。

1　　　　　　　　　　2

图2.118　汉代的野猪图像

1. 东汉,山东微山两城镇散存画像石;2. 西汉,日本东京艺术大学美术馆藏错金银铜管。

---

① 高文:《中国画像石棺全集》,第365页。

三　小结

根据以上对汉代八十多种神兽图像母题的名称、内涵、功能意义等详细分析，其分类情况如表 2.6，它们在两汉间出现与发展演化的时间特征见表 2.7。

表 2.6　汉代神兽图像母题的分类

想象神兽			以现实动物为原型的神兽					
传统经典（来源神秘久远、内涵复杂）	神话传说（多出自先秦经典文献）	新创	传统常见现实动物				吉祥谐音动物	外来珍异动物
			神话传说、转生故事	猛兽	神秘动物	吉祥、礼制等	日常牺牲等	
			源自早期基于生活的动物崇拜					
龙、神鸟（凤、朱鸟等）麒麟	三青鸟、比翼鸟、鹄鹑、驺虞、穷奇、并封、三首神兽双双、八首神兽天吴、开明兽、马腹、陵鱼、九尾狐等	三足乌、同心鸟、交颈鸟、天禄、辟邪、天禄虾蟆、三角兽、比肩兽、牛首人身、鸡首人身等	蟾蜍、兔、玄鸟（燕）、鸥鹑	虎、豹、熊、罴、兕	龟、蛇（玄武）	鹿、麋、麠、猿、鸾鸟、鹤、鹳、鹭、鸷、凫、雁、鸧、鸳鸯、白雉、鸠、鱼	马、牛、羊、狗、猪、鸡	孔雀、鹦鹉、狮子、符拔、角端、骆驼、象
改造	新创		改造				汉化	汉化

可以看出，汉代首先继承了一批传统神兽，或来自早期动物崇拜，或来自神话传说、转生故事、经典文献等；但在汉代，它们的内涵与形态都发生了时代性的改造变化，以符合汉人的精神需求与审美意识。同时，在这种时代性的精神需求和审美意识基础上，汉人也创造出大量新的祥瑞神兽。这种创新或来自对早期神兽、现实动物身体形态的部分有意识的修改，如加入角、翼等更富神异性的身体特征；或是在如神仙、谶纬、早期道教等迷信观念引导下的全新联想创造，典型如符瑞化特征明显的多足、多角、多头、连体、半人半兽等怪异形态。

表 2.7　汉代神兽图像母题出现及发展演化的时间特征

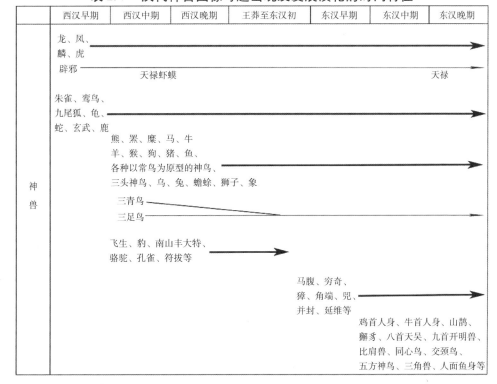

由于社会主流思想意识的转变，人们对先汉时期的一些普通现实动物的认知也产生了时代性的主观变化。为丰富神仙世界中神兽的种类与内容，汉人选择了一批带有传统吉祥寓意，或常用于礼仪、祭祀等活动中的现实动物，对它们的内涵加以利用与改造，将其神化或符瑞化。对于汉时引进的外域珍稀动物，源于未知与好奇，人们通常是先将它们汉化，再进一步将其神化或祥瑞化。

汉代还有一种特殊的动物崇拜方式，源于对动物名称谐音吉祥的诠释，如雀与爵、猴与侯、飞生与飞升、羊与祥、鹿与禄等。究其深层原因，仍是源于汉人的兆吉迷信心理，尤其到东汉，受谶纬观影响，符谶的对象甚至包括文字。而作为这些谐音吉祥名称携带者的动物，也大多被神化或祥瑞化。

从各类神兽图像母题在两汉间发展演化的时间特征来看，主要存在西汉早期、西汉中晚期、东汉早期、东汉中晚期几个重要时间点。

西汉早期时，龙、虎、凤、麟等传统神瑞动物就已出现在各类装饰图像中，带有高等级身份象征意味。人们对天、地、宇宙、阴阳五行、神仙世界等的新认识，也使他们需要不断从神话传说、传统神秘动物、吉祥动物等中间挑选新的对象，以充实汉人自己勾画出的死后世界——包括天上的仙境世界与地下的鬼怪世界，朱雀、玄武、鸾鸟、九尾狐、乌、蛇、龟、鹿等神兽相继出现于装饰图像中。

西汉中晚期，一批带有传统吉祥或礼仪特征的现实动物和由外域引进的珍稀动物，逐渐被神化、祥瑞化，充实入人们想象中的仙境世界，如熊、罴、马、牛、羊、猴、鱼、各种以吉祥常鸟为原型的神鸟、狮子、象等。同时，对死后世界认知的变化和对仙境世界的更大向往，也使得诸如兔、蟾蜍、三青鸟等传说中的神异动物开始出现于图像中，以作为仙境世界的象征。值得注意的是，如豹、南山丰大特、飞生、骆驼、孔雀、符拔等虽在此时一度被尊崇为祥瑞神兽，却在两汉之际自上而下的信仰普及与传播过程中逐渐消失。

东汉早期，刚刚经历社会破坏与文化断裂，人们表现在图像上的精神世界开始慢慢复苏，并能看出从京畿地区向东、南、西辐射影响的趋势。一方面，人们逐渐找回传统因素，之前各类神兽形象逐渐恢复出现；同时，新政权对谶纬的大力推崇，成为影响整个东汉最重要的思想信仰背景，新出现在图像中的神兽形态更显神异化、符应化。人们对墓葬逐渐加强的保护意识，也使一批带有辟邪除恶内涵的神兽开始出现并流行，如马腹、穷奇、角端、兕等。

东汉中晚期是谶纬发展极盛时期，大量外形怪异的神兽被创造出来，常表现出多头、连体、半人半兽等怪异形态。至东汉晚期，各类装饰图像中多出现大量神兽满饰画面的场景，许多神兽母题开始固定地组合出现，并逐渐固化成祥瑞或辟邪图式，其符号象征意义已大于个体神兽母题的实际内涵。

第三章 神兽图像的组合与场景

一 引言

对古代遗留图像资料的研究工作如同活字印刷原理，需要在不断的拆分、组合过程中全面、反复地进行梳理与验证。

上文已完成对各类神兽图像母题的拆分研究工作，好似已做好的各个字块，本部分即将把这些"字块"还原到其所在的排字版上，对神兽图像母题之间的组合及所在的场景进行进一步综合分析，以求准确解读出完整的内涵与寓意。

二 典型神兽组合与图像场景分析

（一）天文类神兽组合及场景表现

1. 四象神兽

四象的原意为"天之四象"，又称"四宫"或"四陆"，最初源于古人对天空星宿形态的动物化想象。河南濮阳西水坡 M45 仰韶文化墓葬中的龙虎蚌塑[1]、湖北战国早期曾侯乙墓出土漆箱纹饰[2]，即为四象的早期形态。

《史记·天官书》中提到"东宫苍龙""南宫朱鸟""西宫咸池……参为白虎""北宫玄武"，为汉时较准确的官方天文记载。西安交通大学墓顶彩绘壁画就展现出日月星宿天象图，其中明确反映出二十八宿与苍龙、白虎、朱鸟、玄武间的拟动物

---

① 濮阳市文物管理委员会等：《河南濮阳西水坡遗址发掘简报》，《文物》1988 年第 3 期。
② 湖北省博物馆：《曾侯乙墓》。

化模拟对应关系①（图3.1）。

图3.1 西安交通大学墓主室墓顶壁画

成书略早于《史记》的《鹖冠子》与《淮南子》中也有相关记载。前者之《天权》篇云："取法于天，四时求象，春用苍龙，夏用赤鸟，秋用白虎，冬用元武。天地已得，何物不可宰。"后者之《天文训》篇曰："东方……其兽苍龙……南方……其兽朱鸟……中央……其兽黄龙……西方……其兽白虎……北方……其兽玄武……"东汉王充的《论衡·物势》云："东方，木也，其星仓龙也；西方，金也，其星白虎也；南方，火也，其星朱鸟也；北方，水也，其星玄武也。天有四星之精，降生四兽之体，含血之虫，以四兽为长。四兽含五行之气最较著，案龙虎交不相贼，鸟龟会不相害。"又《龙虚》："天有仓龙、白虎、朱鸟、玄武之象也……四星之精，降生四兽。"

可见四象最初源于对天象星宿的动物化模拟，同时也是四季、四方的指代，主要源于古人对"象"的崇信，因而对天、地间的星宿、方位、时间、季节等都欲配之以"想象出的物象"。所以，由星象进行动物想象模拟化后的四种神兽，后也应用于其他概念的指代，并逐渐被传播、流行，成为固定的神兽组合，但其最初为宇宙

---

① 陕西省考古研究所等：《西安交通大学西汉壁画墓》，第25页、图版2。

天象神兽的属性则必须明确。

四象神兽分别是龙（青龙/苍龙/仓龙）、虎（白虎）、朱鸟（朱雀/朱爵/赤鸟/神雀等）、玄武（元武）。前文已分别梳理了龙、虎、朱雀、玄武各自的内涵属性与其在汉代的图像形态演变情况；其中，龙、虎的属性、形态复杂；朱雀早期作常鸟形态，后模拟凤、鸾鸟、孔雀等神鸟造型；玄武则有单体龟与龟蛇合体两种形态。

需要注意的是，当单独观察四象中的某一神兽母题时，很难判定它是否在表现四象涵义，而需将个体图像归回其所在的图像场景中甄别。

四灵是被人们主观指派的各种属动物群体的代表或首领。如《礼记·礼运》曰："麟、凤、龟、龙，谓之四灵。故龙以为畜，故鱼鲔不淰；凤以为畜，故鸟不獝；麟以为畜，故兽不狘；龟以为畜，故人情不失。"

四象动物原型龙、虎、鸟、龟与四灵中的龙、麟、凤、龟，由于部分母题的重合或相似，二者概念在汉代的传播、流行过程中发生了混淆。而这种混淆正可以解释前文在分析朱雀、玄武形态时出现的复杂情况，如朱雀时似常鸟、时又表现出凤鸟之态，玄武时为单体龟、时又作龟蛇合体；而工匠对四象、四灵概念的理解混淆，可能直接导致了其创作时的细节差异。

约在西汉晚期至王莽时期，为与阴阳五行观更为配合，又出现"五灵说"，即在龙、凤、麟、龟外又加白虎，语见王莽《大诰》及《礼纬·稽命征》："古者以五灵配五方：龙，木也；凤，火也；麟，土也；白虎，金也；神龟，水也。"这与《淮南子·天文训》中提到的中央黄龙的情况相似。白虎加入的原因或如《大诰》中言："昔我高宗，崇德建武，克绥西域，以受白虎威胜之瑞。"蔡邕《月令章句》中还称五灵为"天官五兽"："天官五兽之于五事也：左，苍龙大辰之貌；右，白虎大梁之文；前，朱雀鹑火之体；后，元武龟蛇之质；中有大角轩辕麒麟之位。"显示出两汉时，四象与四灵、五灵的概念最终产生了部分重合，或说结合，亦是汉代天文学与神仙信仰的一种结合。

江西南昌海昏侯墓出土的一件铜当卢上鎏金饰以神兽，自上而下分别为凤、双龙、虎、鹿（麟）、朱鸟、龟。其中，朱鸟为常鸟形象，与最上面凤的形态明显有别，龟为单体龟；鹿看不清头顶角数，但根据前文分析，西汉时的麒麟形态尚未定型，工匠很可能会以自然鹿的形象表现麟（图3.2）。综合来看，可将这件当卢上的

图3.2 江西南昌海昏侯墓出土鎏金铜当卢

神兽图像解读为在四象的图像形态未定之前与四灵发生混淆的表现，甚至初显"五灵"雏形。

四象原是对天象星宿的动物化模拟，汉代之前就已出现，典型图例如河南三门峡上村岭墓出土的虢国铜镜①（图3.3.1）、湖北随州曾侯乙墓出土漆箱②（图3.3.2）等。

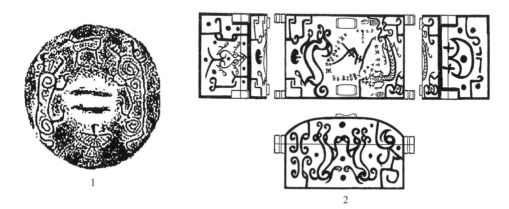

图3.3 早期四象图像

1. 西周晚期至春秋，河南三门峡上村岭虢国墓铜镜；2. 战国，湖北随州曾侯乙墓漆箱。

① 中国社会科学院考古研究所编：《上村岭虢国墓地》，北京：科学出版社，1959年。

② 湖北省博物馆：《曾侯乙墓》。

曾侯乙墓漆箱箱顶中部标示出"斗"字与二十八宿名称，其左右两旁的龙、虎形象相对容易辨认，而南方与北方，参考学者黄佩贤的研究，分别由漆箱两侧的火形图案和四脚动物形象指代①。

虢国铜镜上展翅状的鸟与曾侯乙墓漆箱上的火形纹饰，都可在新石器时期河姆渡遗址出土器物上找到类似纹样，象征太阳、火、鸟等意向，都与后来定型的南方朱雀内涵有关（图3.4.1～3.4.3）。而虢国铜镜上的双脚侧面动物与曾侯乙漆箱上的四脚俯视动物纹则都与甲骨文龟字的写法相似，只是一为正俯视、一为侧视（图3.4.4～3.4.6）②，应都是早期北方玄武（龟）的形象表现。

由此可见，早期模拟天象星宿的四种动物中，较早确认图像形态的是龙与虎，而表现南方的图像元素是鸟或火焰，北方则是与甲骨文"龟"字形态相似的各种象形的龟。

东周时期，受阴阳五行观影响，四种神兽被配以颜色，除原有表现天象的涵义外，还用来表示方位、季节、五行元素、音律、神仙谱系等（表3.1），指代内涵被扩大。

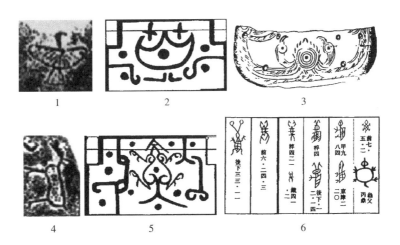

图3.4　早期的南、北神兽图像对比

1、4. 西周晚期至春秋，河南三门峡上村岭虢国墓铜镜；2、5. 战国，湖北随州曾侯乙墓漆箱；3. 新石器时期河姆渡遗址牙雕；6. 甲骨文龟字写法（图片摘自《汉语古文字字形表》）。

① 黄佩贤：《汉代流行的四灵图像始见于新石器时代？——河南濮阳西水坡及湖北随县曾侯乙墓出土龙虎图像再议》，载朱青生主编：《中国汉画学会第九届年会论文集》，北京：中国社会出版社，2004年，第56～67页。

② 徐中舒编：《汉语古文字字形表》，成都：四川人民美术出版社，1981年，第510～511页。

表3.1　四象神兽的指代内涵汇总

神兽	方位		季节	元素	颜色	音律①	星象	帝神体系
朱雀	前	南	夏	火	红	徵	南宫七宿 井鬼柳星张翼轸	帝炎帝　佐朱明 神荧惑
玄武	后	北	冬	水	黑	羽	北宫七宿 斗牛女虚危室壁	帝颛顼　佐玄冥 神辰星
青龙	左	东	春	木	青	角	东宫七宿 角亢氐房心尾箕	帝太皞　佐句芒 神岁星
白虎	右	西	秋	金	白	商	西宫七宿 奎娄胃昴毕觜参	帝少昊　佐蓐收 神太白
黄龙/ 麒麟	中	中		土	黄	宫	中宫天极星	帝黄帝　佐后土 神镇星

　　据现有西汉图像资料来看，四象中北方神兽的角色身份常有变化，表现出不稳定性。在西汉"疑似"表现四象的图像中，大致"相当于"或曾被"识别"为北方神兽的有鱼、马（或麒麟）、骆驼、冉遗之鱼（或有黄蛇、枭羊等说）等（图3.5）。

　　出现上述所谓"北方神兽"复杂情况的前提是——已将这些图像场景辨识为四象神兽组合。但若对比前述虢国铜镜、曾侯乙漆箱、西安交大墓顶壁画等却不难发现，只有当图像场景内涵在明确表现天象星宿时，北方神兽才会稳定使用玄武（龟或蛇）形象。而如图3.5中诸图像场景，普遍配饰云气及其他神人、神兽，未表现出四象在天象中的客观方位或其他星宿（星点），更可能只是在借用"天空"的环境意向表现仙境世界；且相对于当时只有少数人掌握的天文知识，更多人的需求只是表达死后升仙的吉祥愿望而已。

　　这一认识有助于为西汉时期"疑似北方神兽"的图像表现差异给出较合理的推测。

　　《楚辞·惜誓》云："攀北极而一息兮，吸沆瀣以充虚。飞朱鸟使先驱兮，驾太一之象舆。苍龙蚴虬于左骖兮，白虎骋而为右騑。"作者似在以北方为行进对象来谈及朱鸟、苍龙、白虎三兽拱卫太一行进的场面，而在这一升仙行列中，并没有出现

---

① 参考《吕氏春秋》《淮南子·天文训》《白虎通》等所记五音与四象的对应关系。但这种对应常有差别，表现出不同思想体系下对这种对应关系的理解和应用的差异。

图3.5　西汉的疑似四象图像

1. 西汉早期，河南永城柿园墓顶壁画；2. 西汉早期，马王堆 M1 漆棺侧板画像；3. 西汉中期，满城 M2 铜博山炉；4. 西汉中晚期，洛阳卜千秋墓顶壁画。

北方神兽玄武。

对北方的这种特殊态度，也可以在战国楚地流行的黄老哲学体系中寻求线索。如《鹖冠子·泰鸿》载："三时生长，一时煞刑，四时而定天地尽矣。"注曰："三时，谓春、夏、秋三季；一时，谓冬季。帛书《黄帝书·经法·论约》云：'三时成功，一时刑杀，天地之道也。'"①

汉人信奉绝对严格的二元对立观念，表现在对生死的看法上尤其明显。故如将上述观点附以汉人的生死观，就可延伸为"三时主生、一时主死"之意，可见冬季、

---

① 黄怀信：《鹖冠子汇校集注》，北京：中华书局，2004 年，第 230～231 页。

北方与其他三时、三向在人们的意识中是有差别的，汉人或许认为，带有"煞刑""主死"潜在内涵的北、冬、包括其代表神兽玄武等意向并不甚吉祥，故会择取其他神人、神兽形象来填补这一缺失。但这只是当时人们出于避讳而做出的临时角色替换，并不代表玄武作为北方神兽的地位被取代，文献中也没有显示有玄武之外的其他动物代替它进入四象体系的证据。

叶舒宪曾提出，仰韶文化出现的"北首"葬式可能已有以北方象征阴间之意①。而北方神颛顼身兼水神，并衍生成配水德的黑帝的原因或也在此，北方因而与冥界或水域显示出更为密切的关联。

东汉熹平年间陈氏镇墓瓶上朱书文字亦有载："生人上就阳，死人下归阴；生人上就高台，死人口自臧（藏）；生人南，死人北；生死各自异路。"② 也能看出北方与死亡的关联指向。

在一些较高等级汉墓墓顶或葬具盖上有时会装饰一只飞翔的朱雀，如西安理工大学墓顶壁画彩绘朱雀、海昏侯墓棺椁上的贴金朱雀等，鸟头及飞翔方向均为南方（亦即墓门或棺首处），相对地，即在明确标识对北方的远离，似乎也能间接看出人们对北方象征冥间幽都、地下世界、死亡或不祥的心理意向及排斥。

至迟在王莽时期，以图像中北方神兽玄武的稳定表现为标志，四象组合终得以定型。东汉时，受谶纬观念影响，四象逐渐被图案化、符号化，渐成一种表现祥瑞或辟邪寓意的图式。

另外，几乎在汉代各类图像载体上都能见到四象神兽的形象，它们反映、体现着汉代在天文、占卜、兵阴阳学、舆服礼仪、丧葬文化、神仙信仰、谶纬符瑞等多方面的情况。从图像的具体表现上看，四种神兽常以"四、三、二"三种组合形式出现。

第一种是完整的四象神兽组合。

目前考古发现汉代最早的、较完备的四象神兽图像是西安国棉五厂 M6 出土的一件铜温酒炉，温酒炉的四面分别镂刻四种神兽，其中玄武为一龟的俯视图，相对年

---

① 叶舒宪：《中国神话哲学》，北京：中国社会科学出版社，1993 年。
② 池田温：《中国历代墓券略考》，载《东阳文化研究所纪要》第 86 册，1981 年 11 月，第 193～278 页。

代被判定为西汉早期至武帝前期①（图3.6.1）。汉武帝茂陵遗址出土的四象神兽瓦当上，玄武呈龟蛇相缠形态（图3.6.2）。西汉中期山东滕州染山墓封门石上用十字穿环将画面分割，四种神兽分置其中，上朱雀、下玄武、左白虎、右苍龙，玄武为单体龟、口部呈鸟喙状②（图3.6.3），这种位置关系显然是对天象四宫相对位置的客观模仿。东汉早中期的南阳麒麟岗墓中室顶部雕刻有四象图像，云气纹作底，左右云间刻画北斗七星、南斗六星及人首蛇身的伏羲、女娲，中间展现出天象五宫——四象神兽和中宫天极星太一神③（图3.6.4）。

东汉的石质画像上常见完整的四象神兽图像，但由于图像载体不同，图像场景的构图各异。如陕北画像石墓门扉上常雕刻朱雀立铺首、下有苍龙白虎分列两侧、门槛或两侧门框刻两玄武的构图样式；建筑柱础四面也常刻完整的四象神兽；铜镜上有时也会按方位分配四种神兽，且常带"左龙右虎辟不祥、朱雀玄武顺阴阳"等铭文。

可以看出，至迟在东汉早中期以前，完备的四象神兽组合图像场景主要有两种内涵：象征天空、标示方位。其中在欲表达"天空"意向时，亦有延伸象征天上仙境之意，具体表现是同时装饰以星点、云气、神仙等元素，或以简化的十字穿环纹替代。

至东汉中晚期时，受谶纬符瑞思想影响，四象神兽组合图像逐渐固化成辟邪、符谶化明显的图式（图3.6.5）。这也与在谶纬意识引导下，各类神兽形象在民间的传播流行有关，人们对这类符谶图式的符号化装饰需求往往掩盖了其本意，故那种有规律的"上朱雀、下玄武、左白虎、右苍龙"的规范构图配置被打乱，四种神兽有时会跳出规范的位置配置，散布于图像场景之中；或有更不规范的情况，如四川地区流行的坐龙虎座的西王母、东王公，有时会直接将龙虎座上的左龙、右虎视为苍龙、白虎，而只补充出朱雀与玄武的形象（图3.6.6、3.6.7）。

第二种是东西南三神兽的组合。

依前文论，汉人对北方的特殊态度，引发了北方神兽图像的缺失或被替换。

---

① 倪瑞安：《论西汉四灵的源流》，《中原文物》，1999年第1期。

② 滕州市汉画像石馆：《山东滕州市染山西汉画像石墓》，《考古》2012年第1期。

③ 黄雅峰等：《南阳麒麟岗汉画像石墓》。

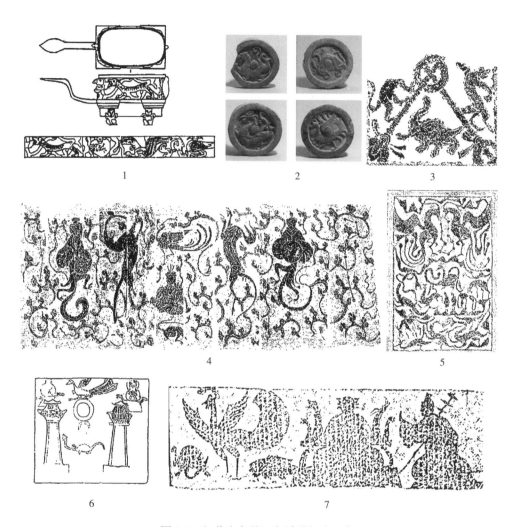

图 3.6　汉代完备的四象神兽组合图像

1. 西汉早中期，西安国棉五厂 M6 铜炉；2. 西汉中期，茂陵出土瓦当；3. 西汉中期，山东滕州染山墓封门石石刻；4. 东汉早中期，南阳麒麟岗墓前室墓顶画像石；5. 东汉晚期，山东邹县柳下邑散存画像石；6. 东汉，四川泸州洞宾亭崖墓石棺头档画像；7. 东汉，四川新都二号石棺侧板画像。

又如《春秋繁露·阴阳始终》载："天之道，终而复始。故北方者，天之所终始也，阴阳之所合别也。"汉人将北方视为阴阳交接转换、生命开始与结束的关键，故若从死者的主观角度考虑，尤其是在墓葬装饰空间中，能被展现的自然是其他三向。

　　出土图像中，南方朱雀的位置相对固定（上或中），但东、西的龙、虎位置却左、右常有不同，看似并无严格规制，应与造图时考虑到的观者角度有关（图 3.7）。

图 3.7　汉代东西南三神兽组合图像

1. 西汉晚期，洛阳 M61 前室隔梁壁画；2. 东汉中期，陕西绥德四十里铺门扉画像石；3. 东汉晚期，河北满城城内村墓门扉画像石。

且三神兽图像组合场景似已不具备表现自然天象的功能，其主要用途在于服务死者（假设死者身处"天之始终"的北方的主观视角）、表达吉祥寓意。

第三种是东西龙虎组合。

如西安理工大学墓南壁东西两侧壁画，龙、虎都被拟人化，手持长柄经幡，周饰云气纹，似在守卫墓葬或迎接护卫墓主去往死后世界①（图 3.8.1）。两汉时期大部分地区的各种载体图像上也常见龙虎组合（图 3.8.2 ~ 3.8.5），有的表现出"食鬼怪"姿态，有的带有"富贵宜子孙"之类的吉祥榜题，龙、虎带有兆吉辟邪寓意。据《论衡·解除》载："宅中主神有十二焉，青龙、白虎列十二位。龙、虎猛神，天之正鬼也，飞尸流凶，安敢安集，犹主人猛勇，奸客不敢闯也。"可见，龙、虎有些已不属于四象范畴，而被赋予了更复杂的神性，汉代铜镜上"左龙右虎辟不祥"的铭文也可为例证。

内蒙古和林格尔墓室生活场景壁画上可看到汉代地面住宅的样貌，其门扉铺首上方也分别绘苍龙、白虎图像②，地下墓室的装饰图像很可能是对地面现实建筑的模仿。

---

① 西安市文物保护考古所：《西安理工大学西汉壁画墓发掘简报》，《文物》2006 年第 5 期。

② 盖山林：《和林格尔汉墓壁画》。

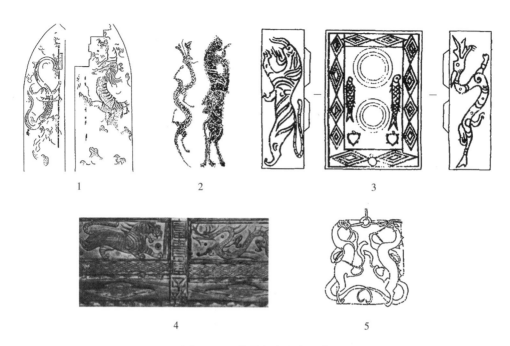

图 3.8   汉代的龙虎组合图像

1. 西汉中晚期,西安理工大学墓南壁壁画;2. 西汉,山东邹城郭里石椁画像;3. 西汉晚期,河南巩义康店叶岭砖厂墓陶灶;4. 王莽时期,河南偃师辛村 M1 模印画像砖;5. 东汉晚期至曹魏,四川成都郫县新胜砖室墓 3 号石棺前档画像。

　　四川地区画像石棺上还常见龙虎与"方花纹"①、龙虎衔璧、环或鼎等图式(图 3.8.5)。方花纹取义"方华蔓长,名此曰昌",龙、虎可能被赋予了带领墓主重新走向光明,即升仙之意。璧、环等的作用与方花纹类似,象征天与仙境。衔鼎图一般出于西王母仙境场景之中,鼎可能与西王母所炼不死药有关,苍龙、白虎衔鼎自然带有了替西王母赐送不死药的职责寓意。

　　综上可见,完整的四象神兽组合在西汉较早时期出现,用以指代自然天空或标识方位;约在西汉中、晚期,东西南三兽和东西两兽的组合出现,其象征自然天空的功能被削弱,主要起着象征仙境、寓意吉祥、镇墓辟邪等功能,又影响到同时期的完整四象图像,使其方位配置变得多变;至东汉较晚时期,由四象神兽构成的图像场景都逐渐带有祥瑞符谶之意,其符号化意义已逐渐替代、模糊了其本义(表 3.2)。

---

① 李零:《"方华蔓长,名此曰昌"——为"柿蒂纹"正名》,《中国国家博物馆馆刊》2012 年第 7 期。

表 3.2　汉代四象神兽三种组合图像场景之研究情况汇总

图像形态	苍龙	白虎	朱雀	玄武	场景构图特征	内涵意义	时间
完整合体	有	有	有	有	由规制的"上朱雀下玄武左白虎右苍龙"（偶有错）到符号化的散布于图像场景中。	早期模拟自然天空、标示方位、带有象征仙境、寓意吉祥、辟邪寓意；后期被固化为祥瑞符谶图式。	西汉早中期—东汉晚期
东西南三兽	有	有	有	无	上或中为朱雀，左右为苍龙、白虎、二者位置不固定。	不再表现天象，主要带有象征仙境、寓意吉祥，辟邪、瑞应符谶等图式作用。	西汉晚期—东汉晚期
龙虎组合	有	有	无	无	龙、虎没有固定的左右位置关系。	不再指代天象或方位，主要是辅助升仙、兆吉辟邪。	西汉中期—东汉晚期

2. 日月神兽

日、月神兽源自我国古代关于日、月的神话传说。前文已分别论证了日中乌与月中蟾蜍、兔的母题图像，现将主要观察日月神兽出现在同一图像场景中的表现特征及内涵寓意。

西汉较早时期，日中乌多为两足黑鸟形象，月中固定出现写实的蟾蜍，时有兔。如马王堆 M1、M3 帛画①、山东临沂金雀山 M9 帛画②（图 3.9.1、3.9.2）；新疆楼兰故城出土彩绘漆棺前后档十字穿环交叉处绘日中乌与月中蟾蜍，旁饰云气纹（图 3.9.3）。

西汉中晚至东汉早期，主要在西安、洛阳两地壁画墓中常见日月神兽组合。此阶段月中仍固定出现写实的蟾蜍，兔仍时有时无，有的还增加了树的形象，能看出

---

① a. 湖南省博物馆等编：《长沙马王堆一号汉墓》，第 40 页；b. 湖南省博物馆等：《长沙马王堆一、三号汉墓发掘简报》，《文物》1974 年第 7 期。

② 金雀山考古发掘队：《临沂金雀山 1997 年发现的四座西汉墓》，《文物》1998 年第 12 期。

人们对日月神话及其图像表现细节的不断丰富。日中仍为一乌，但多数都由早期的站姿变为飞腾姿态，看不到鸟足。如洛阳新安涧磁镇与卜千秋墓墓顶壁画，红日中均有一只飞行中的乌，涧磁镇墓的月中绘蟾蜍、兔与树，卜千秋墓则只绘蟾蜍与树①（图3.9.4、3.9.5）。发现类似日月神兽组合图像的还有西安理工大学墓、洛阳浅井头墓、河南偃师M1、洛阳金谷园墓、洛阳新安铁塔山M4、洛阳尹屯M1、洛阳北郊石油站M689、内蒙古凤凰山M1等，共同特点是日中均为飞翔的一乌，月中固定有蟾蜍，时有兔与树。

王莽时期的江苏泗洪重岗墓石椁侧板上，日中有飞翔的三乌、日下还停有一只三足乌，月中有兔、蟾蜍和松树②（图3.9.6）。日中乌与三足乌同时出现的情况，前文也提过西安交通大学墓顶壁画一例。西汉晚期山东金乡M1一块模印画像砖上，还有乌与蟾蜍独立出日月轮、双双坐于龙舟之上的景象，似在表现二者正在游历仙境③（图3.9.7）。足见，日月神兽图像场景约从西汉晚期至王莽时起，变得生动、灵活，不再拘泥于日、月轮框之中。

东汉早期后，传统的日中一乌飞腾或站立的形态依然存在，突出变化是站立时能看到明显的三足，月中蟾蜍的造型也更生动，常被拟人化，兔亦出现捣药行为（图3.9.8）。显示出日月神话与升仙、长寿等观念更紧密地结合后，其图像表现内容愈发丰富，更显时代特征。

另有一种"乌载日而飞"图式，看不出乌足数量，与之配对的月中神兽则无太大变化，蟾蜍、兔仍置身月轮中；但日月所处的整个天空背景，即仙境场景的细节描绘则更丰富生动，常装饰于墓顶，周饰云气或星点（图3.9.6、3.9.7）。但这种"乌载日而飞"的图像形态与四川地区流行的羲和、常曦载日、月而飞的场景有别，后者的日、月都是借助了二位神灵的力量才得以飞腾。

东汉较晚时期鲁南地区石刻画像上还见"双头乌载日而飞、几何状月轮"的日月组合图像（图3.9.11），趋于符谶化，带有地方特色。

① a. 洛阳市文物管理局等编：《洛阳古代墓葬壁画》上卷，郑州：中州古籍出版社，2010年，第74~87页；b. 洛阳博物馆：《洛阳西汉卜千秋壁画墓发掘简报》，《文物》1977年第6期。

② 南京博物院等：《江苏泗洪重岗汉画象石墓》，《考古》1986年第7期。

③ 山东省济宁市文物处：《山东金乡县发现汉代画像砖》，《考古》1989年第12期。

图3.9　汉代的日月神兽组合图像

1. 西汉早期，马王堆 M1 帛画；2. 西汉早期，临沂金雀山 M9 帛画；3. 汉，新疆楼兰墓葬漆棺；4. 西汉中晚期，洛阳新安洞磁镇墓顶壁画；5. 西汉中晚期，洛阳卜千秋墓顶脊壁画；6. 王莽时期，江苏泗洪重岗石椁墓侧板画像；7. 西汉晚期，山东金乡 M1 空心画像砖；8. 东汉，安徽萧县圣村 M1 门楣画像石；9. 东汉晚期，山东滕州官桥镇祠堂顶石；10. 东汉，南阳散存画像石；11. 东汉中晚期，山东微山谢桥村散存画像石。

　　总结来看，日中乌形象由置身日轮中双腿站立，到飞翔状，再到三足站立状，东汉出现乌或双头乌载日而飞形态；月中较稳定的是蟾蜍，东汉时渐有拟人化的艺术表现风格，兔在月中时有时无，早期写实，东汉后常作捣药状，或与蟾蜍配合在西王母、东王公仙境中制作不死药。总之，日月神兽组合图像一直在象征天空或仙境世界，尤其当它们出现在墓葬或祠堂等装饰空间时，一般会稳定地出现在靠上位置。

3. 星象神兽

四象神兽所在的天象四宫各分占了二十八宿中的七宿，但实际上四象神兽仅指代其星宫内的部分星宿，对应关系如下：

苍龙：东宫中角、亢、氐、房、心、尾六宿，六宿之名都来自龙体；

白虎：西宫参宿；

朱雀：南宫中的柳、星、张、翼四宿；

玄武：有北宫中室、壁二宿或虚、危二宿两种说法。

表现这种指代关系的图像可参考西安交大墓顶壁画（图 3.1）。

在汉代，由四象神兽模拟的星宿在二十八宿中占十三宿，剩下的已有相关图像材料证据的共有六组七宿。

（1）牛宿——牛郎所牵之牛

牛宿又名"牵牛（星）"，《诗经·小雅·大东》句："睆彼牵牛，不以服箱。"牛郎、织女的传说也是由对星象的拟人化得来。牛宿中的牛形象一般固定地与一男子（牛郎）形象搭配出现。

西汉至王莽时期，牛郎牵牛图几乎都是较准确地对应牛宿上星点。如陕西靖边杨桥畔渠树壕墓顶壁画上的牛郎牵牛图旁附榜题"牵牛"[1]（图 3.10.1 ~ 3.10.3）。

东汉时，牛郎牵牛图从星点上分离出来，常独立出现在云气环绕的仙境图中（图 3.10.4）。这与四象及日月神兽的情况相似，即原本模拟出的星宿角色逐渐被神化而进入仙界，牛郎成为神仙，所牵之牛则成为神牛。同时，牵牛图式也逐渐变得符号化，主要指代仙境、象征吉祥或表现神话故事。需要注意的是，此种神牛的神兽属性只存在于与牛郎共同出现的场景中。

（2）虚、危或室、壁二宿——双鹿

玄武的指代星宿在文献和图像材料中都有室、壁或虚、危两种说法。如陕西靖边杨桥畔渠树壕墓顶壁画及榜题提供了玄武形象为五连星、两蛇、一龟，指代虚、危二宿

---

[1] 陕西省考古研究院等：《陕西靖边县杨桥畔渠树壕东汉壁画墓发掘简报》，《考古与文物》2017 年第 1 期。

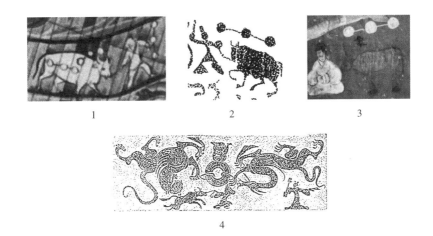

图 3. 10　汉代的牛宿图像

1. 西汉晚期，西安交通大学墓顶壁画；2. 南阳白滩墓散存画像石；3. 王莽时期，陕西靖边杨桥畔渠树壕墓壁画；4. 东汉，四川郫县散存画像砖。

的证据；而四连双鹿图像旁却有榜题"东壁""营室"，明确指出双鹿才是室、壁二宿①（图 3. 11. 1）。《壁上丹青》一书却将陕西定边郝滩墓壁画中四连星、两蛇、一龟的图像解读为室、壁，并认为其上方四连星的双鹿图像才是虚、危二宿②（图 3. 11. 2）。

　　故在汉代，玄武与双鹿分别指代过虚、危或室、壁二宿，汉代文献及图像均表现出二者指代互换与混乱不定的情况。

　　有趣的是，冯时先生提出，曾侯乙墓漆箱上写有虚、危两字的侧面位置，所绘的也是一对四蹄相对的鹿③（图 3. 11. 3）。武家璧曾将这对动物形象诠释为"房星天驷"④（图 3. 11. 4）。但若结合上述汉代壁画来看，双鹿说法更为可信。且仔细观察曾侯乙墓漆箱上相对的动物，其描绘的是一对双角、双眼、侧面两腿（四腿）、长尾动物，应是早期艺术对动物侧面形象的质朴表现方式，实为两只，而非四只；尤其是头顶双角的细节描绘，相对于马，识别为有角的鹿则更合适。

　　从早期图像材料看，双鹿在指代北方的虚、危二宿，那么玄武相应地就应指代

①　陕西省考古研究院等：《陕西靖边县杨桥畔渠树壕东汉壁画墓发掘简报》，《考古与文物》2017 年第 1 期。

②　陕西省考古研究院编著：《壁上丹青——陕西出土壁画集》，北京：科学出版社，2009 年，第 53～54 页。

③　冯时：《天文学史话》，台北：国家出版社，2005 年，第 93 页。

④　武家璧：《曾侯乙墓漆箱房星图考》，《自然科学史研究》第 20 卷，第 1 期，2001 年，第 90～94 页。

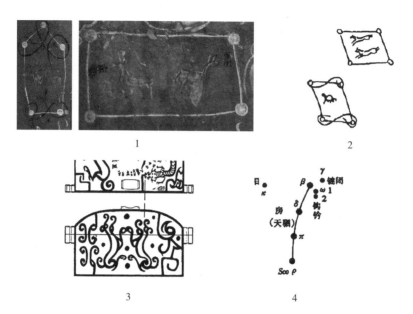

图 3. 11   虚、危或室、壁二宿的指代神兽形象

1. 东汉中晚期，陕西靖边杨桥畔渠树壕墓顶壁画；2. 王莽时期至东汉初期，陕西定边郝滩墓顶壁画；3. 战国，曾侯乙墓漆箱侧面图像；4. 房宿示意图（图片摘自武家璧《曾侯乙墓漆箱房星图考》）。

室、壁二宿，这与《壁上丹青》的说法一致，却与靖边杨桥畔墓壁画及榜题之情况不符。故推测，汉代工匠在天象图的实际绘制过程中，会因种种原因（如工匠的知识体系不足、对粉本或文献的误读等），误使北方玄武与双鹿的指代位置发生混乱，其几种不同表现是：

第一，室、壁为玄武，虚、危为双鹿（曾侯乙漆箱）；

第二，虚、危为玄武，室、壁为双鹿（陕西靖边杨桥畔墓壁画）；

第三，虚、危为玄武，室、壁无神兽象（西安交大墓顶壁画）。

（3）奎宿——封豨（豕）

《史记·天官书》曰："奎曰封豕，为沟渎。娄为聚众。"《汉书·天文志》记"奎曰封豨"。《说文》解释"豕"："彘也。竭其尾，故谓之豕。象毛足而后有尾。读与豨同。"又"豨：豕走豨豨也。从豕希声。古有封豨修蛇之害。"[1]《艺文类聚·兽部·豕》录《晋郭璞封豕赞》曰："有物贪婪，号曰封豕，荐食无厌，肆其残毁，羿乃饮羽，献帝效技。"综上，可知封豕、封豨同指，是一种肥大能吃的似野猪神

――――――――――

① 段玉裁：《说文解字注》，第 454～455 页。

兽。对比奎宿星象和豕字的甲骨文形制，也似有关联（图3.12.1、3.12.2）。可见奎宿应是被模拟为外形似野猪的神兽封豨。

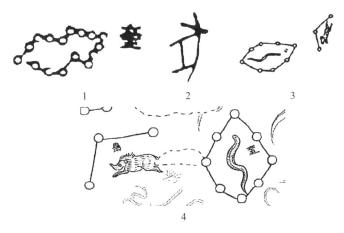

图 3.12　奎、娄二宿及野猪形象

1. 奎宿星象（图片摘自冯时《天文学史话》）；2. 甲骨文豕字；3. 王莽时期至东汉初期，陕西郝滩墓壁画奎、娄二宿线图（图片摘自庄蕙芷《汉唐墓室壁画天象图研究》）；4. 东汉，陕西靖边杨桥畔渠树壕墓壁画奎、娄二宿线图。

西安交大墓壁画中的奎宿处正好残破，但也能大致看出奎宿围着的模糊动物形象。陕西郝滩墓与杨桥畔渠墓的奎宿处，都由八星点围着一只小蛇，反倒是旁边的娄宿位置下都绘一头野猪①（图3.14.3、3.14.4），而娄宿与野猪从文献记载来看，似乎从未有过联系。故推测，郝滩墓和杨桥畔墓的壁画工匠可能错将原本安排给奎宿的野猪形象画于娄宿之下。那么依此类推，奎宿下的小蛇很可能也是错画，这也可以解释为何这只小蛇曾在西安交大墓中占据过虚、危二宿位置。

（4）胃宿——猬

胃宿与刺猬的对应关系相对容易理解。典型图像见郝滩墓墓顶，胃宿三星下绘一只刺猬，其上还题一"胃"字（图3.13）。

猬，《玉篇》曰"毛刺也"，《类篇》解："虫，似豪猪。"郝滩墓壁画上刺猬的绘制技法较写实。但刺猬形象在汉代出土图像材料中并不常见，其仅作为天象神兽出现在天象星宿场景中。

---

① a. 陕西省考古研究院编著：《壁上丹青——陕西出土壁画集》，第53～54页；b. 陕西省考古研究院等：《陕西靖边县杨桥畔渠树壕东汉壁画墓发掘简报》，《考古与文物》2017年第1期。

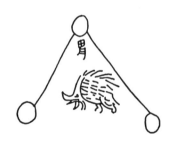

图 3.13　陕西定边郝滩墓墓顶胃宿图像
（图片摘自庄蕙芷《汉唐墓室壁画天象图研究》）

（5）昴宿——兔

郝滩墓顶天象图中还有拟动物化的昴宿形象（图 3.14.1），昴宿由七星点相连，与《石氏星经》中"昴七星，在胃东稍南"的说法相符。郝滩墓昴宿中写有"卯"字，其中动物，《壁上丹青》书中释为猫，并认为与胃宿与猬的情况相似，来自谐音。但如与西安交大墓中昴宿位置上的图像相比，虽有残破，仍能看出一人正在捕兔的场景（图 3.14.2）；捕兔人手中的"网"指代毕宿，据《说文·華部》载："華：田网也。从田，从華象形。"① 又《尔雅·释天》："浊谓之毕。"郭璞注曰："掩兔之毕或呼为浊，因星形以名。"正好可以将相连的昴、毕二宿用"毕捕兔"图像模拟表达。

故可推测，昴宿位置上的动物是兔子，而非猫，兔子的选择应是源自与相邻毕宿的合体，取义为"毕掩兔"。

同类图像在洛阳尹屯 M1、陕西靖边杨桥畔墓壁画上也能见到，后者的动物处虽残破，但根据尾部与足来看应亦是兔子，且都是卯宿与毕宿相临② （图 3.14.3、3.14.4）。南阳散存画像石上也能见到类似图像（图 3.14.5）。

（6）觜宿——鸱鸮

《说文·角部》云："觜：鸱旧头上角觜也。一曰觜觿也。从角此声。"③ 即鸱鸮头上的毛角即觜。

---

① 段玉裁：《说文解字注》，第 158 页。

② a. 洛阳市第二文物工作队：《洛阳尹屯王莽壁画墓》，《考古学报》2005 年第 1 期；b. 陕西省考古研究院等：《陕西靖边县杨桥畔渠树壕东汉壁画墓发掘简报》，《考古与文物》2017 年第 1 期。

③ 段玉裁：《说文解字注》，第 186 页。

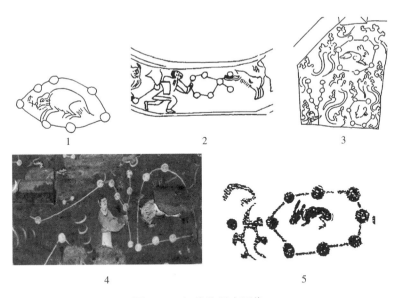

图 3.14　汉代的昴宿图像

1. 王莽时期至东汉初期，陕西定边郝滩墓顶壁画（图片摘自庄蕙芷《汉唐墓室壁画天象图研究》）；2. 西汉晚期，西安交通大学墓顶壁画；3. 王莽时期，洛阳尹屯 M1 墓顶壁画；4. 东汉，陕西靖边杨桥畔渠树壕墓壁画；5 河南南阳东关墓散存画像石。

　　西安交大墓与靖边杨桥畔墓壁画上都有用鸱鸮表现觜宿的图像①（图 3.15）。

　　综上可见，二十八宿中，包括四象在内，共有十种神兽象征指代二十个星宿（四象十三个，其他七个），分别是苍龙、白虎、朱鸟、玄武、牛郎牵牛、双鹿、封豨（豕）、刺猬、兔、鸱鸮。其中，四象神兽后来神格被提升，逐渐跳出天象指代的原义，成为汉代最重要的神兽成员；其他除刺猬外，牛、鹿、猪、兔、鸱鸮五种，据前文母题研究情况来看，都为汉代祥瑞神兽之一，亦各有渊源，并不能看出它们是由象征星宿的天象神兽身份演变而来；而这种天象神兽身份，只有在它们出现于模拟天象星宿的图像场景中才会成立，是人们对枯燥晦涩的天象进行生动艺术化的表现。

　　同时，星宿与神兽们的指代关系在现有的出土图像材料中，常表现出不规范、不准确或混乱等情况。在汉代，天文学是只有很少人掌握、门槛较高的专业学问，故即使工匠手中拥有天象图粉本，在实际操作中也会因理解不准确或表现错误而

---

① a. 陕西省考古研究所等：《西安交通大学西汉壁画墓》，图版 18－1；b. 陕西省考古研究院等：《陕西靖边县杨桥畔渠树壕东汉壁画墓发掘简报》，《考古与文物》2017 年第 1 期。

图 3.15　汉代的觜宿形象
左：西汉晚期，西安交大墓顶壁画；右：东汉，陕西靖边杨桥畔渠树壕墓壁画。

造成各种混乱情况。在墓葬中使用天象图的墓主或其家属，其初衷也不一定是出于科学或求知目的，更多只是希望借此表现"天"与"仙境"，以寄托升仙、兆吉等心理愿望，所以对内容细节的准确性要求也就没那么高。而这种为星象选择模拟形象的行为，主要与古天文学、占星学有关，以它们为装饰，本身也带有迷信化的祈愿、兆吉等目的；被模拟出的动物形象，在天象图像场景中都可以被辨识为神兽。

陕西靖边杨桥畔渠树壕墓顶壁画上还绘有其他带有榜题与动物形象的天象星宿图，如天市、三垣、二十八宿、中外星官、黄道及日月位置等。除上文提到的二十八宿中的模拟神兽外，还能见到《开元占经》中提到的"石氏中官"中的"三台"（多对红嘴黑燕），"石氏外官"的"军市"（十三星点相连，中围二神鸟，似野鸡）、"天狼"（一仙人引弓射狼），以及"甘氏中官"的"司禄"（仙人骑白象）、"司命"（仙人骑龟）、"天市"（双白鹤）、四星点围起的鱼形等①。东汉流行的谶纬符应图式，如和林格尔墓瑞应类壁画内容，其渊源很可能就是对天文星象的这些象征性模拟，体现出我国古代谶纬观与占星学的密切关联。

（二）神仙信仰类神兽组合及场景表现

1. 仙境

《楚辞·远游》与司马相如《大人赋》中都生动描绘了当时人们想象中的仙境场

---

① 陕西省考古研究院等：《陕西靖边县杨桥畔渠树壕东汉壁画墓发掘简报》，《考古与文物》2017 年第 1 期。

景。又《汉书·司马相如传》载："相如既奏大人赋，天子大说，飘飘有陵云气游天地之闲意。"汉人喜好神仙之道，企盼死后升仙，在丧葬类图像材料中尤其能看出这一心理倾向，也能更直观地看到这些奇思妙想的仙境图像场景。

仙境世界是人们对人间世界的镜像投影，所以，与人间世界一样，除了神仙，也必然有各类神兽。汉人表现仙境场景的图像内容十分丰富，从西汉早期至东汉晚期，能看出一个情节内容逐渐丰满、构图技法和艺术风格逐渐成熟的过程。

西汉早期的河南永城柿园墓主室墓顶壁画，就已是在用神兽、仙草和云气等形象来表现仙境，从其装饰位置也能看出这种意向。自西汉中期起，随着砖石类墓葬装饰载体的流行，常见如简化风格的十字穿环与神兽象征仙境，或以西王母为主体、其他神人、神兽伴随其间的仙境图式（图3.16.1～3.16.4）。东汉后，西王母及神人、神兽组成的仙境图式成为各地、各类图像载体中普遍流行的主题，体现出西王母在汉代的主神地位及人们不断增强的升仙愿望；众多源于文献、神话传说、天文星象中的神兽母题都被独立出来，配置于西王母仙境之中，如九尾狐、三足乌、蟾蜍、兔、四象神兽、凤、麒麟、各类神鸟等；人们还创造出东王公与西王母配对，仙境世界充满欢乐和谐的氛围。

仙境图式在石质图像载体上最为盛行，依不同图像风格，又可分苏鲁豫皖邻近区域、四川地区及陕北、山西三区，各具特色。

苏鲁豫皖邻近地区的仙境场景内容最丰富、构图也最复杂，尤其到了东汉晚期，几乎汉代出现的各类神兽母题都会出现在西王母仙境中，亦流行各种神异符谶化明显的神兽，体现出谶纬观与神仙信仰的结合（图3.16.5、3.16.6）。

四川地区的西王母形象常坐于龙虎座上，身边的神兽种类相对简化，主要以四象神兽、日月神兽、凤、麒麟、九尾狐等为主，神兽们的角色职责大多是为西王母服务，如制作不死药等，能看出当地早期道教的盛行及其与神仙信仰的结合；且此地区的画面背景中很少出现太过复杂的装饰性纹样，倾向于直截了当地突出主体（图3.16.7）；此地还有一类极简的、符号化的仙境图式，通常用十字形方花纹象征天空、用部分四象神兽标示方位，加上神仙、神兽、天门等其他内容细节，生动展现人间与仙境的过渡，充满艺术想象力（图3.16.8）。

图 3.16　汉代带神兽的仙境场景图像

1. 西汉中期，山东滕州染山墓门画像石；2. 西汉中期，郑州南关外北二街 M4 画像砖；3. 西汉晚期，山东微山岛石椁画像；4. 王莽时期，08 洛阳征集壁画砖（现藏中国农业博物馆）；5. 东汉晚期，山东滕州钱掌大石椁侧壁画像；6. 东汉，山东滕县宏道院散存祠堂画像石；7. 东汉中晚期，四川彭山双河崖墓石棺侧板画像；8. 东汉，四川射洪崖棺侧板画像；9. 东汉中期，陕西绥德四十里铺田鲂墓后室门楣画像石；10. 东汉中晚期，陕西绥德后思沟墓门画像石。

晋陕地区的仙境图式兼有苏鲁豫皖与四川两地的部分特点，图像内容及神兽母题与四川类似，无苏鲁豫皖地区复杂，但东王公、一些半人半兽的仙人与神兽造型、象征天空的十字穿环等边饰，又体现出来自东面的影响；不过其图像配置极富地方风格，仙境图式主要装饰于墓门，图像配置较为稳定（图3.16.9、3.16.10）。

综合来看，汉代仙境图像的主要特征是画面中有西王母（东王公）、神仙（羽人）、神兽或十字穿环、方花、云气、卷草等装饰纹样；图像在载体空间内的装饰位置有时也可作为辨识仙境图的参考标准，如在室墓中，仙境场景的出现位置就主要在墓葬结构的上方或墓门处。

2. 升仙

与"仙境"的区别是，"升仙"展现的是一个动态过程。如《楚辞·远游》和《大人赋》，实际上表现的都是"动态游历仙境"。辨识升仙图像场景，可参考三个基本要素：一是升仙的主体人物，二是辅助陪同的神人或神兽，三是升仙工具；其中，神兽通常出现在陪同队列中，作为可被乘骑搭载的升仙工具或御者。

《列仙传》所载的七十一位仙人中，借助神兽之力升仙的有二十四位[1]，涉及龙、虎、凤、神鸟、牛、羊、鱼、鹿等类，"攀龙附凤，逍遥终始"就是来自对服闾得道成仙后的评赞。

西汉时典型表现升仙场景的图像如洛阳卜千秋墓顶壁画，墓主夫妇分别乘坐鶬鶊与蛇，在龙、凤、虎、九尾狐、蟾蜍、兔等神兽和一位手持三层节、身着羽衣、长须散发的方士[2]带领下，在伏羲、女娲与日月云气的包围中，前往西王母仙境世界[3]（图3.17.1）。

目前所见东汉时的典型升仙图像，较多出现在两京及附近地区的墓葬装饰空间中。如东汉早期陕西靖边墓前室东壁下层、后室东西二壁上层的多组由神兽牵引的

---

① 如龙与马师皇、黄帝、骑龙鸣、子先、陵阳子明、邗子；虎与彭祖；凤与萧史、弄玉；朱雀、白鹤等神鸟与陶安公、王子乔、介子推、木羽、祝鸡翁；鱼与涓子、吕尚、琴高、寇先、子英；牛与老子、犊子；羊与葛由、修羊公；鹿与鹿皮公等。

② 孙作云：《洛阳西汉卜千秋墓壁画考释》，《文物》1977年第6期；文中提出"方士说"，认为汉代的方士为介于人和神仙之间的"半仙之体"。《初学记》卷五《汉武内传》中，也有"有绣衣使，乘龙持节，从云中下"之句。

③ 洛阳博物馆：《洛阳西汉卜千秋壁画墓发掘简报》，《文物》1977年第6期。

云气车及仙人骑神兽升仙图，其中作为御者或坐骑的神兽有鹿、鹳、鹤、龟、虎、燕、龙、鱼、兔、蛇等①（图3.17.2）。南阳麒麟岗墓门门楣、南阳英庄 M4 墓顶画像石上也有龙、虎驾云气车、羽人为御、墓主乘坐车上伴云升仙的场景（图3.17.3、3.17.4）。辽宁大连营城子墓主室北壁所绘升仙场景更具故事性，下层是死者家属的拜祭场面，上层以墓主形象为主体，身后跟有一侍婢、一翼龙，墓主仿若刚从龙身走下，正面向前方接受神仙、羽人的迎接，羽人身腾云端、正在招引一神鸟（雁），这只神鸟可能与翼龙一起刚刚引导墓主升仙②（图3.17.5）。

从地域上看，各地的升仙场景各具艺术风格。如苏鲁豫皖邻近地区的东汉石质画像中就常见一类楼阁池塘图式，画面主体为一楼阁，旁有斜梯将画面对角线分割为两部分，上部有一人或多人踏阶而上，楼阁上有仙人与鸟、猴等神兽，下部是水池，池中有龟、鸟啄鱼、龙等水生神兽（图3.17.6）。这类图式表现的应也是升仙之意：楼阁阶梯象征天梯，楼顶有仙人、神兽；楼阁下池塘可能即"水鱼之囿"的"咸池"，为日浴之处，带有生命终止（死亡）的象征意味，如《楚辞·七谏·自悲》云："哀人事之不幸兮，属天命而委之咸池。"龟、龙、鸟啄鱼等水生神兽也起着祥瑞兆吉功能。故这类图式表现的应是死者由象征死亡和周而复始的咸池、走向仙境世界的升仙之路，是苏鲁豫皖邻近地区极富地域艺术特色的升仙图像场景。

四川东汉的石质画像上表现出的升仙场景则相对简洁明了，其画面标志性主体是坐于龙虎座上的西王母，而死者往往会在神仙、神兽的引领下，到达天门（半启门状）或西王母的身边（图3.17.7）。

除墓葬及葬具装饰外，升仙场景也会出现在器物装饰图像中，表达同样的目的。如河北望都 M2 彩绘石枕，一面绘骑有马、鹿的三位仙人在云气中开道前往东王公仙境，另一面绘由三匹神马拉驾墓主夫妇乘坐的云气车伴云前往西王母仙境③（图3.17.8）。

（三）辟邪类神兽组合及场景表现

孙作云先生曾提出："汉人的升仙长生思想及与此相关的打鬼辟邪思想是汉代画

---

① 陕西省考古研究院等：《陕西靖边东汉壁画墓》，《文物》2009 年第 2 期。

② 宋艳秋：《大连市营城子汉墓北壁画"导引升天图"释说》，《辽宁师范大学学报（社会科学版）》第 36 卷第 2 期，2013 年。

③ 河北省文化局文物工作队编：《望都二号汉墓》，第 11～12 页，图三〇、图三一。

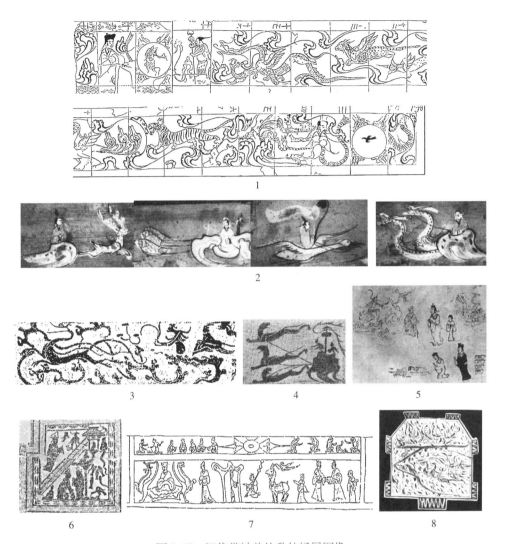

图 3.17　汉代带神兽的升仙场景图像

1. 西汉中晚期，洛阳卜千秋墓顶脊壁画；2. 东汉早期，陕西靖边墓壁画；3. 东汉中期，南阳麒麟岗墓画像石；4. 东汉早期，南阳英庄 M4 画像石；5. 东汉，辽宁大连营城子墓壁画；6. 东汉，邹县下镇头散存祠堂画像石；7. 东汉晚期，四川长顺坡墓石棺侧板画像；8. 东汉晚期，河北望都 M2 彩绘石枕。

像的主要内容和思想。……且升仙是目的，辟邪是手段。"① "手段"二字精辟概括了镇墓辟邪类图像的主要意义，因为汉人认为，只有先隔绝了鬼怪，死者尸体才能被完好地保存以供尸解，灵魂才能安全地升入仙境。

　　汉人通过可以想到的各种手段，在墓葬空间内施展镇墓辟邪之术。有学者通过

① 孙作云：《孙作云文集·美术考古与民俗研究》，第 258 页。

对东汉中晚期流行的一种朱书陶文镇墓内容的分析，总结出当时人们用于镇墓驱鬼的主要方法有两种，一是在墓室内放置具有明确驱鬼含义的朱书陶文（"劾鬼文"），二是在墓室内放置镇墓辟邪的实物，如镇墓瓶、金银、玉石、神药、黄神越章印等[①]。除此之外，也会在各类墓葬装饰图像上反映出来，总体特点是常绘出施展法术的一方，多由神巫或神兽完成，有时也会绘出被降服驱逐的一方，其形象常为恶鬼或怪兽。

1. 镇墓兽俑

镇墓兽俑是指随葬于墓葬中、带有镇墓辟邪作用的立体俑，常作陶、石、金属或漆木质地。

东周时期，南方楚墓中常出土一类漆木质地、外形怪异的所谓"楚式镇墓兽"，其外形逐渐从战国中期及以前的兽面变为战国晚期的人面，并约在战国晚期后逐渐在墓葬中消亡，有学者指出："根据（楚式镇墓兽）最后的形制和继承样式来看，应该改变为后来汉代的木俑，接着发展为陶俑。……在镇墓兽习俗消失后，木俑葬仍在楚国故地流传，并给汉代盛极一时的陶俑造型以巨大影响。一直持续到隋唐时期的陶制镇墓兽，仍然保有着持蛇吞食、怒目圆睁、头顶有角等形象，可以看出镇墓辟邪作用的继承和发展。"[②]

汉墓出土的立体镇墓兽俑的确较楚墓与后代墓葬中的同类器物都少，或与很多镇墓俑使用较易腐坏的材质而未能保持下来有关。江苏徐州狮子山楚王墓出土了一只脖颈有套环（被驯化）的圆雕石豹，可能有镇墓意义[③]。贵州黔西 M12 出土的"外形似狗，四脚站立，张口，犬齿外露，昂首瞪目作守望状，颈及胸部有饰带"的陶兽也被发掘者判断为镇墓兽[④]。目前出土的典型镇墓兽俑主要见于东汉时期，如前文提到的兕，及西南地区东汉流行的一种吐舌状镇墓兽俑，由王莽至东汉初的人面兽形向东汉中晚期的兽面兽形演变，约消失于三国两晋时期[⑤]。

然而，两汉时期镇墓兽俑在墓葬中比例的下降，并不代表汉人镇墓辟邪需求的

① 何颖：《试析汉晋时期朱书陶文的镇墓功能》，《文博》2013 年第 3 期。

② 黄莹：《楚式镇墓兽研究》，《中原文物》2011 年第 4 期。

③ 狮子山楚王陵考古发掘队：《徐州狮子山西汉楚王陵发掘简报》，《文物》1998 年第 8 期。

④ 贵州省博物馆：《贵州黔西汉墓发掘简报》，《文物》1972 年第 11 期。

⑤ 宾娟：《吐舌状镇墓兽及其文化意义的探讨》，《四川文物》2013 年第 6 期。

降低，只是由于丧葬空间结构的变化，人们选择了其他的方式和载体，如墓葬装饰图像、镇墓瓶与镇墓文等，将这一"职责"转移到了更大的发挥空间。

2. 方相氏与十二兽

《周礼·夏官司马》载："方相氏：掌蒙熊皮、黄金四目、玄衣朱裳、执戈扬盾，帅百隶而时难，以索室驱疫。大丧，先柩；及墓，入圹，以戈击四隅，驱方良。"这种除魔仪俗一直沿用至汉代。《后汉书·礼仪志中》中对汉宫中所行大傩之礼，以方相氏与十二兽除魔逐疫的活动有过更为详细的记载："先腊一日，大傩，谓之逐疫。其仪：选中黄门子弟年十岁以上，十二以下，百二十人为侲子。皆赤帻皂制，执大浅。方相氏黄金四目，蒙熊皮，玄衣朱裳，执戈扬盾。十二兽有衣毛角。中黄门行之，冗从仆射将之，以逐恶鬼于禁中。夜漏上水，朝臣会，侍中、尚书、御史、谒者、虎贲、羽林郎将执事，皆赤帻陛卫。乘舆御前殿。黄门令奏曰：'侲子备，请逐疫。'于是中黄门倡，侲子和，曰：'甲作食杂，胇胃食虎，雄伯食魅，腾简食不祥，揽诸食咎，伯奇食梦，强梁、祖明共食磔死寄生，委随食观，错断食巨，穷奇、腾根共食蛊。凡使十二神追恶凶，赫女躯，拉女干，节解女肉，抽女肺肠。女不急去，后者为粮！'因作方相与十二兽解。嚾呼，周遍前后省三过，持炬火，送疫出端门；门外驺骑传炬出宫，司马阙门门外五营骑士传火弃雒水中。百官官府各以木面兽能为傩人师讫，设桃梗、郁櫑、苇茭毕，执事陛者罢。苇戟、桃杖以赐公、卿、将军、特侯、诸侯云。"

又《礼仪志下》中还有方相氏参与丧葬活动的记载："大驾，太仆御。方相氏黄金四目，蒙熊皮，玄衣朱裳，执戈扬楯，立乘四马先驱。"

足见，方相氏是人，其外形特征是带黄金面具、玄衣朱裳、披熊皮、手持武器等；而甲作、胇胃、雄伯、腾简、揽诸、伯奇、强梁、祖明、委随、错断、穷奇、腾根则是有除魔食恶神力的十二兽，它们的外形特征是"有衣毛角"，有时还会被制成以它们为形态的器物（如"解""木面兽"等）；方相氏与十二兽主要被用于除魔礼仪及丧葬活动中，表现在图像中，通常是面目凶恶的神兽形象。

马王堆 M1 黑地彩绘漆棺上频繁出现一类神兽形象，或长角，或无角，或长发长须，或口吐长舌，但统一特征是都乘立云间并在捕猎其他动物（如鸟、牛、蛇等)①

① 湖南省博物馆等编：《长沙马王堆一号汉墓》，第 16 页、图二〇。

（图3.18.1）。与文献中"有衣毛角"的十二兽形象及驱魔食恶的神性相符，它们装饰于棺椁之上表现出镇墓辟恶，护佑墓主死后安详之意。

图 3.18　汉代的十二兽图像

1. 西汉早期，马王堆 M1 黑地彩绘漆棺；2. 东汉中晚期，山东泰安大汶口墓立柱画像石；3. 东汉晚期，山东沂南北寨墓画像石。

山东泰安大汶口东汉中晚期画像石墓立柱上镂空浮雕出拉手作舞蹈状、似熊的神兽形象，或许是较晚时期的十二兽，从图像上看更像是由人假扮，在举行一种辟邪仪式①（图3.18.2左）；此场景与《后汉书·礼仪志》中对大傩仪式活动的描述

①　泰安市文物局等：《泰安大汶口汉画像石墓》，《文物》1989 年第 1 期。

较相似，或可称之为"方相氏与十二兽傩舞图"，同样带有镇墓辟邪用意。这种用意也可以从画面下方的结龙形象看出（图3.18.2右下）。

关于结龙，前文已作详细解读。它由龙穿璧、简化版的龙穿环逐渐衍生变幻出更显神异特征的结龙造型，不变的是，它们都在强调一种"龙璧关系"。除因"璧"有象征升天的意义之外，也和"璧"可谐音为"辟邪"之"辟"有关，这更符合汉人尤其是在东汉时兆吉辟邪的符谶化心理，"龙璧图"也被诠释出"神龙辟邪"寓意。山东苍山城前村元嘉元年画像石题记中有"中直柱，隻（双）结龙，主守中□辟邪央（殃）"等文字[①]，即体现了这种辟邪意图，而"结"即"璧"数量的不断增多也显示出这种"辟邪"意图的逐渐加强。

东汉晚期山东沂南画像石墓的石质构建上还刻有一类面目狰狞的神兽形象[②]（图3.18.3），可能是道教中负责举行镇墓辟邪仪式的道人团体假扮的，其原型也可能与十二兽有关。

3. 蚩尤、天帝使者与大方士

张守节《史记正义》引《龙鱼河图》云："黄帝摄政，有蚩尤兄弟八十一人，并兽身人语，铜头铁额，食沙石子，造立兵杖、刀、戟、大弩，威震天下，诛杀无道，不慈仁。……蚩尤没后，天下复扰乱，黄帝遂画蚩尤形像以威天下，天下咸谓蚩尤不死，八方万邦皆为弭服。"《述异记》云："蚩尤能作云雾。涿鹿今在冀州，有蚩尤神，俗云：人身牛蹄，四目六手。……秦汉间说，蚩尤氏耳鬓如剑戟，头有角，与轩辕斗，以角抵人，人不能向。……汉造'角抵戏'，盖其遗制也。"汉人素有崇拜、祭祀蚩尤的习俗，蚩尤在汉人心中有辟兵、战神、兵主等崇高能力与地位[③]。

由此可见，蚩尤的形象元素大概有兽身、牛角、作云雾、四目六手、手持刀兵等，素有战神、主兵等美誉，常以画像、立祠等方式被执政者用以震慑、教化天下，它由历史传说人物逐渐演化为被崇拜的神灵，汉代流行的角抵戏也是由之发展而来。

山东邹城卧虎山M2南石椁侧板外壁中格上方刻一大头、头顶两短角、怒目、口

① a. 山东省博物馆等：《山东苍山元嘉元年画象石墓》，《考古》1975年第2期；b. 李发林：《山东苍山元嘉元年画像石墓题记试释》，《中原文物》1985年第1期。
② 南京博物院等：《沂南古画象石墓发掘报告》，图版40。
③ 王子今：《汉代"蚩尤"崇拜》，《南都学坛（人文社会科学学报）》第26卷第4期，2006年7月。

吐云雾、似有六手、作凶猛斗姿的怪物形象，下方有正在吐雨、鼓风的风伯、雨师，一戴笠人，右下还有一只独角四脚龙①（图3.19.1）。据《山海经·大荒北经》载："有人衣青衣，名曰黄帝女魃。蚩尤作兵伐黄帝，黄帝乃令应龙攻之冀州之野。应龙畜水，蚩尤请风伯雨师，纵大风雨。黄帝乃下天女曰魃，雨止，遂杀蚩尤。"结合文献观察卧虎山石椁画像，此画面很可能就是在描绘了这场战斗，那么画面上部的怪兽形象很可能就是蚩尤，戴笠人可能是"衣青衣"的女魃，而风伯、雨师、应龙等形象也均出现在画面中。

辽宁大连营城子墓南门门楣处，画有一个奇异的大头无身怪，与卧虎山石椁上的蚩尤画像几乎一样，门两侧各有一人、一猪首人身手持兵器的"门吏"②（图3.19.2）。将战神蚩尤画在墓门上方明显带有镇墓辟邪意图。

山东沂南北寨东汉晚期墓墓门处也刻有疑似蚩尤的形象两处，一个只刻画头部，一个刻出全身；墓门其他位置还刻画有伏羲、女娲、东王公、西王母、青龙、白虎、羽人、蹶张等形象；左侧西门柱上方的蚩尤与东门柱上方的伏羲、女娲形象对应，显示出它们在神界的尊贵地位；中门柱的蹶张、蚩尤形象上下对应，二者都是力量和战斗力的象征，刻于墓门处同样也有震慑辟邪作用③（图3.19.3）。

文献中还有关于蚩尤"作五兵"的记载。如司马贞《史记索引》中录《管子》云："蚩尤受卢山之金而作五兵。"《路史·后纪四·蚩尤传》引《世本》："蚩尤作五兵：戈、矛、戟、酋矛、夷矛。"因此有人认为武氏祠石刻上的人物就是蚩尤（图3.19.4）。但根据另一条线索，林巳奈夫曾提过两件带有类似图像的带钩资料，上有铭文，指明一个头戴弩、手足持剑与手戟、足间有盾、似熊、处于中央、四面有四象神兽围绕的神祇形象为"天帝使者"④（图3.19.5）。相似的图式在沂南北寨墓门框画像石上也能看到，"天帝使者"仍位于中央位置，四周围绕四象神兽⑤；山东临沂白庄画像石墓上也有类似形象⑥（图3.19.6、3.19.7）。

上述武氏祠上图像与林巳奈夫提到的带钩、沂南画像石上的图像高度相符，那

①　邹城市文物管理局：《山东邹城市卧虎山汉画像石墓》，《考古》1999 年第 6 期。

②　刘立丽：《营城子壁画墓浅议》，《考古与文物》，2009 年第 3 期。

③　南京博物院等：《沂南古画象石墓发掘报告》，图版 25～27。

④　[日] 林巳奈夫：《汉代鬼神的世界》，《汉代の神神》，第 130 页。

⑤　南京博物院等：《沂南古画象石墓发掘报告》，图版 33。

⑥　管恩洁等：《山东临沂吴白庄汉画像石墓》，《东南文化》1999 年第 6 期。

么这些石刻画像上的形象似乎都是带钩铭文中提到的"天帝使者"。

林巳奈夫认为，中间这个"天帝使者"与《史记·天官书》中提到的"中宫天极星、其一明者、太一常居也"中的"太一"有关，《正义》注曰"泰一、天帝之别名也"。所以，这里的"天帝使者"就是天帝太一派到凡间的使者，是其代表，正如四象神兽及太一象征天空的方位一样，这里由四象神兽拱卫着中央的天帝使者，一同象征五方神灵对死者所在的地下世界的支配和保护①。

"天帝使者"这一名称也常出现在东汉墓葬出土镇墓瓶上的朱书解除文字中。有学者研究认为，"天帝使者"最初代表一种神祇，后被早期民间道教借用并偷换了概念，成为施展法术的道人代称，他们的主要能力是隔绝死者对生者的干扰与侵害，并为死者解除罪孽，带有隔绝阴阳及辟邪作用②。而"天帝使者"这种持五兵、镇墓辟邪的特征与功能都与蚩尤颇为相似。

《东观汉记·传四·邓遵》载："邓遵破诸羌，诏赐邓遵金刚鲜卑绲带一具……金蚩尤辟兵钩一。"邓遵为东汉开国功臣邓禹之孙，约活跃于东汉中期，这里提到的"金蚩尤辟兵钩"有可能就是带"天帝使者"铭文的铜带钩的早期形态，后者基于对前者的模仿，具有相似的寓意。

如此可以推断，东汉道教所谓"天帝使者"的原型很可能就来自蚩尤。

类似图像在苏鲁豫皖邻近地区的石质画像上常可见到。南阳麒麟岗墓立柱上多处刻着身有毛、张大口、手持兵器的形象③（图3.19.8）。安徽定远壩王庄墓后壁也刻有一大头、大眼、长毛、牛蹄、手执类似棍棒之物的"神兽"④（图3.19.9）。

河北望都汉墓出土的光和五年砖券文字中有句"大□士谨为刘氏之家解除咎殃"，有学者将其中的"大□士"解读为"大方士"，认为"天帝使者的职司是由人世的方士代为施行"⑤。那么，这些类似的"神兽"形象可能都是民间道教中隶属

---

① ［日］林巳奈夫：《汉代鬼神的世界》，《汉代の神神》，第129~132页。

② 胡常春：《考古发现的东汉时期"天帝使者"与"持节使者"》，《考古与文物》2011年第5期。

③ 黄雅峰等：《南阳麒麟岗汉画像石墓》，图版107。

④ 安徽省文物管理委员会：《定远县壩王庄古画象石墓》，《文物》1959年第12期。

⑤ ［日］小南一郎：《漢代の祖靈觀念》，京都：《東方學報》第66册，1994年。

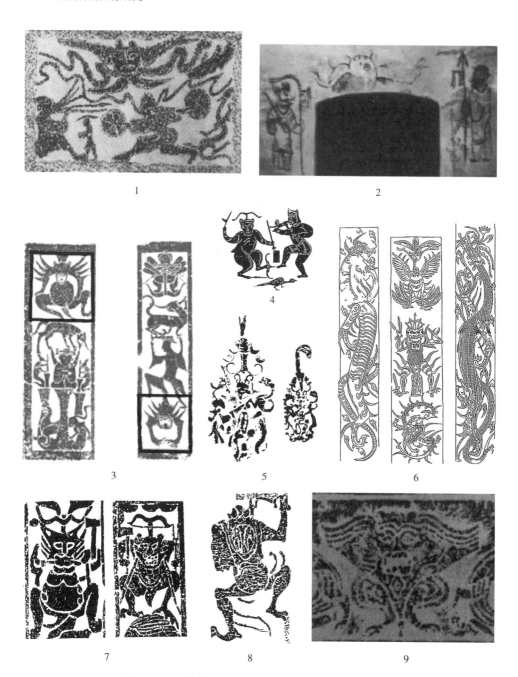

图 3.19　汉代的蚩尤、天帝使者等镇墓辟邪类图像

1. 西汉晚期至东汉早期，山东邹城卧虎山 M2 石椁侧板画像；2. 东汉，辽宁大连营城子墓南门壁画；3、
6. 东汉晚期，山东沂南北寨墓墓门立柱画像石；4. 东汉晚期，山东武氏祠画像石；5. 左："天帝使者"
铭文铜带钩（出土情况不明）；右：石家庄东岗头村汉墓出土"天帝使者"铭文铜带钩；7. 东汉晚期，山
东临沂白庄墓画像石；8. 东汉早中期，南阳麒麟岗墓中主室立柱画像石；9. 东汉晚期，安徽定塘王庄
墓后室北壁画像石。

于"天帝使者"的"大方士"道人团体，主要从事辟邪驱恶类的仪式，出现在墓葬空间中的图像，应是对现实世界此类仪式活动的夸张性模仿，将之装饰于墓葬中，旨在祈求可以永远地为墓葬驱除邪恶。而天帝使者与大方士们的关系，就好像早期的方相氏与十二兽的关系，同时，天帝使者本身又吸收了蚩尤的内涵因素，是东汉时期的道教集团，借用早期经典神话传说与民间信仰来包装、宣扬自身的行为。

总结来看，蚩尤、方相氏、十二兽、天帝使者、大方士等概念的关系大致如下，出现在墓葬中都表达了镇墓辟邪的意图。

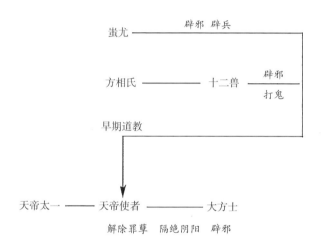

严格来说，只有十二兽从本质上看近似神兽，其他多属神人或凡人假扮的神人，但它们在汉代图像中的表现形态多似神兽，必须弄清其属性和关系，才能进行准确辨识和解读。

4. 斗兽

斗兽主题的图像又可分为人兽斗、兽兽斗两类，主要流行于西汉晚期至东汉中期南阳及邻近地区的石质画像上。

前者有一种名称为"象人斗兽"，典出《汉书·礼乐志》："常从象人四人……秦倡象人员三人。"孟康注曰："象人若今戏虾鱼狮子者也。"又韦昭注象人为"著假面者也"，也与汉代的角抵戏有关，约从西汉晚期起开始流行（图3.20）。

汉代的角抵戏，上至宫廷、下至民间都非常流行，属于乐舞百戏的一种，一般

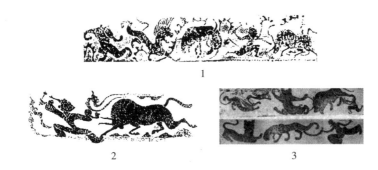

图 3.20   汉代的人兽斗图像

1. 西汉晚期至东汉早期，南阳辛店熊营东门楣画像石；2. 王莽时期到东汉初期，南阳陈棚后室南过梁画像石；3. 东汉中期，河南方城东关墓门楣画像石。

带有故事情节，如东海黄公典故①、李冰父子故事②等。这类故事题材常会通过"人兽斗"图式被装饰于墓葬中，其所在位置几乎都在门楣处，还常以云气纹为背景。工匠们会从传说故事里刻意截取一个"关键情节"刻画成像，如黄公故事中提到的"黄公乃以赤刀往厌之"，表达的实际上也是镇墓辟邪厌恶的用意。

兽兽斗的双方一般都是汉代常见的猛兽，如龙、虎、狮子、牛、兕、熊等，且也同样多在背景处装饰云气纹，似在着重强调神兽们在战斗中散发出的勇猛之气，以求震慑企图侵犯墓葬的人。装饰位置除主要仍在门楣处外，也会出现在门槛、门框、墓室过梁等位置（图 3.21）。

5. 神兽与云气

上述诸类表现镇墓辟邪的神兽图像场景中多装饰有云气纹，除是为了通过营造云气环绕的环境突显图像内容发生的场景是在仙境、并使辟邪功能看上去更显神力之外，云气本身也有特殊的指代寓意。

《说文》曰："气：云气也。象形。"《释名·释天》云："气，饩也。饩然有声而无形也。"《史记·天官书》里处处透露着汉人对"气"的认识："道始生虚廓，虚廓生宇宙，宇宙生气。气有涯垠，清阳者薄靡而为天，重浊者凝滞而为地。"即汉

---

① 语出《西京杂记·第三》："有东海人黄公，少时为术，能制蛇御虎，佩赤金刀，以绛缯束发，立兴云雾，坐成山河。及衰老，气力羸惫，饮酒过度，不能复行其术。秦末，有白虎见于东海，黄公乃以赤刀往厌之。术既不行，遂为虎所杀。三辅人俗用以为戏，汉帝亦取以为角抵之戏焉。"

② 见《成都记》，言李冰为治水修筑都江堰，但牛形江神却施法作乱，李冰之子二郎便跳江与牛搏斗，最终将其战胜，蜀地人民为纪念二郎建造了二郎庙，并常于庙会时表演二郎斗牛戏。

图 3.21 汉代的兽兽斗图像

1. 王莽时期，南阳八一路 M49 后室西室门楣画像石；2. 王莽时期到东汉初期，南阳陈棚后室门槛正面画像石；3. 西汉晚期到东汉早期，南阳辛店熊营门楣画像石；4. 东汉中期，河南邓县长冢店墓门楣画像石。

人认为，天地万物、阴阳、四时等，都是由气的不同状态形成。这是一种相对形而上的对自然宇宙的认知。但气的概念范畴更大一些，云气只是天地万物之气中的一种。

由古代天文学与占卜迷信思想结合的所谓"云气占"，渊源悠久，至汉时，已成为三大天象占卜活动之一。《史记·天官书》中有关于云气的颜色、形状、高度等的描述和占测判断，如："凡望云气，仰而望之，三四百里；平望，在桑榆上，千馀（里）二千里；登高而望之，下属地者三千里。云气有兽居上者，胜。"关于"云气有兽居上者"，在马王堆 M3 出土的《天文气象杂占》帛书中，就有如黑猪、虎、鸟、牛马、鱼龙和龙马等彰显帝王气等记载，并配有图文并茂的详细讲解，是了解汉代云气占情况的重要资料①（图 3.22）。

云气带有的占卜、预言功用和神异化色彩，是汉人对其重视的主要原因。

《史记·高祖本纪》载："秦始皇帝常曰'东南有天子气'，于是因东游以厌之。高祖即自疑，亡匿，隐于芒、砀山泽岩石之闲。吕后与人俱求，常得之。高祖怪问之。吕后曰：'季所居上常有云气，故从往常得季。'高祖心喜。沛中子弟或闻之，多欲附者矣。"可见，人们对云气不仅表现出信崇，还反映出利用，于是对云气就抱以更强烈的期待，甚至试图人为地对这种自然天象进行模拟和伪造，以求达到特殊目的。云气画就是手段之一。

---

① 王树金：《马王堆汉墓帛书〈天文气象杂占〉"云气占"试考》，《湖南省博物馆馆刊》2009 年第六辑。

图 3.22　马王堆 M3 出土《天文气象杂占》帛书

《史记·孝武本纪》中记载了汉武帝为了与神灵对话而画云气车，此车在胜日①之时还兼具辟邪功能："'上即欲与神通，宫室被服不象神，神物不至。'乃作画云气车，及各以胜日驾车辟恶鬼。"

高等级丧葬用具、建筑装饰上也常见云气画。据《后汉书·礼仪志》载："诸侯王、公主、贵人皆樟棺，洞朱，云气画。……自王、主、贵人以下至佐史，送车骑导从吏卒，各如其官府。载饰以盖，龙首鱼尾，华布墙，繡上周，交络前后，云气画帷裳。"《西京杂记·第四》亦载："哀帝为董贤起大第于北阙下，重五殿，洞六门，柱壁皆画云气华蘤，山灵水怪，或衣以绨锦，或饰以金玉。"又《后汉书·梁统列传》："冀乃大起第舍，而寿亦对街为宅，殚极土木，互相夸竞。堂寝皆有阴阳奥室，连房洞户。柱壁雕镂，加以铜漆；吓牖皆有绮疏青琐，图以云气仙灵。"

所谓"云气仙灵"，就指的是被云气围绕着的神仙、神兽图像场景。

孙机先生曾考证汉代一种"虞内画以杂兽"的"云虞纹"，并认为汉代一般观念中的"虞"，是由钟鼓支架上的怪兽纹饰逐渐演变成的怪兽专称，带有孔武有力、辟除邪厉之意，马王堆黑地彩绘漆棺上的云气神兽纹饰可能就是所谓的"虞内画以杂

————————

① 胜日，即阴阳五行家所言之五行相克之日。

兽"，并带有辟邪功能①。

这与本文前面提出的，马王堆漆棺云气纹中的"杂兽"可能是有打鬼辟邪作用的十二兽形象并不矛盾。云虞纹是对此类云气杂兽图像的统称，而具体的杂兽属性则不可能只是随意的填充，应也是经过了精心选择，一般会择取带有除恶辟邪神力的神兽。

这类云气神兽纹被广泛用于两汉各类丧葬器物装饰上，尤以西汉最盛，其中又以便于进行繁缛描绘的漆器纹饰居多，陶器、金属器、玉器、丝织品等亦见，只是不及漆器画面精致复杂（图3.23.1、3.23.2）。随着墓葬结构及装饰空间的变化，这类云气神兽纹也由器物装饰逐渐转移至画像砖石、壁画等载体上（图3.23.3、3.23.4）。

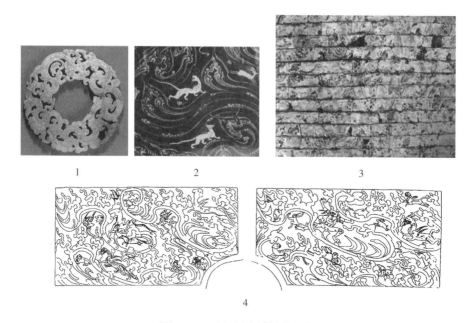

图 3.23　云气间杂神兽的图像

1. 西汉中期，湖南曹氏墓玉环；2. 西汉晚期，江苏邗江墓漆面罩；3. 东汉晚期，河北望都 M1 北壁前中室过道顶壁画；4. 东汉晚期，河南密县后士郭 M2 门楣及栌斗画像石。

几乎汉代流行的各类神兽母题都可以在这种云气神兽纹中见到。需要注意的是，在表现神仙信仰类的神兽图像场景中也多装饰云气纹为背景，旨在象征仙境或升仙

① 孙机：《几种汉代的图案纹饰》，《文物》1982 年第 3 期。

场面，但与这种云气神兽纹的区别是，后者的云气并不只是起到背景环境装饰的附属作用，而是与神兽一样作为画面主体，云气本身的占卜、预兆等涵义也会有所体现，与神兽结合，展示出一种神秘诡谲的图像场景氛围，带有兆吉辟恶功能。

除了这种云气中杂以神兽的图像场景外，云气与神兽间还常见一种更为奇妙且艺术化的合体造型，通常是云端伸出一段神兽的头或身子，或者说是神兽的部分身体化为云气。总之，云气与神兽浑然一体，体现出汉人心目中云气可以形生神圣之物的观念，同时亦寄希望于这种更显神异的组合状态能达获更强大的兆吉辟邪效果。

如山东苍山城前村元嘉元年画像石上刻有"游徼候见谢自便，后有羊车橡（象）其憩（橅），上即圣鸟乘浮云"的题记，对应墓葬前室东壁横额的一幅画像，左为一建筑，上栖神雀，门前一人躬身迎接状，应是"游徼"①，画面右半有一队车骑，后面为一辆羊车，车骑上空有一组卷云纹、云端伸出若干鸟头，应即所谓的"圣鸟乘浮云"②（图 3.24.1）。类似云气与神兽合体的图像在满城汉墓铜器纹饰上也能见到③（图 3.24.2、3.24.3）。能看出这种图像背后的内涵寓意与其表现形态由来已久，后主要流行于东汉中、晚期苏鲁豫皖邻近地区的石质画像上（图 3.24.4）。

山东嘉祥武氏祠画像石上，除了乘浮云的各种神兽，还有乘坐云气车的其他仙人、神兽④（图 3.24.5）。这种"云气车"形态，很可能就是《史记》中所载汉武帝"欲与神通"而作画的那种，充满艺术想象力。而满城汉墓铜当卢中，既有杂处云气中的神兽、也有神兽乘浮云的形态，反映出这两种表现云气与神兽关系的不同图像组合场景，实欲表达同样的兆吉辟邪用意（图 3.24.6）。

（四）谶纬祥瑞类神兽组合及场景表现：瑞应图

凡事尽言祥瑞灾异谶纬，是汉代社会思想信仰最显著的时代特征。

陈槃在《古谶纬研讨及其书录解题》序言中云："'符应'之说，由来久矣。邹衍作终始五德之传，盖尝继承此类旧说而益以'怪迂之变'。海上燕齐方士传其术，秦汉间思想，此其主潮矣。厄言曼衍，复有谶纬。夫谶纬者，即此符应说下之产物，

---

① "游徼"为地方治安官员，当上级官员到来时负责迎候接待。

② 山东省博物馆等：《山东苍山元嘉元年画象石墓》，《考古》1975 年第 2 期。

③ 中国社会科学院考古研究所等：《满城汉墓发掘报告》，第 270 页。

④ 朱锡禄编著：《武氏祠汉画像石》，图一〇。

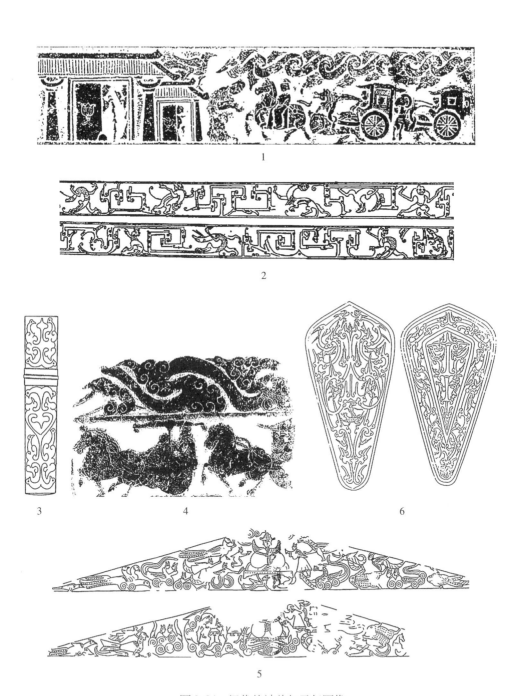

图 3.24　汉代的神兽与云气图像

1. 山东苍山城前村墓前室横额画像石；2、3、6. 西汉中期，满城汉墓铜壶、铜镦、铜当卢；4. 东汉晚期；
山东微山南阳镇西渡口散存画像石；5. 东汉晚期，山东嘉祥武氏祠画像石。

亦即秦汉间人迷信之遗蜕。……原夫符应思想，本与五帝德说互为因果，有德者必有符，有其符，是以知其德。二事似不可分。但自汉氏以后，符应事物，寖以弥繁，托者亦众，就其本身，实另据一种历史意义。"①

概括来看，汉代流行的谶纬祥瑞思想来源已久，古时的巫卜之术或为其源，传统的礼仪祭祀制度对其也有影响②。战国时邹衍作五德终始之说，经燕齐方士附加以神仙说的传播；至汉时，经新儒家学派方士化的儒生对符应说倡导鼓吹，加之多位帝王的崇信、利用与推广，遂发展为更为繁杂的谶纬。

《说文》曰："谶，验也……有徵验之书，河洛所出书曰谶。""纬，汉人左右六经之书谓之秘纬。"即汉人迷信并附会传统儒家经典而造的纬书；"谶纬"就是谶书和纬书的合称，亦称"图谶"，据《后汉书·光武帝纪》载光武帝"宣布图谶于天下"，广义上讲，图谶就是记载有谶言（将来会应验的吉凶类预言）的书籍或图像。

先秦典籍中虽记录各种物类，但却很少将它们衍生到鬼神、符应祥瑞等迷信领域，孔子所谓"不言怪力乱神"正是那时的主要观念倾向。而至汉代，情况就变成，人们解释世间事物多抱着"天人之所感召，福祥之所表征，不期而物自至"的态度，也即所谓的"怪迂之变"③。刘师培曾评价："董（仲舒）、刘（向）大儒，竞言灾异，实为谶纬之滥觞。"④ 故后来兴起的谶纬学说，又被称为谶纬神学，实质上是统治阶级及其手下的野心政治家及学者，依附学术经典、借助宗教力量，来从精神意识上引导和管理人民的手段。

瑞应图，或可称祥瑞图、符应图、符瑞图等，其基本图像场景是由若干祥瑞母题图像（神兽为主）组成一幅完整图式，有时附榜题，多数情况下位于装饰空间上部，主要流行于东汉较晚时期至三国魏晋时。

汉代的谶纬祥瑞主要包括神兽、植物、器物、自然现象、神人几大类，又以神兽为最，已有的汉代图像材料中，此类瑞应图中所包含的神兽种类约二十余种，前

① 陈槃：《古谶纬研讨及其书录解题》（上），上海：上海古籍出版社，2010年，第1页。

② 陈槃：《古谶纬研讨及其书录解题》（上），第10页，见"谓帝王能事鬼神，得礼之宜，故神明答之以嘉应也"。

③ 陈槃：《古谶纬研讨及其书录解题》（上），第18页。

④ 刘师培：《国学发微》，《刘师培全集》第1册，北京：中共中央党校出版社，1997年，第481页。

文几乎都已涉及。

崔豹《古今注》云："孙亮作流离屏风，镂作《瑞应图》，凡一百二十种，则三国时原目，当与汉画相符。"这里提到的汉画，即如山东嘉祥武梁祠顶带榜题的瑞应图像，瑞应及榜题被整齐规律地分配到单元格中，没有背景环境的多余装饰，旨在如"图录"一般的展示介绍每件瑞应，其中大部分内容，都与《宋书·符瑞志》记载大致相符①（图 3.25.1）。

类似图像场景如和林格尔东汉晚期墓中室西、北两壁的带榜题的祥瑞图壁画②、甘肃天水散存画像砖③等（图 3.25.2、3.25.3）。

整个东汉时期，瑞应图的发展演变情况是由早期的京畿地区（河南），逐渐辐射影响至中、晚期的陕北地区，再至更晚时期的苏鲁豫皖邻近地区，主要流行于墓葬的石质画像上，且时间越晚，瑞应的种类就越多、图像表现就越复杂；虽然早期还能看到诸祥瑞身边时有仙人、象人斗兽等前述与神仙信仰和辟邪思想有关的图像内容，但到了后期，则是纯粹的、母题祥瑞形态愈发奇异多样的瑞应图式；这种趋势，与谶纬学说在东汉的发展情况也较相符。

然而，大部分的瑞应图都只是由祥瑞神兽组成其内容而已，并不都如武梁祠及和林格尔墓那样分布规制并附带榜题，而多数情况下，只是将祥瑞们平行排列如队列或松散地布置于画面场景中，带有符号化、图式化的象征作用，装饰位置仍多处于装饰空间的上部（图 3.25.4～3.25.6）。

这种情况并不奇怪。据巫鸿先生研究，武梁祠的主人（建造者）武梁本人正是所谓"精通河洛（《河图》《洛书》）、研究《韩诗》（《韩诗外传》）"的今文经学儒者，他的祠堂装饰有规制的瑞应图有其自身特殊的学术渊源，想必和林格尔墓的墓主（某代护乌桓校尉）的情况也相似，会与其本人的特殊经历有关。而其他大部分简单排列或松散随意布置的瑞应图，则就不一定带有这种特殊意义，而只是墓主或其家人出于对当世盛行的谶纬祥瑞符应说的崇信，希望达获兆吉辟凶的目的而拜托

---

① ［美］巫鸿著，柳扬、岑河译：《武梁祠：中国古代画像艺术的思想性》，北京：生活·读书·新知三联书店，2006 年，第 91～93、254～263 页。

② 盖山林：《和林格尔汉墓壁画》，第 7～9 页。

③ 天水市博物馆：《甘肃甘谷县发现三方汉代画像砖》，《考古》1994 年第 2 期。

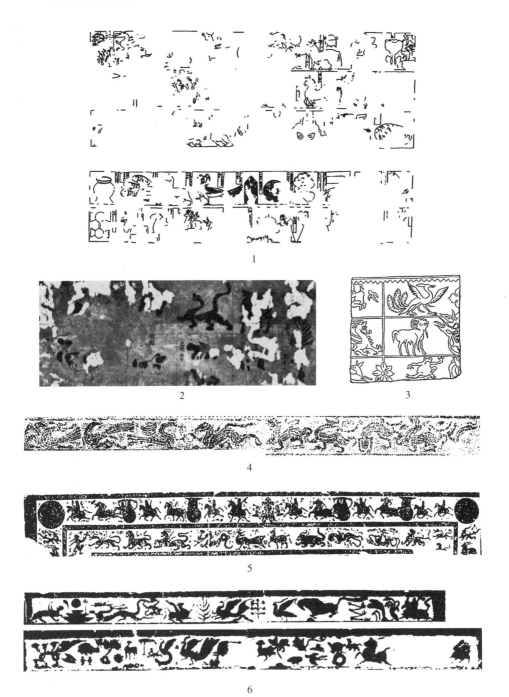

图 3.25　东汉的瑞应图

1. 东汉晚期，山东嘉祥武梁祠顶画像石及榜题；2. 东汉晚期，内蒙古和林格尔墓中室西壁壁画及榜题；
3. 东汉，甘肃天水散存画像砖；4. 东汉早期，河南永城太丘 M1 前中室壁画像石；5. 东汉中期，陕西绥
德县延家岔 M2 室壁门额画像石；6. 东汉晚期至三国时期，浙江海宁墓西、北壁门额画像石。

工匠所作，而工匠们毕竟不是学者，多数情况下只是根据图像粉本进行随心所欲地艺术创作而已，并不懂得该如何合理地排列和安置图像，更不用说为之配附榜题。

必须明确的是，这类瑞应图的本质是谶纬符应思想的产物，所有出现在瑞应图中、包括神兽在内的事物，都起着征兆吉凶的作用；而不同于和林格尔墓中那种只标示出瑞应名称的榜题文字，武梁祠的榜题，不仅包括名称，还有更详尽的所谓"谶言"，如"白（虎），王者不暴（虐，则白虎）至，仁不害人"与《宋书·符瑞志》中的"白虎，王者不暴虐，则白虎仁不害物"相符。除了带有用祥瑞兆吉的心理，将这些文字、图像刻于"公共化"的祠堂中，也带有宣扬学术观点与行教化等意。而这些深层用意，才是瑞应图的真正属性意义。

在西汉、甚至更早的东周时期，已能在陶器、铜器等器物纹饰上见到由祥瑞神兽组成的装饰图像（图3.26.1、3.26.2）。汉代典型的如河北定县M122错金银铜管纹饰（图3.26.3）。但这些图像场景中的祥瑞神兽，通常是与精美复杂的环境，如云气、仙草等一同营造出和谐美好的仙境世界，祥瑞神兽本身并不带有征兆预言或教化宣传作用，与东汉谶纬观引导下的瑞应图并不是一回事。

但如东汉中晚期的陕西绥德门楣画像石上，还能见到成排的神兽中有似定县铜管上的人骑马狩猎神兽的纹饰，能看出二者间的影响与继承关系（图3.26.4）。

（五）复合内涵的神兽组合场景：以鸟鱼图为例

图像是对一个时代人们精神信仰的综合表现，随着思想文化的发展以及它们在人们实际生活中产生的影响与作用逐渐加强，表现复合内涵的图像就会越来越多。

大部分情况下，通过全面观察图像场景、关键内容、装饰对象空间配置等情况，就可以大致判定出图像的主要内涵。如前文提到的神兽与云气组合，根据云气在图像场景中所占的比例，就可以大致判断出图像寓意；如当云气只起到环境装饰作用时，应即在表现仙境或升仙；如果云气与神兽所占比例接近，甚至出现合体等形态时，则其表现的可能就是带有祥瑞辟邪意味的云气画。

然而，汉画中也有一类出现频率很高的神兽组合图像场景，其图像造型多样、表现内涵复杂，兼具汉代典型的神仙信仰、辟邪、符应等多种属性，属于复合内涵的神兽图像场景。这种情况下，就要具体图像具体分析，无法总结出铁定的释

图 3.26　西汉的仙境神兽图

1. 西汉，铜酒樽；2. 西汉，绿釉浮雕狩猎纹陶壶；3. 西汉，河北定县 M122 错金银铜管；4. 东汉中晚期，陕西绥德王圣序墓门门楣画像石。

读原则。下文就将以这类复合内涵的神兽组合中在汉代发展时间最长、出现频率最高的"鸟鱼图"为例，查看其复合属性的具体情况，以展示汉代神兽图像场景的复杂表现。

　　关于汉代鸟鱼图的内涵，综合来看主要有以下几种说法：1. 鸟、鱼有引导墓主升天的功能[①]；2. 镇墓辟邪图式[②]；3. 鱼、鸟分别象征阴阳、生殖与男女合欢，又隐喻了房中术及养生长寿[③]，并借此表达天人合一、阴阳相合的"合且生生不息"[④]；

① 如王建勇：《人物御龙帛画略考》，《中原文物》2014 年第 6 期。

② 如李智：《汉画像石中鸟鱼组合的图像学意义》，《大连大学学报》2009 年第 1 期。

③ 如 a. 刘弘：《汉代鱼鸟图小考》，《四川文物》1991 年第 1 期；b. 潘莉：《中华民族中的"鱼"文化》，《齐齐哈尔大学学报：哲学社会科学版》2000 年第 9 期；c. 牛天伟：《试论汉画中的鱼及其内涵》，《汉文化研究》，开封：河南大学出版社，2005 年，第 134～152 页。

④ 如刘立光：《汉画像"鸟啄鱼"图像研究》，载中国汉画学会等编：《中国汉画学会第十三届年会论文集》，北京：中国古籍出版社，2011 年，第 222～229 页。

4. 鸟为符瑞、鱼象征"年年有余"，二者结合表达了吉祥富足的美好愿望①；5. 四川巴蜀地区祖神说，即鱼鸟象征鱼凫、蒲卑等祖神②；6. 图腾崇拜产物③等。

上述观点中，由于目前发现的鸟鱼图式并不只流行于四川地区，苏鲁豫皖邻近地区的石质画像上也较多见，故巴蜀祖神说不可靠；较早时期的鸟鱼图或许还有图腾涵义，但至汉时已鲜有图腾意味；其他几说综合来看都与汉代流行的神仙观、早期道教、辟邪、谶纬符瑞等观念有关，因而"鸟鱼图"需要放入汉代社会文化的大背景下观察，着眼点依然得是出土的图像材料。

之前研究对"鸟鱼图"的分类多根据鸟与鱼的造型，如"鸟鱼分隔"或"鸟衔鱼"等，而下文分类依据则是鸟与鱼的图像形态反映出的物种类别。汉代艺术以写实主义为主，故这种分类方法更有助于观察鸟与鱼的具体属性。大体可分四类。

第一类，自然界中的鹳、鹭、鹤、雁等水鸟与基本的"纺锤型"鲤、鲫、鲶等鱼类的组合。

器物造型、纹饰上常见鹭鱼形象，有时旁饰云气或水草（图 3.27.1 ~ 3.27.3）。西汉时的鹭、鱼多作相戏或鹭衔鱼造型，源于人们对鸟鱼的现实观察；东汉时，鹭鱼造型虽仍写实，但多单独成像，鱼身甚至与鹭身一样大小，祥瑞符应特征明显。

石质画像方面，山东地区西汉时的石椁画像上就已有写实的鹭衔鱼造型（图 3.27.4）。东汉时，河北、陕北、四川及苏鲁豫皖等石质画像流行地区常见写实的水鸟与鱼形象，除早期那种单幅鸟鱼图外，鸟、鱼形象往往被安排在一个复杂的画面环境中，二者的构图关系超越了自然界动物活动的真实形象而更富艺术变化（图 3.27.5、3.27.6）。东汉这类鸟鱼图应是由早期模拟自然生活的鸟鱼图演变而来，水鸟与鱼虽仍保持写实的形象，但已在升仙、谶纬等观念影响下带上了祥瑞神性，或象征仙境，或寓意吉祥辟恶，并逐渐固化成特定图式，体现着寓意升仙与祥瑞辟邪的双重内涵。

这种兆吉意图在陕西绥德东汉中期刘家湾墓门画像上体现的更加直白，画像其他部位均简化使用了几何纹，仅墓门四角仍细致写实地刻画了水鸟爪抓或口衔鲤鱼

① 如雷云贵：《西汉雁鱼灯》，《文物》1987 年第 6 期。

② 如 a. 崔陈：《汉代画像石中巴蜀祖神像窥探》，《四川文物》1990 年第 4 期；b. 魏崴：《四川汉画中的"鱼"图》，《文史杂志》2008 年第 3 期。

③ 如赵春青：《从鱼鸟相战到鱼鸟相融——仰韶文化鱼鸟彩陶图试析》，《中原文物》2000 年第 2 期。

的图像①（图3.27.7）。山东苍山城前村元嘉元年画像题记中有"龙爵除央（殃）鳐（鹤）啄鱼"之语，也体现出这种兆吉辟邪寓意②。

第二类，鸟的形象为汉代常见的祥瑞神鸟。此类鸟鱼图流行于四川及苏鲁豫皖邻近地区的东汉石质画像上，旨在象征仙境及升仙。

山东曲阜旧县散存画像上有头尾有翎羽似凤的鸟仰头衔鱼，其下刻玉兔捣药（图3.27.8）。据《山海经·西山经》载："又西三百五十里，曰玉山，是西王母所居也……有鸟焉，其状如翟而赤，名曰胜遇，是食鱼，其音如录，见则其国大水。"这里的"翟"指一种类似长尾雉的鸟类。也就是说西王母仙境有一种食鱼、似凤的神鸟，名为"胜遇"。这幅画像中，长尾羽、口衔鱼的大鸟或许就是"胜遇"，和"兔子捣药"形象一起指代西王母仙境。

苏鲁豫皖邻近地区及四川等地出土的石质画像上常见形如凤、鸾、燕、雉等的祥瑞神鸟衔鱼、啄鱼或与鱼同处的图像，都不是在模拟现实的食鱼水鸟。而胜遇本来就是传说神鸟，并没有确定的形象，故才会附庸想象出各异的神鸟形象来表现它。"胜遇与鱼"图像指代着西王母仙境，同样也寄托着人们的升仙愿望。

第三类为雀形鸟与棍棒形鱼的组合，鱼的头尾轴长，左右轴和腹轴短，有鱼鳍。这类鸟鱼图目前只见于东汉中晚期四川地区的石质画像上（图3.27.9、3.27.10）。

据《后汉书·杨震列传》："震少好学……后有冠雀衔三鳝鱼，飞集讲堂前，都讲取鱼进曰：'蛇鳝者，卿大夫服之象。数三者，法三台也。先生自此升矣。'年五十，乃始仕州郡。"《太平御览·介鳞部》中记"冠雀"为"鹳雀"，"鳝鱼"为"鳣鱼"："《后汉书》曰：杨震常客居湖城，众人谓之晚贵，震志愈笃。后有冠雀衔三鳣鱼飞集讲堂前（冠音贯，即鹳雀也）。都讲取鱼进曰：'蛇鳣者，卿大夫服之像也。数三者，法三台。先生自此升矣。'又记《水经》：'鳣鲔，鲤也，出巩穴。三月则上渡龙门，得渡为龙矣，否则点额而还。'"又《说苑》曰："鳣似蛇……并作'鳣'种，假'鳝'为'鳣'，其来久乎？"

综合以上文献可知：东汉时已有关于杨震"鹳雀衔三鳣鱼"的典故，以象征升官致仕，鳣鱼有卿大夫服之像；鳣鱼亦是登跃龙门之鱼；而鳣与鳝字常假借混用，

---

① 绥德汉画像石展览馆等编：《绥德汉代画像石》，西安：陕西人民美术出版社，2000年，第80页。

② 山东省博物馆等：《山东苍山元嘉元年画象石墓》，《考古》1975年第2期。

但二者的自然形态差别很大，鳣鱼为鲟科鱼类，体型较大，长一至三丈不等（约三到十米），色灰白无纹（图3.27.11）。

四川石棺画像上的雀鱼图，鱼的体型几乎与雀同大或更甚，头部呈三角形，鱼尾分叉，身有鱼鳍，肯定不是指细小的鳝鱼，而是象征升官致仕、以坚毅之心跃龙门的"鳣鱼"，这类"鹳雀衔鳣"图像也都是表达了同样的升官吉祥寓意。

第四类是一些造型构图奇特、内涵复杂的鸟鱼图。

山东滕州官桥郑庄石椁侧板的三格画像中：左格以对角十字分四格，分别刻鸟龟、海龟、鱼和鸟，中心有一实心圆；中格绘车骑出行；右格阴线刻正十字，下方刻一实心半圆①（图3.27.12上）。据《淮南子·天文训》载："咸池者，水鱼之囿也。"张守节《史记正义》曰："咸池三星，在五车中，天潢南，鱼鸟之所托也。"《淮南子·天文训》又言："天圆地方，道在中央，日为德，月为刑，月归而万物死，日至而万物生……日出于旸（汤）谷，浴于咸池，拂于扶桑，是谓晨明。"故石椁画咸池。"故咸池有指代阴与死亡之意，墓主人乘车骑由日落的咸池前往日出的汤谷，显示了由死到生的旅程。石椁的另一面刻有与之相反的图像，右格刻一向上的半圆象征"日出"，左格依然刻出十字穿环象征咸池，只是没有了鸟鱼龟形象，同样的墓主车骑由右格汤谷前往左格咸池（图3.27.12下）。如将这石椁两侧板画像连起来解读，即在表现墓主由生到死又由死复生的场景，以寄予死而复生、生生不息的愿望。与之类似的这种十字穿环、其中有鸟鱼龟等动物的图像，可能都表达了同样的意图。

像左右两格描绘的可能是日落、日出的咸池与汤谷，鸟鱼与龟指代"水鱼之囿"的日浴之处——咸池。《楚辞·七谏·自悲》有句："哀人事之不幸兮，属天命而委之咸池。"故咸池有指代阴与死亡之意，墓主人乘车骑由日落的咸池前往日出的汤谷，显示了由死到生的旅程。石椁的另一面刻有与之相反的图像，右格刻一向上的半圆象征"日出"，左格依然刻出十字穿环象征咸池，只是没有了鸟鱼龟形象，同样的墓主车骑由右格汤谷前往左格咸池（图3.27.12下）。如将这石椁两侧板画像连起来解读，即在表现墓主由生到死又由死复生的场景，以寄予死而复生、生生不息的

---

① 高文：《中国画像石棺全集》，第24页。

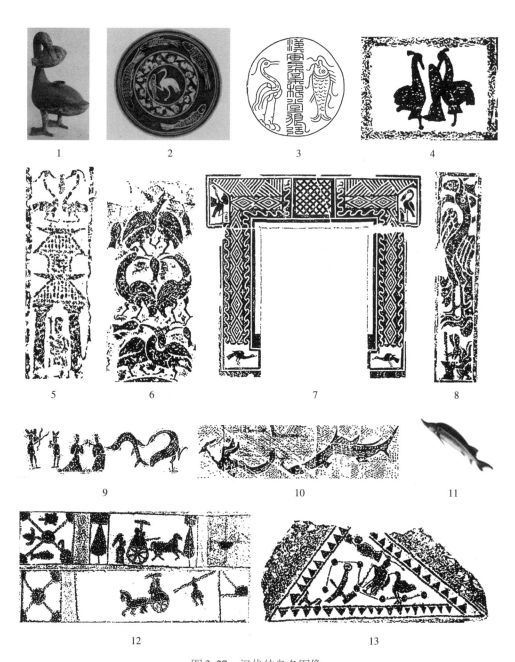

图 3.27　汉代的鸟鱼图像

1. 西汉中晚期，江西南昌海昏侯墓雁鱼铜灯；2. 西汉中期，满城 M2 彩绘陶盆；3. 东汉中晚期，"汉朱提堂狼造"款铜洗；4. 西汉中晚期，山东微山 M18 石椁侧板画像；5. 东汉早期，徐州散存画像石；6. 东汉晚期，济宁城南张墓散存画像石；7. 东汉中期，陕西绥德刘家湾墓门画像石；8. 东汉，山东曲阜旧县散存画像石；9. 东汉，四川泸州九号石棺侧板画像石；10. 东汉晚期，四川长宁七个洞崖墓 M5 崖棺画像；11. 自然界鳠鱼；12. 西汉中晚期，山东滕州官桥郑庄石椁画像；13. 东汉晚期，山东滕州龙阳镇征集画像石。

愿望。与之类似的这种十字穿环、其中有鸟鱼龟等动物的图像，可能都表达了同样的意图。

另见山东滕州龙阳镇征集的一块东汉晚期三角形画像石。画面刻北斗星象，勺口内有环首刀与斧、勺柄上有一拄杖老人和一鸟衔鱼，图像的上方还有两星点与一鱼，左下角一蛇（图 3.27.13）。有学者对此图像进行过详细解读，认为这是一幅"禹步辟兵图"，而图像中的鸟衔鱼、鱼、蛇分别对应天象四灵中的南宫朱鸟、西宫咸池与北宫玄武①。但南宫朱鸟为何要刻成衔鱼的形象文中未做解释。

综合以上对汉代鸟鱼图的分析：第一类为写实模拟自然界水鸟与鱼的活动关系以用于装饰，后固化成祥瑞图式，以表现兆吉辟恶之意；第二类神鸟与鱼的图像意在表现仙境神鸟或升仙故事，以表达长寿、升仙等愿望；第三类鹳雀与鳢鱼图象征升官致仕；第四类特殊的鸟鱼图内涵复杂，可能与汉晋时期的天文、神仙信仰等有关。

总之，汉代鸟鱼图呈现一种"多解"状态，目前的研究结果只是提供一些可帮助快速释图的参考，实践中还是要综合图像所在的具体环境、装饰位置等条件综合考量。

三　小结

基于本书第二部分对汉代流行的各神兽母题的详细释读，本章得以将这些神兽母题还原、拼接至其所在的图像场景中深入观察，总结出汉代几种以神兽为重要内容的典型图像场景，根据具体图像表现，涉及天文、神仙信仰、辟邪、谶纬四大类。

天文类神兽组合场景主要包括四象、日月、星象三类，已基本囊括汉人所能认识的自然之天。汉人对"天"的认识、崇拜和想象是这些天文类神兽及组合图像的产生原因，而由方士儒生鼓吹的鬼神信仰，又是抬高粉饰这些神兽的身份，并将它们逐渐神化、逐渐脱离天文场景而成为独立表现信仰之天的重要推力；逐渐独立出天文图式的神兽，在社会主流信仰的影响下，被赋予了仙境成员、兆吉祥瑞、辟邪除恶等功能寓意，虽然它们"成象"于自然天空，却被逐渐削减掉其原义，而为更能被世俗文化所接受、推崇的信仰天空服务。

神仙信仰类神兽组合场景旨在表现人们心目中的信仰天空。神仙信仰在汉代以

---

① 朱磊等：《山东滕州出土北斗星象画像石》，《文物》2012 年第 4 期。

前就以文字、语言及意识形态的形式存在，图像是其新的表现方式，是一种更直观、生动的展示和传播手段。但从语言、文字、思想中的仙境，要落实到一个个实在的形象，汉人还是经过了一番精心且漫长的选择与继承、想象与再创造的过程，并将这些形象和场景，投射、应用到不同的图像载体之上。从整个中国历史发展的广度来看，汉代确是最为艰难而卓越的一个时代，大部分古老传统的神话传说故事中的角色、造型、细节等，都是在汉代得以定型，并发展影响至今。

辟邪类神兽组合场景是对神仙信仰的另一种表现方式。任何思想文化都会有对立和斗争的双方，鬼神信仰也不例外。仙境、升仙图式是为了崇神求仙，而辟邪图式就是为了配合支持这种目的愿望所做的打鬼除恶行为，只有保障了死者身体和灵魂的安全不受侵害，才能达到登遐之境界。而辟邪类神兽图像场景中的主要角色——实施和被驱赶的双方，其概念来源即为早期传说故事中的勇士、猛兽，如蚩尤、十二兽、虎、豹、兕等，或是在新的学术及宗教体系、社会信仰等影响下产生的新成员，如云气与神兽、天帝使者、大方士等。

谶纬祥瑞类神兽组合场景，从较早时期的仙境神兽群体，到神兽行列，再到较晚时或松散、或规制排列的瑞应图等，都是人们对这一思想体系从接触，到理解，再到崇信过程的直观表现。

四类典型神兽图像系统之间，多出现影响、替代、融合、演变等复杂互动关系。多数情况下，根据对图像场景的全面观察、关键内容元素、装饰对象空间的配置等情况，可判定出它所属的最主要的图像系统。但一个时代思想文化的复杂性，往往会慢慢融合渗透至其社会生活、艺术形式的各个环节，而图像，恰恰是人们这种主观意识的直观表现。故无论是汉代的神兽母题，还是其组合场景，都无法绝对准确地找到判定其所属图像系统的释读规律，只能去努力形成一种有意识的认知习惯。

第四章 神兽图像与汉代社会信仰

一 引言

图像绘之于人，其内容与表现形态都来源于人的思想；而人的思想又依附于人类社会而存在，带有明显的时代印记。

动物与人类社会关联密切，人类从原始社会起就开始创造动物图像，且随着人类文明的发展，动物图像也表现出与之相匹配的状态。正因如此，关于汉代神兽图像的研究，将对了解当时及之前人们的社会生活、思想信仰等的发展状况起着重要作用。

人类欲将语言、文字、思想等落实为一个个具象图像，必会经历一个学习、想象、创作、选择、艺术设计和定型的漫长过程。因此，本章将先对汉代之前人类创造动物类图像的情况进行一个概括性梳理。发现人类在原始时期先是对未知的现实动物进行模拟；在文明初期时表现出对动物的敬畏与夸张神化；至汉代，由于人类自我意识的充分觉醒，人们开始对动物进行细致的主观分类，有敬畏，有利用，亦有规避与厌恶，这些主观分类的初衷和目的都是为了满足人类当时的社会思想信仰需求，其表现方式则有如语言、文字、绘画、雕刻等各式手段，而绘画类遗存，则是时至今日我们能使用的最直观、相对可靠的研究对象。

《韩非子·外储说左上》云："客有为齐王画者，王问'画孰最难，孰最易？'客对曰'犬马难，鬼魅易'。"[1] 汉代神兽图像中，既有纯属汉人想象出来的如"鬼

---

① 陈奇猷：《韩非子新校注》，第 678 页。

魅"般的幻想神兽，也有自然界本就存在、而被主观赋予特殊神性的"犬马"类的现实动物，历经汉人一系列的摹绘、继承、改造、新创等，它们最终得以传播和定型；一些原本如鬼魅般形态不明的龙、凤、麒麟等神兽，最终在人们的意识中逐渐固定成如牛、马、羊般常识性存在的"实体"，而这种虚拟化"实体"的直观表现，即为遗留下来的汉代图像材料；反之，通过解读这些图像材料，也可有助于反向推理汉人创造、绘制它们时的目的和寓意，而这一反推过程，正是客观图像材料与人类社会史、思想史对照和互动研究的基本过程。

前文已对汉代神兽图像的母题与典型组合场景进行了系统的分析总结，是本章进一步观察图像所反映出的社会思想信仰的研究基础。本章之研究目的在于一方面尝试把对某一类主题图像的研究上升到更高的社会思想层面；二是要据此关于汉代社会信仰的研究成果，对照验证现有文献记载与前人研究，以审视客观图像遗存对主观文史研究造成的影响与突破。

二 先汉神兽图像概说

（一）早期的动物崇拜

至迟从旧石器时代晚期伊始，人类就在洞穴、石壁或崖壁上雕刻或绘制岩画，动物类岩画是较常见的内容之一。在北方游牧、狩猎民族活动区域，动物形象岩画发现最多，多为写实风格，反映了早期人类游牧、狩猎、农业生产等日常生活情景；而在西南和东南沿海地区发现的动物岩画则多与人类活动场景同时出现，推测与人类早期祭祀、巫术等宗教活动有关，其对动物形象的描绘较北方地区夸张而抽象。

盖山林提出："（早期人类）往往将动物格上升为神格。从信仰次序上说，最早的神取动物形，随着人的作用增大，神形才变为半人半兽的形态，最后才取人的形态。可见，岩画中的有些动物，是作者要表达的以动物形态出现的神，而非一般的动物。"[1]"由于崇拜动物，往往对动物的本领做出超越实际的估计，赋予它种种超自然的神性。为要神化动物，常将各种动物最厉害的部分拼凑在一起，幻想出一个个

---

① 盖山林：《原始宗教信仰岩画》，载《中国岩画学》，北京：书目文献出版社，1995 年。

新的动物，这个动物要兼备许多动物的优点，更具有受崇拜的种种神性。"① 陈兆复在进行早期岩画研究时也认为：原始人类生活水平低，意识尚处于蒙昧阶段，对自然界包括动物在内的许多事物表现出敬畏，因此产生了对自然界动物的神化与崇拜，或是企图用巫术的力量加以控制，这种神化加巫术应该就是宗教的初始②。人类学家海通甚至认为在旧石器时代晚期，图腾祖先画就是以各种动物来表现的③。如此看来，至迟在人类创作岩画的时代，就已有意识上的"神兽"存在了。

早期这种动物崇拜倾向同样也表现在新石器时代的动物类装饰纹样和器物造型上。

人类进入新石器时代以后，农业和家养畜牧业逐渐成为大部分地区经济生活的重心，猪、鸡、狗等家畜家禽形象随即成为器物的流行装饰纹样和造型来源，风格质朴写实。同时，部分地区开始出现抽象化的现实动物、现实中不存在的幻想动物或是多种动物的组合纹饰，反映出早期人类的审美意识、原始宗教巫术与图腾信仰等情况。

如中原仰韶文化中除了鱼、鹿、蛙、鸟、龟等写实动物图像，也有颇具艺术抽象性的"鹳鱼石斧纹""人面鱼纹"等组合图像，甚至还会在墓葬中摆放出结构复杂神秘的动物蚌塑。东部沿海的大汶口文化、龙山文化和东南地区的良渚文化，常见模仿兽类或鸟类造型的陶尊、陶鬶等器物；有学者认为二者可能有联系但功能意义不同，山东地区的器物代表社会高层使用的礼器，而良渚文化则是原始宗教或图腾崇拜的反映④。东南部的河姆渡文化、良渚文化也常见风格独特的各类动物造型纹饰，以鸟图像和组合兽面纹为大宗，反映了此地区强烈的鸟崇拜与巫文化。东北地区红山文化则多见一种 C 形动物造型，很多学者认为其可能与中国龙的起源有关⑤。

---

① 　盖山林：《阴山岩画与〈山海经〉》，《内蒙古社会科学》1981 年第 3 期。

② 　陈兆复：《中国岩画与原始宗教》，载《中国岩画》，北京：文物出版社，2002 年。

③ 　[苏] 海通著，何星亮译：《图腾崇拜》，桂林：广西师范大学出版社，2004 年。

④ 　a. 刘心健等：《从陶鬶谈起》，《故宫博物院院刊》1979 年第 2 期；b. 杨月光：《良渚文化陶鬶初论》，吉林大学硕士研究生学位论文，2012 年等。

⑤ 　a. 孙守道：《三星他拉红山文化玉龙考》，《文物》1984 年第 6 期；b. 孙守道等：《论辽河流域的原始文明与龙的起源》，《文物》1984 年第 6 期；c. 郭晓晖：《红山文化玉龙考》，《北方文物》1988 年第 1 期；d. 段勇：《从考古发现看龙的起源及早期面貌》，《北方文物》2000 年第 1 期；e. 孙机：《蜷体玉龙》，《文物》2001 年第 3 期等。

可惜的是，原始艺术中的动物图像材料往往缺乏文献佐证与可靠断代。运用考古学研究方法，如根据地层学、类型学进行的分期断代研究也仅能获悉这些图像的形态演变情况，对其名称、属性、功能等的判断，多数时候只能来自主观推测或后世文献片段，而试图去断言哪些动物图像带有"神性"并可称之为"神兽"则更为困难。且另有一个"图腾崇拜"的概念往往容易与之混淆。

图腾一词由北美奥日贝人（Ojibways）的土语转化而来，原本没有固定的发音，可译为"血族""种族"或"家庭"①。它有亲属标记的含义，是原始氏族和部落群体的标记和象征②。早期的动物崇拜进入图腾文化语境内就表现为"与野兽认亲"的具体行为，认为某种动物与其氏族有亲缘关系，从而将其奉为图腾，成为其氏族的保护者和象征物。图腾研究始于18世纪末的英国学者John Long③及19世纪的中叶的Grey④，至J. G. Frazer才提出图腾主义并将图腾与艺术联系起来⑤。

最早将"图腾"一词介绍到中国的是严复，他翻译了英人Edward Jenks（甄克思）的A History of Politics（《社会通诠》）。书中对图腾制度的解释是："蛮夷之所以自别也，不以族姓，不以国种，亦不以部落，而以图腾……聚数十数百之众，谓之一图腾，建虫鱼鸟兽百物之形，揭橥之为旗帜……所生子女，皆从母以奠厥居，以莫知谁父故也……图腾有祭师长老，所生者听祭司为分属以定图腾焉……而蛮夷之俗，实亦有笃信图腾为其先者，十口相传，不自知其怪诞也。"⑥

随后，梁启超从《说文》中寻找我国古代图腾崇拜的痕迹⑦。顾颉刚也提出《说文》里训禹为虫，曰"兽足蹂地"，颇似蜥蜴，可能就是青铜器上的螭，这也可

① 岑家梧：《图腾艺术史》，上海：学林出版社，1986年。

② 中国大百科全书出版社《考古学辞典》编写组编：《考古学辞典》，北京：知识出版社，1991年。

③ John Long, *Voyages and Travels of an Indian Interpreter and Trader*, New York：Cosimo Classics, 2007. 此书是一本记录北美印第安人生活的游记，其最先记录下了图腾这一名称，并说明其为印第安人的宗教信仰之一。

④ George Grey, *Journals of two Expeditions of Discovery in North - West and Western Australia*, *during the years* 1837, 38, *and* 39, Vol. 2, New York：Cambridge University Press, 2012.

⑤ James George Frazer, *Totemism and Exogamy*, New York：Cosimo Classics, 2009.

⑥ ［英］甄克思（Edward Jenks），严复译：《社会通诠》，北京：商务印书馆，1981年。

⑦ 梁启超：《国文语原解》，上海：广智书局，1907年。

能是传说禹铸九鼎的来源①。李则纲曾用图腾制度解释古代各族的荒诞传说，并认为如《山海经》之类的书籍所记载的奇异动物应是当时图腾部族的身体装饰②。卫聚贤在研究中国古代氏族社会时尝试从甲骨文中获得佐证，欲证明禹实际上指代龙、尧字来源于犀牛角做的陶壶，都是夏人图腾，而舜为狮子，是殷人图腾③。孙作云提出五帝时代就是图腾社会，神话传说中此时期的事迹均代表了不同图腾部族间的争斗等④。

综合来看，将源于原始社会生产生活的动物图腾崇拜作为人类早期创作各类动物图像的最初意图来解释，似乎较神兽内涵更为合理。当然，在尚未产生"神"的观念的原始社会，"神兽"一说更无从证实。但对于原始社会动物图像的了解至关重要，它直接影响了后世类似图像母题的发展演化，是可供追溯的"源图像"（表 4.1）。

（二）青铜时代的幻想动物⑤

青铜时代是一个考古学概念下的时代划分，专指社会物质文化以青铜器为最重要特征的一段历史时期。我国的青铜时代约从距今 5000 年前的"神话传说时代"延续至春秋战国之交，伴随奴隶社会的兴衰始终⑥。

《史记》开篇即有《五帝本纪》，但关于五帝的历史事迹至今仍无法通过考古发现明确证实。关于古史真伪的辩论始于 20 世纪初，张光直先生在《中国青铜时代》中曾对此作过总结："从黄帝到大禹的帝系是伪古史……所谓黄帝、颛顼、唐尧、虞舜、夏禹等都是'神话'中的人物，在东周及东周以后才转化为历史上的人物。"⑦目前关于夏商周三代的证实，主要依靠近现代的考古发掘与研究工作。

关于夏文化的探索起步较早，正式的考古工作始于 20 世纪 60 年代，因在河南偃师二里头遗址发现内涵丰富、文化面貌独特的一批文化遗存而将其命名为"二里头

① 顾颉刚：《讨论古史答刘胡二先生》，载《古史辨》，上海：上海古籍出版社，1982 年。

② 李则纲：《始祖的诞生与图腾》，上海：商务印书馆，1935 年。

③ 卫聚贤：《古史研究》第三辑，上海：上海文艺出版社，1990 年。

④ 孙作云：《中国古代图腾研究》，载《孙作云文集·中国古代神话传说研究》，开封：河南大学出版社，2003 年。

⑤ "幻想动物"的叫法只起代指作用。相关研究中也有"神话动物""神化动物""怪兽""奇幻动物"等叫法。

⑥ 徐旭生：《中国古史的传说时代》，北京：文物出版社，1985 年。

⑦ 张光直：《商周神话之分类》，载《中国青铜时代》，北京：生活·读书·新知三联书店，1983 年。

文化"。商、周两代是既存有史料记载又经多年考古工作所证实的信史时代。约至战国时期，奴隶制度逐渐瓦解、铁器的广泛使用代表了新兴经济生产的出现，精神文化方面更是经历了一次巨大变革，这些变化必然都会对人类创造的动物图像产生潜移默化的影响。

人类发明制造青铜器以后，早期陶器、玉器等装饰纹样直接影响了青铜器的装饰与造型艺术，尤其是动物类纹饰变得更加普遍而复杂；其他如陶、木、骨、石器等也主要以动物为造型母题[1]。

表 4.1 早期动物图像示例

年代	文化	动物类图像	参考资料
新石器时代中期公元前 7000 ~前 5000 年（农业、家养畜牧业）	裴李岗文化	a. 陶羊头　　b. 陶猪头	[2]
	河姆渡文化	古匕刻纹（"双头凤纹"牙雕　（"凤鸟朝阳"纹）c. 牙雕猪纹　　d. 圆雕木鱼　　e. 陶猪	[3]
	其他	a. 北京平谷上宅石猴形饰件 b. 内蒙古敖汉旗小山遗址尊形器	[4]

[1] L. Bachhofer, *A Short History of Chinese Art*, New York：Pantheon Books，1946.

[2] 开封地区文物管理委员会等：《裴李岗遗址一九七八年发掘简报》，《考古》1979 年第 3 期。

[3] a. 浙江省文物管理委员会等：《河姆渡遗址第一期发掘报告》，《考古学报》1978 年第 1 期；b. 河姆渡遗址考古队：《浙江河姆渡遗址第二期发掘的主要收获》，《文物》1980 年第 5 期；c. 吴玉贤：《河姆渡的原始艺术》，《文物》1982 年第 7 期；d. 河姆渡遗址博物馆：《河姆渡文化精粹》，北京：文物出版社，2002 年。

[4] a. 北京市文物研究所等：《北京平谷上宅新石器时代遗址发掘简报》，《文物》1989 年第 8 期；b. 中国社会科学院考古研究所内蒙古工作队：《内蒙古敖汉旗小山遗址》，《考古》1987 年第 6 期。

续表 4.1

年代	文化	动物类图像	参考资料
新石器时代晚期 公元前 5000～ 前 2500 年 （农业、家养畜牧业）	仰韶文化	a. 北首岭 "鸟衔鱼" 彩陶纹　　　b. 鸮鼎	①
	红山文化	a. 龙形玉　　　　　b. 玉龟	②
	良渚文化	鸠山图纹饰	③
铜石并用时代 公元前 2500～ 前 2000 年	山东龙山文化	a. 泥捏小鸟　　　b. 石锛兽面纹	④
	其他	陶寺彩陶蟠龙纹	⑤

　　根据考古发现可见，青铜器动物纹饰的大体特点是：写实性弱、抽象性强、图案化趋势明显，显示出较强的时代特征。如夏至商早期多见结构简单的动物图像；商中期到西周流行各类幻想动物和动物组合；西周末以降，简单抽象的图像才逐渐

①　a. 社会科学院考古所：《宝鸡北首岭》，北京：文物出版社，1983 年；b. 甘肃省博物馆文物工作队：《甘肃秦安大地湾第九区发掘简报》，《文物》1983 年第 11 期。

②　方殿春等：《辽宁阜新县胡头沟红山文化玉器墓的发现》，《文物》1984 年第 6 期。

③　中国国家博物馆等：《文明的曙光——良渚文化文物精品集》，北京：中国社会科学出版社，2005 年。

④　刘敦愿：《日照两城镇龙山文化遗址调查》，《考古学报》1958 年第 1 期。

⑤　a. 中国社会科学院考古研究所山西工作队等：《山西襄汾县陶寺遗址发掘简报》，《考古》1980 年第 1 期；b. 中国社会科学院考古研究所山西工作队等：《1978～1980 年山西襄汾陶寺墓地发掘简报》，《考古》1983 年第 1 期；c. 许宏：《龙盘、鼍鼓和特磬》，载《何以中国——公元前 2000 年的中原图景》，北京：生活·读书·新知三联书店，2014 年。

代替那些繁冗精美的幻想动物图像。

这些动物图像中，一部分写实动物可以被明确辨认，只是相对原始时期增加了抽象与夸张的艺术表现手法而已；有些则是自然界中不存在的幻想动物。后者明显与本书研究对象的关系更为密切。

甲骨文和金文中至今尚未发现关于幻想动物图像母题的名称和属性记载，只能在后世典籍或金石学著录中略见一二。如吕大临《考古图》在描述"癸鼎"时载："鼎文作龙虎，中有兽面，盖《吕氏春秋》曰：'周鼎铸饕餮，有首无身，食人未咽，害及其身。'《春秋左氏传》：'缙云氏有不才子，贪于饮食，冒于货贿，天下谓之饕餮。'古者铸鼎象物，以知神奸。鼎有此象，盖示饮食之戒。"①

进入现代考古学研究阶段，关于青铜器动物纹饰的分类和命名始见容庚的《商周彝器通考》，其将动物纹分为近四十种，同时提出："商代主要花纹是饕餮、夔、两尾龙、蟠龙、蝉、龟；西周前期为鸟、凤、象，均有雄奇伟丽之观；西周后为蛟龙……后质朴无文，渐趋退化；春秋战国为蟠蛇、兽带、鸟兽、象鼻、蟠虺……要之商与西周前期，大致相沿，无急速之变化，形制如此，花纹亦然；西周后期以降，其形制变，故形制花纹每有不易名状者。"② 张光直先生将商周青铜器上的动物纹饰分两类，自然界存在的和自然界不存在且需要用古文献中的神化动物名称来指认的，后者如饕餮、肥遗、夔、龙、虬等③。吴镇烽在《商周青铜器装饰艺术》中将动物纹分现实动物和幻想中的龙、夔、凤等④。李济先生从殷墟青铜器中分出"浮雕动物头面"一类，又细分为真实动物和神话动物⑤。《商周青铜器纹饰》舍弃了之前传统的"饕餮纹""夔纹"等叫法，使用"兽面纹"等名称，并对部分动物图像进行了考释⑥。朱凤瀚先生在《古代中国青铜器》中将动物类纹饰分饕餮纹、龙纹、蛇纹、鸟纹、龙首鸟身纹、其他写实动物、不知名动物和简省变形动物八大类⑦。

① 吕大临：《亦政堂重修考古图》，清乾隆十七年黄氏亦政堂刊本，1752 年，第 5～6 页。

② 容庚：《商周彝器通考》，北京：哈佛燕京学社，1941 年。

③ 张光直：《商周青铜器上的动物纹样》，载《中国青铜时代》，北京：生活·读书·新知三联书店，1983 年。

④ 吴镇烽：《商周青铜器装饰艺术》，《考古与文物》1983 年第 5 期。

⑤ 张光直等编：《李济考古学论文选集》，北京：文物出版社，1990 年。

⑥ 上海博物馆青铜器研究组编著：《商周青铜器纹饰》，北京：文物出版社，1984 年。

⑦ 朱凤瀚：《中国青铜器综论》，上海：上海古籍出版社，2009 年。

目前关于商周幻想动物图像母题的分类、命名仍无统一意见，综合来看，大致可归纳为饕餮（兽面）纹、（夔）龙纹、（凤）鸟纹三大类，除青铜器外，也涉及同时期的玉、陶、骨、木、石等器物图像。

日本学者林巳奈夫早年写过几篇关于饕餮（兽面）纹、龙纹和凤鸟纹的文章，近年集结其研究成果出版了《神与兽的纹样学——中国古代诸神》。书中梳理了新石器至汉代兽面纹图像的构成、源流、发展脉络及意义，认为"兽面纹上的动物图像在自然界中根本不存在，是人们努力寻找各种自然界动物身上最明显而恐怖的部分拼合而成，早期装饰在器物上是为了渲染所绘怪兽的恐怖性，之后也和部族及神的象征意义有关。"① 此书最重要的便是对"兽面纹"这一图像母题，进行了从新石器时代到汉代这一较长历史时期内的发展脉络梳理，认为其从良渚文化的神兽面到青铜时代的兽面纹，再到战国至汉时期的青铜兽面和铺首等具有一脉相承的传统，却又存在图像表现、内涵及意义上的发展变化。

学者们数年来关于商周幻想动物图像母题的研究成果，可归结为以下几点：一是从早期认为其指代特定现实动物，到意识到它们是由人类幻想出并赋予其特定功能和意义的特殊动物或多种动物组合；二是认为其图像普遍具备形象和思想上的来源，与新石器时期的部分纹饰一脉相承；三是此时期幻想动物图像又具备了新的内涵与功能，且时代特征明显，与三代间鬼神信仰与祖先崇拜有莫大关系，使其超越表面装饰意义，起到人与神或祖先沟通的媒介作用；四是约在东周时期有一次明显变革，对之后的神兽图像主要从形象上有一定的影响作用，但功能与意义已大为不同。

李济先生曾通过研究安阳殷墟出土的木刻镶嵌艺术品提出："工匠们在创作时常自由发挥，如将立体的动物分成相等的两半，再拼成平面，而这种纹样配列法演变后的结果就是同一动物身体各部位的重复或是不同动物身体部位的组合与夸张，由此形成各种复杂的纹样；这种装饰手法很快被其他雕刻工匠、陶工、玉工、铜工竞相模仿，但题材归根到底还是取决于他们的生活环境。"② 这对探讨此类幻想动物图

---

① ［日］林巳奈夫著，常耀华等译：《神与兽的纹样学——中国古代诸神》，北京：生活·读书·新知三联书店，2009 年。

② Liji, *Hunting Records，Faunistic Remains，and Decorative Patterns from the Archaeological Site of Anyang*，《国立台湾大学考古人类学刊》，1957 年第 9、10 合期。

像的产生与制造方式等问题颇具启发性。

亦有外国学者撰文论述青铜时代的动物纹样，认为其具有宗教和仪式方面的特殊意义与作用①。个别汉学家或美术史学者甚至认为动物纹样完全是从几何纹演变而来，只具有装饰意义②。

杨宽先生认为中国古代圣贤豪杰的原型多是动物神灵③。孙作云先生认为许多神话英雄的原型是以动物为图腾的族群首领，许多动物纹饰也是源于早期图腾，至春秋战国才完全摆脱图腾艺术的味道④。

张光直先生的《中国青铜时代》中有几篇相关文章涉及动物纹饰⑤。《商周神话之分类》认为商周青铜器或陶器上的装饰艺术中有若干相当直接地表达了古人尤其是宗教神话方面的思想观念；《商周神话与美术中所见人与动物关系之演变》中提出，商周早期动物的功能是作为人与祖先、神灵的沟通媒介，西周后期神祖分离，神化的动物就被与神同归一个范畴之内，人与动物的敌对也成为人类反抗神权的象征；《商周青铜器上的动物纹样》将商周青铜器上的装饰动物分为真实世界动物和想象中的神秘动物两类，并分析了它们的意义与部分特征，尤其重点介绍了饕餮、肥遗、夔、龙等，认为它们被装饰在青铜器上主要有帮助人类与天地神沟通的媒介作用。这几篇文章分别从思想来源、发展演变、内涵寓意三方面有条理地对商周动物类图像进行了分析研究，具有重要的方法论指导意义。

杨晓能以古代青铜器上的纹饰、图形文字、图像铭文为对象探讨了古代中国社

---

① Eg. a. Mikhail Rostovtzeff, *Animal Style in South Russia and China*, New York：Hacker Art Books, 1975；b. Joseph Campbell, *The Masks of God：Primitive Mythology*, New York：The Viking Press, 1959；c. Sarah Allan, *The Shape of the Turtle：Myth, Art and Cosmos in Early China*, Albany：State University of New York Press, 1991.

② Eg. a. Max Loehr, *Ritual Vessels of Bronzes Age China*, New York：The Asia Society, 1968；b. Robert W. Bagley, Fong Wen, *The Great Bronze Age of China*, New York：Thames and Hudson, 1980；c. Ladislav Kesner, *The Taotie Reconsidered：Meanings and Functions of Shang Theriomorphic Imagery*, Artibus Asiae, vol. 53, 1/2, 1991.

③ 杨宽：《古史辨》第七册序，上海：上海古籍出版社，1982 年；认为象（舜弟）本是象，伯益本是燕，禹本是龙，飞廉本是有翼神兽，祝融本是日神（即赤鸟），蓐收本是虎等。

④ 孙作云：《孙作云文集·中国古代神话传说研究》，开封：河南大学出版社，2003 年。

⑤ 张光直：《中国青铜时代》。

会、政治、宗教与文化等内容，认为青铜器纹饰实际上是"泛神动物"崇拜的概括式图像化，将远古始祖、守护神灵、民间膜拜对象、自然神祇等各类社会宗教信仰进行融合，进而赋予具体的视觉形体和表现意义；如龙图像是走兽、水族、爬行神灵和史前诸多部落龙图腾的综合具象化，凤和蝉图像则分别囊括各部族灵鸟、带翼昆虫神及众鸟神的合体等；它们不断演变的内在原因则是为了适应统治阶层进行社会、宗教和管理体制等改革的需求①。

近年来有学者以"商周幻想动物纹"为主题展开研究。如周圣塱等分析了商周兽面纹、夔龙纹和神鸟纹，认为这些幻想动物纹是神灵与民众互渗的物质载体，体现了统治者由"尊天贱民"到"敬天保民"的统治思想变化②。段勇运用考古学理论方法分别对兽面纹、夔龙纹、神鸟纹三类纹饰进行了分期分区研究，归纳了其时代特征与地域差异，最后总结了商周幻想动物纹的属性和社会意义③。

总体看来，学者们对于青铜时代幻想动物图像的内涵与功能大致有三解：一是图腾崇拜或部族象征，而各异的奇怪、非现实的动物和动物组合可能反映了早期社会不同族属的吞并与融合关系；二是带有沟通媒介功能的巫事祭祀用具装饰，或本身亦是祭祀用具；三是神祇（自然神或祖先神）的化身，有时本身就是被祭祀的对象。

《礼记·表记》载："夏道尊命，事鬼敬神而远之……殷人尊神，率民以事神……周人尊礼尚施，事鬼敬神而远之……"④ 这一方面显示出三代时就已有"鬼""神"概念的存在，另一方面也揭示了三代对待鬼神信仰的不同态度。

韩国学者具隆会通过解读甲骨文相关内容，分析了商代的神灵崇拜，确认了部分天地神和祖先神，但也确定了甲骨文所提供的信息中，并未提到任何动物神或带有神性的动物⑤。张二国著文提出商周时期的神形有人形、动物形、无形三种，存在人形动物化或者动物形人化；具体来看，商早期祖先神多动物形、近祖神为人形，

---

① 杨晓能：《另一种古史：青铜器纹饰、图形文字与图像铭文的解读》，北京：生活·读书·新知三联书店，2008 年。

② 周圣塱等：《浅谈商周青铜器的幻想纹饰——以商周青铜器幻想动物纹为例》，《重庆三峡学院学报》2010 年第 6 期。

③ 段勇：《商周青铜器幻想动物纹研究》，上海：上海古籍出版社，2012 年。

④ 孙希旦：《礼记集解》，北京：中华书局，1989 年，第 1309~1310 页。

⑤ ［韩］具隆会：《甲骨文与殷商时代神灵崇拜研究》，北京：中国社会科学出版社，2013 年。

周代五行神和部分自然神多为人与动物组合、部分冤死者的神形为动物形等，总体趋势是从单纯的人神或动物神崇拜到人与动物神的组合神形崇拜①。

周人本就"尊礼尚施，事鬼敬神而远之"，在西周早中期经历了周公改制，到东周时期又在社会性质、经济生活、精神文化等各方面产生了巨大变革，从而导致数千年延续下来的宗教传统与民间信仰也随即产生了翻天覆地的变化。但仍要看到，在艺术创造和审美领域，部分图像的结构和样式得以传承。

三　汉代神兽图像的时代特色

（一）传统图像的延续与改造

动物图像至迟从新石器时期开始就已有了现实动物与想象动物之分。汉代继承沿用了大部分的传统动物图像，只是因为受到当时主流社会信仰的影响，多从细节上将它们改造成了神兽图像（参考表 4.2）。

表 4.2　汉代延续与改造的传统动物或神兽类别

	石器时代		三代	汉代
	旧石器时期	新石器时期		
现实动物	虎、鹿、牛、羊、鱼、鸟、马等	虎、鹿、牛、羊、鱼、鸟、（野）猪、猴、蟾蜍（蛙）、鸮、龟、蛇、鸡、狗、鸟鱼图等	虎、鹿、牛、羊、鱼、鸟、（野）猪、龟、蛇、蝉、象、犀、熊等	虎、鹿（麋、獐）、牛、羊、鱼、各种鸟、（野）猪、龟、蛇、蝉、象、犀、兔、豹、熊、罴、猴、猿、马、飞生（鼠）、孔雀、鹦鹉、狮子、符拔（羚羊）、骆驼等
想象动物	未见	龙、"猪龙"、双头兽、神鸟（凤）等	各式龙（夔）、神鸟（凤）、饕餮等	龙、凤、神鸟、麒麟、辟邪、天禄、驺虞、穷奇、并封、多首神兽、马腹、九尾狐等
特点	简约写实		抽象繁缛图案化	繁缛写实

据上表可见，现实动物方面：

石器时代的动物图像主要来自现实动物，且以狩猎对象、家畜、鱼、鸟等小型动

---

① 张二国：《商周的神形》，《海南师范学院学报（人文社会科学版）》2001 年第 4 期。

物为多，风格简约写实，是人类对自然动物的简单模拟，体现出早期人类在渔猎等生产生活中与自然界动物的互动性认知，是人类对其真实生活经验的记录与模拟。

夏商周三代继承了大部分早期现实动物形象，又增加了一些如象、犀牛等大型动物，反映出人类通过自身发展，对自然动物掌控程度的上升；且三代的艺术风格多为抽象主义，偏图案化，这主要与当时图像装饰对象的材质限制有关，青铜器纹饰相较早期岩画、陶器画、玉石雕刻等来说更难制作，抽象图案化后的动物纹样相较写实风格来说可减除很多细节处理，但却可以增加图案的层次形与立体感；另外，三代祖先与鬼神崇拜的重要手段之一为祭祀活动，很多现实动物在祭祀活动中充当着重要角色，如牛、羊、猪等动物常作为祭祀用牺牲，而虎、鸮、蛇、熊等猛兽或珍异动物又常作为祭祀对象，对它们进行抽象化的表现则更显庄严、精致与仪式感。

至汉代，早期传统现实动物图像几乎都被继续沿用，也有所增加，新的现实题材主要来源于此时逐渐开展的东西文化交流，如孔雀、骆驼、狮子、鹦鹉等；同时，汉代的艺术风格恢复到写实主义，但这是一种融合了石器时代的写实细节描绘与三代繁缛复杂的构图背景的，精美而复杂的写实主义，一方面体现出汉代工艺技术的进步，另一方面也能看出人们对动物自然属性认知的逐渐成熟。但汉代的这种继承与延续并非一成不变。从图像上看，写实风格决定了大部分现实动物形象的继续沿用。但从内涵上看，汉人眼中的现实动物会出现于两个不同的空间场景中：当它们出现于表现日常生活的场景中时，同石器时代的大部分现实动物一样，是对人与动物日常生活的模拟；而当它们出现于汉人构建的想象空间（如仙境世界）时，这些现实动物无论从图像表现细节还是内涵寓意都出现了重大变化。

汉代对现实动物图像形态的改造，常见方式如为除鸟之外的动物添加"双翼"这种"道具"，将之"神异化"，或在其周围装饰云气纹等。这与石器时代写实、少有背景装饰的现实动物图像明显不同，与三代抽象图案化的现实动物亦有区别，重在强调的是这些现实动物非常规的神性与祥瑞性，其本质是在鬼神信仰及谶纬符应观等引导下，对它们属性认知的改变；而将这种意识上的改变实化改造成具体的图像，则需要富有想象力地为之加入能被普遍认识和理解的"细节道具"，如翼、角、云气等。

想象动物方面：

想象动物的出现与人类思想的进步有直接关系，大约出现于国家、政权、宗教逐渐产生的新石器时期。但那时的想象动物种类还很少，主要有龙、凤鸟、双头兽等。最初的想象动物来源于人们对未知空间（如天象）的动物化模拟，或是将多个现实动物的身体特征进行融合再造等。可以设想，当最初的想象动物被创造出来时，人们必定会对其来源、涵义等尝试过阐释，只是由于证据资料的匮乏，时至今日，无法被准确了解。

三代的想象动物，从种类上看，仍以龙、神鸟（凤）为大宗，只是形态变得更加多样而诡谲，一类融合和人与动物双重生理特征的饕餮（或称兽面）纹大为流行，是此时鬼神、祖神等信仰的直接映射。

汉代继承了以龙、神鸟（凤）为代表的想象动物样式，并对它们进行了系统的整理、分类、创新和定型。同时，出于鬼神升仙、谶纬符应等信仰的引导，人们对神兽种类的需求不断加强，传统的想象动物种类已经完全不能满足这种日益增长的需求，于是人们开始求助于古代文献书籍或神话传说故事，从文字记载或口头流传的想象动物角色中进行择取，并形象化地落实到图像上，诸如《山海经》《楚辞》等经典中的诸多想象动物便被实体化为神兽图像，并在社会信仰的不断发展中被逐渐丰富与改造。

不妨以较典型的龙、虎图像为例，来观察汉代这种延续与改造的情况。

从甲骨文中图案化的"龙"字可以看到早期龙的几种主要形态：蜷曲成 S 形的龙身、头顶有角、周身有鳞或虫形、兽身有足等（图 4.1）。这些基本样式在石器时代晚期至汉代的龙图像中都能见到，虽在头、角、身体、足等细节上有差异，但仍能看出，中国龙的形态从古至汉，甚至今日的一脉相承（图 4.2）。汉代同时也对早期龙的身体及造型细节进行了丰富与改造，也有新样式的出现，如四足兽身龙、复杂奇异的结龙、双头虹龙、多龙盘曲等造型。

图 4.1　甲骨文龙字

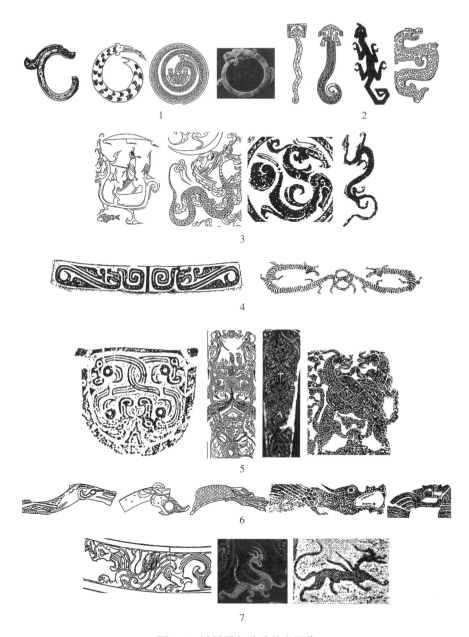

图 4.2　被继承与改造的龙图像

1. 环状龙（左至右）：内蒙古三星他拉玉龙，陶寺彩陶龙纹盘，安阳小屯 M18 铜盘，河北定县 M40 玉环；
2. 蜷曲长身龙（左至右）：二里头绿松石龙形器，妇好墓司母辛觥盖，江陵马山 M1 丝织品纹样，满城汉
墓玉器；3. S 形龙（左至右）：子弹库楚墓帛画，马王堆 M1 帛画，南越王墓玉璧，四川安康东汉画像石；
4. 对称龙：左：张家坡 M5 铜鼎；右：禹州新峰墓地 M16 画像石；5. 交龙（左至右）：上村岭虢国墓
M1052 铜器，马王堆 M1 帛画，海昏侯墓当卢，山东滕州东汉晚期祠堂画像石；6. 龙头（左至右）：三星
堆铜饰，满城汉墓铜辕饰，扬州邗江 M2 鎏金铜柄，南阳安居新村 M2 横梁刻石，沂南北寨墓过梁刻石；
7. 兽身龙（左至右）：满城 M2 铜博山炉，江苏邗江墓漆面罩，陕西神木柳巷村墓画像石。

甲骨文虎字亦为象形，且已有无角和独角之别，也有与人互动的形态，甚至是身上的条状纹饰、虎爪等细节都有体现（图4.3）。写实的虎形象在汉代被继承，并丰富了细节，是汉代最常见的虎形态；头顶独角的虎在东周至西汉初期的器物纹饰上较常见，在甲骨文、新石器时期及商周时期的纹饰中都能找到类似的原型，并非汉代新创；人虎互动的造型早期少见，可能与人类驯服猛虎的时间有关，濮阳西水坡墓中所谓的"人骑虎"蚌塑也仅为臆测，无法确证，而汉代的人虎互动关系则在图像中被反复突显，除人骑虎外，也有斗虎、射虎，甚至在想象化的升仙图中有虎拉车等造型；汉代还新创出翼虎、拟人化的有辟邪除恶神力的虎等，都是社会思想需求反映在图像上的表现（图4.4）。

图4.3　甲骨文虎字

不仅神兽母题图像在汉代被继承和改造，典型的神兽组合图像也存在类似现象，如鸟鱼造型、龙虎造型等。

目前可见最早的龙虎造型是濮阳西水坡 M45 蚌塑，龙、虎的个体造型也都与甲骨文字形相符（图4.5.1）。唐山贾各庄战国墓出土铜器上，分别以三个首尾相咬的团状神兽纹、四个 S 形龙纹、六个虎纹为从内圈至外圈的三层纹样，似在表达某种特殊寓意（图4.5.2）。汉代的龙虎组合十分常见，并被改造、延伸出各式奇思妙想的新造型；如有一类龙虎衔璧或衔鼎造型在东汉就很常见，与神仙信仰与早期道教的长生思想有关，是汉代对龙虎组合图像形态的改造与创新（图4.5.3）。

（二）新创图像

所谓汉代新创的神兽图像，指没有传统图像形态可作借鉴，而被全新创作出来的图像，又分两种情况：

一是之前已有此种神兽的概念及大致认识，只是没有具体的图像表现，汉人借鉴、择取于早期经典文献或神话传说中的信息，再将之落实为可视且可被识别的图像。如《山海经》《楚辞》中的许多奇异神兽都被汉人选取出来充实到汉代的社会信仰体系中，并将之图像化，如麒麟、比翼鸟、鹔鹴等神鸟、驺虞、马腹、穷奇、多

图 4.4 被继承与改造的虎图像

1. 写实虎：左：宁夏贺兰山西峰沟岩画，右：江苏邗江墓漆面罩；2. 独角虎（左至右）：濮阳西水坡墓蚌塑，安阳西北岗 M1885 铜尊纹饰，满城汉墓玉牌饰；3. 人骑虎：左：濮阳西水坡墓蚌塑，右：马王堆 M3 漆奁；4. 人虎互动（左至右）：郑州南关外北二街 M4 画像砖，河南禹县散存画像砖，陕西靖边墓壁画；5. 汉代新创虎造型：左：08 年洛阳征集壁画砖（现藏中国农业博物馆），右：山东沂南北寨墓中心柱画像石。

首神兽、九尾狐等。这类新创神兽的创作过程为整个两汉时期，人们根据不断增长、变化着的思想信仰需求，逐渐创作并丰富着神兽的种类和图像形态（参考表 2.6、表 2.7）。

 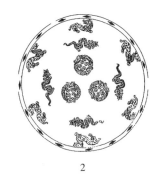 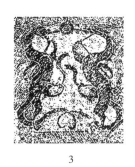

1　　　　　　　　　　　2　　　　　　　　　　　3

图 4.5　被继承与改造的龙虎组合图像

1. 濮阳西水坡 M45 蚌塑；2. 河北唐山贾各庄战国 M18 铜盘；3. 四川郫县东汉砖室墓 M2 头板画像。

　　二是原本既无概念、亦无图示的一类经由汉代全新想象、创造出来的神兽。这种原创过程与早期幻想动物的产生过程本质上是一致的，都是人们以某种或某几种现实或想象动物为基础，将其部分身体特征用拼接、互换或增减等方法，形成全新的神兽，并为之命名、定义继而图像化，如三足乌、交颈鸟、天禄虾蟆、三角兽、比肩兽、牛首人身、鸡首人身等。且这类新创神兽的被创时间多在东汉中晚期，亦即谶纬符应思想最为盛行的时期，已有传统神兽已难满足人们对符瑞不断增长的崇信与追求（参考表 2.6、表 2.7）。这种新创的方式主要有：将人兽或兽兽的身体结合，或增加原本不存在的身体部位，如角、眼、足、翼等。

　　而如孔雀、狮子、骆驼、符拔等由外域引入的珍稀动物，广义上也可算是新创神兽。一是因为其概念是由未知变已知，再将已知实化为图像，以供更多人去欣赏、辨识，其本义是为了通过表现和使用珍异神兽彰显身份等级，实际上也起到了传播和教育作用，这其中部分动物的形象之后也在汉代得以流行和普及，例如狮子；二是这些现实动物进入汉地后就迅速被汉化，披上本土文化外衣，如加了翅膀的狮子、骆驼等。

　　宏观来看，汉代新创的神兽概念或图像，是整个汉代思想信仰产生、发展、流变过程的镜像缩影。

（三）消失的图像

　　梳理史前至两汉时期的动物或神兽图像，也能发现一批不再流行或消失不见的图像样式，如红山文化的 C 形猪龙，仰韶文化的蛙纹、鸮形器，良渚文化的火焰鸟，三星堆文化的太阳鸟，三代青铜纹饰上的兽面（饕餮）纹、夔纹、蟠螭纹、蟠虺纹、蝉纹，楚式大糜角镇墓兽等。

以流传时间最长、影响最深远的兽面纹为例。日本学者林巳奈夫曾提到："装饰有大型兽面青铜祭器的数量从西周中期之后开始显著减少,进入春秋、战国时期就完全消失了。青铜器上不再出现大型兽面,取而代之的不过是装饰在连接把手或容器提手的环上的小兽面。"① 这里提到的小兽面就是我们常说的"铺首",它在汉代主要被用于建筑、器物或葬具装饰,甚至会作为陪葬用的压胜物品,带有符箓、祥瑞辟邪作用或礼仪功能,只是较商周时期的兽面纹,多被简化了形制、改变了内涵与用途②。除此以外,一些汉代瓦当上有时也能见到这种兽面纹,前文提到的十二兽、天帝使者、大方士等有可能是"头戴面具"的"神兽"形象,也能看出些许兽面纹遗风。

可以看出在兽面纹流行时期,它并非确指某种动物,而是多种动物的复合形象,其所附带着的更像是一种强大、勇猛、威严的仪礼等级象征意义,这符合商周时期尊鬼敬神的思想主题。而汉人的思想信仰更加复杂且追求实用意义,人们需要的是一个个形象更为鲜明、具体的崇拜对象,而不是一个如图腾般的象征符号。

再以商周青铜器、玉器等上常见的"蝉纹"为例,装饰蝉纹的多为饮食器或盥器。据《吴越春秋·夫差内传·十四年》载:"夫秋蝉登高树,饮清露,随风撝挠,长吟悲鸣,自以为安。"或许与蝉这种清心洁净的自然属性有关。

至汉代,目前所见的各类图像载体上都鲜见蝉纹,更常见的蝉形态是一种流行于较高等级丧葬礼仪中的蝉形玉饰。王充在《论衡·论死》中言:"蝉之未蜕也,为复育;已蜕也,去复育之体,更为蝉之形。使死人精神去形体,若蝉之去复育乎?"汉人或许认为,蝉有死而复生的正面寓意,将玉蝉含入死者口中,表达的正是希望保护死者肉身不腐、灵魂再生的用意,这已与商周蝉纹的寓意大不相同。

总之,诸如兽面纹、蝉纹等消失的神兽图像,或因不能适应新时代的社会思想信仰要求,或因其只是地方特色而未能普及,或因不适宜新出现的图像载体材质,或因被类似但更为人所接受的形式而替代等原因,而逐渐消失;且这种消失不是绝对的,还包括变化了形态、用途,或被类似形态所替换等情况。且本书所论汉代盛

---

① ［日］林巳奈夫著,常耀华等译:《神与兽的纹样学——中国古代诸神》,第 185 ~ 186 页。
② 练春海:《铺首图像》,载《器物图像与汉代信仰》,北京:生活·读书·新知三联书店,2014 年,第 127 ~ 163 页。

行的神兽图像也是一样，在之后的历史中，多数也因被淘汰、替换而消失不见。

四　汉代神兽图像诸系统关系

（一）天文类与神仙信仰类神兽图像系统的转换与替代

中国古代的天文学与神仙信仰都在探究人与天的关系。前者产生时间更早，据现有证据来看，约在距今五千年前的新石器仰韶文化时期便已经出现了人类创造的天文相关遗迹、遗物。神仙信仰则约发生于战国时期，当时鼓吹宣扬神仙思想的人被称为方士，多是一些儒家或其他学派的所谓"知识分子"，其所行之术中最重要的便是占星候气与寻仙访药。西汉的天文学虽说主要为官方掌控，但也有很多方士、儒生的参与。可以说，神仙信仰对天文的依附关系，从其思想系统产生伊始就已出现。

天文以观测自然天空为基础，需要一定的专业知识体系储备，其参与者主要为专职官员，其目的也主要是为皇室贵族服务，实质属于官方掌控体系，一般民众很难接触。神仙信仰则不同，虽其最初是一些投机知识分子出于一定政治目的、为讨好统治阶级而创造的言论思想体系，但其求仙、长生等产生的实际用途又是与每个生命体息息相关的；再加上统治阶级本身也意识到可以通过这种宗教信仰达到统治、控制等政治目的，西汉盛行的黄老之术、新儒学等也都能于其中找到依附发展的支点，神仙信仰依此而被上行下效的传播推广，最终成为普及民间的社会主流信仰。

正是在这种情况下，同样以"天"为探索想象对象的天文与神仙信仰图像系统便逐渐产生联系，表现在本书所论的神兽图像上，便呈现出一种转换与替代过程。欲清楚了解这一过程，则需查看二者在汉代的具体形态演变情况。

1. 汉代天文类神兽图像系统的演变

天文类，主要包含四象、日月、星象神兽的组合图像场景，在两汉时期的发展演变情况可分三期：

第一期，西汉中晚期。典型示例如西安曲江翠竹园墓顶壁画[①]、西安交通大学墓

---

① 西安市文物保护考古所：《西安曲江翠竹园西汉壁画墓发掘简报》，《文物》2010 年第 1 期；报告称墓顶有云气、四象、日月神兽、星宿、人物等图像，未刊布清晰图像。

顶壁画①（图 3.1）、洛阳烧沟 M61 墓顶壁画②（图 4.6.1）、江苏盱眙东阳 M1 棺盖木刻画③（图 4.6.2）。

1

2

图 4.6　西汉中晚期的天文类神兽组合图像

1. 西汉晚期，河南洛阳烧沟 M61 墓顶壁画；2. 西汉中晚期，江苏盱眙东阳汉墓木刻棺盖画。

第二期，王莽时期至东汉早期。典型示例是分布在洛阳、陕西、山西的七座壁画墓与三座南阳地区画像石墓：洛阳金谷园墓顶壁画④、洛阳尹屯 M1 墓顶壁画⑤（图 4.7.1）、洛阳新安铁塔山 M4 墓顶壁画⑥、陕西千阳墓东西壁壁画⑦、陕西靖边杨桥畔 M1 墓顶壁画⑧（图 4.7.2）、陕西定边郝滩 M1 墓顶壁画⑨、山西平陆枣园村墓

① 陕西省考古研究所等：《西安交通大学西汉壁画墓》。

② 河南省文化局文物工作队：《洛阳西汉壁画墓发掘报告》，《考古学报》1964 年第 2 期。

③ 南京博物院：《江苏盱眙东阳汉墓》，《考古》1979 年第 5 期。

④ 洛阳博物馆：《洛阳金谷园王莽时期壁画墓》，《文物资料丛刊》第九辑，1985 年；据报告描述，前室四壁及墓顶角梁处、藻井内绘有星象、云纹、鹤、飞鸟等；后室平棊、壁眼处绘日月神兽、四神；后室四壁还有四方神明及其他仙人神兽图，有些可能与天象有关（如辰星、岁星等）。

⑤ 洛阳市第二文物工作队：《洛阳尹屯王莽壁画墓》，《考古学报》2005 年第 1 期。

⑥ 洛阳市文物工作队：《洛阳新安县铁塔山汉墓发掘报告》，《文物》2002 年第 5 期；报告称墓顶有四象、日月神兽、枭羊等图像，暂无完整图像刊布。

⑦ 宝鸡市博物馆等：《陕西省千阳县汉墓发掘简报》，《考古》1975 年第 3 期；此墓天象图被绘于东西两壁，东壁绘日乌、苍龙、星点，西壁绘月轮（模糊）、白虎、星点，都遍布云气，可惜大部分壁画保存状况差。

⑧ 陕西省考古研究院等：《陕西靖边县杨桥畔渠树壕东汉壁画墓发掘简报》，《考古与文物》2017 年第 1 期。

⑨ 陕西省考古研究所等：《陕西定边县郝滩发现东汉壁画墓》，《考古与文物》2004 年第 5 期；墓顶绘星宿图，包括四象、月、配有人与动物形象的二十八宿、仙人等，满饰云气星辰。

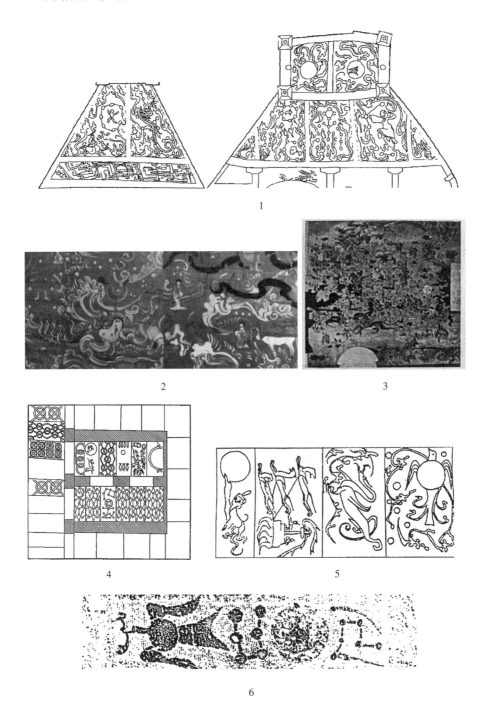

图 4.7   王莽时期至东汉早期的天文类神兽组合图像

1. 王莽时期，洛阳尹屯 M1 穹隆顶壁画；2. 王莽时期，陕西靖边杨桥畔墓顶壁画；3. 王莽时期至东汉初期，山西平陆枣园村墓顶壁画；4. 王莽时期至东汉初期，南阳唐河针织厂墓顶画像石；5. 东汉早期，南阳英庄墓前室墓顶画像石；6. 东汉早期，南阳王寨墓前室过梁画像石。

墓顶壁画①（图 4.7.3），南阳唐河针织厂墓墓顶画像石②（图 4.7.4）、南阳英庄 M4
前室墓顶画像石③（图 4.7.5）、南阳王寨墓前室过梁画像石④（图 4.7.6）。

第三期，东汉中晚期。此期仅有一座壁画墓与一座画像石墓可见较完整的宇宙
天象神兽组合图像，即陕西旬县百子村 M1 墓顶壁画⑤与南阳麒麟岗墓墓顶画像石⑥
（图 3.6.4）。另有东汉晚至魏晋时期的南阳王庄墓⑦与南阳十里铺墓⑧（图 4.8），两
墓均为再利用前代多座墓葬画像石材拼凑而成，但亦能从中看出当时人们对天象图
像的认识及内容选择倾向。

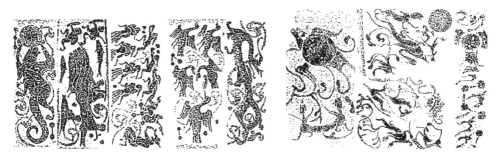

图 4.8　东汉中晚期的天文类神兽组合图像
　1. 东汉晚期至魏晋，南阳王庄墓顶画像石（再利用）；2. 东汉晚期至魏晋，南阳十里铺墓墓顶画像石
（再利用）。

总结三期演变情况来看：

西汉中晚期的天文神兽图像多被装饰于墓顶或棺椁顶盖处，均出现日月、四象
和星象神兽，并配饰云气、星点或其他神人、神兽。其中最稳定的内容是日月神兽，
而兼有完整四象、星象神兽的仅西安交大墓一例，西安翠竹园墓仅绘东西二兽与日
月、无星宿图，烧沟 M61 则仅有日月神兽与星点、云气。

①　山西省文物管理委员会：《山西平陆枣园村壁画汉墓》，《考古》1959 年第 9 期。

②　周到等：《唐河针织厂汉画像石墓的发掘》，《文物》1973 年第 6 期。

③　陈长山，魏仁华：《河南南阳英庄汉画像石墓》，《中原文物》1983 年第 3 期。

④　仁华，长山：《南阳县王寨汉画像石墓》，《中原文物》1982 年第 1 期。

⑤　陕西省考古研究所：《陕西旬邑发现东汉壁画墓》，《考古与文物》，2002 年第 3 期；报告称墓顶有星
象、日月、莲花藻井、云气纹，前室西壁上部有金乌，未刊布完整图片。

⑥　黄雅峰等：《南阳麒麟岗汉画像石墓》。

⑦　南阳市博物馆：《南阳市王庄汉画像石墓》，《中原文物》1985 年第 3 期。

⑧　南阳地区文物工作队等：《河南南阳县十里铺画像石墓》，《文物》1986 年第 4 期。

　　王莽时期至东汉早期是天文神兽组合图像发现最多的时期。除被装饰于墓顶外，也有转移至墓壁或其上部的情况，多与墓葬结构的变化有关，但总体仍趋于墓葬结构上部。依图像载体不同，壁画内容丰富、风格精美，而画像石图像则相对内容简化、风格抽象；这一方面应与绘画与雕刻的难易程度有关，壁画载体更容易表现相对复杂的图像内容，同时也可能与使用者的身份等级有关，此方面有待进一步考证。主要内容仍为日月、四象和星象神兽。日月神兽仍最稳定，只是除日轮、月轮内藏神兽的形制外，出现了更富想象力的艺术造型；四象中开始有所取舍，有时会只用苍龙、白虎二兽指代方位；星象方面，星宿图的精准性下降，工匠甚至定制者在拿到粉本时，不一定能清楚理解其内容，他们更倾向于将天文图像场景用神话传说等更通俗易懂的形式表现出来，以满足大部分人对"信仰之天"的普遍向往追求，这也是直接导致后来部分神人、神兽被分离出复杂晦涩的天文图式、重新构成更生动亲民的仙境神灵图式的原因之一。可以说，这一时期的天文图式变得更为灵活通俗、更适应汉代普通人的审美和需求；也正是在此时，天文类神兽图像系统开始向神仙信仰类神兽图像系统发生转换。

　　东汉中晚期，已发现可以算得上天文神兽图像的墓葬已不多。仅见一些利用早期墓葬装饰材料拼凑而成的再造图像场景，可见天文图式在此时的衰落，亦暗示出当时人们主流信仰体系和丧葬观念的变化。但所见天文图像的装饰位置仍位于墓葬结构上部；最稳定的仍是日月神兽，细节复杂的星象神兽的出现率大减或干脆消失不见，反而会选用简化、抽象的几何星点象征天空，除如北斗等流传度较高的星宿外，其他基本难辨。可以看出，至此时，人们对客观指代和描绘天空（象）的需求已基本丧失，取而代之的是以大量神人、神兽及简化的符号来表现仙境及祥瑞。

　　2. 汉代神仙信仰类神兽图像系统的演变

　　西汉早期的永城柿园墓主室墓顶壁画，似已在用神兽、仙草、云气等内容来表现仙境，但图像元素相对简单。可以看出，虽然此时神仙信仰已逐渐传播，但并未大肆流行于民间，使用者的社会等级较高；且此时的图像元素多取材于先汉时期的相关图像，如帛画、器物装饰等，汉代完整的神仙信仰图像系统尚未形成。

　　对比来看，柿园墓壁画上的多处细节都与战国子弹库楚墓帛画图像相似，表现出模仿行为（图4.9）。柿园墓壁画与其说是最早的墓葬四神图，不如说是早期的墓葬仙境图更为合适，亦可间接看出汉代流行的神仙信仰与楚地黄老思想的密切关系。但除模仿早期图像，柿园墓壁画中也加入了白虎等与天文信仰体系相关的元素，亦可印证前文关于汉代神仙信仰图像自始就不可避免地与天文信仰图像发生关系的判断。

西汉早期的马王堆 M1、M3 出土帛画上，则出现了较为复杂的仙境或升仙场景。画面上方细致描绘出日月神兽，但从同时绘出的"十日"细节则可推断这里的日月神兽应是用来表现神话传说，而非天文图式。这说明日月神兽在更早时就曾独立于天文图像系统之外，而与古代神话传说密切相关，这也可以解释为何在整个两汉时期，无论天文图像系统发生怎样的演变、简化或被替代，日月神兽都是最稳定的存在。

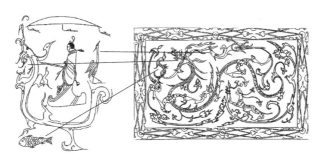

图 4.9　西汉早期仙境图向更早期图像的借鉴
左：战国，湖南长沙子弹库一号楚墓"人物御龙"帛画；右：西汉早期，河南永城柿园墓顶壁画。

自西汉中期起，即约在武帝笃信求仙与方术、推崇阴阳方术化的新儒学之际，表现仙境的图像元素逐渐变得丰富。以西王母为主体，其他神人、神兽伴随其间的仙境图式大为流行，但画面内容元素仍较简单、构图略显稀疏。

王莽时期至东汉，西王母（后加入东王公）及神人、神兽组成的仙境图成为各地、各类图像载体中最常见的神仙信仰类图式。天文图中的众多神兽母题都被独立出来、配置于西王母主宰的仙境场景中，丰富了仙境与升仙图式的内容；而其他相关的天文图像符号，如星点、云气、象征天空的十字穿环等，都逐渐退化成仙境或升仙场景的辅助装饰图像。

天文类图像在东汉中晚期时几乎被神仙信仰类图像替代。究其本质，是一种上层精英知识信仰向民间文化的"通俗化"传播转换过程，神仙信仰类图像明显比天文类图像更容易被世俗文化所理解和接纳，亦更为实用。这同时也反映出，实用性装饰类图像的内容和风格，必定要服务于时人的信仰要求和喜好倾向。

事实上，表现神仙信仰主题的图像也并不是汉代最世俗、最流行的图像内容。在浓重的封建等级观念与社会分层体系裹挟下，人们的信仰及对其的表达方式都会受到影响和限制，"求仙、登遐"的愿望并不是所有人都有资格享有、都有条件表达的。对于大多数普通民众而言，出于更实际的考虑，他们对死后地下世界安稳状态的关注更重于对"遥不可及"的天界的畅想。

3. 二者的转换与替代

根据目前所见的考古材料，天文与神仙信仰类图像系统在西汉较早时期各自出现，彼此拥有独立的发展演化轨迹，二者相交与发生转换的时间约在王莽时期至东汉早期，而神仙信仰类图像系统几乎完全替代天文类图像系统的时间则约在东汉中晚期，这也正是实用性图像对社会信仰转变状况的直接映照。

表现在神兽图像上，主要是四象、日月及小部分星象神兽逐渐脱离原在的天文图式，被分散安置到表现仙境或升仙的图式中，并对其进行图像形态上的扩展性想象与内涵功能上的丰富，使神兽们带有更强大的神力。具体表现是，几乎所有的四象和日月神兽都成为可以引导升仙的祥瑞，并常出现于西王母（东王公）主导的仙境世界，为之守卫或服务，如日中（三足）乌与传说中为西王母取食的三青鸟发生概念混淆、蟾蜍与兔出现为西王母捣制不死药等情节均衍生于此。

信立祥先生曾总结："东汉中期以后，多以祥瑞图逐渐取代天象图。"[①] 这里的"祥瑞图"，更确切地说即指以仙境、升仙图式为主的神仙信仰类图像系统。

（二）辟邪类对神仙信仰类神兽图像系统的辅助支持

人类处于自然天地之中，对天敬崇、对地敬畏，并认为人类以外的天、地都存在着神秘的异己力量，遂生出天有神、地有鬼的观念，这便是中国古代的鬼神信仰。

所谓"辟邪"，简单解释就是人们假想死后会被鬼神等干扰侵犯，而做出的提前防御或准备应对的行为。这实际上是一种人类认为自己会与人之外世界（主要是地下世界）联系、交流的假设，而将那些被自己臆造出来的地下鬼怪都当做假想敌。但人们却既不希望，也不认为可以直接与这些假想敌进行联系与交流，于是就试图求助于一些外力媒介，这便是巫觋、方士、辟邪神兽等出现与流行的内在原因。

---

① 信立祥：《汉代画像石综合研究》，北京：文物出版社，2000 年，第 165 页。

汉代之前，人类对鬼神的态度经历了"天地相通、人神混杂""绝地天通、敬鬼事神"两个主要阶段。第二阶段主要指中国历史上的商周时期，直接表现就是占卜与祭祀等行为，且实施者与实施权利都主要掌控在政治或宗教领袖手中。从战国时起，一方面，人类对自我能力与价值的认知、信心和优越感都不断增强，开始希望进一步与鬼神之间开展交流；同时，"天地人"的观念也更加深入人心，人们想当然地勾画出天上美好的神仙世界与地下阴暗的鬼怪世界，而自己身处中间，"死亡"就是穿梭阴阳三界的渠道；人们希望以死亡为契机，远离本该前往的地下世界，而上升到生时难以进入的天上永生神仙世界。所谓的"方仙道"便肇生于此时，而"天人感应"更成为之后的汉文化最具代表性的思想特征。

《史记·封禅书》载："自齐威、宣之时，驺子之徒论著终始五德之运，及秦帝而齐人奏之，故始皇采用之。而宋毋忌、正伯侨、充尚、羡门高最后皆燕人，为方仙道，形解销化，依于鬼神之事。驺衍以阴阳主运显于诸侯，而燕齐海上之方士传其术不能通，然则怪迂阿谀苟合之徒自此兴，不可胜数也。"这种"方仙道"发展到汉代，即为黄老之术与神仙信仰，二者的区别是一个在于技术层面上的自我修炼，一个在于思想信仰上的笃信追崇，与它们直接相关的就是人们对死生大事的关注、认知和处理。

汉人认为，生前的行医、服食、行气导引、房中术等修炼都是在为死后的尸解、幻化、升仙等做准备，而死后一旦埋葬入地下世界又必然会遭遇鬼怪的侵扰，于是就一定需要更多、更完善的辟邪驱鬼手段来保障和辅助其最终安全地抵达神仙世界。如《楚辞·大招》中就描绘了人死后灵魂可能遭遇到的四方可怕的鬼怪世界；马王堆汉墓出土帛画亦被普遍认为是为墓主辟隔地下鬼怪世界、在神人神兽庇护下登躡仙境意愿的图像表现。但若按前文研究，帛画中下层的鱼、蛇、结龙、飞生等形象，更多是带有"重生""辟邪"等内涵寓意，而并非是在指代地下世界，且帛画本身也是作"招魂"之用，其主要目的在于引导墓主安全顺利地重生升仙。

这种"辟邪辅助升仙"的思想在汉代图像中多有体现。孙作云先生曾提出："汉人的升仙长生思想及与此相关的打鬼辟邪思想是汉代画像的主要内容和思想。……且升仙是目的，辟邪是手段。"[1] 对比山东莒县沈刘庄汉墓立柱画像石内容，也有与

---

[1] 孙作云：《孙作云文集·美术考古与民俗研究》，第258页。

马王堆帛画相似的双结龙，只是整个画面被简化，只留下了最重要的标志性图式——象征辟邪的结龙，立柱相邻一侧则刻有神人、神兽抓食鬼怪图像，其辟邪寓意更加直白明显①（图4.10）。

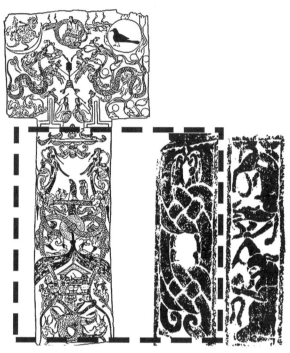

图4.10　两汉带有辟邪寓意的龙璧与结龙图式
左：西汉早期马王堆M1帛画；右：东汉晚期山东莒县沈刘庄墓立柱画像石（一侧配食鬼图像）。

马王堆M1第二层黑地彩绘漆棺上绘有穿行云气中的十二神兽辟邪图像，带有保护棺椁中的墓主人不受地下鬼怪侵害之意；而第三层红地彩绘漆棺上的神兽云气纹则旨在表现仙境世界；故可推断马王堆多层漆棺空间实质要表达的涵义是：在顺利辟除掉地下鬼怪侵扰的"优质空间"内，墓主人得以更顺利地到达仙境世界。

汉代墓葬结构的变化直接导致了装饰空间的变化，故像马王堆多层漆棺空间上的装饰用意即被"投影"到了墓葬结构空间内（如墓顶、壁面等）；同时由于空间的增大，表现辟邪与仙境、升仙图像的造型构图、内容细节等也都逐渐被丰富。

---

① 苏兆庆等：《山东莒县沈刘庄汉画像石墓》，《考古》1988年第9期。

（三）天文、神仙信仰对谶纬祥瑞类神兽图像系统的影响

中国古代天文学与早期占星学有着密切关系，而占星学又与早期巫觋活动有关，反映出人类对天的原始崇拜。江晓原曾指出："中国古代的占星学家是由上古通天的巫觋演变而来，古代天文占星之学，即上古通天之术。"①

神仙信仰则是人类对天的进阶版崇拜，并表现出一种人与天的互动关系，它在汉代的中心思想即是"天人合一"，反映出人类自我意识的觉醒。它起源于战国时燕齐两地的方术之士身份的出现，这些方士又通常兼具多重职能与技能，有时也会包括对天文星占知识的掌握，对养生服食、行气引导之术的精通，对阴阳五行哲学的领会，甚至是对诸子文学的了解等等。

战国所谓"方仙道"可以说是两汉方术、主流社会信仰的源泉所在。其具体表现主要是以身心控制为目的的对神仙的推崇与传播，方术中的服食、行导、房中、厌劾等养生修仙之术对黄老道家及东汉末年早期道教的影响，及阴阳五行、天文星占被新儒家的利用等。尤其是后者，这种神化、迷信化的儒学，亦是汉代谶纬思想的根源所在，即所谓"崇儒更化"后的产物。如侯外庐等就曾提出，董仲舒的思想是"中世纪神学正宗思想"，而董仲舒本人，就是"中世纪神学体系的创造人"，"使《春秋》成为天人感应的神学经典，致使其政治范畴的微言大义兼有了哲学神学的内容"是董仲舒及新儒学"在中世纪发端期所以取得正宗合法地位的秘密"②。

谶纬符应思想即是阴阳化、方术化的新儒家与统治阶级的政治手段结合后的产物。它肇始于西汉，被高度重视和推崇是在王莽时期与东汉初期之际，在全社会的大为流行则在东汉中晚期；表现出人们对祥瑞、征兆、预言的绝对依赖及其与社会生活方方面面产生的密切关联。

神仙信仰是谶纬符应思想存在的意识基础和文化背景，换句话说，如果否认了神灵仙境，就不存在所谓的祥瑞符谶。所以即使在谶纬极度盛行、操控人心的东汉中晚期，汉画中仍有大量神仙信仰题材的存在，如众多符应神兽依然要服务在西王母和东王公主导的仙境世界中。如前文所论，西汉的仙境神兽图像正是瑞应图的滥觞，能在某些图像细节上看到未被完全替换的继承关系线索（图4.11）。即使如武梁祠与和林格尔

---

① 江晓原：《天学真原》，沈阳：辽宁教育出版社，2007年，第81页。

② 侯外庐等：《中国思想通史》第2卷，北京：人民出版社，1957年，第84、90页。

墓中那种规制排列、无多余背景、带明确符谶榜题的瑞应图，通过其装饰位置——祠堂顶部或墓壁上方，也能看出其从未真正逃离出天上仙界的意义范畴。

邢义田先生在研究东汉章、和年间的"肥致碑文"时就提出："光武推崇谶纬、反对神仙"；明帝虽"遵奉光武制度，无敢违者"，但"对神仙似非完全排斥"；章帝则是"东汉较喜好仙术，方士又可以攀附的一位皇帝"；和帝"应也曾好仙"等[1]。足见，神仙信仰与谶纬学说相通的本质，决定了终归不能完全的舍弃其一。

图4.11　西汉仙境神兽图像与东汉谶纬祥瑞图像的相似内容例举（骑马反身射虎）
上：西汉，河北定县 M122 错金银铜管；下：东汉中晚期，陕西绥德王圣序墓门楣画像石。

反之，谶纬符应则是对神仙信仰世俗化的实际应用。人们不满足只存在于畅想中、死后才能到达的神仙世界，而是希望在生时就能享用到仙灵带来的实在利益，于是将同样主观人为想象出来的"天降符应"作为精神寄托。而实质上，与早期控制巫觋活动的最高神职人员、商周时期掌管祭祀活动的天子一样，人们只是被以另一种思想侵入的方式控制于统治阶级手中。

前文也已讨论过天文类神兽图像系统与神仙信仰类神兽图像系统的密切关系，同样，天文类神兽图像系统对谶纬祥瑞类神兽图像系统亦产生影响，但这种影响并不直接，更多来源于学术思想层面，其在图像上的反映则是以神仙信仰类神兽图像系统为中介的。

---

[1] 邢义田：《东汉的方士与求仙风气——肥致碑读记》，载《天下一家：皇帝、官僚与社会》，北京：中华书局，2011 年，第 573～575 页。

谶纬符应思想的一大重要来源就是古代的天文星占术，历代天文志的记载方式也总是将天象提供的征兆与人世间发生的变动互相对应。且值得注意的是："（谶纬符应）对应的对象除了地理方位、社稷军国等大事之外，人物方面只涉及皇室与重臣。"①"涉及一般百姓的算命术在唐代以后才开始形成，且事实上与天象观测无关。"② 都显示出汉代及之前天文星占活动的政治性，这与谶纬思想的本质是一样的。

从目前所见的汉代图像材料上看，天文类神兽图像系统中的四象（苍龙、白虎、朱雀、玄武）、日月神兽（乌或三足乌、蟾蜍、兔）、星象神兽（如牛、鹿、兔、仙人骑白象、仙人骑龟等）等，先是纷纷脱离天文图像系统进入仙境或升仙图像系统，再最终进入谶纬祥瑞图像系统；且不仅从图像方面，在学术体系和文字典籍中也被永久的固定、记录并流传下来，无疑是图像艺术反向影响社会信仰的一个例证。

五　神兽图像反映出的精英③信仰与民间信仰倾向

当试图观察某一时代的客观图像材料与主观社会信仰之间的关系时，难免会面对社会阶级分层带来的复杂局面。这种复杂局面的具体表现是：不同社会阶层在图像选择和使用上的倾向性反映出社会信仰发展的不同步性。从汉代神兽图像这一具体研究课题来看，突出展现的是精英阶层对天文、神仙信仰、谶纬祥瑞三大神兽图像系统的偏爱和对含有鬼怪形象的辟邪类神兽图像系统的刻意回避，且即使在展示辟邪类神兽图像时，鬼怪形象所占的比例仍很小，更多呈现的则是打鬼驱邪的神人或神兽；反之，在汉代墓主社会阶层相对较低的墓葬中，则是由小比例的神仙信仰、谶纬祥瑞图像和大量的辟邪类图像（或其他辟邪类器物）组成，天文类图像几乎不见。概括来说，就是汉代的精英阶层在墓葬装饰空间中表现出明显的"亲神避鬼"倾向。

这里首先要说明，"神""鬼"是两个不同的信仰主体，分指天上的神仙世界与地下的鬼怪世界，人们对其持有不同的应对态度。

---

① 庄蕙芷：《汉唐墓室壁画天象图研究》，北京大学博士研究生学位论文，2015 年，第 178 页。

② 洪丕谟等：《中国古代算命术》，上海：上海人民出版社，1999 年，第 85～97 页。

③ "精英"一词为泛指，指相对拥有权力、财富、知识等的社会群体。

前文已提到神仙信仰始于战国中晚期。关于鬼与地下世界概念的始见时间，余英时先生曾提出："最早似是《左传·隐公元年》（公元前721年）所引郑庄公'不及黄泉，无相见也'之语。但是，我们已无从确定'黄泉'两字究竟是否出自郑庄公之口，也不知道其含义是否与汉代以来的'黄泉'相同。如果郑庄公时已有汉代以来的'黄泉'观念，那么中国古代地下世界的信仰至少可以追溯到公元前8世纪以上。无论如何，至迟在《招魂》时代，中国南方就已出现了魂可以上天入地的思想。"[①]

尽管"郑庄公口中的黄泉是在指代地下鬼神世界"的说法随后招引争议[②]，但至少大家都认可了《招魂》中已明显考虑到了魂既可以进入天上世界、又可以下到地下世界的观点，尤其是"幽都""土伯"等概念，应都是明显指代地下世界无疑的[③]。故至迟在战国晚期，由人类本能的二元对立思维衍生出的"神仙与天上世界"及"鬼怪与地下世界"的鬼神世界观已初步形成。

但这时鬼神观念的对立性似乎是模糊的，甚至会通过墓葬信息提炼出死者灵魂同时上天入地的线索。如余英时先生就曾就此提出过一个质疑：马王堆M3帛画上层反映出天上世界，象征死者灵魂升天，何以同墓出土的家（或为"冢"字）丞奋文书[④]中却又表示死者是前往地下世界的？最终他的解释是："这种人死后同时上天入地的思想渊源于魂魄离散的观念。这和《郊特牲》'魂气归于天，形魄归于地'的说法是完全相符的。"[⑤]

"魂登天、魄入地"的观点目前尚没有可靠的出土图像材料支持，更合理的解释

[①] 余英时：《中国古代死后世界观的转变》，载《中国思想传统的现代诠释》，台北：联经出版公司，1993年，第132页。

[②] 如a. 杜正胜：《生死之间是联系还是断裂？——中国人的生死观》，《当代》1991年2月；b. 蒲慕州：《墓葬与生死——中国古代宗教之省思》，台北：联经出版公司，1993年，第207页；c. 康韵梅：《中国古代死亡观之探究》，台北：台湾大学出版委员会，1994年，第171页。

[③] 《招魂》有辞："魂兮归来。君无上天些。虎豹九关，啄害下人些。魂兮归来。君无下此幽都些。土伯九约，其角觺觺些。"

[④] 马王堆M3出土一支纪事木牍，文曰："（文帝）十二年二月乙巳朔戊辰。家丞奋移主赗（藏）郎中。移赗物一编。书到先选（撰）具奏主赗君。"余英时认为"主藏郎中"即指墓主，亦为"主藏君"下属，需向之"具奏"，因而地下世界也有官职等级划分。

[⑤] 余英时：《中国古代死后世界观的转变》，载《中国思想传统的现代诠释》，第133~135页。

是，无论是文书还是帛画，表达的都只是愿望而已。家（冢）丞奋文书葬入墓中的目的，更可能是在表现一种防御和屈从意图，如同后来东汉流行的镇墓瓶及其文字等，只是要提前给地下世界的鬼官看，表达屈从以求死后暂得安稳，而并非意为死后会进入地下世界；而帛画则为招魂之物，其目的在于引导墓主升天，这才是墓主及其家属所希望的墓主的最终归宿。但在墓主死后、升天之前的状态，其所处之处自然是地下墓室，那么向地下世界的鬼官屈从而求得暂时的保护便是必要之举，这与以玉殓葬、途撒朱砂防腐的本质意图是相似的。简单来说，就是辟邪文书是保证墓主最终可以升天的必要辅助性手段。且从文书和帛画在墓葬中的摆放位置来看，文书只是与其他随葬品一起放置于椁箱，帛画则覆盖于墓主内棺之上，文书只是通过文字表达而并未使用直观图像，而墓中的棺椁画、帛画等则是使用直观图像大量表现天上世界，对待二者的亲疏、好恶倾向明显。故可判断，棺椁中的文书文字只是无奈的防御手段，内棺上的帛画图像才是在殷切地表达愿望。

反观民间信仰中，虽然人们肯定同样也有升仙愿望，但出于自身实际的社会地位、经济情况与当时社会深入骨髓的阶级观念影响，人们的目标则更加实际，更关注如何能在死后地下世界安身立命，或是期待过上比生时更好的生活即足矣。

两汉文献中有大量关于官祝（巫）、民祝（巫）的记载，后者尤其为甚。如《盐铁论·散不足》云："今世俗饰伪行诈，为民巫祝，以取厘谢，坚俫健舌，或以成业致富，故惮事之人，释本相学。是以街巷有巫，闾里有祝。"《潜夫论·浮侈》："今多不修中馈，休其蚕织，而起学巫祝，鼓舞事神，以欺诬细民，荧惑百姓妇女。羸弱疾病之家，怀忧愦愦，皆易恐惧，至使犇走便时，去离正宅，崎岖路侧，上漏下湿，风寒所伤，奸人所利，贼盗所中，益祸益崇，以致重者不可胜数。或弃医药，更往事神，故至于死亡，不自知为巫所欺误，乃反恨事巫之晚，此荧惑细民之甚者也。"又《风俗通义·怪神·会稽俗多淫祀》："巫祝赋敛受谢，民畏其口，惧被祟，不敢拒逆。是以财尽于鬼神，产匮于祭。"可以看出，鼓吹除恶辟邪的民间巫祝之术对汉时民众精神的强烈控制和对民生状态的重大损害。

东汉民间道教的大为兴盛，与官方谶纬儒学相对，虽然二者的最终目的都是升仙，都依附于神仙信仰而存在，但民间道教主要宣扬的是驱鬼辟邪，满足了最广大民众的普遍愿望，这也是其能在民间生根发芽的最重要原因。

据《太平经》《老子想尔注》等汉代道教文献记载，地下世界的"土府"中有从"太阴法曹"往下的各等级"地官"，负责对死者的归属判定与管理，与天上神仙体系中"司命"统领下的"天官"相照应。这种全凭想象的、复杂的天上—地下世界体系，几乎是对现实的镜像映射，而世间众人，则会应其生时所处的社会阶层、地位与行为等因素，在死后被安派至相应的归宿。概括来说，就是现实的社会阶级分层直接投射出"天上"与"地下"两个镜像，精英阶层死后升天，普通民众死后入地。这反映出封建统治下，统治者与精英阶层利用学术、信仰、宗教等综合手段对民众实行思想和行为控制的强大力量，甚至已成为民间深入骨髓、觉之自然的状态，突显出汉代社会弥漫着的那种连生死都无法改变的阶级划分。

汉代辟邪类神兽图像多是此社会背景下之产物。在本书对汉代神兽图像的研究中，也发现辟邪类图像在所有材料中的出现频率、数量等都较神仙信仰类、谶纬祥瑞类少。这可能与现有图像材料的来源局限有关，如壁画、画像砖石、带有精美纹饰的随葬器物等，多出自较高等级墓葬，而对于民间真正流行的信仰表现，则由于礼仪制度、经济能力等限制，往往不能真实地体现在墓葬中，也必将导致研究时的困难与不足。而除了辟邪类的墓葬装饰图像和随葬的辟邪器物等外，民间究竟还用哪种方式来表现其辟邪意图，则是单从墓葬出土的图像材料中很难全面了解到的。

同时也要看到，不同社会阶层本身知识体系与基本素养的差别，客观上也导致了他们在同样的社会信仰环境下的不同选择倾向。精英阶层对死后归属的本质态度，多是站在精神道德追求层面的，讲求顺应纲纪，笃信天纲五常，终极信仰是新儒家指导下的天人感应，有时甚至连升仙都只是达求一定思想道德境界的途径；而民间信仰则是以实用主义和功利性为主，只是为了表达趋吉避祸的愿望，以确保死者与相关生者的安稳。

综上可见，对于某时代图像材料和社会信仰对应关系的考察，应预先带有对不同社会阶层的区分意识。但一旦介入这种区分意识，情况就会变得更为复杂，相对准确的结论也越发难以形成，很多问题只能有待更多研究材料的出现而进行进一步的观察与深化。

六　小结

汉代及之前，人与动物的代表关系，主要可以概括为原始社会的动物崇拜、青铜时代的幻想动物和汉代的神兽三个阶段。

从与汉代最接近的周代来看，周人讲求"尊礼尚施，事鬼敬神而远之"，这是与汉文化极为不同的哲学态度，而这之间产生重大变革的关键时期就在东周秦汉之际。

东周时期涌现出一批思想巨人，影响最大的莫过孔子。孔子崇尚周礼，开创儒家思想先河，曾公开宣扬"未能事人，焉能事鬼""君子不语怪力乱神"等言论。这样的思想倾向一旦体现在纹饰图像上，就是简化与回归现实。如孙作云先生就认为，战国的器物花纹中除了还保存一些变形龙纹，就只见反映实际生活的战斗、田猎、宴飨、乐舞等纹饰，都反映了新的时代精神①。然而，孔子既然特意指出"君子不言怪力乱神"，反而间接说明当时很多人都在"言怪力乱神"。且在战乱封闭却百家争鸣的时代背景下，各地（国）情况又各有不同，李学勤先生就曾将东周分为七个文化圈②。这种区域思想文化差异自然也会体现在图像上，如楚国的丧葬文化和器物装饰风格就自成体系，且对汉文化影响深远。

"神仙""神兽"等词汇在汉代之前的文献里并无记载。现在只能从如《史记·封禅书》里找到东周时燕人宋毋忌、正伯侨、羡门子高等曾修炼仙道的线索，齐威王、齐宣王、燕昭王都是他们的信徒。当时鼓吹宣扬神仙思想的人被称为"方士"，《史记·封禅书》中也有"燕齐海上之方士"之说。"死后升仙"观念一般认为也出现于战国中晚期③。故大致看来，战国中晚期的燕齐之地正是神仙信仰的发源地，全

---

①　孙作云：《中国古代器物纹饰中所见的动植物》，载《孙作云文集·美术考古与民俗研究》。

②　李学勤：《东周与秦代文明》，上海：上海人民出版社，2014年。

③　a. 许地山：《道教史》，上海：商务印书馆，1934年；b. Holmes Welch, *The Parting of the Way*, Boston：Beacon Press, 1957；c. H. G. Greel, *What is Taoism?*, Journal of American Oriental, 1956（76）. 神仙思想发源于燕齐地区的说法基本已成共识，但关于其产生的内在原因则多有分歧。有学者认为与沿海地区的海上求仙行为有关，或与齐人西源并受西方神仙思想的影响有关，因而神仙信仰的中心还是在西方昆仑，东方蓬莱只是其镜像而已；参考闻一多：《神仙考》，载《神话与诗》，北京：北京联合出版公司，2014年。

面流行则在秦汉。

与神仙信仰关系最为亲密的是早期的天文星占学，二者都是在探究人们最关心的"天"之迷思。天文星占学的产生时间更早，据目前证据来看至迟在新石器时期，早于神仙信仰产生的战国时期近2500年。推行神仙信仰的方士所行之术中也有占星候气之学，与当时官方掌控，并为统治阶级服务的正统天文学从理论上看并无大异，连司马迁都曾感慨："文史星历，近乎卜祝之间。"故神仙信仰对天文星占的借鉴关系，从其思想产生伊始就已出现。但不同于天文学的"高高在上"，神仙信仰被创造的初衷虽固有一定的政治投机目的，但求仙、长生等概念产生的实际效果又与普通大众息息相关。同时，宗教控制本就是统治阶级百试不爽的政治手段，也间接助长了神仙信仰在汉代的传播流行。表现在图像上，则是从王莽时期至东汉初期神仙信仰类神兽图像系统逐渐融入，并在东汉中期最终替换掉天文类神兽图像系统。同时，西汉早期盛行的黄老之术、西汉中期后开始占主流地位的迷信化的新儒学等，也都能在神仙信仰中找到可以依附发展的支点。于是神仙信仰终从一开始只以长生、求仙等为目的，遂而成为汉代最具代表性、影响最为深远的民间信仰。

对长生、升仙等信念的极度向往，使人们惧怕一切会对此造成阻碍的事物，于是就创造出更多、更完善的辟邪驱鬼手段来保障和辅助这一过程。辟邪类神兽图像系统即成为神仙信仰类神兽图像系统最重要的辅助和支持，汉代墓葬结构的变化也使得这种辅助行为得到了更广阔的表现空间。

神仙、辟邪、黄老、儒术等社会信仰，滋养出汉代极度迷信化的生死观和充满想象力的开放思维方式，一种集中体现这些意识特征的思想学派就此诞生，即谶纬符应学。虽目前学者普遍认为谶纬符应学之渊源可追溯至东周时以邹衍为代表的阴阳五行学派，但真正兼备理论体系、图文细节、社会认可的谶纬学，只能从汉代谈起。汉人对祥瑞、征兆、预言的绝对依赖已波及社会生活的各个方面，对后世亦影响深远，如皇帝的年号制度，就源于汉武帝获麟而始定年号"元狩"。同样流行于民间的神仙信仰是其意识基础和文化背景，反之，谶纬符应亦是对神仙信仰世俗化的实际应用；二者的本质，都是统治阶级对民众的思想控制手段。表现在图像上，谶纬类神兽图像系统中的多数内容都择取于神仙信仰系统；而天文类神兽图像系统亦对谶纬系统带去了同样的影响，但主要来自学术理论层面，在图像上的反映则是以神仙信仰类神兽图像系统为中介。

　　总结来看，两汉特有的一套社会信仰体系呈现出一个动态演化过程，不断有内容被有意识地继承、改造、替换、更新或删除，这种变化自然会投射到社会生活的方方面面，神兽图像亦是其中之一，是社会信仰的微观镜像。从历史发展的纵向角度看，一是对大部分传统图像母题及组合场景的延续与改造，二是新创或落实了一批新的神兽图像并对后世带来深远影响，三是删除或替换掉了部分不合时宜的神兽图像；从汉代自身横向历史空间来看，天文、神仙信仰、辟邪、谶纬祥瑞四大神兽图像系统也表现出对社会主流思想信仰的直观反映，彼此间在交互影响中独立演进，也存在不同社会阶层间的差异倾向。

第五章　结语

一　汉代神兽图像的来源及演进模式

人与动物的互动关系一直伴随着人类历史的演进。动物以人的伙伴、敌人、赖以生存的物质或思想来源等身份，出现在人类文明发展的各个阶段。古代图像又是最能直观、可靠地审视人与动物关系的重要证据资料。因此关于古代动物图像的课题，是了解古代人类社会发展不可缺少的辅助性研究。

从中国古代遗留的图像资料本身来看，既有表现自然世界的现实动物，也有由人类主观创造的幻想动物。前者主要出现在表现人类日常生产生活的场景中，形象多写实，较易辨识；后者情况则相对复杂，需要对其母题内涵、图像场景、装饰载体、历史背景、图像演变等进行综合分析。

石器时代就已出现了早期动物崇拜，图像载体主要有岩画或陶、玉石器等造型装饰，其对象既有现实动物，也有人类因未知、恐惧或崇敬而创造出的复合化想象动物。由于资料的匮乏，对其属性不能简单地以图腾或早期巫神崇拜来解释，它是一种人类对自然界原始的、本能的联想反映，但若某一地区或某一考古学文化范围内，高频地出现同一类或几类神秘动物图像，则能暗示出人类对这类神秘动物有组织、有目的的思想意识寄予。

商周时期的幻想动物，从图像上看，变得更为复杂且趋于抽象和图案化、符号化；从种属上看，则有将动物进行归类，并择选或创造出其中最强代表的倾向，其象征意义大于实用意义。尽管从这些幻想动物的外形上，仍能看出部分早期来源，但人类对这些神秘幻想动物的态度，已从早期的绝对崇拜，变成为我所用的相对平等，使其具备时代性的内涵与功能，与商周时期的鬼神信仰、祖先崇拜等都产生出莫大关联。

总的来说，汉代之前，人类对幻想神秘动物的态度，或是尊崇膜拜，或是敬事利用，总体上还是认为与其之间存在着不可逾越的距离。而这种态度，约自战国中晚期起，随着方士的出现与神仙信仰的产生而发生改变。

汉代首先继承了一批传统神兽（包括想象动物和神化了的现实动物），或来自早期崇拜，或来自神话传说、转生故事、经典文献等，但内涵与形态都发生了时代性的改造变化，以符合汉人的精神需求与审美意识，如龙、凤、神鸟、麟、虎、鹿、龟、蛇、象、熊、豹、牛、羊、马、鱼等。同时，在这种时代性的精神需求和审美意识的基础上，汉人也新创（包括从原典或现实中的全新择取或原创）出大量新的祥瑞神兽，如比翼鸟、鹔鹴等更显神异性的神鸟，或是驺虞、穷奇、并封、多首或半人半兽神兽、飞鼠和外域引入的被汉化、神化的珍稀动物等。

总体来看，汉代神兽形象最重要的时代特征是：它兼具了石器时代的写实性与青铜时代的奇异性；神兽们的主体形态是写实地模拟现实，但在细节和图像背景上被丰富、改造或更新出神异化特征，如翼、角等的加入，或符瑞化明显的多足、多角、多头、连体、半人半兽等怪异形态。汉代在继承和改造、创新的同时，也有一批早期神兽母题图像逐渐被弱化、替代或放弃，但并不是绝对的消失，只是被变化了形态、用途，或被替换了载体等；而汉代盛行的神兽图像也是一样，在之后的历史中，多数也因被淘汰、替换而消失不见。

二　汉代神兽图像母题及组合场景新识

（一）对以往观点的疑问与新的认识

1. 汉代龙、凤、虎图像新识

本文用考古类型学方法，对汉代的龙、凤、虎图像进行了系统的分类、分期与内涵解读。

（1）龙

从目前可见的汉代龙图像中可辨识出的汉龙种类有：苍龙、飞龙、应龙、蛟龙、虬龙、螭龙、盘（蟠）龙、黄龙。

苍龙是对天象星宿的动物化想象模拟；有羽翼、可飞腾上天的是飞龙；有翼、毛、角等，与飞龙一样可以乘云飞腾的是应龙，不同之处是应龙外形更近兽类；这三种龙的主要活动区域在天地之间，带有强大神性，可被乘驾并助人升仙。

有鳞且多在水中活动的是蛟龙；或有角、或无角，多为青色的是虬龙，也有虬龙为蛟龙子说；螭龙无角，可游于水、可被乘驾，常被用于建筑装饰；盘龙或蟠龙指未升天之龙，多呈弯曲盘绕状；这四类龙的主要活动区域在地水之间，多也可被驾乘，人们或认为可以借助它们渡海成仙。

黄龙与阴阳五行观中的"中央色黄"有关，《宋书·符瑞志》称其为"四龙之长"，应是综合了各类龙的特性与功能、可上天入水、带有强大神性的神龙，后成为重要的谶纬符号之一。

汉龙图像在西汉早中期带有较高的等级象征意义，造型精美且有一定规制。早期的帛画、漆画、器物装饰等上的龙图像，对之后出现的画像砖石及壁画上的龙图像带来了直接影响。约西汉晚期起，龙图像由上至下普及传播，但因等级观念所限，普通民众始终不敢僭越使用最高等级的飞龙形态，而只能倾向使用龙属中等级略低，更为亲民的应龙、蛟龙、虬龙等形象，同时赋予它们丰富多变的艺术造型。始终未变的是汉人使用龙图像的意图，都表达出希望借龙升仙的愿望。东汉时，因谶纬思想的逐步渗透，龙被归为重要的祥瑞符谶，其兆吉辟邪的实用性神力被放大，被民众广泛接受，使其成为之后两千年来民间信仰中最重要的神兽。

（2）凤

汉代并无龙、凤的固定搭配，更多时候与凤搭档的是麒麟。

先秦及汉代文献中常有"凤皇"之称，指百鸟之王；后为"皇"字加入风字头，应是象形凤之"冠羽"，"皇""凰"仍可通用。

从图像上看，楚凤纤细柔美、艺术装饰感强，秦凤造型则相对抽象无章，风格朴实。汉凤吸收、融合了楚、秦等多种早期凤像，演化出汉代独特的凤形与内涵。其总体风格写实，强调对鸟类身体细节的描绘；有冠和细长穗状尾的凤是汉代最常见、最典型的形态，它继承了早期凤像的典型要素却又丰富了凤身的细节表现；东汉时出现的分叉鱼尾状凤尾可能是受阴阳观念影响，为对凤凰的性别从图像上进行明显区分而做出的艺术创新，一方面源于对自然界中雉科鸟类的两性形态（尤其是尾部）差异的观察，一方面也受到了早期器物装饰上鱼尾凤像的启发；其他形态各异的凤尾，也是源于这种艺术性的变化或简化。凤口中所衔之物的差别，最初体现出一种区域文化差异：如凤衔不死药最早出现在较高等级的墓葬中，后来流行于两京地区；衔仙草多见于中原地区；衔鱼及凤卵则在苏鲁豫皖邻近地区常见；"凤食琅玕"可能是道教炼丹风气兴起后的说法；羽人喂食凤的珠状物应是仙界植物"竹实"。至东汉中晚期以后，凤衔物及人物喂凤等图像都逐渐演化成固定祥瑞图式，带有符号化的象征意义。

（3）虎与类虎神兽驺虞、穷奇

为虎添翼的行为约自王莽时期时出现，虎身仍写实，与无翼的写实虎一样，带有四象之白虎、兆吉辟邪、辅助升仙等内涵，并未发现"是否带有双翼"对汉虎涵义造成的明显影响。

汉代图像上还出现过两种外形类虎的神兽：驺虞和穷奇。前者是一种古老义兽，宁自食而不食别的生物，其特征是白虎黑纹、长尾、擅奔走，但从图像（尤其是彩色图像）上看，驺虞与虎很难分辨；后者是一种"状如虎，有翼，食人从首始"的神兽，是"四凶""十二兽"之一，汉画中有一种翼虎食鬼怪的场景，应即在描绘穷奇，带有辟邪除恶之意。

2. 汉代神鸟图像新识

汉画中的神鸟形象种类繁杂、形态各异。本书研究方法是先直观地从图像本身入手，对形态相似的神鸟进行粗略分类，再以文献或出土文字材料为辅，确定某种神鸟母题的名称、内涵及典型图像，继而对应找出形态、场景相似的图像，最终理清各类神鸟母题图像的内涵属性及在两汉间的形态演变。文中讨论了朱雀、鸾鸟、三青鸟、三足乌、比翼鸟、交颈鸟、四方神鸟、鹔鹴等13种幻想神鸟及鹤、雀、孔雀、燕、乌、山鹊、鸱鸮、鹜、雁、鸳鸯、鸠、白雉等20种以现实鸟类为原型的祥瑞神鸟。现将重要研究成果整理如下。

（1）朱雀

西汉较早时期的朱雀图像多见于高等级墓葬，带有等级象征意义。从图像形态上看，西汉早期的朱雀多为自然界常鸟形象；约从西汉中晚期左右，朱雀开始借用凤身部分更具神异特征的细节，如羽冠、尾穗等，但因时人对朱雀形象并未形成统一认知，故常见朱雀与凤的形象被混淆使用的情况；直至东汉晚期，朱雀形象仍未确定，甚至可以呈现为各种鸟形，需要在具体的图像场景中具体识别，它更像一个图像符号，其象征意义重于图像的具体形态本身。

（2）三青鸟与三足乌

"乌有三足"是人们在阴阳五行观影响下，对日中乌的神异化联想；而传说在西王母仙境为其取食的神鸟原为三青鸟，二者概念偶有混淆。后在谶纬文化盛行的东汉时期，人们渐用三足乌这种看似更具神异特征的神鸟对三青鸟进行了概念替换，使之最终取代三青鸟成为西王母仙境神鸟，并成为东汉最为流行的符瑞神兽之一。

汉代图像中固定使用"三足"的三足乌形象只见于东汉时的四川地区，可能与早期道教的流行有关，三足乌后来也成为道教经典神祇之一；其他地区似乎并未严格遵从三足的形态。可见人们只是接受了三足乌的概念，却未对其神异化的主要外形元素——三足有着足够的重视，人们在意的并不是三足乌的实际形态，而是其符应化的象征意义。

（3）鸳鸯与交颈鸟

鸳鸯在汉代只有吉祥寓意，并无雌雄指代爱情的象征意义，如望都汉墓带榜题的鸳鸯图像就仅绘出一只棕褐色的雌性鸳鸯。至迟在魏晋隋唐时期，鸳鸯才被突显出成对的特质，却多用来比喻兄弟亲情；约在唐宋之时，才有指代爱情之意。

东汉中晚期壁画与画像石上常见的一类交颈鸟形象，应是谶纬符应观影响下对现实鸟类的神异化，并非鸳鸯。后来交颈之所以成为鸳鸯的特征，也是因为鸳鸯指代男女之情而附意其上的。

（4）龙雀

根据苍山元嘉元年画像石图像及题记，龙雀是指一类鸟首兽身的双翼神兽，非指龙与雀两种神兽，带有祥瑞辟邪寓意。

（5）鹄鸫

洛阳卜千秋墓顶壁画上有一女子怀抱一乌立于一只三头六尾的红色神鸟背上，这只三头六尾的神鸟应是鹄鸫。鹄鸫有使人死后不迷路、不腐烂等神力，又能御凶辟邪，是载运护送墓主人升天的坐骑。

3. 汉代有翼、有角神兽图像新识

（1）狮子

古代中国不产狮子，最早引入中国的狮子是产自南亚或西亚的亚洲狮，即汉代所谓的西域地区，主要为进贡之物。据文献推测，狮子入华的最早时间在张骞通西域后不久；至东汉，仍有西域诸国多次向汉庭进献狮子的记载。

古代中国先是流传有一种名为狻麑、外形似虥猫（浅毛虎）、可食虎豹的猛兽，或源于周穆王时因征战而对西域狮子的真实记录，名称来自塞语音译。汉时由西域引入的狮子名称亦为梵语或粟特语音译，但汉人并没有将狮子与狻麑看作同一种动物。魏晋时，"麑"通"猊"，"狻麑"被写作"狻猊"，其概念也约在此时被等同于狮子，这才有了"狻麑＝狻猊＝狮子"的说法。

迄今发现的王莽时期至东汉早期的狮子图像几乎都出自较高等级墓葬，且出土地点多在东汉京畿地区及附近。直至东汉较晚时期，其他地区才逐渐得见狮子形象。

大多数汉狮图像风格写实，几乎都不带双翼。只因汉人惯以翅膀为"道具"来神化动物，因而至东汉晚期，才见到带翼的石狮造型。这非但不是因为受到了外来文化影响，反而是一种符合汉人想象规律的、用双翼神化出的"汉化狮子"。

（2）麒麟

麟的原型可能是一种现实存在的鹿科动物，因某种基因变异而出现异常的身体特征——一角。麟在古时仅是传说神兽，对其仁义品德及一角特质的大肆宣扬是在汉代，且为证明其存在的真实性，造势者需要对包括一角在内的完整麒麟形象进行细化落实。汉代正是麒麟形象从无到有、从意识信仰到具象崇拜的重要阶段。从西汉时的羊身麒麟、马身骐驎雏形，至东汉逐渐演变出成熟形态的鹿身麒麟、马身骐驎，再因对一角特征的逐渐强化，导致对角端肉部的突显。

（3）辟邪与天禄

作为神兽名的辟邪取义辟除邪恶；天禄则取意天降福禄，出现时间晚于辟邪并与辟邪配对。辟邪、天禄作为神兽组合流行的时间约在东汉较晚时期，二者名称的字面寓意十分符合汉人对神兽兆吉除凶神力的寄予。

它们共同的外形特征是：有角、兽身似狮、多有翼、颔下长须、脸有鬃毛；一兽单独出现时多为双角，成组出现时才有一独角、一双角之分。但汉代辟邪、天禄的角数区别尚看不出严格规律，现有图像材料多呈混乱状态。

（4）符拔

符拔、扶拔、桃拔、桃枝等名称都是对地名"排特"（乌弋山离）的不同汉语音译，其实物指代可能都是当时广泛分布于欧亚非大陆、后进贡入汉的一种羚羊，其雄性双角、雌性有不明显的双角或无角，符合文献中对符拔"似鹿"或"似麟无角"的记载，也能在汉代图像上找到疑似双角雄性符拔的图像。

符拔入汉后曾被汉化别称为天鹿，后又谐音为更富吉祥色彩的天禄，也正因此，导致后世将其与有角狮身神兽天禄混淆。实际上在汉代，符拔与天禄、辟邪、狮子都没有直接关系。

（5）兕与獬豸

兕为一种传说中的大型独角牛科猛兽，与犀牛外形相似。獬豸（解廌、觟𧣾）外形更似一角羊，特点是以角触人即可明辨曲直、执法定罪。

汉墓出土的一类长独角、拱背低首作搏斗状的牛身陶兽，之前多被释为獬豸，认为角作抵触状是为了突显其能辨是非的内涵。但仔细观察，其尖角常正对墓口，镇墓意图明显，与獬豸可辨是非的寓意联系牵强。类似的神兽形象也多放置或装饰于墓门位置（门槛、门楣或起坡等），多作俯首一角前抵或搏斗姿势，明显在突出此兽勇猛的战斗力。符合勇猛又擅于用角抵触的神兽，应是兕。汉人将兕放置或装饰于墓葬中，寄托了望其镇墓除恶的用意，相较可辨是非的獬豸来说更为合理。

4. 汉代多首神兽图像新识

（1）双首神兽延维

东汉画像中常见的一种连体兽身、左右各一人首的神兽坐骑形象，应是《山海经》中所载的延维，只是依其形态特征被进一步夸张想象成仙人坐骑。有学者根据一例双首神兽上坐一位双身人并附榜题"荣成"的画像石，而认为此"四首怪物"为容成公的判断并不准确，容成公榜题应指的是坐于双首神兽坐骑上的双身神人，而容成公所乘的坐骑应是双首神兽延维。

（2）其他

三首神兽是作为祥瑞辟邪的"双双"。

八首神兽为水神"天吴"，而非星名天昊，汉画中常有混淆情况。

九首神兽为守天门的"开明兽"。

且在汉画中，头越多，对其的分配就越呈现出艺术表现上的多样化。

5. 汉代鸡首人身与牛首人身神兽图像新识

牛首人身的最初原型可能是神牛南山丰大特，其流行地区与《史记·秦本纪》所载发现南山丰大特的秦地、沣水等地理范围吻合，后被逐渐拟人化、神异化为半人半兽形象。

鸡首人身则可能与文献所载秦地的另一种"陈宝鸡鸣"信仰有关。秦文公偶获一块神石，遂为其建祠供奉，后每次神明降临时都会引起鸡鸣，故又称其神为"鸡鸣神"。故"鸡鸣神"的本质为"引起鸡鸣的神石"，刻画为鸡的形象或因石头形态不宜进行图像表现和观赏识别。

从陕北画像石相同位置的图像材料中，能找到由牛、鸡的动物形象逐渐演变为牛首人身、鸡首人身的演化过程，二者都是源自秦地流行的传说信仰。

这种由动物形态到半人半兽形态的变化，可能也受到了东汉时苏鲁豫皖邻近地区流行的、符瑞化浓厚的半人半兽诸神人、神兽的影响（如常出现在西王母身边的鸟首人身、马首人身等）。且这种影响是相互的，故后来在东汉较晚时期苏鲁豫皖邻近地区的石质画像中，也能见到鸡首、牛首、鸟首、马首等神人混杂的场景。但苏鲁豫皖邻近地区石质画像上的鸟首人身神、牛首人身神等，应来源于另一信仰体系，只是这些外形相似的半人半兽神人、神兽图像在当时的工匠手中出现混淆，单从图像上看已很难准确分辨其原义。

6. 汉代玄武图像新识

汉代玄武的龟蛇合体形象，应是部分来自对其指代星宿形态的动物化想象，与早期旐上指代"预兆"的龟、蛇涵义不同，至少在汉代及之前，旐与神兽玄武并未显示出直接关联。

由图像材料可见，玄武形象出现于天象图或祥瑞神兽图中的时间约在西汉晚期至王莽时期，其形态呈现出单体龟及龟蛇合体两种，且一直并行使用至汉末。这与文献记载的北方玄武在星宿中分别指代室、壁二宿或虚、危二宿的差异情况相符。而龟蛇合体玄武形象最终定型并完全代替单体龟的玄武形态，则是在汉代之后。

7. 汉代谐音吉祥神兽图像新识

（1）飞生（飞鼠或曰飞鸓）

其现实原型为鼯鼠，"飞生"之名源自其"飞且乳"的生理特性，身体特征是似鼠、兔或小狐，有可以飞的肉翅，长尾，毛色紫红，叫声似人呼等。"飞生"之名恰与升仙之"飞升"谐音，故推测其在汉代被视为一种象征死后升仙的祥瑞神兽。

目前所见图像材料中，似为飞生形象的多出自西汉至王莽时期的器物纹饰，且这种装饰又是继承东周一类"三（四）兽纹"的装饰形态而来，多见于铜镜与漆器；其周围多饰卷云纹，突出特征是此兽都会一手反抓尾巴，另一只手撑在头上，双脚踩于圆形卷云空间，呈"驾云而飞"姿态，表达出飞升成仙的吉祥寓意；入东汉后则少见，原因不确，推测与鼠这种动物在汉人心中略含贬义有关，因而并不符合汉人选择谶纬符瑞神兽的基本标准。

（2）能

在东汉较晚时期鲁南地区的石刻画像上，常见一种站立舞蹈状、身饰斑点的类熊形象，有的脖颈处还似有项圈状物（似为一圈颈毛），与常规的熊、罴形象略有差别，似为"能"。它是熊的一种，鹿足、强壮，其谐音或可指代能杰、贤能等意。"能""熊"有时亦相通，只是后人逐渐用熊取代了能。这种形象的能目前仅见于苏鲁豫皖邻近地区的画像石上，富有地域特色。

（3）鹿

鹿本是一种传统吉祥瑞兽，但它在汉代的流行一部分原因也与"鹿"音同"禄"有关。一种典型的表现方式是在墓门上部装饰大幅的鹿或鹿头，这种做法约在西汉晚期出现，并主要流行于东汉，尤其是东汉较晚时期。

（4）羊

羊天性本身纯良有礼，又通"祥"，在汉代被奉为祥瑞神兽之一。常见造型为一种装饰于墓门上的巨大羊头，且重在突出其"角"。汉画中的羊形象多为大角羊，其弯曲的一对大角被刻画的十分明显，有的还被添加了象征神异性的双翼，或有"福德羊"的榜题。

（5）猴

猴谐音通"侯"，有"封侯"之意。

猴与猿从图像上不易分辨，但猿常模拟攀援登高状，带有长寿、高升等寓意。

（6）雀

雀本是自然界中一种常见的小型鸟，先秦时多隐喻渺小普通，有时甚至略带贬义，后来雀的地位逐渐上升并进阶神鸟之属，全倚仗其吉祥谐音。

古时"雀""爵"同音，故雀与爵位之间便延伸出词义假借关系。汉代有分封爵、赐爵之制，尤其是赐爵，主要是在特典、灾异、祥瑞等重大事件发生后由皇帝向全天下颁赐，各等级爵位享有不同的优惠政策，故汉人皆乐于追逐爵位以求之名利。雀的这种吉祥寓意，就来自人们对"赐爵"的殷切愿望，后遂为瑞应之一。

（7）鱼

鱼除了作为传统的吉祥动物，其谐音也带有兆吉意味。鱼的上古音可谐音为侯，故汉画中很多"抱鱼""钓鱼"图式均可释读为带有官封诸侯、升职高迁、福泽如诸侯之类的吉祥寓意。

8. 汉代天文类神兽图像新识

（1）四象神兽

四象最初源于对天象星宿的动物化模拟，同时也是四季、四方的指代神兽，主要源于古人对"象"的崇信，后才逐渐被应用于其他概念的指代。

四象中的动物原型龙、虎、鸟、龟与四灵中的龙、麟、凤、龟由于部分重合或相似，导致二者概念在汉代的传播、流行过程中发生了混淆与融合。这种混淆正好可以对应朱雀、玄武形态出现的复杂情况，如朱雀有时似常鸟、有时又表现出凤鸟之态；玄武时为单体龟、时又作龟蛇合体。而工匠对四象、四灵概念的理解不当，可能也直接导致了其创作时的细节差异。

约在西汉晚期至王莽时期时出现"五灵说"，即在龙、凤、麟、龟外又加白虎。

经两汉的传播发展，四象与四灵、五灵概念最终产生了部分重合，或说结合。如海昏侯墓一件铜当卢上，自上而下就分别有凤、双龙、虎、鹿（麟）、朱雀、龟，且朱雀为常鸟形象，与最上面凤的形态有别，龟为单体龟，鹿无角可能是西汉时尚未定型的麒麟形象。综合来看，这件当卢上的神兽图像可解读为：在四象成员的图像形象未定之前，与四灵混淆的表现，甚至初显"五灵"雏形。

四象神兽中，唯北方神兽的角色常有变化，表现出不稳定性；且只有当整个图像场景在表现天象时，北方神兽才会稳定地使用玄武（龟或龟蛇合体）形象。不能仅通过图像中包含龙、虎、朱雀等神兽图像就判断其为四象神兽图，它们多数时候并不是在客观表现天象方位，而只是借用"天空"的指代意义来表现仙境。

同时也必须承认，汉人对北方、北方神兽等概念确实持有特殊态度。这或可追溯到战国楚地黄老哲学体系中的"三时主生、一时主死"等观念，即冬季、北方与其他三时、三向在人们的意识中是有差别的，带有"煞刑""主死"等潜在内涵，不甚吉祥，故人们常用其他神人、神兽来填补这一缺失；且如将北方视为一切开始和结束的关键，那么生死间转换的关键位置就在北方，若从死者的主观角度考虑，尤其是在墓葬装饰空间中，能展现的自然就只能是其他三向。但这终归只是时人出于避讳而做出的临时角色替换，并不代表玄武作为北方神兽的身份被取代，文献中也没有显示有玄武之外的其他动物代替进入四象体系的证据。

至迟在王莽时期，以图像中北方神兽玄武的稳定表现为标志，四象组合得以定型。

东汉时，受谶纬思想影响，四象逐渐被图案化与符号化，渐成一种表现祥瑞或辟邪寓意的图式。

汉画中的四象神兽并不都是被完整呈现的，而常以四、三、二这三种组合形式出现。

完整的四象组合在西汉较早时期就已出现，这与其最初指代自然天空并标识方位的内涵相符。西汉中晚期起，东西南三兽和东西两兽组合出现，它们都已不再带有象征自然天空的功能，主要起着象征仙境、寓意吉祥、镇墓辟邪等功能。东汉较晚时期，四象神兽图像都呈现出祥瑞符谶化趋势，其符号意义逐渐掩盖了其本义。

（2）日月神兽

日中乌形象由置身日轮中双腿站立、到飞翔状、再到三足站立状，东汉还出现了乌或双头乌载日而飞的形态。

月中较稳定的是蟾蜍形象，东汉时渐多拟人化的艺术表现风格；兔在月中时有时无，早期风格写实，东汉后常作拟人化的捣药状，与蟾蜍配合在西王母、东王公主导的仙境世界中履行制作不死药的职责。

日月神兽图像一直旨在生动象征仙境世界。它们在墓葬等建筑装饰空间或器物装饰空间中时，多会出现在相对靠上的位置。

（3）星象神兽

汉代由四象神兽模拟的星宿在二十八宿中占十三宿，剩下的有相关图像材料支持的有六组七宿：牛宿与牛郎牵牛，虚、危或室、壁二宿与双鹿，奎宿与封豨（豕），胃宿与刺猬，昴宿与兔，觜宿与鸥鹓；其他还有如天市与白鹤（或鹳），三台与红嘴黑燕，军市与野鸡，天狼与仙人引弓射狼，司禄与仙人骑白象，司命与仙人骑龟等。

星象神兽的身份只有在它们出现在天文图像场景中时才成立，是人们对枯燥晦涩的天文知识及图像进行生动艺术化的表现。

星宿与神兽之间的指代关系，在出土图像中常表现出不规范、不准确、时而混乱等情况。这应与汉代天文学仅被少数人掌握有关。即使工匠手中拥有天象图粉本，在实际操作中，也会因理解不深或误解而造成各种混乱局面。虽就目前资料来看，在墓葬中使用天象图的墓主，其社会身份普遍较高，但当他们使用这种充满神话艺术色彩的天象图装饰墓顶时，只怕多数也并不是出于科学求知目的，而只是迷信化的希望借此表现"天"与"仙境"，以寄托升仙、兆吉等心理愿望，所以对内容细节准确性的要求也就相对没那么高。

这种将星象进行艺术化模拟的行为，应与古天文学和占星学有关。以它们为装饰，都带有迷信化的祈愿、兆吉等特殊目的。东汉流行的瑞应图，其部分渊源就来自这类模拟天象的神兽，体现出我国古代谶纬文化与占星学之间的密切关系。

9. 汉代辟邪类神兽图像新识

（1）蚩尤、天帝使者与大方士

蚩尤是传说中与黄帝相争的神人，其形象特征有兽身、牛角、能作云雾、四目六手、手持刀兵等，素有战神、主兵等誉，常以画像、立祠等方式被执政者用以震慑、教化天下，由传说人物逐渐演化为神灵。汉代流行的角抵戏也是由之发展而来。东汉早期道教所谓的"天帝使者"，原型很可能就来自蚩尤。

汉画中还有一些似在打鬼的"类神兽"形象，可能就是民间道教中隶属于"天帝使者"的"大方士"道人团体，他们多由真人假扮，通过穿羽毛衣、佩戴面具等装扮，开展辟邪驱恶等宗教仪式。墓葬中的这类图像可能就是对现实世界此类仪式活动的模仿，旨在为墓葬驱除邪恶。

（2）云气画

神仙信仰类神兽图像场景中的云气纹，多作装饰性背景，旨在突出渲染仙境或升仙场面；而云气画中的云气则与神兽一样，是画面的主体，云气本身具有占卜、预兆等功能内涵，与神兽结合，展示出一种神秘诡谲的场景氛围，带有兆吉辟恶寓意。

云气与神兽间还常见一种更为奇妙的合体造型，通常是云端伸出一段神兽的头或身子，看似神兽的部分身体化为云气，二者浑然一体，暗示出汉人认为云气可形生神圣之物的观念。

10. 汉代谶纬祥瑞类神兽图像新识

瑞应图的基本图像场景是由若干祥瑞母题图像（神兽为主）组成一幅完整图式，有时附榜题，多数情况下位于装饰空间上部，主要流行于东汉较晚至三国魏晋时。

东汉时，瑞应图由京畿地区（河南）逐渐辐射影响至陕北地区、再至苏鲁豫皖邻近地区，主要流行于墓葬石质画像上，且时代越晚，瑞应的种类就越多、母题形象就越显神异。这种趋势与谶纬学说在东汉的发展情况基本相符。

多数情况下，瑞应图并不会呈现出如武梁祠或和林格尔墓那样规制精细并附带榜题的状态，而只是将诸祥瑞神兽进行简单排列，仅带有符号化、图式化的象征意义，但其装饰位置仍固定处于装饰空间上部。而那些精细规制的瑞应图，多与建造者或使用者本人的特殊经历与目的有关；其他普通的瑞应图，则只是当时在谶纬文化影响下的一种流行的墓葬装饰图样，其主要寓意亦为兆吉辟凶。

（二）神兽图像母题在汉代发展演化的关键时间特征

据表2.7的研究结果可以发现，汉代的各类典型神兽图像母题并不是同步出现与演进的，而呈现出有批次、有规律的发展势态，在两汉间出现过四次关键时间点。

第一个关键时间点在汉初。龙、虎、凤、麟等传统神瑞动物率先出现在各类装饰图像中，多带有较高的等级象征意味，与先汉时人们对幻想动物图像的使用情况相似。

秦汉之际出现过一次波及古史体系的重大灾难，文化传承出现断层，而自战国中晚期开始传播的神仙信仰和讲求修养生息的黄老之术成为文化碎裂的汉初社会各阶层普遍的心理依赖。养身行气修身就是为了得道升仙，这一心理追求自然要求人们去大量创造、填补这个新出现的想象中的神仙世界，神人、鬼怪、神兽等都是必不可少的重要元素。于是人们开始从古老的神话传说、英雄转生故事、经典学术文献、神秘吉祥的现实动物等中挑选对象，各色神兽相继被选入神兽系统。

第二个关键时间点在西汉中晚期。新增神兽母题主要有两大来源：一是外域新进珍稀物种，它们一经引入就很快被神化和祥瑞化；二是与汉初情况相似，更大批量地选自早期遗留的神话传说、典籍或现实动物，且选择标准大致是：现实动物要或珍稀、或勇猛、或温和吉祥，以达到"祥瑞"标准，神话传说神兽则是要对人们修仙、升仙等有利。值得注意的是，如豹、南山丰大特、飞生、骆驼、孔雀、符拔等珍异动物，虽曾一度被纳入神兽体系，但在两汉之际却逐渐被淘汰消失，尚难判断这种淘汰实属偶然还是另有原因。

第三个关键时间点在东汉早期。再次经历一段时间的文化断裂后，人们开始慢慢恢复用图像展示精神世界的行为，并能看出从京畿地区向周边辐射影响的趋势。一方面，人们试图找回传统，西汉已有的各类神兽母题逐渐恢复出现；同时，新政权对谶纬文化的大力推崇，使得新出现的神兽形态更显神异化和符谶化。人们对墓葬和墓主死后生活逐渐加强的保护意识，也使得一批带有辟邪除恶内涵的神兽开始流行，如马腹、穷奇、角端、咒等。

最后一个关键时间点在东汉中晚期，也是谶纬极盛时期。原有的神兽体系已不能满足全社会对祥瑞符谶的膨胀需求，于是大量外形越来越怪异的神兽被新创出来，以多头、连体、半人半兽等形态为主。尤其到了东汉晚期，多见大量神兽满饰画面的场景，许多神兽母题、组合场景也开始固化为辟邪或瑞应图式，其符号象征意义逐渐代替了其原本内涵。

（三）汉代四大神兽图像系统

基于对汉代流行的各类神兽母题及典型组合场景的释析，发现神兽图像大致可归为天文、神仙信仰、辟邪、谶纬祥瑞四大类，可称其为汉代神兽图像四大系统。

天文类神兽图像系统主要包括四象、日月、星象神兽三部分，源于人们对当时认识范围内自然天空的理解和想象。

神仙信仰类神兽图像系统旨在表现人们心目中的信仰天空。虽然神仙信仰在汉代之前就以意识形态、语言、文字等形式存在，但"图像化"却是自汉代才开始流行的表现方式。试想，从意识形态、语言文字中的仙境，落实为一个个实在的图像，汉人必定历经了一番精心且漫长的选择与继承、想象与再创造的过程。从整个中国历史时期的广度来看，汉代的确是图像发展最为艰难卓越的时代，大部分古老神话传说，典籍文献中的角色、造型、情节、背景、细节等，都是在汉代得以图像化并逐渐定型、传播、影响至今。

辟邪类神兽图像系统是对神仙信仰的一种辅助性表现方式。任何思想文化都会有对立和斗争的双方，正如仙境、升仙图式是为了崇神求仙，那么辟邪图式就是为了配合、支持这种目的愿望所做的保障行为，因为只有保障了死者身体和灵魂的安全不受侵害，才能顺利到达登遐之境界。

谶纬祥瑞类神兽图像系统，从较早时期的仙境祥瑞神兽群体，到神兽行列，再到较晚时期或松散、或规制排列的瑞应图等，都是人们对谶纬文化从接触到理解再到绝对崇信过程的直观表现。

汉代四类神兽图像系统之间，多出现影响、替代、融合、演变等复杂互动关系。

多数情况下，通过对包含神兽的图像场景及细节进行全面观察、甄别关键内容元素、结合图像载体及使用者的基本信息等，即可大致判断出某一图像所属的主要图像系统，继而有助于相对快速准确地理解图像内涵。但这并不是释读汉画的绝对定律，本书研究成果只希望为人们在释读汉代带有神兽内容的图像时，提供一个快速读图的逻辑线索。

三　神兽图像系统与汉代社会信仰

一个时代的思想文化往往会慢慢渗透至其社会发展、日常生活、艺术表现等各个方面，汉代图像恰是能综合展现当时主流社会信仰的直观材料。

神仙信仰起源于战国中晚期的燕齐之地，传播发展则在秦汉。与之关系最亲密的是天文星占学，二者都是在探究人类最关心的"天"之迷思。方士所行之占星候气之学就与当时由官方掌控的正统天文学类似，所以神仙信仰对天文星占的借鉴关系，从其思想产生伊始就已出现。但神仙信仰所追求的求仙、长生等主要目的是与普罗大众息息相关的，与天文学的"高高在上"不同；且宗教相对科学来说，也是统治阶级更擅长、更行之有效的控制手段，故神仙信仰在汉代的传播流行就变得必然且顺应人心与时势。从王莽时期至东汉初期起，神仙信仰类神兽图像系统逐渐融入，并约在东汉中期时最终替换掉天文类神兽图像系统。另外，阴阳化、方术化、迷信化的新儒学乘政治需求之便，成为汉代统治阶级加强政治专制和文化统一的武器，也使得神仙信仰在其中找到可以依附发展的支点，最终成为汉代最具代表性的民间信仰。

对仙境、升仙的极度向往，使人们惧怕一切会对此过程造成的阻碍，于是就创造出更多、更完善的辟邪驱鬼手段来保障和辅助这一过程。辟邪类神兽图像系统即成为神仙信仰类神兽图像系统最重要的辅助和支持，汉代墓葬结构的变化也使得这种辅助行为得到了更广阔的表现空间。

神仙、辟邪、黄老、新儒术等社会信仰，滋养出汉代极度迷信化的生死观和充满想象力的思维方式，汉人对祥瑞、征兆、预言的依赖逐渐波及到社会生活的各个方面，加之统治阶级的支持和宣传，谶纬符应文化遂在东汉成为"国宪"，大行其道。而神仙信仰正是谶纬学说的意识文化背景，谶纬符应观则是神仙信仰的进一步世俗化应用，二者的本质都是统治阶级对民众的思想掌控方式。表现在神兽图像上，谶纬类神兽图像系统中的绝大部分主题内容都择取于神仙信仰系统，天文类神兽图像系统亦对谶纬系统带去了同样的影响，且主要来自学术理论层面，在图像上的反映则是以神仙信仰类神兽图像系统为中介。

汉代的神兽在四大图像系统中的身份，分别是作为想象和模拟的对象（天文）、联系媒介及成员（神仙信仰）、实施者或被实施者（辟邪）、重要的组成与表现内容（谶纬祥瑞）而出现。

参考文献

（按第一作者姓名音序排列）

中文部分

（一）著作

安丘县文化局等：《安丘董家庄汉画像石墓》，济南：济南出版社，1992 年。

北京历史博物馆等：《望都汉墓壁画》，北京：中国古典艺术出版社，1955 年。

蔡季襄：《晚周缯书考证》，台北：艺文印书馆，1944 年。

岑家梧：《图腾艺术史》，上海：商务印书馆，1937 年。

岑家梧：《史前艺术史》，上海：商务印书馆，1938 年。

岑家梧：《图腾艺术史》，上海：学林出版社，1986 年。

常任侠：《常任侠艺术考古论文选集》，北京：文物出版社，1984 年。

陈鍠：《古代帛画》，北京：文物出版社，2005 年。

陈怀宇：《动物与中古宗教秩序》，上海：上海古籍出版社，2012 年。

陈立著，吴则虞注释：《白虎通疏证》，北京：中华书局，1994 年。

陈槃：《古谶纬研讨及其书录解题》，上海：上海古籍出版社，2010 年。

陈桥驿校正：《水经注校正》，北京：中华书局，2007 年。

陈器文：《玄武神话、传说与信仰》，西安：陕西师范大学出版总社有限公司，2013 年。

陈少丰：《中国雕塑艺术史》，广州：岭南美术出版社，1998 年。

陈师曾：《中国绘画史》，北京：中华书局，2010 年。

陈兆复：《中国岩画》，北京：文物出版社，2002 年。

程金城：《远古神韵：中国彩陶艺术论纲》，上海：上海文艺出版社，2001 年。

程俊英等：《诗经注析》，北京：中华书局，1991 年。

程万里：《汉画四神图像》，南京：东南大学出版社，2012 年。

苏舆编，钟哲注释：《春秋繁露义证》，北京：中华书局，1992 年。

杜金鹏等：《偃师二里头遗址研究》，北京：科学出版社，2005 年。

杜廼松：《故宫博物院藏文物珍品大系·青铜生活器》，上海：上海科学技术出版社，2001 年。

杜佑著，王文锦等注释：《通典》，北京：中华书局，1988 年。

段勇：《商周青铜器幻想动物纹研究》，上海：上海古籍出版社，2003 年

段玉裁注译：《说文解字注》，扬州：江苏广陵古籍刻印社，1998 年。

范景中等编：《考古与艺术史的交汇——中国美术学院国际学术研讨会论文集》，杭州：中国美术学院出版社，2009 年。

范晔：《后汉书》，北京：中华书局，1973 年。

方诗铭等：《古本竹书纪年辑证》，上海：上海古籍出版社，1981 年。

冯时：《天文学史话》，台北：国家出版社，2005 年。

盖山林：《和林格尔汉墓壁画》，呼和浩特：内蒙古人民出版社，1978 年。

盖山林：《中国岩画学》，北京：书目文献出版社，1995 年。

高文：《中国画像石棺全集》，太原：山西出版传媒集团、三晋出版社，2011 年。

葛洪等：《燕丹子·西京杂记》，北京：中华书局，1985 年。

葛洪：《抱朴子》，上海：上海古籍出版社，1990 年。

龚克昌等：《两汉赋评注》，济南：山东大学出版社，2011 年。

广西壮族自治区博物馆：《广西贵县罗泊湾汉墓》，北京：文物出版社，1988 年。

广州市文物管理委员会等：《西汉南越王墓》，北京：文物出版社，1991 年。

国家文物局：《2006 年中国重要考古发现》，北京：文物出版社，2007 年。

郭沫若：《美术考古学发现史》，上海：乐群书店，1929 年。

海通著，何星亮译：《图腾崇拜》，桂林：广西师范大学出版社，2004 年。

韩非著，陈奇猷注解：《韩非子新校注》，上海：上海古籍出版社，2000 年。

韩婴著，许维遹校释：《韩诗外传集释》，北京：中华书局，1980 年。

河北省文化局文物工作队：《望都二号汉墓》，北京：文物出版社，1959 年。

何介钧等：《马王堆汉墓》，北京：文物出版社，1982 年。

何建章注释：《战国策注释》，北京：中华书局，1990 年。

河姆渡遗址博物馆：《河姆渡文化精粹》，北京：文物出版社，2002 年。

河南省商丘市文物管理委员会等：《芒砀山西汉梁王墓地》，北京：文物出版社，2001 年。

河南省文物研究所：《密县打虎亭汉墓》，北京：文物出版社，1993 年。

洪丕谟等：《中国古代算命术》，上海：上海人民出版社，1999 年。

洪适：《隶释·隶续》，北京：中华书局，1985 年。

侯外庐等：《中国思想通史（第二卷）》，北京：人民出版社，1957 年。

湖北省博物馆：《曾侯乙墓》，北京：文物出版社，1989 年。

湖北省文物考古研究所：《江陵九店东周墓》，北京：科学出版社，1995 年。

湖南省博物馆：《长沙马王堆一号汉墓》，北京：文物出版社，1973 年。

湖南省博物馆：《马王堆汉墓》，长沙：湖南人民出版社，1979 年。

湖南省博物馆等：《长沙楚墓》，北京：文物出版社，2000 年。

胡司德著，蓝旭译：《古代中国的动物与灵异》，南京：江苏人民出版社，2016 年。

黄怀信：《鹖冠子汇校集注》，北京：中华书局，2004 年。

黄灵庚：《楚辞章句疏证》，北京：中华书局，2007 年。

黄寿祺等：《周易译注》，上海：上海古籍出版社，1989 年。

黄晓芬：《汉墓的考古学研究》，长沙：岳麓书社，2003 年。

黄雅峰等：《南阳麒麟岗汉画像石墓》，西安：三秦出版社，2008 年。

姜伯勤：《中国祆教艺术史研究》，北京：生活·读书·新知三联书店，2004 年。

姜生：《汉帝国的遗产：汉鬼考》，北京：科学出版社，2016 年。

江晓原：《天学真原》，沈阳：辽宁教育出版社，2007 年。

焦延寿：《焦氏易林》，北京：中华书局，1985 年。

具隆会：《甲骨文与殷商时代神灵崇拜研究》，北京：中国社会科学出版社，2013 年。

康韵梅：《中国古代死亡观之探究》，台北：台湾大学出版委员会，1994 年。

考古学编辑委员会：《中国大百科全书·考古学》，北京：中国大百科全书出版社，1986 年。

考古学编辑委员会：《中国大百科全书·美术》，北京：中国大百科全书出版社，1998 年。

赖非：《赖非美术考古文集》，济南：齐鲁书社，2014 年。

李昉等：《太平御览》，北京：中华书局，1960 年。

李零：《长沙子弹库战国楚帛书研究》，北京：中华书局，1985 年。

李零：《入山与出塞》，北京：文物出版社，2004 年。

李学勤：《东周与秦代文明》，上海：上海人民出版社，2014 年。

李则纲：《始祖的诞生与图腾》，上海：商务印书馆，1935 年。

练春海：《器物图像与汉代信仰》，北京：生活·读书·新知三联书店，2014 年。

梁白泉等：《南京的六朝石刻》，南京：南京出版社，1998 年。

梁启超：《国文语原解》，上海：广智书局，1907 年。

梁思成：《中国雕塑史》，天津：百花文化出版社，1998 年。

林梅村：《汉唐西域与中国文明》，北京：文物出版社，1998 年。

林巳奈夫：《神与兽的纹样学——中国古代诸神》，北京：生活·读书·新知三联书店，2009 年。

林树中：《南朝陵墓石刻》，北京：人民美术出版社，1984 年。

刘安等著，高诱注：《淮南子》，上海：上海古籍出版社，1989 年。

刘渡舟：《伤寒论校注》，北京：人民卫生出版社，2013 年。

刘敦愿：《美术考古与古代文明》，上海：人民美术出版社，2007 年。

刘敦愿：《刘敦愿文集（上卷）》，北京：科学出版社，2012 年。

刘凤君：《美术考古学导论》，济南：山东大学出版社，1995 年。

刘熙：《释名疏证补》，北京：中华书局，2008 年。

刘向著，向宗鲁校证：《说苑校证》，北京：中华书局，1987 年。

刘向著，石光瑛校释：《新序校释》，北京：中华书局，2001 年。

刘信芳：《楚系简帛释例》，合肥：安徽大学出版社，2011 年。

刘晓路：《中国帛画与楚汉文化》，长春：吉林教育出版社，1994 年。

刘晓路：《中国帛画》，北京：中国书店，1994 年。

刘珍等著，吴树平校注：《东观汉记校注》，北京：中华书局，2008 年。

刘正琰等：《汉语外来词辞典》，上海：上海辞书出版社，1984 年。

逯钦立：《先秦汉魏南北朝诗》，北京：中华书局，1983 年。

罗宏才：《从中亚到长安》，上海：上海大学出版社，2011 年。

罗二虎：《汉代画像石棺》，成都：巴蜀书社，2002 年。

罗森著，孙心菲译：《中国古代的艺术与文化》，北京：北京大学出版社，2002 年。

洛阳市文物管理局等：《洛阳古代墓葬壁画》，郑州：中州古籍出版社，2010 年。

吕大临：《亦政堂重修考古图》，清乾隆十七年黄氏亦政堂刊本，1752 年。

马健：《匈奴葬仪的考古学探索——兼论欧亚草原东部文化交流》，兰州：兰州大学出版社，2011 年。

马建章等：《虎研究》，上海：上海科技教育出版社，2003 年。

茅盾：《中国神话研究初探》，南京：江苏文艺出版社，2009 年。

南京博物院等：《沂南古画象石墓发掘报告》，北京：文化部文物管理局，1956 年。

内蒙古自治区博物馆文物工作队：《和林格尔汉墓壁画》，北京：文物出版社，1978 年。

倪志云：《美术考古与美术史研究文集》，济南：齐鲁书社，2006 年。

牛天伟等：《汉画神灵图像考述》，开封：河南大学出版社，2009 年。

欧阳询等编，汪绍楹校注：《艺文类聚》，上海：上海古籍出版社，1982 年。

蒲慕州：《墓葬与生死——中国古代宗教之省思》，台北：联经出版公司，1993 年。

钱坫：《十六长乐堂古器款识考》，清嘉庆元年刻本，1796 年。

饶宗颐：《长沙出土战国缯书新释》，香港：香港义友昌记印务公司，1958 年。

饶宗颐：《楚帛书》，北京：中华书局，1985 年。

容庚：《商周彝器通考》，北京：哈佛燕京学社，1941 年。

阮荣春：《中国美术考古学史纲》，天津：天津人民艺术出版社，2004 年。

山东省博物馆等：《山东汉画像石选集》，济南：齐鲁书社，1982 年。

陕西省考古研究所等：《西安交通大学西汉壁画墓》，西安：西安交通大学出版社，1991 年。

陕西省考古研究院：《壁上丹青——陕西出土壁画集》，北京：科学出版社，2009 年。

上海博物馆青铜器研究组：《商周青铜器纹饰》，北京：文物出版社，1984 年。

上海大学艺术研究院：《美术考古学学科体系》，上海：上海大学出版社，2008 年。

慎到：《慎子》，上海：华东师范大学出版社，2010 年。

沈括：《梦溪笔谈》，长沙：岳麓书社，1998 年。

沈约：《宋书》，北京：中华书局，1974 年。

史游著，曾仲珊校点：《急就篇》，长沙：岳麓书社，1989 年。

司马迁：《史记》，北京：中华书局，1982 年。

绥德汉画像石展览馆等：《绥德汉代画像石》，西安：陕西人民美术出版社，2000 年。

孙长初：《中国艺术考古学初探》，北京：文物出版社，2004 年。

孙机、杨泓：《文物丛谈》，北京：文物出版社，1991 年。

孙机：《汉代物质文物资料图说》，北京：文物出版社，1991 年。

孙机、杨泓：《寻常的精致》，沈阳：辽宁教育出版社，1996 年。

孙机：《汉代物质文化资料图说》，上海：上海世纪出版股份有限公司、上海古籍出版社，2011 年。

孙机：《中国古代物质文化》，北京：中华书局，2014 年。

孙希旦著，沈啸寰、王星贤点校：《礼记集解》，北京：中华书局，1989 年。

孙星衍：《尚书今古文注疏》，北京：中华书局，1986 年。

孙作云：《孙作云文集》，开封：河南大学出版社，2003 年。

汤池：《轨迹——中国美术考古研究》，西安：陕西人民美术出版社，2014 年。

王爱军等：《冥土安魂——中国古代墓葬吉祥文化研究》，郑州：中州古籍出版社，2011 年。

王充著，黄晖校释：《论衡校释》，北京：中华书局，1990 年。

王东：《中国龙的新发现》，北京：北京大学出版社，2000 年。

王大有：《中华龙种文化》，北京：中国社会出版社，2000 年。

王符著，彭铎等注：《潜夫论笺校正》，北京：中华书局，1985 年。

王利器：《盐铁论校注》，北京：中华书局，1992 年。

王利器：《文子义疏》，北京：中华书局，2000 年。

王嘉撰，萧绮录：《拾遗记》，载上海古籍出版社编：《汉魏六朝笔记小说大观》，上海：上海古籍出版社，2013 年。

王明：《抱朴子内篇校释（修订版）》，北京：中华书局，1985 年。

王念孙:《广雅疏证》,上海:上海古籍出版社,1983 年。

王聘珍:《大戴礼记解诂》,北京:中华书局,1983 年。

汪荣宝:《法言义疏》,北京:中华书局,1987 年。

王世祯:《中国神话》,台北:星光出版社,1982 年。

王叔岷:《列仙传校笺》,北京:中华书局,2007 年。

卫聚贤:《古史研究》,上海:上海文艺出版社,1990 年。

闻一多:《神话与诗》,北京:北京联合出版公司,2014 年。

巫鸿主编:《汉唐之间的宗教艺术与考古》,北京:文物出版社,2000 年。

巫鸿主编:《汉唐之间的文化互动与交融》,北京:文物出版社,2001 年。

巫鸿主编:《汉唐之间的视觉文化与物质文化》,北京:文物出版社,2003 年。

巫鸿:《礼仪中的美术》,北京:生活·读书·新知三联书店,2005 年。

巫鸿:《武梁祠:中国古代画像艺术的思想性》,北京:生活·读书·新知三联书店,2006 年。

谢肇淛:《五杂俎》,北京:中华书局,1959 年。

信立祥:《汉代画像石综合研究》,北京:文物出版社,2000 年。

邢义田:《美术与考古》,北京:中国大百科全书出版社,2005 年。

邢义田:《画为心声》,北京:中华书局,2011 年。

邢义田:《立体的历史:从图像看古代中国与域外文化》,北京:生活·读书·新知三联书店,2014 年。

许地山:《道教史》,北京:北京大学出版社,2009 年。

许宏:《何以中国——公元前 2000 年的中原图景》,北京:生活·读书·新知三联书店,2014 年。

徐坚:《初学记》,北京:中华书局,2004 年。

徐旭生:《中国古史的传说时代》,北京:文物出版社,1985 年。

徐中舒:《汉语古文字字形表》,成都:四川人民美术出版社,1981 年。

颜娟英:《中国史新论:美术考古分册》,台北:中央研究院、联经出版事业股份有限公司,2011 年。

严复:《社会通诠》,北京:商务印书馆,1981 年。

杨伯峻:《孟子译注》,北京:中华书局,2008 年。

杨伯峻:《春秋左传注》,北京:中华书局,2009 年。

杨泓:《美术考古半世纪——中国美术考古发现史》,北京:文物出版社,1997 年。

杨泓:《文物与美术》,北京:东方出版社,1997 年。

杨泓:《汉唐美术考古与佛教艺术》,北京:科学出版社,2000 年。

杨泓:《逝去的风韵——杨泓谈文物》,北京:中华书局,2007 年。

杨泓、郑岩:《中国美术考古学概论》,北京:中国社会科学出版社,2008 年。

杨泓：《华烛帐前明——从文物看古人的生活与战争》，香港：香港城市大学出版社，2009 年。

杨慎：《异鱼图赞》，上海：商务印书馆，1939 年。

杨晓能：《另一种古史：青铜器纹饰、图形文字与图像铭文的解读》，北京：生活·读书·新知三联书店，2008 年。

姚迁等：《南朝陵墓雕刻》，北京：文物出版社，1981 年。

叶舒宪：《中国神话哲学》，北京：中国社会科学出版社，1993 年。

俞伟超：《中国画像石全集》，济南：山东美术出版社，2000 年。

袁珂：《山海经校注（修订本）》，成都：巴蜀书社，1992 年。

曾布川宽：《六朝帝陵——以石兽和砖画为中心》，南京：南京出版社，2004 年。

张道一：《吉祥文化论》，重庆：重庆大学出版社，2011 年。

张光直：《中国青铜时代》，北京：生活·读书·新知三联书店，1983 年。

张光直等：《李济考古学论文选集》，北京：文物出版社，1990 年。

张正明：《楚文化史》，上海：上海人民出版社，1987 年。

赵守正：《管子注译》，南宁：广西人民出版社，1987 年。

赵晔：《吴越春秋》，北京：中华书局，1985 年。

郑为：《中国彩陶艺术》，上海：上海人民出版社，1987 年。

郑玄注，贾公彦疏：《周礼注疏》，载李学勤主编：《十三经注疏》，北京：北京大学出版社，1999 年。

郑岩、巫鸿主编：《古代墓葬美术研究（第一辑）》，北京：文物出版社，2011 年。

郑岩：《逝者的面具：汉唐墓葬艺术研究》，北京：北京大学出版社，2012 年。

郑岩：《从考古学到美术史——郑岩自选集》，上海：上海人民出版社，2012 年。

中国大百科全书出版社《考古学辞典》编写组：《考古学辞典》，北京：知识出版社，1991 年。

中国国家博物馆等编：《文明的曙光——良渚文化文物精品集》，北京：中国社会科学出版社，2005 年。

中国美术全集编辑委员会编：《中国美术全集·工艺美术篇 8·漆器》，北京：文物出版社，1989 年。

中国社会科学院考古研究所：《上村岭虢国墓地》，北京：科学出版社，1959 年。

中国社会科学院考古研究所等：《满城汉墓发掘报告》，北京：文物出版社，1980 年。

中国社会科学院考古研究所：《宝鸡北首岭》，北京：文物出版社，1983 年。

中国社会科学院考古研究所：《曾侯乙墓》，北京：科学出版社，1989 年。

中国社会科学院考古研究所：《二里头（1999—2006）》，北京：文物出版社，2014 年。

中华人民共和国出土文物展览工作委员会：《中华人民共和国出土文物展览：展品选集》，北京：文物出版社，1973 年。

周世荣：《中华历代铜镜鉴定》，北京：紫禁城出版社，1993 年。

周祖谟：《方言校笺》，北京：中华书局，1993 年。

朱大可：《华夏上古神系》，北京：人民东方出版传媒东方出版社，2014 年。

朱凤瀚：《中国青铜器综论》，上海：上海古籍出版社，2009 年。

朱偰：《建康兰陵六朝陵墓图考》，上海：商务印书馆，1936 年。

朱锡禄：《武氏祠汉画像石》，济南：山东美术出版社，1986 年。

（二）论文

安徽省文物管理委员会：《定远县壖王庄古画象石墓》，《文物》1959 年第 12 期。

安徽省文物工作队等：《阜阳双古堆西汉汝阴侯墓发掘简报》，《文物》1978 年第 8 期。

安金槐等：《密县打虎亭汉代画象石墓与壁画墓》，《文物》1972 年第 10 期。

安阳地区文管会等：《南乐宋耿洛一号汉墓发掘简报》，《中原文物》1981 年第 2 期。

安志敏：《长沙新发现的西汉帛画试探》，《考古》1973 年第 1 期。

白化文：《狮子与狮子吼——纪年佛教传入中国两千年》，《文史知识》1998 年第 12 期。

宝鸡市博物馆等：《陕西省千阳县汉墓发掘简报》，《考古》1975 年第 3 期。

北京市文物研究所：《北京平谷上宅新石器时代遗址发掘简报》，《文物》1989 年第 8 期。

宾娟：《吐舌状镇墓兽及其文化意义的探讨》，《四川文物》2013 年第 6 期。

卜友常：《鲁迅藏汉代有翼神兽画像探析》，《设计艺术（山东工艺美术学院学报）》2010 年第 2 期。

C. B. 阿尔金等：《红山文化软玉的昆虫学鉴证》，《北方文物》1997 年第 3 期。

曹建强：《洛阳新发现一组汉代壁画砖》，《文博》2009 年第 4 期。

晁舸：《动物纹艺术与欧亚草原之路》，《丝绸之路》2009 年第 22 期。

陈长山、魏仁华：《河南南阳英庄汉画像石墓》，《中原文物》1983 年第 3 期。

陈江风：《从濮阳西水坡 45 号墓看"骑龙升天"神话母题》，《中原文物》1996 年第 1 期。

陈茂仁：《楚帛书研究》，国立中正大学中国文学研究所硕士学位论文，1996 年。

陈明富：《"角"音义及相关考》，《汉字文化》2012 年第 1 期。

陈槃：《先秦两汉帛书考》，《中央研究院历史语言研究所集刊》第二十四本，1953 年。

陈勤建：《中国鸟信仰的形成、发展与衍化》，《华东师范大学学报（哲学社会科学版）》，2003 年第 5 期。

陈松长：《马王堆汉墓帛画"太一将行"图浅论》，《美术史论》1992 年第 3 期。

陈松长：《马王堆汉墓帛画"神祇图"辩证》，《江汉考古》1993 年第 1 期。

陈斯鹏：《楚帛书甲篇的神话构成、性质及其神话学意义》，《文史哲》2006 年第 6 期。

陈直：《甘肃武威磨咀子汉墓出土王杖十简通考》，《考古》1961 年第 3 期。

成都市文物考古工作队等：《成都市青白江区跃进村汉墓发掘简报》，《文物》1999 年第 8 期。

成都文物考古研究所：《成都"老官山"汉墓》，《中国文物报》第 004 版，2013 年 12 月 20 日。

重庆市博物馆等：《合川东汉画象石墓》，《文物》1977 年第 2 期。

崔陈：《汉代画像石中巴蜀祖神像窥探》，《四川文物》1990 年第 4 期。

大理白族自治州博物馆：《云南祥云红土坡 14 号墓清理简报》，《文物》2011 年第 1 期。

丁峰等：《浅析汉画像石中的祥瑞装饰图案》，《美术大观》2011 年第 9 期。

定县博物馆：《河北定县 43 号汉墓发掘简报》，《文物》1973 年第 11 期。

董良敏：《"神人操蛇"汉画像石考释》，载中国汉画学会、河南博物院编：《中国汉画学会第十三届年会论文集》，郑州：中州古籍出版社，2011 年。

董作宾：《论长沙出土的缯书》，《大陆杂志》第十六卷，1955 年第 6 期。

杜锋：《老官山医简中的"敝昔"与扁鹊名号》，《名作欣赏》2014 年第 8 期。

杜金鹏：《良渚神祇与祭坛》，《考古》1997 年第 2 期。

杜林渊：《论楚汉帛画的功能与主题》，《江汉考古》2011 年第 3 期。

杜正胜：《生死之间是联系还是断裂？——中国人的生死观》，《当代》1991 年第 2 期。

段勇：《从考古发现看龙的起源及早期面貌》，《北方文物》2000 年第 1 期。

范方芳等：《中国史前龟文化研究综述》，《华夏考古》2008 年第 2 期。

范方芳等：《从史前用龟现象看黄淮、江淮地区的文明化进程》，《中原文物》2008 年第 4 期。

范毓周：《临汝阎村遗址新石器时代遗址出土陶画"鹳鱼石斧图"试释》，《中原文物》1983 年第 3 期。

方殿春等：《辽宁阜新县胡头沟红山文化玉器墓的发现》，《文物》1984 年第 6 期。

肥田美路：《云气纹的进化与意义》，载石守谦、颜娟英编：《艺术史中的汉晋唐宋之变》，台北：石头出版股份有限公司，2014 年，第 169—192 页。

冯时：《河南濮阳西水坡 45 号墓的天文学研究》，《文物》1990 年第 3 期。

冯时：《龙的来源——一个古老文化现象的考古学观察》，《濮阳职业技术学院学报》2011 年第 5 期。

傅举有：《马王堆缯画研究》，《中原文物》1993 年第 3 期。

付琳：《独角马造型的考辩——从朝阳袁台子出土动物形铜饰谈起》，《文博》2012 年第 2 期。

盖山林：《阴山岩画与〈山海经〉》，《内蒙古社会科学》1981 年第 3 期。

甘肃省博物馆：《甘肃武威磨咀子汉墓发掘》，《考古》1960 年第 9 期。

甘肃省博物馆文物工作队：《甘肃秦安大地湾第九区发掘简报》，《文物》1983 年第 11 期。

甘肃省文物管理委员会：《酒泉下河清第一号墓和第八号墓发掘简报》，《文物》1959 年第 10 期。

高莉芬：《神圣的秩序——楚帛书·甲篇中的创世神话及其宇宙观》，《中国文哲研究集刊》第 30 期，2007 年。

龚良：《陵墓有翼神兽石刻的发展及其艺术源流》，《华夏考古》1994 年第 1 期。

宫万琳：《东汉帝陵神道石象与刻铭"天禄""辟邪"》，《美术学刊》2011 年第 2 期。

古方：《关于南越王墓玉器的几个问题》，载中国社会科学院考古研究所等编：《汉唐边疆考古研究（第一辑）》，北京：科学出版社，1994 年。

顾颉刚：《讨论古史答刘胡二先生》，载《古史辨（第一册）》，上海：上海古籍出版社，1982 年。

顾问等：《中国早期有翼神兽问题研究四则》，《殷都学刊》2005 年第 3 期。

管恩洁等：《山东临沂吴白庄汉画像石墓》，《东南文化》1999 年第 6 期。

关天相等：《梁山汉墓》，《文物参考资料》1955 年第 5 期。

广西壮族自治区文物工作队：《广西西林县普驮铜鼓墓葬》，《文物》1978 年第 9 期。

贵州省博物馆：《贵州黔西汉墓发掘简报》，《文物》1972 年第 11 期。

郭俊然：《秦汉猪文化探析》，《历史教学（下半月刊）》2012 年第 7 期。

郭静云：《史前信仰中神龙形象来源刍议》，《中原文物》2010 年第 3 期。

郭沫若：《关于晚周帛画的考察》，《人民文学》1953 年第 11 期。

郭沫若：《关于晚周帛画的补充说明》，《人民文学》1953 年第 12 期。

郭沫若：《桃都、女娲、加陵》，《文物》1973 年第 1 期。

郭晓晖：《红山文化玉龙考》，《北方文物》1988 年第 1 期。

郭学仁：《马王堆一号汉墓帛画内容新探》，《美术研究》1993 年第 2 期。

韩炜炜：《河南汉画像石和画像砖墓神话类形象解析》，郑州大学硕士学位论文，2012 年。

韩翔：《焉耆国都、焉耆都督府治所与焉耆镇城——博格达沁古城调查》，《文物》1982 年第 4 期。

郝利荣：《徐州新发现的汉代石祠画像和墓室画像》，《四川文物》2008 年第 2 期。

河北省文化局文物工作队：《河北定县北庄汉墓发掘报告》，《考古学报》1964 年第 2 期。

河北省文物研究所等：《河北阳原三汾沟汉墓群发掘报告》，《文物》1990 年第 1 期。

何宏：《春秋芮国墓中的人面兽身玉雕为"马腹"考》，《文博》2011 年第 2 期。

河姆渡遗址考古队：《浙江河姆渡遗址第二期发掘的主要收获》，《文物》1980 年第 5 期。

河南省文化局文物工作队：《洛阳西汉壁画墓发掘报告》，《考古学报》1964 年第 2 期。

河南省文物考古研究所等：《河南禹州新峰墓地东汉画像石墓发掘简报》，《华夏考古》2013 年第 3 期。

河南省文物研究所：《郑州市向阳肥料社汉代画像砖墓》，《中原文物》1986 年第 4 期。

河南省文物研究所：《密县后士郭汉画像石墓发掘报告》，《华夏考古》1987 年第 2 期。

何努：《鸟衔鱼图案的转生巫术含义探讨》，《江汉考古》1997 年第 3 期。

何新：《宇宙的起源——长沙楚帛书新考》，《何新古经新解系列（第一辑第七卷）》，北京：时事出版社，2002 年。

何颖：《试析汉晋时期朱书陶文的镇墓功能》，《文博》2013 年第 3 期。

贺西林：《战国墓葬绘画的风格与图像》，《四川文物》2002 年第 2 期。

贺西林：《从长沙楚墓帛画到马王堆一号汉墓漆棺画与帛画——早期中国墓葬绘画的图像理路》，载中山大学艺术史研究中心编：《艺术史研究》第 5 卷，2003 年。

胡常春：《考古发现的东汉时期"天帝使者"与"持节使者"》，《考古与文物》2011 年第 5 期。

胡诚：《白金三品之管见》，《考古与文物》1994 年第 5 期。

湖南省博物馆：《长沙砂子塘西汉墓发掘简报》，《文物》1963 年第 2 期。

湖南省博物馆：《新发现的长沙战国楚墓帛画》，《文物》1973 年第 7 期。

湖南省博物馆：《长沙马王堆一、三号汉墓发掘简报》，《文物》1974 年第 7 期。

胡开祥：《古代石兽造型及其思想内涵浅析》，《四川文物》1994 年第 5 期。

胡智勇：《楚及西汉旌幡帛画辨析》，《湖北大学学报（社科版）》1998 年第 4 期。

胡智勇：《是"引魂升天"还是"招魂入墓"——楚汉旌幡帛画再探》，《美术》2008 年第 9 期。

黄河水库考古工作队：《1957 年河南陕县发掘简报》，《考古》1958 年第 11 期。

黄剑华：《秦汉"仙话"与汉代画像中的升仙题材》，《长江文明》2009 年第 1 期。

黄佩贤：《汉代流行的四灵图像始见于新石器时代？——河南濮阳西水坡及湖北随县曾侯乙墓出土龙虎图像再议》，载朱青生主编：《中国汉画学会第九届年会论文集》，北京：中国社会出版社，2004 年，第 56—67 页。

黄晓芬：《汉墓形制的变革——试析竖穴式椁墓向横穴式室墓的演变过程》，《考古与文物》1996 年第 1 期。

黄雅峰：《南阳汉画像砖石动物题材的艺术构成》，《美术研究》1994 年第 2 期。

黄莹：《楚式镇墓兽鹿角研究》，《江汉论坛》2009 年第 12 期。

黄莹：《楚式镇墓兽研究》，《中原文物》2011 年第 4 期。

霍巍：《神兽西来——重庆忠县新发现石辟邪及其意义初探》，《长江文明》2008 年第 1 期。

吉崎昌一著，曹兵海、张秀萍译：《马和文化》，《农业考古》1987 年第 2 期。

吉林省文物工作队等：《吉林榆树老河深鲜卑墓群部分墓葬发掘简报》，《文物》1985 年第 2 期。

纪南城凤凰山一六八号汉墓发掘整理组：《湖北江陵凤凰山一六八号汉墓发掘简报》，《文物》1975 年第 9 期。

济南市文化局文物处等：《山东平阴新屯汉画像石墓》，《考古》1988 年第 11 期。

贾峨等：《河南襄城茨沟汉象石墓》，《考古学报》1964 年第 1 期。

贾璞：《东汉狮形石兽初论》，《四川文物》2012 年第 5 期。

贾雯鹤：《五方天帝及属神名义考》，《社会科学研究》2006 年第 6 期。

嘉兴地区文管会等：《浙江海宁东汉画像石墓发掘简报》，《文物》1983 年第 5 期。

蒋宏杰等：《河南南阳陈棚汉代彩绘画像石墓》，《考古学报》2007 年第 2 期。

江林昌：《子弹库楚帛书"推步规天"与古代宇宙观》，《帛书研究（第三辑）》，1998 年。

江苏省文物管理委员会等：《江苏徐州十里铺汉画象石墓》，《考古》1966 年第 2 期。

焦作市文物工作队：《河南焦作白庄汉墓 M121、M122 发掘简报》，《中原文物》2010 年第 6 期。

金雀山考古发掘队：《临沂金雀山 1997 年发现的四座西汉墓》，《文物》1998 年第 12 期。

荆州博物馆：《湖北荆州谢家桥一号汉墓发掘简报》，《文物》2009 年第 4 期。

开封地区文物管理委员会等：《裴李岗遗址一九七八年发掘简报》，《考古》1979 年第 3 期。

考古研究所编辑室：《武威磨咀子汉墓出土王杖十简释文》，《考古》1960 年第 9 期。

雷云贵：《西汉雁鱼灯》，《文物》1987 年第 6 期。

李陈广：《南阳汉画像河伯图试析》，《中原文物》1986 年第 1 期。

李发林：《山东苍山元嘉元年画像石墓题记试释》，《中原文物》1985 年第 1 期。

李家浩：《论太一避兵图》，《国学研究（第一卷）》，北京：北京大学出版社，1993 年。

李景江：《论半人半兽神的心理根源》，《民族文学研究》1987 年第 5 期。

李建毛：《马王堆一号汉墓帛画新解》，《南方文物》1992 年第 3 期。

李荆林：《半坡姜寨遗址"人面鱼纹"新考》，《江汉考古》1989 年第 3 期。

李零：《楚帛书与"式图"》，《江汉考古》1991 年第 1 期。

李零：《马王堆汉墓"神祇图"应属辟兵图》，《考古》1991 年第 10 期。

李零：《关于中国早期雕刻传统的思考——考古艺术史笔记》，载范景中等编：《考古与艺术史的交汇——中国美术学院国际学术研讨会论文集》，杭州：中国美术学院出版社，2009 年。

李零：《"方华蔓长，名此曰昌"——为"柿蒂纹"正名》，《中国国家博物馆馆刊》2012 年第 7 期。

李学勤：《论楚帛书中的天象》，载《湖南考古辑刊（第一辑）》，长沙：岳麓书社，1982 年。

李学勤：《西水坡"龙虎墓"与四象的起源》，《中国社会科学研究生院学报》1988 年第 5 期。

李学勤：《良渚玉器与饕餮纹的演变》，《东南文化》1991 年第 5 期。

李学勤：《虎噬鹿器与有翼神兽》，载《比较考古学随笔》，桂林：广西师范大学出版社，1997 年。

李仰松：《仰韶文化婴首、鱼、蛙纹陶盆考释》，《北京大学学报》1991 年第 2 期。

李勇等：《白金三品考》，载《钱币文论特辑》第三辑，2006 年。

李真玉：《试析汉画中的蟾蜍》，《中原文物》1995 年第 3 期。

李智：《汉画像石中鸟鱼组合的图像学意义》，《大连大学学报》2009 年第 1 期。

梁奇：《〈山海经〉中以蛇为助手的神人形象论析》，《钦州学院学报》2012 年第 6 期。

林河等：《马王堆汉墓飞衣帛画与楚辞神话南方神话比较研究》，《民间文学论坛》1985 年第 3 期。

林河：《一幅消失了的原始神话图卷——马王堆汉墓彩绘与楚越神话和丧葬习俗的比较研究》，《民间文学论坛》1986 年第 4 期。

林巳奈夫：《关于良渚文化玉器的若干问题》，《南京博物院集刊》1985 年第 7 期。

林通雁：《西汉张骞墓大型石翼兽探考》，《汉中师院学报（哲学社会科学版）》1986 年第 2 期。

林通雁：《从长安铜飞廉到洛阳石翼兽——对中国古代有翼神兽问题的一个讨论》，《美术研究》2011年第3期。

刘斌：《良渚文化的鸟与神》，载《纪念浙江省文物考古研究所建所二十周年论文集》，杭州：西泠印社，1999年。

刘敦愿：《日照两城镇龙山文化遗址调查》，《考古学报》1958年第1期。

刘敦愿：《从夒典乐到夒蜩蛚——中国古代神话研究片段》，《文史哲》1980年第6期。

刘敦愿：《引魂之舟——楚帛画新解》，《湖南考古辑刊》第2辑，长沙：岳麓书社，1983年。

刘敦愿：《中国古俗所见关于虎的崇拜》，《民俗研究》1986年第1期。

刘敦愿：《古俗说鹿》，《民俗研究》1986年第2期。

刘汉兴：《匈奴、鲜卑牌饰的初步研究》，郑州大学硕士学位论文，2011年。

刘弘：《汉代鱼鸟图小考》，《四川文物》1991年第1期。

刘家骥等：《金雀山西汉帛画临摹后感》，《文物》1997年第11期。

刘洁等：《从神坛走向世俗的猪文化》，《中华文化论坛》2011年第4期。

刘来成：《河北定县40号汉墓发掘简报》，《文物》1981年第8期。

刘立光：《汉画像"鸟啄鱼"图像研究》，载中国汉画学会等编：《中国汉画学会第十三届年会论文集》，郑州：中州古籍出版社，2011年。

刘立丽：《营城子壁画墓浅议》，《考古与文物》2009年第3期。

刘庆柱：《关于考古发现的"龙"之界定问题——濮阳西水坡遗址出土"龙"的意义》，《濮阳职业技术学院学报》2012年第2期。

刘森：《汉武帝白金三品抉微》，《钱币文论特辑（第三辑）》，2006年。

刘师培：《国学发微》，载《刘师培全集（第1册）》，北京：中共中央党校出版社，1997年。

刘心健等：《山东莒南发现汉代石阙》，《文物》1965年第5期。

刘心健等：《从陶鬶谈起》，《故宫博物院院刊》1979年第2期。

刘晓路：《帛画诸问题》，《美术史论》1992年第3期。

刘晓路：《中国帛画研究50年》，《中国文化研究》1993年第10期。

刘晓路：《临沂帛画文化氛围初探》，《中原文物》1993年第2期。

刘云辉：《仰韶文化"鱼纹""人面鱼纹"内含二十说述评——兼论"人面鱼纹"为巫师面具形象说》，《文博》1990年第4期。

刘宗意：《马王堆画中的"八个小圆"是苍龙星象》，《东南文化》1997年第3期。

路瑞娟：《〈山海经〉中的"蛇"现象初探》，重庆大学硕士学位论文，2010年。

陆思贤：《濮阳西水坡45号墓主人的人格与神格》，《华夏考古》1999年第3期。

陆思贤：《濮阳西水坡出土仰韶文化的三组蚌图是四时天象图》，《史前研究》2000年第00期。

罗二虎：《长宁七个洞崖墓群汉画像研究》，《考古学报》2005 年第 3 期。

洛阳博物馆：《洛阳西汉卜千秋壁画墓发掘简报》，《文物》1977 年第 6 期。

洛阳博物馆：《洛阳金谷园王莽时期壁画墓》，《文物资料丛刊（第九辑）》，1985 年。

洛阳地区文管会：《宜阳县牌窑西汉画像砖墓清理简报》，《中原文物》1985 年第 4 期。

洛阳市第二文物工作队：《洛阳偃师县王莽壁画墓清理简报》，《文物》1992 年第 12 期。

洛阳市第二文物工作队：《洛阳浅井头西汉壁画墓发掘简报》，《文物》1993 年第 5 期。

洛阳市第二文物工作队：《洛阳五女冢王莽墓发掘简报》，《文物》1995 年第 11 期。

洛阳市第二文物工作队：《洛阳尹屯王莽壁画墓》，《考古学报》2005 年第 1 期。

洛阳市文物工作队：《洛阳东关夹马营路东汉墓》，《中原文物》1982 年第 3 期。

洛阳市文物工作队：《洛阳金谷园车站 11 号汉墓发掘简报》，《文物》1983 年第 4 期。

洛阳市文物工作队：《洛阳新安县铁塔山汉墓发掘报告》，《文物》2002 年第 5 期。

罗宗真：《六朝陵墓及其石刻》，《南京博物院集刊（第一辑）》，1979 年。

吕智荣：《郝滩东汉壁画墓升天图考释》，《中原文物》2014 年第 2 期。

马今洪等：《翼兽形盉与格里芬》，《上海文博论丛》2002 年第 2 期。

马鸿增：《论汉初帛画的人首蛇身像及天界图》，《南京艺术学院学报》1980 年第 2 期。

缪哲：《释"图画天地品类群生杂物奇怪山海神灵"》，载范景中等编：《考古与艺术史的交汇——中国美术学院国际学术研讨会论文集》，杭州：中国美术学院出版社，2009 年。

南京博物院：《江苏涟水三里墩西汉墓》，《考古》1973 年第 2 期。

南京博物院：《江苏盱眙东阳汉墓》，《考古》1979 年第 5 期。

南京博物院：《江苏邗江甘泉二号汉墓》，《文物》1981 年第 11 期。

南京博物院：《徐州青山泉白集东汉画象石墓》，《考古》1981 年第 2 期。

南京博物院等：《东汉彭城相缪宇墓》，《文物》1984 年第 8 期。

南京博物院：《江苏邳县白山故子两座东汉画像石墓》，《文物》1986 年第 5 期。

南京博物院等：《江苏泗洪重岗汉画象石墓》，《考古》1986 年第 7 期。

南阳地区文物队等：《唐河汉郁平大尹冯君孺人画象石墓》，《考古学报》1980 年第 2 期。

南阳地区文物工作队等：《河南方城县城关镇汉画像石墓》，《文物》1984 年第 3 期。

南阳地区文物工作队等：《唐河县针织厂二号汉画像石墓》，《中原文物》1985 年第 3 期。

南阳地区文物工作队等：《唐河县湖阳镇汉画像石墓清理简报》，《中原文物》1985 年第 3 期。

南阳地区文物工作队等：《河南南阳县十里铺画像石墓》，《文物》1986 年第 4 期。

《南阳汉画像石》编委会：《邓县长冢店汉画像石墓》，《中原文物》1982 年第 1 期。

《南阳汉画像石》编委会：《唐河县电厂汉画像石墓》，《中原文物》1982 年第 1 期。

南阳市博物馆：《南阳市王庄汉画像石墓》，《中原文物》1985 年第 3 期。

南阳市文物考古研究所：《河南淅川汉画像砖墓发掘报告》，《华夏考古》1994 年第 4 期。

南阳市文物考古研究所：《河南南阳市八一路汉代画像石墓》，《考古》2012 年第 6 期。

南阳市文物研究所：《南阳中建七局机械厂汉画像石墓》，《中原文物》1997 年第 4 期。

内江市文管所等：《四川简阳县鬼头山东汉崖墓》，《文物》1991 年第 3 期。

倪瑞安：《论西汉四灵的源流》，《中原文物》1999 年第 1 期。

牛济普：《"鹭鱼石斧图"考》，《中原文物》1985 年第 1 期。

牛天伟：《试论汉画中的鱼及其内涵》，载陈江风编：《汉文化研究》，开封：河南大学出版社，2005 年，第 134—152 页。

潘莉：《中华民族中的"鱼"文化》，《齐齐哈尔大学学报（哲学社会科学版）》2000 年第 9 期。

庞光华：《是御龙升天还是河伯出游——再论楚帛画人物御龙图》，《五邑大学学报（社会科学版）》2012 年第 1 期。

彭景元：《马王堆一号汉墓帛画新释》，《江汉考古》1987 年第 1 期。

濮阳市文物管理委员会等：《河南濮阳西水坡遗址发掘简报》，《文物》1988 年第 3 期。

濮阳西水坡遗址考古队：《1988 年河南濮阳西水坡遗址发掘简报》，《考古》1989 年第 12 期。

饶宗颐：《长沙楚墓时占神物图卷考释》，《东方文化》1954 年第 1 期。

饶宗颐：《楚缯书十二月名核论》，《大陆杂志》第三十卷，1965 年第 11 期。

饶宗颐：《楚缯书之摹本籍图像——三首神、肥遗与印度古神话之比较》，《故宫月刊》第三卷，1968 年第 2 期。

仁华，长山：《南阳县王寨汉画像石墓》，《中原文物》1982 年第 1 期。

任义玲：《略论汉画中神异动物产生的思想渊源和在升仙中的作用》，载顾森等编：《大汉雄风——中国汉画学会第十届年会论文集》，北京：高等教育出版社，2008 年。

山东省博物馆等：《山东安丘画像石墓发掘报告》，《文物》1964 年第 4 期。

山东省博物馆等：《山东苍山元嘉元年画象石墓》，《考古》1975 年第 2 期。

山东省博物馆：《临淄郎家庄一号东周殉人墓》，《考古学报》1977 年第 1 期。

山东省菏泽地区汉墓发掘小组：《巨野红土山西汉墓》，《考古学报》1983 年第 4 期。

山东省济宁市文物处：《山东金乡县发现汉代画像砖墓》，《考古》1989 年第 12 期。

陕西省考古研究所：《陕西旬邑发现东汉壁画墓》，《考古与文物》2002 年第 3 期。

陕西省考古研究所等：《陕西定边县郝滩发现东汉壁画墓》，《考古与文物》2004 年第 5 期。

陕西省考古研究院等：《陕西靖边东汉壁画墓》，《文物》2009 年第 2 期。

陕西省考古研究院：《2009 年陕西省考古研究院考古调查发掘新收获》，《考古与文物》2010 年第 2 期。

陕西省考古研究院等：《陕西靖边县杨桥畔渠树壕东汉壁画墓发掘简报》，《考古与文物》2017 年第

1 期。

山西省文物管理委员会：《山西平陆枣园村壁画汉墓》，《考古》1959 年第 9 期。

商丘地区文化局等：《河南永城前窑汉代石室墓》，《中原文物》1990 年第 1 期。

邵磊：《近百年来南朝陵墓神道石刻研究综述》，载南京大学文化与自然研究所编：《长江文化论丛（第四辑）》，北京：中国文史出版社，2006 年。

沈俐：《中国有翼神兽渊源问题探讨》，《美术史研究》2007 年第 4 期。

盛律平：《中国古代崇龟习俗初探》，湘潭大学硕士学位论文，2007 年，第 6—10 页。

狮子山楚王陵考古发掘队：《徐州狮子山西汉楚王陵发掘简报》，《文物》1998 年第 8 期。

四川大学考古专业七八级实习队等：《四川长宁"七个洞"东汉纪年画像崖墓》，《考古与文物》1985 年第 5 期。

四川省博物馆等：《四川郫县东汉砖墓的石棺画象》，《考古》1979 年第 6 期。

四川省文物考古研究院等：《四川长宁县缪家林东汉崖墓群 M5 发掘简报》，《四川文物》2015 年第 5 期。

泗水县文管所：《山东泗水南陈东汉画像石墓》，《考古》1995 年第 5 期。

斯坦利丁·奥尔森著，殷志强译：《中国北方的早期驯养马》，《考古与文物》1986 年第 1 期。

宋岚：《中国狮子图像的渊源研究》，南京艺术学院硕士学位论文，2010 年。

宋艳秋：《大连市营城子汉墓北壁画"导引升天图"释说》，《辽宁师范大学学报（社会科学版）》2013 年第 2 期。

宋震昊：《天禄辟邪新考——从角数规律看南朝帝陵石兽的名称》，《东南文化》2009 年第 3 期。

苏健：《美国波士顿美术馆藏洛阳汉墓壁画考略》，《中原文物》1984 年第 2 期。

苏奎：《成都跃进村汉墓出土陶灯的复原研究》，《文物》2015 年第 2 期。

苏兆庆等：《山东莒县沈刘庄汉画像石墓》，《考古》1988 年第 9 期。

孙机：《几种汉代的图案纹饰》，《文物》1982 年第 3 期。

孙机：《汉镇艺术》，《文物》1983 年第 6 期。

孙机：《长颈鹿和麒麟》，《化石》1984 年第 2 期。

孙机：《镇江文物精华笔谈——石兽》，《中国历史博物馆馆刊》1986 年第 9 期。

孙机：《七鸵纹银盘与飞廉纹银盘》，载《中国圣火——中国古文物与东西文化交流中的若干问题》，沈阳：辽宁教育出版社，1996 年。

孙机：《猎豹》，《收藏家》1998 年第 1 期。

孙机：《蜷体玉龙》，《文物》2001 年第 3 期。

孙机：《关于汉代漆器的几个问题》，《文物》2004 年第 12 期。

孙守道：《三星他拉红山文化玉龙考》，《文物》1984 年第 6 期。

孙守道等：《论辽河流域的原始文明与龙的起源》，《文物》1984 年第 6 期。

孙文礼：《中国狮子造型艺术的源流及其演化》，载《中国祥瑞造型图典》，上海：人民美术出版社，2009 年，第 1—2 页。

孙彦：《"鹳鱼石斧图"题材象征意义辨析——兼论丧葬绘画的起源》，《中原文物》2008 年第 1 期。

孙周勇：《陕北汉代画像石神话题材》，《考古与文物》1999 年第 5 期。

孙作云：《长沙战国时代楚墓出土帛画考》，《人文杂志》1960 年第 4 期。

孙作云：《长沙马王堆一号汉墓出土画幡考释》，《考古》1973 年第 1 期。

孙作云：《洛阳西汉卜千秋墓壁画考释》，《文物》1977 年第 6 期。

泰安市文物局等：《泰安大汶口汉画像石墓》，《文物》1989 年第 1 期。

唐复年：《良渚文化玉器神人纹饰和有关诸问题》，《故宫博物院院刊》1993 年第 3 期。

唐冶泽：《重庆三峡库区新出土神人手抱鱼带钩考》，《中原文物》2008 年第 1 期。

滕州市汉画像石馆：《山东滕州市染山西汉画像石墓》，《考古》2012 年第 1 期。

天长市文物管理所等：《安徽天长西汉墓发掘简报》，《文物》2006 年第 11 期。

天水市博物馆：《甘肃甘谷县发现三方汉代画像砖》，《考古》1994 年第 2 期。

田镇：《马王堆 T 型非衣帛画图像文化研究》，湖南工业大学硕士学位论文，2007 年。

仝泽荣：《江苏睢宁墓山汉画像石墓》，《文物》1997 年第 9 期。

王步毅：《安徽宿县褚兰汉画像石墓》，《考古学报》1993 年第 4 期。

王海燕：《中国帛画研究述评》，《艺术探索》2009 年第 4 期。

王焕文：《山东高青西汉墓出土画像石》，《文物春秋》2015 年第 4 期。

王靖：《春秋"西狩获麟"考》，《西南科技大学学报（哲学社会科学版）》2013 年第 5 期。

王良田：《商丘汉画像石中的祥禽瑞兽画像》，载朱青生主编：《中国汉画学会第九届年会论文集》，北京：中国社会出版社，2004 年。

王纪潮：《楚文化中的动物符号和前宗教问题》，《江汉考古》2003 年第 7 期。

王健民等：《曾侯乙墓出土的二十八宿青龙白虎图象》，《文物》1979 年第 7 期。

王建勇：《人物御龙帛画略考》，《中原文物》2014 年第 6 期。

王仁湘：《研究长沙战国楚墓的一幅帛画》，《江汉论坛》1980 年第 3 期。

王仁湘：《史前玉器中的"双子琮"——兼说良渚文化玉器上的兽面冠饰》，《文物》2008 年第 6 期。

王树金：《马王堆汉墓帛书〈天文气象杂占〉"云气占"试考》，《湖南省博物馆馆刊》2009 年第 6 期。

王涛：《汉代画像石墓中的"祥瑞"研究》，吉林大学硕士学位论文，2004 年。

汪田明：《中国龙的形象研究》，中国艺术研究院博士学位论文，2008 年。

王燕均：《仰韶文化四大动物图腾及其族属研究》，《学术界》1992 年第 4 期。

王宜涛：《半坡仰韶人面鱼纹含义新识》，《文博》1995 年第 3 期。

王宜涛：《也谈中国马类动物历史及相关问题》，《中国文物报》1998 年 8 月 21 日。

王献唐：《徐州市区的茅村汉墓群》，《文物参考资料》1953 年第 1 期。

汪小洋：《江苏汉画像石动物图像的宗教意识思考》，《江苏大学学报（社会科学版）》2002 年第 4 期。

汪小洋：《汉画像石中射鸟图像的宗教认识》，《上饶师范学院学报》2004 年第 4 期。

王煜：《也论汉代壁画和画像中的鱼车出行》，《考古与文物》2013 年第 3 期。

王欲巽：《"白金三品"试析》，《考古与文物》1994 年第 5 期。

王仲舒：《中国古代墓葬概说》，《考古》1981 年第 5 期。

王子今：《汉代"蚩尤"崇拜》，《南都学坛（人文社会科学学报）》2006 年第 4 期。

微山县文物管理所：《山东微山县出土的汉画像石》，《文物》2000 年第 10 期。

魏崴：《四川汉画中的"鱼"图》，《文史杂志》2008 年第 3 期。

乌恩：《略论怪异动物纹样及相关问题》，《故宫博物院院刊》1994 年第 3 期。

巫鸿：《马王堆一号汉墓中的龙、璧图像》，《文物》2015 年第 1 期。

武家璧：《曾侯乙墓漆箱房星图考》，《自然科学史研究》2001 年第 1 期。

武家璧：《良渚文化玉器图案"鸠山图"》，《文博》2009 年第 1 期。

吴兰等：《陕西神木柳巷村汉画像石墓》，《中原文物》1986 年第 1 期。

吴汝祚：《余杭反山良渚文化玉琮上的神像形纹新解》，《中原文物》1996 年第 4 期。

武玮：《汉晋时期神人手抱鱼图像释读》，《东南文化》2011 年第 6 期。

吴妍春：《古代亚欧大陆游牧文化中的动物纹艺术》，《新疆大学学报》1995 年第 4 期。

吴妍春：《草原动物纹艺术产生的思想根源和文化背景》，《新疆艺术》1998 年第 1 期。

吴镇烽：《商周青铜器装饰艺术》，《考古与文物》1983 年第 5 期。

西安钱币学会课题组：《"白金三品"新探》，载西安钱币学会编：《十年历程：西安钱币学会成立十周年纪念文集》，2004 年。

西安市文物保护考古所：《西安理工大学西汉壁画墓发掘简报》，《文物》2006 年第 5 期。

西安市文物保护考古所：《西安曲江翠竹园西汉壁画墓发掘简报》，《文物》2010 年第 1 期。

咸阳市文管会等：《咸阳市空心砖汉墓清理简报》，《考古》1982 年第 3 期。

萧兵：《马王堆帛画与楚辞》，《考古》1979 年第 2 期。

萧兵：《羽人·相鸟·观风鸟——马王堆帛画与楚辞一则》，《兰州大学学报（社会科学版）》1980 年第 2 期。

萧兵：《良渚玉器"神人兽面纹"新解》，《东南文化》1992 年第 3、4 期。

熊传薪：《对照新旧摹本谈楚国人物龙凤帛画》，《江汉考古》1981 年第 1 期。

熊永松：《魂兮归来，君无上天邪——长沙陈家大山楚墓帛画再研究》，《西藏大学学报（汉文版）》

1998 年第 3 期。

　　邢萍：《马王堆非衣九阳、二足金乌考》，《美术界》2010 年第 1 期。

　　邢文：《马王堆帛画：图像志、图像学与后过程主义》，载刘海平编：《世纪之交的中国与美国：中国哈佛—燕京学者第二届学术研讨会论文选集》，上海：上海外语教育出版社，2000 年。

　　邢义田：《东汉的方士与求仙风气——肥致碑读记》，载《天下一家：皇帝、官僚与社会》，北京：中华书局，2011 年，第 573—575 页。

　　徐峰：《中国古代的龟崇拜——以"龟负"的神话、图像与雕像为视角》，《中原文物》2013 年第 3 期。

　　徐英：《中国北方游牧民族造型艺术研究》，中央民族大学博士学位论文，2006 年。

　　徐州博物馆等：《江苏新沂瓦窑汉画像石墓》，《考古》1985 年第 7 期。

　　徐州博物馆：《徐州发现元和三年画像石》，《文物》1990 年第 9 期。

　　徐州博物馆：《江苏徐州市翠屏山西汉刘治墓发掘简报》，《考古》2008 年第 9 期。

　　颜碧夏：《画像石、画像砖神仙信仰题材研究》，广西师范大学硕士学位论文，2012 年。

　　阎道衡：《永城芒山柿园发现梁国国王壁画墓》，《中原文物》1990 年第 1 期。

　　严文明：《"鹳鱼石斧图"跋》，《文物》1981 年第 12 期。

　　燕燕燕等：《山东滕州市山头村汉代画像石墓》，《考古》2012 年第 4 期。

　　杨伯达：《玉傩面考》，《中原文物》2004 年第 3 期。

　　杨伯达：《巫、玉、神泛论》，《中原文物》2005 年第 4 期。

　　杨伯达：《良渚文化瑶山玉神器分化及巫权调整之探讨》，《故宫博物院院刊》2006 年第 5 期。

　　杨泓：《大吉动物中羊的艺术造型二三事》，《收藏家》2003 年第 2 期。

　　杨建芳：《战国玉龙佩分期研究——兼论随县曾侯乙墓年代》，《江汉考古》1985 年第 2 期。

　　杨洁：《浅析青铜错银双翼神兽》，《文物世界》2010 年第 1 期。

　　杨俊伟：《龙崇拜的起源与发展》，《新乡学院学报（社会科学版）》2012 年第 1 期。

　　杨宽：《古史辨（第七册）·序》，上海：上海古籍出版社，1982 年。

　　杨宽：《楚帛书的四季神像及其创世神话》，《文学遗产》1997 年第 4 期。

　　杨敏：《白色动物精灵崇拜——中国古代白色祥瑞动物论》，《民族文学研究》2003 年第 2 期。

　　杨青：《龙的原型与地蚕生态文化——与孙机先生《蜷体玉龙》原型商榷》，《楚雄师范学院学报》2002 年第 1 期。

　　杨辛等：《西汉帛画初探》，《北京大学学报》1973 年第 2 期。

　　杨晓春：《关于南朝陵墓神道石兽的名称问题》，《东南文化》2009 年第 3 期。

　　杨修红等：《汉墓帛画的地域延续与差异性比较研究——马王堆与金雀山帛画比较》，《文教资料》2013 年第 33 期。

杨玥：《"人面鱼纹"新探》，《中原文物》2009 年第 1 期。

杨月光：《良渚文化陶鬶初论》，吉林大学硕士学位论文，2012 年。

扬州博物馆：《江苏邗江姚庄 101 号西汉墓》，《文物》1988 年第 2 期。

扬州博物馆：《江苏邗江县姚庄 102 号汉墓》，《考古》2000 年第 4 期。

伊克昭盟文物站等：《西沟畔汉代匈奴墓地调查记》，《内蒙古文物考古文集》1980 年第 1 期。

伊世同：《北斗祭——对濮阳西水坡 45 号墓贝塑天文图的再思考》，《中原文物》1996 年第 2 期。

永城市文物局等：《河南永城保安山汉画像石墓》，《文物》2008 年第 7 期。

游振群：《马王堆三号汉墓帛画》，《东南文化》2000 年第 4 期。

钰金等：《浅论汉画中的升仙工具》，《南都学坛》1990 年第 5 期。

榆林地区文管会等：《陕西绥德县四十里铺画像石墓调查报告》，《考古与文物》2002 年第 2 期。

俞伟超：《座谈长沙马王堆一号汉墓》，《文物》1972 年第 9 期。

俞伟超：《汉代诸侯王与列侯墓葬的形制分析》，载《先秦两汉考古学论集》，北京：文物出版社，
1985 年。

俞伟超：《马王堆一号汉墓帛画内容考》，载《先秦两汉考古学论集》，北京：文物出版社，1985 年。

俞伟超：《关于"考古类型学"的问题》，载《考古学是什么——俞伟超考古学理论文选》，北京：中
国社会科学出版社，1996 年，第 63 页。

余英时：《中国古代死后世界观的转变》，载《中国思想传统的现代诠释》，台北：联经出版公司，
1993 年，第 132 ~ 135 页。

袁靖：《试论良渚文化玉器纹饰的含义》，《文博》1990 年第 1 期。

院文清：《楚帛书中的神话传说与楚先祖谱系略证》，载王光镐主编：《文物考古文集》，武汉：武汉
大学出版社，1997 年。

臧悦：《试论汉代画像石中的动物造型之美》，《郑州轻工业学院学报（社会科学版）》2004 年第 4 期。

曾布川宽：《汉·三国佛教遗物的图象学——西王母和佛》，《东南文化》1995 年第 2 期。

曾蓝莹：《仙马、天马与车马——汉镜纹饰流变拾遗》，载石守谦、颜娟英主编：《艺术史中的汉晋与
唐宋之变》，台北：石头出版股份有限公司，2014 年。

曾宪通：《楚帛书神话系统试论》，载《曾宪通学术论文集》，汕头：汕头大学出版社，2002 年。

张弛：《良渚文化玉器"立鸟"刻符比较研究一例》，《文物季刊》1998 年第 4 期。

张从军：《汉画像石中的射鸟图像与升仙》，《民俗研究》2006 年第 3 期。

张光直：《濮阳三蹻与中国古代美术上的人兽母题》，《文物》1988 年第 11 期。

张莉：《试论彩陶上的动物纹样》，《安康师专学报》第 16 卷，2004 年。

张平一：《飞廉与双翼神兽》，《文物春秋》2000 年第 1 期。

张樵鹤：《草原游牧地区有翼神兽的造型探讨》，《湖南科技学院学报》2014 年第 8 期。

张二国：《商周的神形》，《海南师范学院学报（人文社会科学版）》2001 年第 4 期。

张松利等：《许昌汉代大型石雕天禄、辟邪及其特点——兼论天禄、辟邪的命名与起源》，《中原文物》2007 年第 4 期。

张文：《仰韶文化半坡类型"人面动物纹"彩陶盆新解》，《四川文物》1997 年第 6 期。

张晓茹：《汉代画像中的"树木射鸟图"研究》，杭州师范大学硕士学位论文，2007 年。

张振龙等：《关于司马迁笔下"白金三品"货币考辩》，《司马迁与史记论集》2006 年第 00 期。

张之杰：《狻猊、师子东传试探》，《中国科技史料》第 22 卷，2001 年第 4 期。

张子阳：《帛画魂幡龙凤图像之变迁》，《山西师大学报（社会科学版·研究生论文专刊）》第 37 卷，2010 年。

赵春青：《从鱼鸟相战到鱼鸟相融——仰韶文化鱼鸟彩陶图试析》，《中原文物》2000 年第 2 期。

浙江省文物管理委员会等：《河姆渡遗址第一期发掘报告》，《考古学报》1978 年第 1 期。

郑红莉：《汉代画像石所见"象图"再考》，载中国汉画学会、河南博物院编：《中国汉画学会第十三届年会论文集》，郑州：中州古籍出版社，2011 年。

郑杰祥：《"鹳鱼石斧图"新论》，《中原文物》1982 年第 2 期。

郑隆：《内蒙古扎赉诺尔古墓群调查记》，《文物》1961 年第 9 期。

郑曙斌：《马王堆帛画研究二题》，《湖南省博物馆馆刊》第一期，长沙：《船山学社》杂志社，2004 年。

郑州市博物馆：《郑州新通桥汉代画象空心砖墓》，《文物》1972 年第 10 期。

郑州市文物考古研究所：《郑州市南关外汉代画像空心砖》，《中原文物》1997 年第 3 期。

中国社会科学院考古研究所内蒙古工作队：《内蒙古敖汉旗小山遗址》，《考古》1987 年第 6 期。

中国社会科学院考古研究所山西工作队等：《山西襄汾县陶寺遗址发掘简报》，《考古》1980 年第 1 期。

中国社会科学院考古研究所山西工作队等：《1978—1980 年山西襄汾陶寺墓地发掘简报》，《考古》1983 年第 1 期。

钟守华：《曾侯乙墓漆箱岁星纹符和年代考》，《考古与文物》2005 年第 6 期。

周到等：《唐河针织厂汉画像石墓的发掘》，《文物》1973 年第 6 期。

周口地区文物工作队等：《河南淮阳北关一号汉墓发掘简报》，《文物》1991 年第 4 期。

周圣塈等：《浅谈商周青铜器的幻想纹饰——以商周青铜器幻想动物纹为例》，《重庆三峡学院学报》2010 年第 6 期。

周水利：《安徽萧县新出土的汉代画像石》，《文物》2010 年第 6 期。

周世荣：《马王堆汉墓的"神祇图"帛画》，《考古》1990 年第 10 期。

诸城县博物馆：《山东诸城县西汉木椁墓》，《考古》1987 年第 9 期。

祝佳：《春秋至南北朝——公元前 7 世纪至公元 6 世纪——中国有翼神兽类型及演变研究》，浙江大学硕士学位论文，2013 年。

朱磊等：《山东滕州出土北斗星象画像石》，《文物》2012 年第 4 期。

朱磊：《宗教学视角下的西水坡 45 号墓》，《中原文物》2013 年第 1 期。

褚馨：《汉晋时期的金玉带扣》，《东南文化》2011 年第 5 期。

朱希祖：《天禄、辟邪考》，载中国古物保管委员会编辑委员会等编：《六朝陵墓调查报告》，北京：中央古物保管委员会，1935 年。

庄蕙芷：《汉唐墓葬天象图研究》，北京大学博士学位论文，2015 年。

邹城市文物管理局：《山东邹城市卧虎山汉画像石墓》，《考古》1999 年第 6 期。

英文部分

Ⅰ. BOOKS

Alan Bleakley，*The Animalizing Imagination*：*Totemism*，*Textuality and Ecocriticism*，New York：St. Martin's Press. 2000.

Berthold Laufer，*Chinese Grave Sculptures of the Han Period*，London：E. L. Morice，etc. ，1911.

David Hawkes，*The Songs of the South*：*An Anthology of Ancient Chinese Poems by Qu Yuan and other Poets*，Harmondsworth：Penguin Classics，1985.

Édouard Chavannes，*Dix inscriptions chinoises de l'Asie centrale*（Ten Chinese Inscriptions from Central Asia），Paris：Imprimerie Nationale，1902，p. 232.

Erwin Panofsky，*Studies in Iconology*：*Humanistic Themes in the Art of the Renaissance*，Boulder：Westview Press，1972.

George Grey，*Journals of Two Expeditions of Discovery in North – West and Western Australia*，*during the years 1837，38，and 39*，vol. 2，New York：Cambridge University Press，2012.

Harriet Ritvo，*The Animal Estate*：*The English and Other Creatures in the Victorian Age*，London：Penguin，1990.

Holmes Welch，*The Parting of the Way*，Boston：Beacon Press，1957.

James George Frazer：*Totemism and Exogamy*，New York：Cosimo Classics，2009.

Joseph Campbell，*The Masks of God*：*Primitive Mythology*，New York：The Viking Press，1959

John Long，*Voyages and Travels of an Indian Interpreter and Trader*，New York：Cosimo Classics，2007

Kathleen Kete，*The Beast in the Boudoir*：*Petkeeping in Nineteenth – Century Paris*，Berkeley and Los Angeles：University of California Press，1994.

L. Bachhofer, *A Short History of Chinese Art*, New York: Pantheon Books, 1946.

Lillian Lan – ying Tseng, *Picturing Heaven in Early China*, Boston: Harvard University Press, 2011.

Max Loehr, *Ritual Vessels of Bronzes Age China*, New York: The Asia Society, 1968.

Martin J. Powers, *Art and Political Expression in Early China*, New Haven: Yale University Press, 1992.

Mikhail Rostovtzeff, *Animal Style in South Russia and China*, New York: Hacker Art Books, 1975.

Roel Sterckx, *The Animal and the Daemon in Early China*, Albany: State University of New York Press, 2002.

Paul Waldau and Kimberley Patton, eds. , *A Communion of Subjects: Animals in Religion, Science, and Ethics*, New York: Columbia University Press, 2006.

Robert W. Bagley, et al. , *The Great Bronze Age of China*, New York: Thames and Hudson, 1980.

Sarah Allan, *The Shape of Turtle: Myth, Art and Cosmos in Early China*, Albany: State University of New York, 1991.

Ⅱ. JOURNALS/ARTICLES

Berthold Laufer, *History of the Rhinoceros*, Chinese Clay Figures, Part 1: Prolegomena on the History of Defensive Armor, Chicago: Field Museum of Natural History, 1914, p. 89 – 101.

C. G. Jung, *The Concept of the Collective Unconscious*, The Collected Works of C. G. Jung, vol. 9 Part 1, Princeton: Princeton University Press, 1969.

Chimiddorzh Erool – Erdene, *Animal Style Silver Ornaments of the Xiongnu Period*, XiongNu Archaeology: Multidisciplinary Perspectives of the First Steppe Empire in Inner Asia, Germany: Freiburger Graphische Betriebe – Freiburg, 2011, p. 333 – 340.

Erica Fudge, *A Left – handed Blow: Writing the History of Animals*, Nigel Rothfels ed. , Representing Animals, Bloomington: Indiana University Press, 2002.

H. G. Greel, *What is Taoism?* Journal of American Oriental, 1956 (76) .

Jerome Silbergeld, *Mawangdui, Excavated Materials, and Transmitted Texts: A Cautionary Note*, Early China 8, 1982 – 1983.

Li Ji, *Hunting Records, Faunistic Remains, and Decorative Patterns from the Archaeological Site of Anyang*, 《国立台湾大学考古人类学刊》, 1957 (9/10) .

Ladislav Kesner, *The Taotie Reconsidered: Meanings and Functions of Shang Theriomorphic Imagery*, Artibus Asiae, vol. 53, 1/2 , 1991.

Noel Barnard, *The twelve Peripheral Figures of the Chu Slik Manucsript*, 载中国文字编辑委员会：《中国文字》新十二期, 台北：艺文印书馆, 1988 年 7 月, 第 453 ~ 513 页 .

Olga Uphyrkina, et. al. , *Phylogenetics, Genome Diversity and Origin of Modern Leopard*, Panthera pardus 10

(11)：2617－2633，2001.12.21.

Wu Hung, *A Sanpan Shan Chariot Ornament and the Xiangrui Design in Western Han Art*, Archives of Asian Art, vol. 37, Honolulu：University of Hawaii Press for the Asia Society, 1984, p. 42.

Wu Hung, *Art in A Ritual Context：Rethinking Mawangdui*, Early China 17, 1992.

Wu Hung, *Beyond the Great Boundary：Funerary Narrative in the Cangshan Tomb*, John Hay, ed. , Boundaries in China, London：Reaktion Books, 1994, p. 81－104.

日文部分

（一）著书

長廣敏雄：《漢代畫像の研究》，東京：中央公論美術出版，1965 年。

林巳奈夫：《汉代の神神》，京都：臨川書店，1989 年。

新規矩男等：《世界美術全集 2》，東京：角川書店，1960—1968 年。

（二）论文

池田温：《中国歴代墓券略考》，東京大学東洋文化研究所編《東洋文化研究所紀要》86，p. 193—278，1981 年。

林巳奈夫：《長沙出土戰國帛書考補正》，《東方學報》37，1966 年。

林巳奈夫：《長沙出土楚帛畫の十二神の由來》，《東方學報》42，1967 年。

小南一郎：《漢代の祖靈觀念》，《東方學報》66，1994 年。

曾布川寬：《漢代畫像石における昇仙圖の系譜》，《東方學報》65，1993 年。

图 2.39.1　鸡与重明鸟
东汉晚期，河北望都 M1 壁画与榜题。

图 2.39.2　鸡与重明鸟
自然界中雄性原鸡。

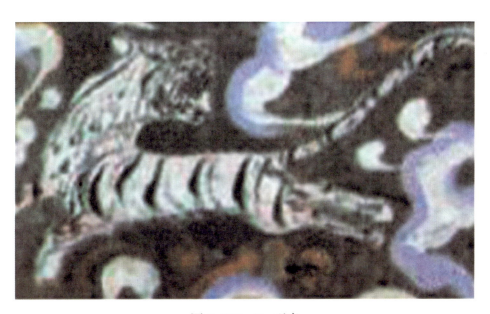

图 2.47.7　Ba 型虎
王莽时期，08 年洛阳征集壁画砖
（现藏中国农业博物馆）。

图 2.54.7　汉代的豹图像
王莽时期至东汉初期，陕西定边郝滩墓
西壁下层壁画。

图 2.58　海昏侯墓出土麟趾金

图 2.70　汉代的疑似符拔图像（定县 M122 铜管纹饰）
及其动物原型（自然界雌雄羚羊）

  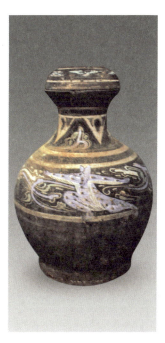

图 2.89　自然界鼯鼠（飞鼠）

图 2.91.1　汉代的飞生（飞鼠）
西汉早期，马王堆 M1 帛画上的疑似飞生（飞鼠）图像。

图 2.92　美国纽约大都会
博物馆藏西汉彩绘陶壶

图 2.110　河北望都 M1 东壁壁画及榜题"羊酒"

图 3.2 江西南昌海昏侯墓出土鎏金铜当卢

图 3.26.3 西汉，河北定县 M122 错金银铜管。

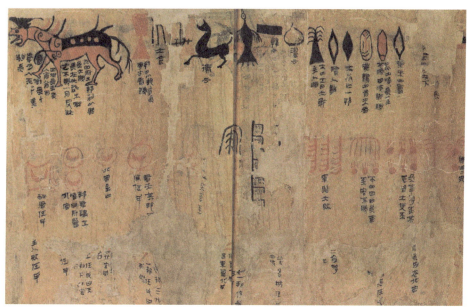

图 3.22 马王堆 M3 出土《天文气象杂占》帛书

考古新视野

考古新视野

青年学人系列

2019 年

罗　伊：《云南地区新石器时代考古学文化研究》

赵献超：《二至十四世纪法宝崇拜视角下的藏经建筑研究》

2020 年（入选稿件）

周振宇：《水洞沟遗址石制品热处理实验研究》

张　旭：《内蒙古大堡山墓地出土人骨研究》